2013年度国家社会科学基金教育学一般课题
"国际视域下的中国民办高等教育经费政策研究"
（项目编号：BIA130081）

国际视域下的
民办(私立)高等教育经费
政策研究

范跃进　王玲　著

中国社会科学出版社

图书在版编目(CIP)数据

国际视域下的民办(私立)高等教育经费政策研究/范跃进,王玲著.
—北京：中国社会科学出版社,2019.2
ISBN 978-7-5203-3945-2

Ⅰ.①国… Ⅱ.①范…②王… Ⅲ.①民办高校—教育经费—教育政策—研究—中国 Ⅳ.①G649.20

中国版本图书馆 CIP 数据核字(2019)第 007323 号

出 版 人	赵剑英
责任编辑	张　浛
责任校对	姜志菊
责任印制	李寡寡

出　　版	中国社会科学出版社
社　　址	北京鼓楼西大街甲 158 号
邮　　编	100720
网　　址	http://www.csspw.cn
发 行 部	010-84083685
门 市 部	010-84029450
经　　销	新华书店及其他书店
印　　刷	北京明恒达印务有限公司
装　　订	廊坊市广阳区广增装订厂
版　　次	2019 年 2 月第 1 版
印　　次	2019 年 2 月第 1 次印刷
开　　本	710×1000 1/16
印　　张	23
插　　页	2
字　　数	353 千字
定　　价	95.00 元

凡购买中国社会科学出版社图书,如有质量问题请与本社营销中心联系调换
电话：010-84083683
版权所有　侵权必究

目　　录

序 …………………………………………………………………（1）

导论 ………………………………………………………………（1）

第一章　私立高等教育属性及发展的主要影响因素 …………（22）
　　第一节　私立高等教育的历史演进 ……………………………（22）
　　第二节　私立高等教育的属性 …………………………………（29）
　　第三节　影响现代私立高等教育发展的主要因素 ……………（34）

第二章　美国私立高等教育的经费政策体系 …………………（42）
　　第一节　美国私立高等教育发展历程 …………………………（42）
　　第二节　美国私立高等教育的经费来源政策 …………………（51）
　　第三节　影响美国私立高校内部经费分配的政策 ……………（60）
　　第四节　美国私立高校内部经费使用绩效的评估政策 ………（66）
　　第五节　美国私立高等教育经费政策体系评析 ………………（73）

第三章　日本私立高等教育的经费政策体系 …………………（77）
　　第一节　日本私立高等教育的发展历程 ………………………（78）
　　第二节　日本私立高等教育的经费资助政策 …………………（85）
　　第三节　日本私立高等教育的经费分配政策 …………………（92）
　　第四节　日本私立高等教育的经费使用绩效评估政策 ………（105）

第五节　日本私立高等教育经费政策体系评析 …………………（114）

第四章　韩国私立高等教育经费政策体系 ……………………………（118）
　　第一节　韩国私立高等教育发展历程 ……………………………（119）
　　第二节　韩国私立高等教育经费来源 ……………………………（131）
　　第三节　韩国私立高校财政支援制度 ……………………………（138）
　　第四节　韩国私立高校经费使用监督政策 ………………………（147）
　　第五节　韩国私立高等教育经费政策体系评析 …………………（151）

第五章　印度私立高等教育的经费政策体系 …………………………（155）
　　第一节　印度私立高等教育的发展历程 …………………………（155）
　　第二节　印度私立高等教育经费投入政策 ………………………（168）
　　第三节　印度私立高等教育经费分配政策 ………………………（179）
　　第四节　印度私立高校的经费使用绩效提升政策 ………………（182）
　　第五节　印度私立高等教育经费政策评析 ………………………（190）

第六章　澳大利亚私立高等教育经费政策 ……………………………（200）
　　第一节　澳大利亚私立高等教育发展历程 ………………………（200）
　　第二节　澳大利亚私立高等教育经费政策的发展演变、主要
　　　　　　内容及特点 ………………………………………………（208）
　　第三节　澳大利亚私立高等教育经费政策新动向及评析 ………（220）
　　第四节　澳私立高等教育经费政策对我国的启示 ………………（228）

第七章　中国台湾私立高等教育的经费政策体系 ……………………（232）
　　第一节　台湾私立高等教育的发展历程 …………………………（232）
　　第二节　台湾私立高等教育的经费投入政策 ……………………（238）
　　第三节　经费分配及使用绩效评估政策 …………………………（249）
　　第四节　台湾私立高等教育经费政策体系评析 …………………（259）

第八章 我国民办高等教育经费政策体系的历史演变 …………… (262)

第一节 民办高等教育经费政策的初建阶段(1978—1993年) …… (263)

第二节 民办高等教育经费政策的发展阶段(1994—2001年) …… (268)

第三节 民办高等教育经费政策的补充完善阶段
(2002—2010年) …………………………………………… (277)

第四节 我国民办高等教育经费政策的变革发展
(2010年以来) ……………………………………………… (284)

第九章 我国民办高等教育经费政策体系存在的主要问题 ………… (291)

第一节 政策内容设计缺乏系统性 ……………………………… (291)

第二节 民办高校多元筹资的政策薄弱 ………………………… (296)

第三节 出资人激励政策不完善 ………………………………… (303)

第四节 社会监督机制不健全 …………………………………… (307)

第十章 我国民办高等教育经费政策体系完善策略 ………………… (313)

第一节 完善"民办高校分类管理"制度 ………………………… (313)

第二节 健全多元化筹资体系 …………………………………… (319)

第三节 完善举办者激励制度 …………………………………… (330)

第四节 强化财政资助的杠杆功能 ……………………………… (337)

参考文献 …………………………………………………………… (346)

序

坦率地讲，我是抱着一种期待来阅读《国际视域下的民办（私立）高等教育经费政策研究》的。我研究我国民办高等教育发展多年，深知经费不足是严重影响我国民办高等教育发展的主要因素，而且未来民办高等教育若要可持续发展必须解决这一瓶颈问题，尤其是政府财政经费投入问题。我十分高兴地看到，范跃进教授和王玲教授在这部新著中对民办高等教育经费政策进行了系统而深入的研究，得出了许多令人信服的结论，对破解我国民办高等教育发展面临的经费不足的难题有重要参考价值。他们的研究不仅立足于我国民办高等教育发展的历史和现实，而且具有广阔的国际视野，通过对美国、日本、韩国、印度、澳大利亚等国和我国台湾地区私立高等教育经费政策系统而深入的考察，他们总结了案例国家和地区高等教育发展的不同阶段政府关于私立高等教育经费政策的变化规律，获得了一些重要的启示，值得我们重视。

尽管我国有《民办教育促进法》，但它仍然不能掩盖我国民办高等教育政策供给不足的窘态。老实说，民办高等教育的发展不是政策支持和鼓励的结果，而是一批"敢吃螃蟹"的民办高校举办人在政府严格管控的夹缝中顽强地培育出来的。20世纪80年代，一所民办高校的举办人靠两块多钱租到一个场地开始办驾驶员培训班，接着举办高等教育自学考试社会助学，后来获得高等职业学历教育和普通本科教育资格，建起了一所万人大学，其中的艰辛和困苦是非亲历者不能想象的。这不是个案，而是一大批民办高校及其举办人的故事。在这些民办高校创业和发展的过程中，甚少看到政策的支持和救助，相反，各种严格的控制和监管常常令民办高校发展处于非常无助的境地。即便到了今天，民办高等教育还是没有完全纳入常规的高等教育之列，各级政府对民办高等教育还是另眼相看。比如，国家教育部高等教育司、职业与成人教育司的业务并不包括民办高等教育，民办高等教育的主管部门只是发展规划司下设的一个处；地方各级政府教育行政部门的机构设置大多与教育部无异。

"另眼相看"还表现在民办高等教育经费政策上。先天不足是我国民办高等教育经费问题的突出表现。在独立学院出现之前，很少有人手握雄厚资本投资举办民办高校，绝大多数民办高校都是因陋就简、依靠学费积累不断滚动发展，逐步扩大规模，改善办学条件，实现了从小到大、从简陋到合格办学的跃升。与20世纪80、90年代相比，可以说我国民办高校的办学条件和建设水平发生了翻天覆地的变化，尽管如此，投资不足仍是困扰民办高校发展的瓶颈问题。长期以来，学费收入是民办高校最主要、甚至是唯一渠道。我国公办高校的经费收入渠道较多，除了政府拨款和学费收入外，大多还有校产收入、校办企业经营收入、成人教育和继续教育收入、捐赠收入、研究经费收入等，尽管后面这些渠道的收入占各高校总经费收入的比例差别很大，在很多高校所占比例不是主要的，但对办学都有着十分重要的促进作用。民办高校因为创建时间较短、办学实力较弱，社会贡献的显示度还不是很高，所以，与公办高校比，学费以外的收入微乎其微。如果说其他渠道经费收入有限还可以理解的话，政府拨款收入在多数民办高校几乎为零却是令人不可思议的事情。民办高校是国家高等教育事业的组成部分，与公办高校一样是社会公益性事业；民办高校学生是社会公民，享有与公办高校学生同等的法定受教育权；民办高校学生家长与公办高校学生家长一样，履行了缴交所得税的义务，但因为"民办"二字就使政府财政拨款将这些高校排除在外。"另眼相看"导致的直接后果是公办、民办高等教育发展不平衡现象的产生。没有政府财政拨款支持的民办高校是很难走出办学经费短缺困境的。

他山之石，可以攻玉。范跃进、王玲两位教授在他们的研究中不仅对民办高等教育发展面临的经费短缺困境进行了真切而深刻的剖析，更为难能可贵的是，他们将上述问题置于更广阔的国际大背景下，提供了一个多元比较的研究视角，深度剖析和解释了有关国家和地区私立高等教育化解办学经费不足的重要路径，得出的结论令人信服。他们的研究表明，多渠道筹集办学经费是国际上私立高等教育发展的普遍取向。其中，政府的财政及政策支持发挥着至关重要的作用。案例国家和地区并不对私立高校另眼相看，而是将它们放在与公办高校同等的地位，对它们的办学予以必要的财政经费支持。正因为如此，这些国家和地区私立高等教育发展良好，不仅成为国家和地区高等教育事业的重要组成部分，而且自身展现出明确而持续的发展潜力。当然，他们的研究也揭示了在有些国家，政府并不是从一开始就给予私立高校应有的支持，而是在高等教育发展形势的推动下，政府调整高等教育经费政策，从而成为私立高等教育稳步健康发展的重要推手。

他们的研究还表明，政府财政支持私立高等教育主要有直接和间接两种途径。所谓直接路径，是指政府根据一定的原则和标准向私立高校直接拨付财政经费，以保证私立高校拥有足够的办学经费维持常规办学与发展的需要。直接拨款的标准常常是按生均拨款，即根据私立高校每年招生人数拨付一定的财政经费。所谓间接路径，是指政府不直接向私立高校提供财政拨款支持，而是对私立高校师生给予必要的支持，包括对私立高校学生学费给予财政经费资助或贷款免贴息支持，对教师科研项目予以协议资助，或者委托私立高校开展特定研究项目并给予经费资助等。尽管对学生学费的资助和对教师科研的资助都不是直接拨付给私立高校的，但毫无疑问，这些资助对私立高校办学与发展有着重大影响。

基于我国民办高校发展需要和相关比较与国际经验，他们对破解我国民办高校经费困境提出了一系列政策设想。虽然不能说每一条政策设想都具有现实的可行性，但都具有启发性是确定无疑的。从他们的研究来看，现在需要研讨的问题不是我国政府应当还是不应当运用财政杠杆资助民办高校的问题，而是如何打通限制我国政府财政经费支持民办高校的瓶颈，使政府财政经费资助成为民办高校发展的重要动力。为此，他们设计了一套相应的政策措施，值得有关部门重视。

我对他们的研究和这部著作是推崇的，特别钦佩他们在研究中所表现出来的严谨精神和创新精神，但这不意味着我对他们所提出的所有思想观点都是认同的。实际上，我对他们著作中的两个结论或观点的看法是有所保留的：一个是尽管他们赞同"第三条道路"，且设计了一类"有限回报制度"，以保护"第三类"举办者的积极性，但他们认为对我国民办高等教育发展进行营利性与非营利性分类管理的时机已经成熟，并据此设计了若干政策措施，包括财政经费支持政策措施，以促进对民办高校的分类与管理。在他们看来，时至今日，无论是我国经济发展水平，还是社会文化环境都发生了巨大的变化，已经具备了促进真正的非营利性民办高校成长的基本条件，这也是为什么我国会在2016年的《民办教育促进法》修订案中，提出按营利性与非营利性划分民办学校的重要原因之一。事实上，他们自己也觉得目前要想建成真正意义上的非营利性民办高校并非一件易事，但他们认为实行营利性和非营利性分类管理是一个很好的开端，而且分类管理还会使一部分民办高校转型为捐资办学。在分类管理这个问题上，他们似乎与某些学者和政策研制者一样，过于乐观地估计了我国民办高等教育发展的形势。众所周知，我国民办高校举办人投资办学的特点并没有发生改变，一两位投资人表达出捐赠的意愿并不能表明其他举办人都愿意捐赠自己的投资和办学积累。在这种情况下，政府硬性地对民办高校进行分类管理，非但不能达到培育一批真正的非营利性民办高校的目的，反而会挫伤民办高校举办者的积极性，打消他们的投资意愿。所以，在对民办高校分类管理问题上，我一直持比较审慎的态度。

另外，在他们看来，非营利性民办高校的进一步发展必须以原始"投资人及其家族"完全退出民办高校为前提。而且这种退出不仅是其"投资者"身份的退出，同时也是其"学校管理者"身份的退出。这对于民办高校举办者而言是残酷的，需要相关举办者具有更长远的眼光和更宽阔的胸襟；更需要政府基于民办高校举办者不仅对民办高校有资金投入，而且还有多年的精力投入这样一个事实，制定相应的补偿措施，以削弱民办高校"转型"过程中的阻力，激励有条件、有意愿的民办高校举办者主动退出非营利性民办高校。姑且不论政府能不能补偿、补偿什么、怎么补偿等问题如何解决，投资人是否有那样的眼光和胸襟，单就投资人及其家族"净身出校"是否是民办高校的福音就是很值得研究的问题。诚然，在国际上，一些国家确有一批私立高校与投资人及其家族毫无关联，比如，哈佛大学、耶鲁大学、斯坦福大学、牛津大学、剑桥大学、芝加哥大学、约翰·霍普金斯大学、卡内基·梅隆大学等都是没有投资人或与投资人相关的家族成员参与办学的。但这并不能说明我国民办高校就可以拷贝这些大学的体制和制度。我非常担心的是，如果没有政府接手，投资人从民办高校退出之日，可能就是民办高校倒闭之始。

尽管对上述主张有一些不同的看法，但它并不影响我对全书的高度肯定评价。我喜欢、欣赏这部著作，尤其是它所展现出来的作者对发展我国民办高等教育的那份执着和坚定，令我感动。特别是范跃进教授，他是我十分敬重的大学领导。他先后在五所大学担任校长、书记或者书记兼校长，每一所大学都是他施展大学领导才华和高等教育抱负的舞台，每一所大学都能在他和他的团队的领导下焕发出勃勃生机与活力，他本人则受到每一所大学的干部和师生的衷心拥戴。如果没有执着的理想信念，高超的、过人的领导能力和艺术，是难以达到这种境界的。更让我感佩的是，他长期担任公办大学的主要领导，但却对民办高校一往情深，十分重视、关心和支持民办高校的发展，身体力行，领导他的研究团队重点研究民办高等教育发展和民办高校建设。这部著作就是他和团队研究人员长期研究的成果。我十分乐意向关心民办高等教育发展的人士推荐这部著作。

是为序。

别敦荣
于温州返回厦门的动车上
2017 年 12 月 27 日

导　　论

　　重视私立高等教育发展正日渐成为国际社会的共识。1998 年世界高等教育大会发布的《面向 21 世纪高等教育世界宣言》指出："更加多样化的高等教育系统，需要新型的学校形式：公立、私立和非营利以及其他类型"。联合国教科文组织在题为《为满足社会变革和发展需要，高等教育和研究的新动力机制》的联合公报中写道："知识型社会要求高等教育系统具有多样化的特征，不同的学校履行不同的使命，满足不同学习者的需求。除了公立学校之外，追求公共目标的私立高等教育将扮演重要的角色"。[①] 研究表明，2006 年，世界接受高等教育的总人数超过了 1.5 亿；2007 年，世界高等教育平均入学率达到了 26%；2009 年与 1999 年相比，世界高等教育在校生规模增长了 53%；需要强调的是，高等教育规模的持续扩大主要发生在私立高等教育系统，目前约有 30% 的学生在私立高校学习。[②]

　　私立高等教育的地位和价值不断凸显，而如何促进私立高等教育持续发展和发挥越来越大的作用，就成了高等教育研究的重要课题。围绕私立高等教育的制度建设、质量保障、课程与教学等问题，研究者展开了一系列持续深入的探索。其中，由于经费是影响高等教育及高校发展的重点投

[①] 2009 World Conference on Higher Education, *The New Dynamics of Higher Education and Research for Societal Change and Development*, Paris, 2009, pp. 5 – 8. (http://www.unesco.org/en/wche 2009/. 2010.6.26).

[②] Philip G. Altbach, *Trends in Global Higher Education: Tracking an Academic Revolution*, A Report Prepared for the UNESCO 2009 World Conference on Higher Education, 2009, pp. 79 – 80. XIV.

入性条件，私立高等教育或私立高校的经费问题包括经费政策问题越来越受到研究者的关注，研究者从不同的立场、视角对此展开了讨论。通过梳理现有相关研究，可以发现国际私立高等教育发展中经费政策的基本状况，这些研究成果对于探讨当前我国民办高等教育发展中的经济及其政策问题有着理论与实践两个层面的启示价值。

一 私立高等教育发展的财政性动因

在不同的国家，私立高等教育的产生和发展是受到多重因素影响的。例如，在有些国家，私立教育是一种传统，发展私立高等教育体现了传统文化的推动力量，如韩国；在有些国家，高等教育治理体制为私立高等教育的发展提供了充足空间，如美国；在有些国家，宗教成为推动私立高等教育发展的重要力量，如1888年智利天主教大学根据圣地亚哥大主教马里亚诺·卡萨诺瓦（Mariano Casanova）的教喻宣告成立，是智利的第一所私立大学；在有些国家，殖民主义反而成为推动本土私立高等教育发展不可忽视的力量，如印度殖民地时期，英国殖民地政府鼓励发展私立学院，英国传教士积极参与创办私立高校，从而加快了印度高等教育的近代化进程；再有，像印度、马来西亚、菲律宾及部分拉美、非洲国家，其私立高等教育的发展，在背后都有着扩大教育机会、推进教育民主化的动因。赞比亚私立高等教育在20世纪90年代获得了大发展，很大程度上正是因为不断增长的高等教育入学压力为私立高等教育提供了有利的发展契机。该国1996年发布的《教育我们的未来》反映了发展私立高等教育的迫切性："高等教育是促进社会经济发展所需高层次技能和知识发展的重要手段，但赞比亚高等教育入学机会相当有限，很难令人满意"。[1]

"高等教育事业无论从政府、个人还是各种资源的综合配置来说，都是一项投资非常昂贵的事业"。[2] 除了上述因素外，许多国家的私立高等教育发展在很大程度上基于国家的财政性因素，包括通过发展私立高等教育而缓解财政压力。换言之，通过发展私立高等教育来缓解政府的财政压

---

[1] 冯典：《赞比亚私立高等教育发展及其影响因素分析》，《外国教育研究》2011年第10期。
[2] 郭峰等：《地方大学文化与地域文化互动发展研究》，人民出版社2017年版，第326页。

力，成为私立高等教育发展的重要动因。例如，20世纪90年代初，马来西亚政府在《2020年展望》（1991—2020）中提出了要把马来西亚建设成为亚洲区域优质教育中心的宏伟目标，而此时高等教育大众化使政府在高等教育的规模扩张方面遇到了财政危机，由此，政府开始实施高等教育私有化和公立院校企业化等政策，大力发展私立高等教育。从1995年开始，政府一改过去反对私人设立大学的立场，积极鼓励私人投资高等教育。在1998年至2000年的外汇低迷时期，政府还积极邀请外国大学来马来西亚设立分校。[①] 截至2012年底，马来西亚现有公立大学20所，工艺学院、社区学院和培训中心92所，获政府批准建立的私立大学、外国大学分校则有60所，私立学院357所。[②] 印度因财政压力而调整私立高等教育政策的特征也十分明显。印度独立后，国家将私立高等教育纳入公共财政资助范围。但随着国家高等教育规模战略的实施和私立高等教育规模的不断扩张，印度财政面临着极大压力，印度政府逐步减少甚至退出私立高等教育的公共资助，与此同时推行高等教育私营化，鼓励自筹经费的纯私立学院发展，并引导大量受助私立学院向纯私立学院转制。在这个过程中，印度的营利性私立高等教育也逐渐发展起来。越南私立高等教育的产生亦是如此，基于20世纪80年代以来严重的经济困难和巨大的社会需求，越南政府允许高校收取学费，从而越南私立高等教育应运而生。对于经济基础相对薄弱的非洲国家而言，仅靠单一的公立高等教育系统更是无法克服有限的经济基础与不断扩大的入学压力之间的巨大矛盾。因此，从20世纪90年代开始，非洲地区许多国家相继开始鼓励私立高等教育发展。截止到2009年，非洲地区约有200所公立大学，私立大学则多达468所。[③] 其中，赞比亚的私立高等教育发展就鲜明地体现了经济或财政性因素同私立高等教育沉浮间的关系。赞比亚卡文迪什大学董事会主席卡特瑞纳·萨拉提（Ketrine Salati）指出：“高等教育已经迅速成为一项高成本的活动，绝对

[①] 陈武元：《马来西亚私立高等教育国际化论析》，《外国教育研究》2007年第2期。

[②] 邵颖：《马来西亚私立高等教育：公立高等教育的有效补充》，《东南亚研究》2014年第2期。

[③] N. V. Varghese, *Private sector as a partner in higher education development in Africa*, Paris：IIEP-UNESCO, 2009, p.5.

不能仅仅依靠政府部门"。赞比亚在独立后，实施教育国有化体系，这使政府背上了沉重的财政负担，但从20世纪70年代开始，赞比亚经济严重衰退，政府于1977年颁布了《教育改革：提议与建议》，提出鼓励私立学院发展的方针，它直接促使形成了70年代中期至80年代中期私立学校快速增长的局面。①

我国有着悠久的私立教育传统。早在春秋时期的教育史籍文献《礼记·内则》中，就记载了私学兴起的有关情况。战国时期的稷下学宫被认为是世界上第一所由官方举办、私家主持的特殊形式的高等学府。宋代书院则被普遍认为是中国民办高等教育的典范。但中国现代意义上的民办或私立高等教育发轫于清末，1900年创办的东吴大学，为中国现代高等教育史上第一所民办大学。自此，民办大学在很长的时期内一直是中国现代高等教育的重要组成部分。我国在新中国成立后的三十多年间，私立或民办教育一度销声匿迹，直至20世纪80年代，我国民办教育才又"死灰复燃"。尤其是从90年代后期始，我国民办高等教育获得了较快发展，一批以职业教育为定位的私立院校得以创建。这一时期民办高等教育的迅速发展与我国的高等教育扩招是同一进程，因而很大程度地体现了高等教育规模扩张或扩大高等教育受教育机会的动因。②但从另一个角度来看，我国长期以来存在着教育财政性投入不足、高等教育经费增长较慢的问题，高等教育扩招进一步加剧了高等教育资源和经费的紧缺，因此，政府也通过发展民办高等教育来缓解扩大高等教育规模所带来的财政压力。③政府大力支持民办高校发展，充分发挥私人提供公共产品的效率优势，可以弥补国家对高等教育投入的不足，使公立高校更多地承担起培养社会精英的职责，私立高校更多地承担起扩充高等教育数量职责，更好地促进高等教育效率与公平的协调发展。④

---

① 姜子超：《独立后赞比亚教育政策的历史研究》，硕士学位论文，浙江师范大学，2010年，第10页。
② 苗庆红：《论政府在民办高等教育市场中的作用》，《中国行政管理》2006年第8期。
③ 刘明：《从财政视角看我国高等教育经费问题及其应对策略》，《华中师范大学学报》（社会科学版）2012年第3期。
④ 田志龙、秦惠敏：《日本教育财政政策对我国的启示》，《吉林教育》2007年第Z2期。

二 各国对私立高等教育的财政政策变化

界定私立高等教育的主要标志之一就是私立高等教育的出资者或举办者是个人、社会团体或组织，而非政府。政府对公立或国立高等教育具有法定的、直接的财政责任，而对私立或民办高等教育一般没有必然的财政职责，部分国家因此不对私立高等教育提供经费支持，只行使一定程度的管理职权。但随着私立高等教育外部效应不断显现、高等教育需求规模不断扩大，世界上大部分国家确立了为私立高等教育提供财政资助的政策，或改变传统的不对私立高等教育提供经费的做法，以不同方式对其实施资助。

在澳大利亚的高等教育体系中，公立高等教育占据主导地位。对于私立高等教育，无论是联邦政府还是州政府，都采取"自由放任"的态度，不采取"直接"的财政资助政策。政府对私立高校具有管理权，例如昆士兰州把私立高等教育纳入企业自由体系，但澳大利亚"国家投资委员会"通过立法，规定私立高校投资方所获得的利益必须服从委员会的计划指标；所有招收海外留学生的私立机构必须在海外留学生办公室登记入册；建立所开设的课程和学费标准数据库，对学费标准进行监督。州政府也通过立法，获得了控制和管理私立高校的权力，如掌握大学的教学过程和报酬分配，监控私立大学的学术水平和市场化程度等。政府不对私立高校提供财政资助，尊重其财政独立的权力，并认为确保"私立大学继续保持财政的独立和一所大学的学术水平"是政府的责任。联邦政府对蓬勃发展的私立高等教育采取"自由放任"的态度，虽然主观上是为了避开或减少对私立大学的财政资助，但客观上却给私立大学创造了一个有利的政策环境，扩大了私立大学的办学自主权。[①] 但随着政府教育理念的变化，澳大利亚政府长期以来奉行的私立高等教育自由放任政策也有所变化，例如赋予了私立高校教师同等的申请国家科研经费的资格等。

---

① 祝怀新：《澳大利亚私立高等教育的发展及其启示》，《教育发展研究》2001年第10期。

这种由不赞助到逐渐赞助的财政政策在其他国家也有所体现。菲律宾在美国统治时期（1898—1946年），由于殖民政府实行"政教分离"政策，对教会办的和世俗的私立大学不予资助，私立学校处于"自生自灭"的状况。[①] 菲律宾独立后，一直到"1987年宪法"颁布，私立高校都未获得政府认可和资助。而且在菲律宾"1982年教育法"中规定，"所有的私立教育机构必须是非股份、非营利性的"，[②] 也即，菲律宾政府在较长一段时期内是严格控制私立高等教育发展的，1987年宪法颁布后，政府才开始了对私立院校的财政支持。在越南，私立高等教育在所有制性质上一般被视作"非公"部门（non-public sector），以区别于规模和各项设施都更加完备的公有教育部门（public sector），最明显的特征就是它无法从国家获得直接的资金支持。目前，越南的三类私立高等教育机构包括：群众性的社会团体出资兴建的私立高校、由个人或公司投资兴建的私立高校和国家主办但经费却主要来自学费和出售教育服务收入的"半公立私立高校"，"对这三类私立高校，越南政府都不进行预算拨款。另据世界银行2008年发表的关于越南高等教育的调查数据披露，学生缴纳的学费是越南私立高等院校最重要的收入来源，份额约占其总收入的82%，而且私立高校没有国家级奖学金。"[③] 政府不为私立高校提供学生资助的情况也是较少见的，大多数国家都将学生资助作为对私立高等教育实施财政支持的主要方式。目前，越南政府也已调整了政策，对私立学校的贫困生提供幅度较大的支持。2008年，越南政府向包括私立高校学生在内的754000名贫困学生提供了助学贷款。[④] 韩国也表现出了这一政策转变趋势，即韩国独立后的较长一段时期内，政府对高等教育采取自由放任政策，一直到20世纪70、80年代，政府才通过立法逐步建立起为私立高校提供财政补贴、提供税收

---

① 陈武元：《试析菲律宾私立高等教育的政府资助体系》，《高等教育研究》2006年第12期。
② Philip G. Altbach and Toru Umakoshi, *Asian Universities: Historical Perspectives and Contemporary Challenges*, Baltimore and London: The Johns Hopkins University Press, 2004, p. 290.
③ 汪津生：《越南私立高等教育的现状、问题和发展趋势评析》，《外国教育研究》2011年第9期。
④ *Over 320 million USD of loans provided to poor students*, (http://English. vietnamnet. Vn/education/2008/08/799094, 2008 - 08 - 07/2010 - 12 - 10).

优惠等政策；尤其是90年代韩国启动的"21世纪智慧韩国计划"，政府从提高民族竞争力的高度划拨专项资助，用于私立院校财政环境的改善。[①]

在我国，民办高等教育主要由地方政府主管，中央政府对民办高校没有财政责任。而且，国家对民办高校实施严格监管，通过法律法规和政策严令禁止民办高校实施营利性办学，学费是绝大部分民办高校主要甚至唯一的办学经费来源。但实际上，我国绝大部分民办高校都是按投资办学的方式来创建和发展的。且在较长一段时期内，地方政府也普遍不对民办高校提供财政补助，实际上民办高校是处在"自由放任"的状态，很多民办高校由于缺乏经费自筹能力、办学经费严重匮乏而倒闭，或被兼并。直到近些年，在部分省份，如陕西、浙江等省份，地方政府以专项拨款方式支持民办高校发展，如对民办高校专业建设、学生奖助等提供专项基金，但民办高校的日常运转经费、教师的薪资和福利补贴等仍很少得到政府的财政支持。近两年，中央、地方政府不断加大民办高等教育支持力度，在政策上也不断有所突破。2016年修订的《民办教育促进法》第十九条规定："民办学校举办者可以自主选择设立非营利或者营利性民办学校。但是，不得设立实施义务教育的营利性民办学校"，并在此基础上，对民办高校实施分类管理。应该说，这标志着我国的民办高等教育政策包括财政政策将发生一些根本性的变化。

三 保障私立高等教育发展的国际经验

多渠道筹集办学经费是国际上私立高等教育发展的普遍取向。其中，政府的财政及政策支持发挥着至关重要的作用。印度著名高等教育学家提拉克强调，高等教育是一项具有公共利益的服务，不论是采取公共或私人资助形式，必须将其纳入公共政策范围加以考虑，唯有如此，高等教育才能满足社会发展的需求。[②] 因此，世界上大多数国家都以不同形式来支持

[①] 陈武元、薄云：《韩国、马来西亚、菲律宾三国私立高等教育经费政策研究》，《高等教育研究》2008年第2期。

[②] Sjur Beryan, *Public Responsibility for Higher Education A Report Prepared for the UNESCO 2009 World Conference on Higher Education*, 2009, pp. 26, Ⅲ-Ⅳ.

私立高等教育发展,通过直接的财政拨款和间接性的政策扶持来促进私立高等教育发展及其外溢效应的发挥。在 2009 年的"世界高等教育大会"上,私立高等教育是一个重要议题。会议《联合公报》指出,高等教育是一种公共产品,应该是政府承担的责任,并由政府提供经费资助,私立高等教育也应纳入公共政策范围,使其满足社会公益性要求。但政府在实际上很难独立支撑起私立高等教育的发展,因此开辟多元的筹资渠道支持私立高校发展是私立高校及政府的共识。

（一） 政府直接向私立高校提供财政拨款

有学者指出,政府应将高等教育作为一项公益事业和公共责任,将民办高等教育纳入公共政策框架,通过多种政策手段和政策工具,对其进行积极干预,包括积极的财政干预,促使其为社会公共利益做出最大的贡献。① 正是基于私立高等教育作为公益事业的性质及政府作为公共责任的践行者,部分国家的政府采取直接向私立高校提供财政拨款的做法,来支持本国私立高等教育的发展。

在独立后较长一段时间内,印度政府实施私立高等教育国有化政策,对绝大多数私立学院（被称作受助私立学院）进行直接性的财政拨款投入,且负担了这类私立学院的绝大部分的经费责任,校舍新建、实验室设备更新,以及教师工资福利等,政府都直接予以财政资助,资助的项目和力度同公立高校基本是相等的。但这也导致接受国家财政资助的私立学院的性质备受质疑,许多人不再将这类学校作为私立学校,而将绝少接受政府资助、仅通过竞争性项目获得少数国家经费的自筹经费学院和大学看作真正意义上的印度私立高校。

在拉丁美洲,大多数国家的私立高等教育经费来源都是多元化的,捐赠收入、创收性收入、不同形式的政府投入和扶持等都是私立高校筹集经费的重要方式,但智利相对特殊,其私立高等教育从初创始,一直到 1980 年以前基本仰赖政府拨款（国家年度财政预算中的高等教育资金和按大学注册学生分配的资金）,导致智利当时的 6 所私立高校被归于国立大学。②

---

① 阎凤桥：《私立高等教育的全球扩张及其相关政策》,《教育研究》2010 年第 10 期。
② 王留栓：《智利私立高等教育的主要特征及其经验》,《外国教育研究》1997 年第 6 期。

日本高等教育体系以公立或国立为主，但政府对私立高等教育的发展也采取积极扶持政策。在1970年，日本内阁会议就设立了补助金制度，对私立大学实行经费资助，在当年度的政府财政预算中，日本国会审议通过的向私立大学等教育机构提供的日常经费财政补助预算金额高达132亿日元。在1975年，日本国会又审议通过了《私立学校振兴助成法》，该法律明确规定，政府向私立高校提供"经常费资助"，资助额度应达到私立大学日常经费的1/2。① 自20世纪70年代起，日本政府包括地方政府进一步加大了对私立学校的资助，这种资助在私立学校的经费中日益占有举足轻重的地位，到1980年，国家资助的经费比例在私立大学中占到学校经费的近30%。90年代后期，受亚洲金融危机的影响，日本经济发生衰退，国家财政陷入严重困难状态，但日本政府并未因此而降低对私立高校的资助力度。1997年，日本给私立大学的资助与上一年度相比，反倒增加了75亿日元，达到2950.5亿日元。其中，仅特别资助就达669亿日元。此外，日本还对私立学校专门提供基建经费资助，有计划地对私立学校的老校舍进行改建，国家和地方政府每年为此投入的资助达数亿或数十亿日元。②

第二次世界大战后，从全世界范围看，私立高等教育的发展明显加快，其原因之一正在于政府意识到高等教育包括私立高等教育在提升国家综合国力、国际竞争力中的巨大作用，因而加强对私立高校的资助和扶持。有研究显示，在比利时、荷兰等国家，私立高等学校所获得的教育经费占政府全部高等教育预算的50%。在泰国，私立高等教育的规模越来越大，大约30%的学生进入私立高校接受高等教育，而私立高校的办学经费在很大程度上依赖于政府经费投入。研究显示，在泰国，国家与私人对私立大学的投资比为97∶3。③ 同样，在亚洲的马来西亚、北欧的瑞典、北美的加拿大等国，政府都向私立高等学校注入了大批资金。2012年俄罗斯出台

---

① ［日］西井泰彦：《日本私立高等教育财政补助制度与私立高校财务管理》，《教育发展研究》2008年第10期。
② 张有声：《日本私立高等教育管理的特点及启示》，《教育研究》2005年第10期。
③ 王保星：《国际私立高等教育发展的误读与现实》，《河北大学学报》（哲学社会科学版）2001年第3期。

了《重新分配教育服务市场草案》，规定国家和各地区政府向40所优秀私立大学财政拨款。①

（二）学生缴费成为私立高校的重要经费来源

学费是世界各国私立高校筹集办学经费的重要来源之一，有的甚至是最主要的经费来源。例如，在韩国，私立高等学校所接受的私人捐赠及其他形式的社会馈赠较少，学费占经费的比例高达80%多。② 在俄罗斯，20年来，学费一直是全俄97%的私立高等学校办学资金的主要来源。在印度，纯私立学院由于得不到政府财政投入，学费就成为其主要经费来源，因而印度纯私立学院的学费标准要高于公立高校及受助私立学院十几倍甚至二十倍，尤其是一些好的私立大学，以至于超出了印度的中产阶级家庭的承受能力。日本私立高等教育经费来源的构成具有以学费为主、辅以政府资助、多种渠道并存等特点，学费在日本私立高等教育经费中占有十分重要的地位，教育经费中有70%源于学生所交纳的学费，且从趋势上看，私立高校的学费呈现出不断上涨的状态。但日本政府对私立高校的收费进行了有效的监管，通过一定的措施来控制学费的过度增长，以避免高学费影响到教育公平。③ 学费也是美国私立院校经费的重要来源，且自20世纪90年代以来，美国政府的高等教育财政投入占高等教育经费总额的比例逐年减少，学生所承担的学杂费呈现不断上升趋势。但同样，美国政府通过发放多种贷款和奖学金来减轻学生的学杂费负担，这使得美国私立大学的学生或其家庭的"高等教育净费用"一般不会影响到对教育机会的保障。例如，在1999—2000年度，美国私立综合型大学的学生总费用为22200美元，扣除美国政府提供的助学金及教育贷款后，学生所承担的"净费用"只有11600美元。④

---

① 顾鸿飞：《影响俄罗斯私立高等教育发展的主要问题及对策分析》，《比较教育研究》2013年第10期。

② 王保星：《国际私立高等教育发展的误读与现实》，《河北大学学报》（哲学社会科学版）2001年第3期。

③ 唐卫民：《日本私立高等教育经费来源探析》，《高等教育研究》2007年第5期。

④ Deborah J. Short, *Integrating Language and Culture in the Social Studies*, Academic Discourse, 1996, p. 109.

在我国，民办高校由地方政府统筹管理，地方政府很少对其提供经费资助，或者仅向少数民办高校提供有限资助。因此我国大部分民办高校主要依靠收取学费来获得办学经费。在缺少政府资助、捐赠收入微薄而创收受到政策限制或自身创收能力较弱的情况下，部分民办高校因生源短缺面临较大的竞争和生存压力。在高等教育即将步入普及化的今天，有的民办高校倒闭或者被兼并。经费短缺日益成为制约我国民办高校进一步发展的主要因素。

（三）政府许可或支持私立高校采取市场化发展模式

从国际上看，高等教育产业化或高校按市场化模式运行正成为一种潮流，这一方面是市场经济的引导，另一方面还要归于政府的积极推动。高校从象牙塔逐渐走向社会的中心，"主动介入并引导社会舆论，积极建立创新导向的服务体系，提升服务水平"。[①] 高校在市场上不仅可以创造社会经济价值，还可以缓解政府压力。据统计，到2005年巴西营利性高校在校生人数占高等教育规模的19%；即使在越南，部分私立高校也在实际上从事着营利性活动；在菲律宾，营利性中学后教育机构长期存在，一些教育机构还在证券交易市场上发行了自己的股票，市场化特征显著；南非则允许营利性高校存在，并要求其按照公司法注册，营利性高等教育规模占南非私立高等教育规模的2/3；在乌克兰，私立高等教育以营利性为主，营利性高校多采取企业运行模式。

美国是营利性高等教育最发达的国家。美国最早的营利性教育机构可追溯到18世纪初，到1860年，美国营利性教育机构就已增加到了154所。[②] 1980—2000年是营利性高等教育在美国发展的黄金时代，有学位授予权的4年制营利性私立高校由18所增长为277所，营利性4年制私立高校占4年制高校总数的比例由不足1%上升为超过11%。[③] 1991年，美国第一家营利性高等教育学位授予机构德锐大学（Devry University）在证券

[①] 刘福才、张继明：《高校智库的价值定位与可持续发展》，《教育研究》2017年第10期。

[②] [美]纳尔逊·曼弗雷德·布莱克：《美国社会生活与思想史》（上册），许季鸿译，商务印书馆1994年版，第419页。

[③] 周谊：《美国营利性私立高等教育的发展》，《统计研究》2005年第6期。

交易所上市,到了1999年,这样的上市公司有40多所。① 劳瑞德国际学校(Laureate International University)是美国最大的高等教育公司,其通过股票市场融资,不仅在美国境内多个地方办学,而且还收购了智利、墨西哥等国的一些私立学校,从事营利性高等教育活动。美国允许营利性教育机构的存在,并要求同企业采取统一纳税标准,通常要预留出税前收入的40%用于缴纳税款。② 1992年,美国国会针对营利性高等教育的种种问题,为了防止学生财务资助方面的欺诈,重新修订了法规,要求想得到联邦资助的学校严格招生程序,建立更严格的认证标准,把营利性高等教育纳入认证管理体系之下,从而使营利性私立高校在更规范的体制下发展。据统计,到2002—2003年度,美国4年制营利性私立高校有297所,占全美高校总数的7.1%,两年制营利性私立高校有494所,占高校总数的11.9%。③到目前为止,美国已经有几十家高等教育上市机构以教育投资公司的形式进入资本市场,并表现出良好的发展势头和资本业绩。营利性高等教育进入具有风险的资本市场,不仅仅是为营利性高等教育提供了融资渠道,也为其他类型的高等教育拓宽了融资渠道,还为世界高等教育的融资和投资提供了一种范例。

　　日本的私立高等教育系统中,也存在营利性高校。营利性高校一般设有由学校股东组成的董事会,股东每年按章程规定的比例提取办学所获利润,按股分红。可见,这类私立高校在运行机制上呈高度企业化特征。不容讳言,在企业化运行及其管理模式同高校本身的教育职能之间存在某种矛盾,即营利性的追求对公益性功能具有一定的负面影响。为了保障教育质量,规范办学秩序,日本政府对营利性高校制定了比对其他私立学校严格得多的管理制度,④ 通过严格的质量保障体系来维系营利性私立高校的

---

① 温松岩:《美国私立高等教育的发展、演变、特征与未来走势》,《清华大学教育研究》2005年第4期。
② Richad S. Ruch, *Higher Ed. Inc.: The Rise of the For-Profit University*, Baltimore: Ther John Hopkins University Press, 2001, pp. 54 – 55.
③ 温松岩:《美国私立高等教育的发展、演变、特征与未来走势》,《清华大学教育研究》2005年第4期。
④ 张有声:《日本私立高等教育管理的特点及启示》,《教育研究》2005年第10期。

教育质量及其社会公共价值。而在印度，市场化战略给私立高等教育带来生机的同时，"私营化必将使高等教育整体质量下滑的局面雪上加霜"。[①]

当然，也有些国家并不允许私立高校营利，例如越南于 2005 年制订的《教育法》规定：越南教育是属于社会主义性质的教育，因此教育中的商业化行为应予禁止；拉丁美洲绝大多数国家的法律法规也不允许营利性高等教育机构的存在。

（四）引进外资发展本国的私立高等教育

一方面为了减轻本国政府的高等教育财政压力，另一方面也基于提高本国高等教育水平的需要，部分国家注重引进国外资源来发展本国高等教育。随着高等教育服务贸易日渐发达，中外合作办学、引入国外高等教育机构或向他国输出高等教育服务的数量越来越多。例如在马来西亚，1994 年国会通过了相关法案，其中包括允许外国大学到马来西亚设立分校，一些外国大学纷纷在马来西亚设立分校。[②] 在 1998 年至 2000 年，多所外国大学在马来西亚设立分校，如澳大利亚的摩那思大学（Monash University）、柯汀大学（Curtin University）和英国的诺丁汉大学（University of Nottingham）等，这些分校构成了马来西亚私立大学的主体。[③] 值得提及的是，2013 年，中国厦门大学与马来西亚签订协议，在马西亚来建立厦门大学分校。这是我国大陆公立大学在海外设立分校的首例。[④] 南非私立高等教育在 1994 年大选之后进入了发展的新阶段，发展的路径之一就是吸引跨国教育机构进入南非高等教育市场。目前在南非政府注册的跨国高校有澳大利亚的邦德大学（Bond University）、莫纳什大学（Monash University）、荷兰商学院（Busi-ness School Netherlands）和英国蒙特福德大学（De Montfort University）等。[⑤] 此外，在一些阿拉伯国家，政府也鼓励本国私立大学与美国、欧洲的大学合作办学。我国近些年也非常注重引进国外优质高等教育资源，英、美等国家的部分著名大学在中国开设分

[①] 安双宏：《印度高等教育私营化：进退两难的战略抉择》，《比较教育研究》2014 年第 2 期。

[②] 李毅：《蓬勃发展的马来西亚私立高等教育》，《比较教育研究》2003 年第 8 期。

[③] 陈武元：《马来西亚私立高等教育国际化论析》，《外国教育研究》2007 年第 2 期。

[④] 《厦门大学兴建马来西亚分校》，《福建日报》2013 年 10 月 12 日。

[⑤] 牛长松：《南非私立高等教育的发展及政策干预》，《教育发展研究》2007 年第 9B 期。

校或实施合作办学,如英国诺丁汉大学在浙江省宁波创办了诺丁汉大学,纽约州立大学(State University of New York)同华东师范大学在上海共同创立"上海纽约大学",等等。但对于中外合作办学的高等教育机构的属性,即是属于公办还是属于民办,在国内尚存在一定的争论。[①] 而属性不明确,缺乏明确的政策指导,对于我国进一步发展中外合作办学是不利的。

随着全球化、国际化程度的不断加深,世界各国私立高等教育与经济全球化趋势的结合越来越紧密,形成了一些跨境教育机构和跨境教育,跨境教育被纳入 WTO 贸易服务范畴,而一些发达国家也充分利用高等教育贸易服务来拉动本国经济发展。在高等教育国际贸易活动中,出口国以英国、澳大利亚、美国等经济、社会和高等教育发达国家为主,进口国包括几乎所有的发展中国家。

(五) 政府在税收等政策方面提供支持

政府的财政资助对于各国私立高等教育的发展有着重要影响,任何一个国家政府的私立高等教育政策在很大程度上决定着私立高等教育的生存和发展环境。世界上大多数国家也都通过政策和制度供给来影响本国私立高等教育的发展。

在拉丁美洲,巴西是唯一一个私立高等教育发展快于公立高等教育的国家。据统计,在 20 世纪 90 年代末,巴西全国 150 多所大学中,私立大学比例超过了 54%,在全国 700 多所独立学院中,私立学院更是占到了 91%。有学者指出,巴西私立高等教育之所以发展迅速,正是得益于巴西政府推行的宽松政策,如简化审批手续、免征部分税收、增加贷款等。[②] 再如日本,政府创立了日本私学振兴财团,作为负责发放日本政府给予私立高校补助费的机构,国家向私学振兴财团投入经费,以向私立高校发放长期低息贷款的形式保证私立高校大型基础设施的购置与修建,帮助私立高校缓解资金问题。

各国政府通过政策来支持私立高等教育发展的一个重要方式是对私立

[①] 刘梦今:《中外合作大学公私属性之辨》,《中国高教研究》2014 年第 11 期。
[②] 王留栓:《巴西的私立高等教育》,《教育科学》2004 年第 4 期。

高校实施税收优惠，即减少税收或免去税收。例如美国，密歇根州免除州内大学的汽油税和销售税，南卡罗来纳州允许私立高校开展房地产业并给予税收优惠，另有11个州免除了私立高校的公债。[①] 相关研究发现，美国私立高校被免除的不动产税的总值就相当于他们总收入的15%。[②] 在日本，政府亦通过减免本应课税的租税直接扶持私立高等教育，主要包括免征法人税和事业税，免征用于教育的校舍和体育馆的固定资产税，降低私立高校收益事业所得部分的税率以及收益转亏损资金的处理。[③] 在各国私立高校的经费来源中，慈善捐赠也是一个重要渠道。在美国，社会捐赠是私立高等院校的重要经费来源，美国《时代周刊》报道说：2002年美国人捐赠金额达到1900亿美元，其中很大一部分流向了私立高校。[④] 个人和团体向高等院校提供大量的慈善资助既是基于自愿，也是政府政策引导的结果。在美国，联邦政府和州政府为了鼓励企业慈善机构和个人资助高等教育，制定了专门的税收法律，如《统一普通信托基金法》、《美国非营利法人示范法》、《美国慈善捐赠法》等。法律规定，凡是向非营利机构（其中主要是教会和高等学校）捐赠基金、款项、设备和不动产等的机构和个人都可享受一定比例的所得税优惠。而根据联邦遗产税法的规定，捐赠给教育机构的遗产可以不受限制地免除遗产税，而如果将财产遗赠给子女，子女则要交纳高额遗产税。[⑤] 提供捐赠的公司或团体可以要求对其任意一年不超过10%的应缴税收入实行税收减征，超过最高减税捐赠额的部分可顺延，最长可延至5年。[⑥] 而我国民办高校获得社会捐赠的机会相对较少，一个重要原因就是社会捐赠的法律政策体系缺失，税收激励机制不

---

① 万安中：《美、韩、印度私立高等教育发展经验及启示》，《高教探索》2007年第4期。
② 王金瑶：《美国私立高等教育发展的资金支撑体系及启示》，《高等工程教育研究》2003年第4期。
③ 张平：《政府对私立高等教育经费扶持的策略与模式》，《外国教育研究》2007年第4期。
④ 蒋国河：《推进高等教育捐赠事业：价值传承和制度创新》，《江苏高教》2005年第6期。
⑤ Edited by David W. Breneman and Chester E. Fin, Jr, *Public Policy and Private Higher Education*, Washington D. C. : The Brookings Institution, 1978, p.285.
⑥ ［美］贝奇·布查特·阿德勒：《美国慈善法指南》，NPO信息咨询中心主译，中国社会科学出版社2002年版，第19页。

完善。①

四 私立高等教育财政资助的主要流向

(一) 民办高校运转日常支出与发展专项支出

"运转日常支出"是指维持学校正常运转所需要的经费支出,发展专项支出是指学校改革发展中所需要的特别支出。世界上多数国家都会对私立高等教育提供财政资助,但是多数国家即使向私立高校提供财政资助,一般也不会为私立高校的日常运转提供经费支持,也有少数国家,政府还会为私立高校的日常运作埋单。例如,在日本,私立大学25%的教育经费来源于政府资助,而提供"一般性补助"是政府资助的重要内容。"一般性补助"是一种根据教职员工和学生数量来确定的高校经常费补助,用于支持学校的日常运行。在印度,政府对受助私立学院的财政资助是全方位的,其中就包括日常经费,如教师薪资等,这与政府对公立高校的资助力度和范畴基本上是一致的。除了日常支出,政府还对私立高校提供专项基金。例如,日本政府除了向私立大学提供一般性补助,还设特别补助金,即一种用于扶持特色教育研究的补助,与一般性补助相比较,特别补助更倾向于推动大学的变革、教育技术的进步。在我国,目前政府一般是以专项投入的方式来对民办高校进行有限资助,其中支持民办高校专业建设、学科建设是政府提供专项资助的重要内容。

(二) 学生资助是各国政府向民办高校提供财政资助的重要方式

美国联邦资助包括学生财政资助和研究资助,并设立了各种助学金计划,如复员军人助学金、院校工读项目教育机会助学金、佩尔助学金等。联邦政府提供的助学金直接发放到学生手上,联邦银行向学生提供的低息贷款,则由政府担保。各州政府也都有某种形式的学生资助项目。② 日本政府在奖助学金上也具有代表性。"二战"后的日本实行育英奖学,以资金来源为据分为国家和地方政府及民间团体两个层面的奖学金。根据日本

---

① 张小萍:《中国高校捐赠收入现状、问题及对策》,《教育发展研究》2012年第23期。
② 王金瑶:《美国私立高等教育发展的资金支撑体系及启示》,《高等工程教育研究》2003年第4期。

《育英会法》及其施行令,私立高校中学习成绩优秀而经济困难者,不仅可同国立、公立高校同类困难学生一样,向育英会申请低息或无息贷款,而且每月的贷款金额还可高于国立、公立高校学生。① 在澳大利亚,政府对私立高等教育由自由放任到有限资助,也主要是通过学生资助项目的方式来实施的。在俄罗斯,国家对私立高校实施一定程度的财政资助,私立大学均可以得到政府按计划内名额招收的学生下拨的经费。② 在菲律宾,国家先后通过了第一部资助私立高等教育的专门法律,即"共和国6728号法案"及其修订稿"共和国8545号法案",扩大对私立高校的学生补助。前文讲过,随着私立高等教育价值的不断凸显,澳大利亚政府对私立高校逐步实施资助计划,2003年12月,澳大利亚议会通过了《高等教育支持法案2003》,明确了学生贷款、学生奖学金等政策。③

(三) 教学与科研资助是政府向私立高校提供财政资助的重要手段

在日本,科研设施设备资助是政府支持私立大学的重要手段。1957年日本国会就通过了《国家对私立大学科研设备补助法》,日本政府在预算范围内承担用于学术基础研究所必需的设备的购置经费的很大一部分,最高比例可达总额的2/3。到1983年,日本政府又建立了私立高校研究生院教学科研设备补助金制度,用于购买尖端设备,以进一步提高私立高校的技术教育质量和科研水平。1992年开始,政府又开始实施一种新型的特别补助,即对教学、研究有出色成就的大学研究生院,给予研究经费,配备专门为研究生服务的教师助手。④ 在美国,联邦政府主要是依靠经济杠杆即科研经费配置手段对高校施加影响,另外,州和地方政府的研究和发展资助拨款也日益成为私立高校资金收入的重要来源。在印度,教学和科研也是中央及各邦政府向受助私立学院提供财政经费的主要方法,同时,纯私立学院也主要在教学和科研领域从政府那里获得少量的竞争性资金。在菲律宾,国家实施了面向公、私立高校的"高等教育发展计划"(Higher

---

① 张平:《政府对私立高等教育经费扶持的策略与模式》,《外国教育研究》2007年第4期。
② 李芳:《俄罗斯高等教育经费资源的配置问题分析》,《复旦教育论坛》2006年第3期。
③ 包桂影:《澳中私立高等教育比较》,《教育探索》2014年第10期。
④ 董丽敏:《中日私立高等教育比较研究》,《高教探索》2004年第2期。

Education Development Project，HEDP），向高校提供经费资助，而资助的主要依据就是看本科专业教学及研究生教育质量、科研水平是否达到了国家规定的标准。[1]

五 国际私立高等教育经费政策研究的几点评论

私立或民办高等教育经费政策是高等教育研究的一个热点，随着我国民办高等教育的发展，学界对我国民办高等教育经费问题展开了相关探索。我国学者关于这一课题的研究主要反映在两个方向，一是对其他国家私立高等教育经费政策的介绍性研究，关注的国家既有发达国家如美国、日本、澳大利亚及韩国等国家，也有如巴西、南非、印度及马来西亚、菲律宾等发展中国家。目前，这类研究成为私立高等教育经费政策研究成果的主体，主要对各国政府对私立高等教育的财政资助及相关政策、私立高校发展中的多元筹资模式等进行了研究（如以上一、二、三、四部分所述）。二是关于我国民办高等教育经费政策的研究，其中政府的民办高等教育公共财政政策是研究的焦点，围绕政府资助民办高等教育的理论必然性、现实必要性和重要性、资助模式等做出了分析，具体如下：

其一，关于政府资助民办高等教育的理论必然性。有学者从公共产品理论出发，讨论了民办高等教育的产品属性，认为民办高等教育并非纯粹的私人产品，而是具有显著的准公共产品性质，因而政府理应为之提供财政资助[2]。对于此观点，国外学者早就有着一致性的认识，美国私立教育专家杨伯翰大学（Brigham Young University）教授兰德尔（E. Vance Randall）就指出，私校的"公性"（即公益性）是私学公助的重要依据。[3] 有学者甚至认为，政府对民办高等教育提供资助越多，其公益性就越能得到保障。[4] 而且，民办高校在履行公益性角色时因不能直接追求市场效益最

---

[1] 陈武元、薄云：《试析菲律宾私立高等教育的政府资助体系》，《高等教育研究》2006年第12期。

[2] 张剑波：《论民办高等教育成本的政府分担》，《大学教育科学》2006年第6期。

[3] E. Vance Randall, *Private schools & Public Power: a case for pluralism*, Columbia University: Teachers College Press, 1994, pp. 146–148.

[4] 朱永新：《关于进一步完善民办高校资助政策的思考》，《辽宁教育研究》2007年第5期。

大化而受到损失，因此政府有必要对民办高校进行财政补贴。[1] 有学者从外部性理论出发，认为教育存在着的正外部性（externality）特征是许多国家政府为私立教育提供财政资助的一个主要理论依据，而我国民办高等教育服务具有显著的公益性，除了受教者个人，社会及政府都从民办高等教育的发展中受益，因而政府有责任为其提供财政支持。[2] 有的学者还立足于成本分担理论"谁受益，谁付费"的原则，指出高等教育成本应由纳税人（政府为代表）、学生、学生家长和社会人士（捐赠者）共同分担，而政府作为社会和国家公共利益的唯一代表，其社会公共职能通过民办高校得到了实现，因而有责任和义务将部分财政收入拨付给民办高校。[3]

其二，关于政府为民办高等教育提供财政资助的现实必要性，有学者从教育与社会公平的视角出发，指出学费的无限增长会影响到教育机会分配，而这又进一步导致社会不公，政府提供给民办高校财政经费，是国家履行社会公共职能的体现，有助于保障教育公平和社会公平。[4] 有学者则从高等教育大众化发展同民办高等教育关系的角度出发，指出政府扶持的水平和力度将直接决定私立高等教育经费能否得以满足，进而影响到我国私立高等教育的发展和高等教育大众化的实现。[5] 而有学者指出，当前我国民办高校的发展已经在实际上促进了高等教育大众化的进程，顺应了教育和社会的进步，从这一点出发，政府也为之提供一定的经费资助。[6]

其三，关于政府如何支持民办高等教育发展，实施政策扶持和法律保障是共识，包括厘清民办高校产权性质、拓宽民办高校多元筹资融资渠道、完善社会教育捐赠的引导和规范体系、建立健全民办高等教育促进或资助法案、民办高校介入资本市场、积极探索营利性民办高等教育发展等；还有学者提出了更加具体的方案设计，如设立民办学校教师专项基

---

[1] 柯佑祥：《适度盈利与民办高等教育的发展》，南京师范大学出版社2003年版，第279页。
[2] 阎凤桥：《对我国民办教育有关政策的经济学分析》，《浙江树人大学学报》2005年第3期。
[3] 曹文、陈建成：《财政资助民办教育的政策研究》，《东岳论丛》2007年第2期。
[4] 王斌林、黎志华：《论民办高校发展与政府资助》，《民办教育研究》2004年第20期。
[5] 邬大光：《我国高等教育大众化的基本特征与政府的责任》，《教育研究》2002年第3期。
[6] 胡大白：《民办高校在中国高等教育大众化进程中的作用》，《黄河科技大学学报》2004年第12期。

金、以教育券方式资助民办高校等。

以上研究从不同的视角就私立或民办高等教育经费问题进行探讨，对于逐步建立和完善我国民办高等教育改革和发展理论，尤其是对于促进我国民办高等教育经费政策体系的完善，有着重要的启示和指导价值。但客观地说，要进一步促进关于我国民办高等教育经费政策的理论和实践发展，当前的研究尚显粗糙，还存在进一步提升、完善的较大空间。

第一，关于国外私立高等教育经费政策研究，仍需要进一步深化，并加强系统性研究。关于国外私立高等教育经费政策，大多数停留在对国外模式进行简单介绍的层面，缺少深度的理论解析和理论升华，而且对于模式背后的相关因素，例如一国之私立高等教育发展历程、私立高等教育的体制、政策和文化环境等缺少深入分析；而对于国外私立高等教育经费政策的研究缺乏系统性，主要反映在缺乏对经费来源、分配和评估及管理等各层面和角度的探索。

第二，关于我国民办高等教育经费政策的研究，在很大程度上对相关政策的把握尚不够清晰。由于体制或政策是影响我国民办高等教育发展的关键性因素，因此需要进一步通过对相关政策文本的分析，对我国民办高等教育政策有一个历史性的认识，从政策演变来看我国民办高等教育发展政策的变化，同时也才能当前制约我国民办高等教育多元筹资能力提升的政策性原因。

第三，在研究范式上，目前关于私立或民办高等教育经费问题的研究多局限于文本研究、政策解读及规范性研究，而实证研究相对不足。经费政策是一个实践性很强的课题，缺乏充分的实地调查，就难以真正把握当前我国民办高等教育经费政策的不足及其在实施中遇到的问题，因而也难以立足现实提出改革传统民办高等教育经费政策的具有针对性、客观性的路径或策略。

第四，经费政策研究的专业视角相对不足。具体来说，民办高等教育经费政策不只是一个教育问题，还是一个政治和政策性问题，也是一个经济和财政性问题，因此除了要从教育学视角来分析，还需要从政治学、经济学、财政学等视角来分析。那么这就需要了解政治学、经济学、财政学的相关理论,依此来确立我国民办高等教育经费政策的分析框架,对国内外民办(私立)高等教育经费政策进行专业的分析。

基于以上几点,本课题将着力加强对国外私立高等教育经费政策的深入、系统化研究,加强对我国民办高等教育经费政策的政策分析和实践调查研究,加强政治学、经济学、财政学视角和理论工具的运用,从经费政策的各个环节对我国当前民办高等教育经费政策进行分析,从而力争形成专业的认识,并提出专业的治理方案。

第一章 私立高等教育属性及发展的主要影响因素

人类高等教育的发展已经有数千年的历史。自中世纪大学诞生以来，高等教育系统从自治状态，越来越多地过渡到教会赞助、接受国家和地方政府的拨款支持，并逐渐从受宗教组织控制转向受世俗政府的管理。长期以来，私立高等教育的属性问题一直是人们争论的焦点，对私立高等教育属性的正确认识是促进私立高等教育发展的重要思想基础。20世纪中期以来，注重效益的高等教育发展取向、公办高等教育供给不足、政府对私立高校的系统扶持是影响私立高等教育发展的重要因素。

第一节 私立高等教育的历史演进

纵观高等教育的发展历程，私立高等教育的发展大致可以划分为古代私立高等教育、中世纪私立高等教育、文艺复兴和宗教改革运动时期的私立高等教育、近现代以来的私立高等教育四个历史发展时期。

一 古代私立高等教育

从广泛的意义上而言，人类高等教育可追溯到古代，欧洲中世纪大学创办之前，古代东方埃及、印度、中国都是人类高等教育的发源地，例如，埃及新王国时期的海立欧普立斯大寺，两千多年前古印度的塔克撒舍拉和那兰陀寺大学，中国春秋战国时代的鸿都门学、稷下学宫，都是研究高深学问和培养高等专业人才的高等教育机构。这些高等教育机构举办主体多元，包括世俗政权、教会及私人；以培养政府官员和神职人员为目标；教学内容注重传授实用的知识，办学水平参差不齐，高等学校与其他学校或机构的界限也不甚分明；在制度、管理和规模上尚处在初级水平或萌芽状态。

在西方，古希腊、古罗马、拜占庭帝国及阿拉伯国家也都建立了较为完善和发达的高等教育机构。其中，柏拉图学园是雅典传统教育和毕达哥拉斯学派教育经验的结合，被看作雅典第一个永久性的高等教育机构，也一直是古代（中世纪前）引人注目的高等教育机构，其创办具有划时代的意义。亚里士多德创办的吕克昂学园，注重研究和实验，可看作古代最早实施教学和研究相结合的私立高等教育研究机构。罗马于公元前1世纪建立了拉丁文修辞学校，是古罗马主要的高等教育机构。在拜占庭时期，君士坦丁堡大学是规模最大、影响最为深远的世俗性高等教育机构，除此之外，拜占庭有名的高等教育机构还有主教学校。阿拉伯最早的高等教育形式是图书收集机构和翻译者聚集的中心。但严格来说，它们都不是真正意义上的大学，而是人类高等教育机构的原型。这些高等教育机构，尤其是拜占庭和阿拉伯的高等教育机构，保存并传播了古希腊、古罗马文化，推动了真正意义上的欧洲中世纪大学的诞生。可见，大学从一产生起就具有双重属性，既带有私立性质，又受到来自公共权力的统治和维护。

二 中世纪的私立高等教育

现代意义上的大学源于12世纪的法国和意大利。中世纪欧洲的各个国家处于四分五裂、高度分权的状态，王权与教权之间、社会各级政治阶层之间长期进行物质和军事的斗争。中世纪末期，为了摆脱封建制度的束缚，争取自主权力，市镇重新兴起，并通过特许状的形式从国王、贵族、主教或修道院院长那里获得了合法地位。在市镇内部，商人和手工业者联合起来，成立了商人行会或手工业行会，纷纷要求拥有自己的法人身份。"大学就是在这种分权的、有社团思想的精神影响下发展起来的……并很快形成了行会的组织形式，正是这种组织形式使中世纪大学获得了力量、持久性和一定的自主性。"① 中世纪大学正是在市镇兴起、城市经济、社会因素、知识因素等众多条件综合作用下，基于对知识和学问的共同兴趣和爱好，自发组织起来的学者团体和行会组织。

作为一个学者团体和行会组织，中世纪大学是一个自治的机构。因为大学起源于行会，而行会根据罗马法是一个自治体，因此，学者行会就顺理成章地成为法人团体，拥有自治权，学者行会成员可以自己处理和管理行会内部的事务。在中世纪史研究专家雅克·韦尔热（Jacques Verger）看来，"在中世纪的拉丁语中，大学同时由'studium'和'universitas'表示。'studium'意味着高等教育机构，'universitas'表示行会，它保证高等教育机构的自治并行使其功能。在高等教育机构的生活中，行会组织为基础和首要的现实"。② 大学作为行会、社团的含义显示出欧洲大学在其建立之初的组织形态，即仿照行业行会组织的从事学术活动的特殊团体，建立这种团体的主要目的是维护自身的相关利益。因此，欧洲大学成立肇始便先天具备浓厚的自治色彩。

中世纪欧洲大学具有两种类型：一种是以"博洛尼亚大学模式"为基础的意大利大学，以学生管理为特色，由学生团体集资举办，自行租借场地、聘请教师并组织管理教学。在市政当局设立博洛尼亚大学教师薪金制度以前，大多数教师收入主要依靠学生的学费，但也间接接受来自于城市国家或罗马教会的补助。从13世纪晚期开始，博洛尼亚市政当局逐渐介入学校事务，并提供有财政支持的教师职位。教师收入不再依赖于学生的学费，标志着博洛尼亚大学学生权利的衰退。以博洛尼亚大学为代表的学生型大学模式，最早被引入到1222年建立的帕多瓦大学。在14世纪和15世纪，学生型大学模式由意大利扩展到法国各地方性大学，在16世纪初的西班牙和葡萄牙也可以找到它们的踪迹。后来，该模式被输入到南美，一直存续至20世纪。

另一种是以巴黎大学为代表的"教会大学模式"，以教会举办、教师经营管理为主要形式，如巴黎大学就以巴黎圣母院为起点。巴黎大学在发

---

① [美]伯顿·克拉克：《高等教育新论》，王承绪等译，浙江教育出版社2001年版，第29页。
② [法]雅克·韦尔热：《中世纪大学》，王晓辉译，上海人民出版社2007年版，第38页。

展过程中也得到了国王和行政当局的支持,1200 年法国国王承认巴黎大学的学者具有合法的牧师资格,具有世俗当局的司法豁免权。1215 年,教皇特使为巴黎大学制定了第一个学校章程,巴黎的教师协会正式获得了合法团体的资格,巴黎大学的身份得到了法律认可。1231 年,巴黎大学摆脱了主教的控制,成为一个独立的法人资格团体。

从中世纪大学的起源和发展来看,中世纪大学的形成与教师、学生行会组织的建立有密切关系,与当时市政当局的意愿关系不大。因此可以说,中世纪大学在创办之初就带有私立的性质。作为"学者行会"的中世纪大学,其行会的性质确保了大学的自治权。无论是教师管理型大学还是学生管理型大学,都是一个相对独立的自治单位,享有多种特权,包括居住自由,生活和教学秩序不受干扰,司法独立,罢课与迁徙,免除税赋和兵役权,自主颁发教学许可证等。"这些特权一方面是大学及其师生为了维护自身权利同教会、国王和市政当局进行斗争获得的,另一方面也是大学巧妙利用国王和教会的矛盾而获得的。"[①] 这些特权是由教皇、国王、诸侯及城市当局授予的,正是这些特权保护了大学的自由,为大学在西欧各地的勃兴奠定了基础。

在大学发展过程中,一方面市政当局意识到大学在经济、政治、文化、教育方面的积极作用,开始更多地关注大学事务;另一方面,大学在财政方面越来越需要市政当局的支持和保护。因此,政府越来越多地介入到大学的管理中,使原先更多具有私立性质的中世纪大学逐步变成了具有"公、私"混合属性的大学。

三 文艺复兴和宗教改革运动时期的私立高等教育

中世纪后期,特别是 15 世纪后期开始,西欧各国王权日益得到加强。文艺复兴和宗教改革运动时代是欧洲走出中世纪、走向近现代的重要奠基阶段,是西方在已有大学机构的基础上构建近代高等教育体制的准备阶段,加快了近代大学从教会走向世俗化的历史进程。"近代大学不管是自

[①] 李文成、韩和鸣:《国外私立高等教育发展研究》,郑州大学出版社 2007 年版,第 9 页。

治还是受政府控制，都是一个民族国家的机构，与国家的强盛、民族的声誉和文化密切相联。"[①]

文艺复兴时期启动了高等教育从中世纪向近代的转变，新兴民族国家的诞生对大学的发展产生了重大影响。有些王室和市政当局自己创办大学，如德意志各诸侯国；有些王室通过各种措施加强对原有大学的控制，如法国对巴黎大学的控制。通过诸多措施，大学逐渐摆脱了来自教会的直接影响，越来越明显地受到了世俗政权的干预乃至控制。

宗教改革运动极力反对教会独立掌控文化和教育的权力，对于整个教育制度尤其是大学产生了深刻冲击。新旧宗教势力和王权围绕大学展开的争夺及其对大学的干涉和监管，无疑极大地破坏了大学的学术自由和自治。自中世纪以来，大学所获得的各种特权、自治和自由在这一时期几乎丧失殆尽。在大多数新教国家，在办学权力由宗教转移到政府过程中，许多大学出现了办学资金严重短缺问题。由于资金短缺，大学里的学生成分逐渐发生了变化。在新教国家，以前靠领取教会奖学金来完成学业的那些贫困学生数量越来越少，而富家子弟和权贵子弟进入大学的比率越来越大。宗教改革促进了"以地方世俗政府的权威取代天主教会的权威"[②]，高等教育机构越来越明显地成为政府控制的工具。甚至要求大学教授不仅要宣誓效忠国王，还要对政府承认的教义进行效忠。大学的学生也失去了应有的学习自由选择权利。在这种强有力的政府外力干预下，正如一些学者所言："随着欧洲逐渐被划分成一些中央集权的政治单位和宗教单位，大学丧失了它们一贯具有的国际性。它们变成了地区性的中心，为它们坐落在其版图内的国家服务。"[③] 欧洲有很多大学，从原来开放的国际性大学，逐渐萎缩为仅仅服务于单一区域的国内大学。

四 近现代以来的私立高等教育

近代以后，在英、法、德为代表的西欧国家，基于政府对高等教育的

[①] 刘海峰、史静寰：《高等教育史》，高等教育出版社2010年版，第314页。
[②] 贺国庆、王保星、朱文富等：《外国高等教育史》，人民教育出版社2006年版，第67页。
[③] 同上。

全面控制，占据统治地位的主要是公办高等教育，相比较而言，私立高等教育在发展过程中逐渐式微，究其原因，主要与中世纪后期以来近代民族国家教育权力的高度扩张密切相关。尽管文艺复兴时期提倡解放天性、尊重个性，但18—19世纪，欧洲普遍盛行的国家主义思想把教育看成强国富民的工具。教育所固有的追求知识和自由的功能逐渐被国家意志狭隘化。在这种思想指引下，私立教育失去了发展的土壤。18世纪末，一批由政府公共财政出资建造并支持日常办学运行的公立大学在法、德等欧洲大陆国家逐渐形成，如法国的巴黎高等师范学校、德国的柏林大学等。国家或者地方政府拥有大学的产权，政府提供日常办学经费，甚至为学生提供免费或极低学费的高等教育服务。由德国的领主建立的"联邦大学"在19世纪初进化为德国的"国家设施型大学"[①]，德国大学不再属于独立社团，变成了完全的公立机构。德国的做法被其他国家所效仿，日本明治维新时期，日本政府全面学习借鉴德国大学的办学模式，帝国大学系统逐渐建立起来。

英国私立大学的原型传播到美国后，在殖民地区域形成了以有志者捐赠的财产为基础设立和运营的新型大学，即殖民地学院。这些大学具有公私混合的特性。在美国高等教育发展历程中，1819年的"达特茅斯案"，是私立大学与公立大学的分水岭，由此"私立大学"的概念在美国得以进一步明确。"达特茅斯案"的判决背后的法理精神，体现了宪法关于宗教与国家相分离的基本思想，积极支持私立的宗教自愿组织有正当权利按照自身设定的目标自主地进行发展，"使美国从殖民地时期广泛的民间非正式社会参与，转变为现代社会所具有的合同和契约属性"[②]。这一判决基于这样一种思想体系，即社会所必需的公共服务不仅仅由国家提供，可以有多种形态；提供这种公共服务的公共团体可以是各级政府，也可以是有志团体。

[①] 国家设施型大学属于国家所有，对政府来说，国家设施型大学原则上是政府组织的一部分，大学所属人员和设施为国家所有。

[②] 阎凤桥：《从制度演进视角探讨私立教育的营利与非营利属性之区分》，《教育与经济》2014年第5期。

大学被国家控制的事实，在欧洲大部分国家一直延续到近现代。尽管到 20 世纪 60 年代以后，随着经济的高速发展及新自由主义思潮的兴起，一批私立高等专科学校等短期高等教育机构在英、法、德兴起，但并没有改变公办高等教育占统治地位的现状。20 世纪 80 年代以来，随着世界经济全球化、知识经济时代的到来，以及经济市场化、文化多元化、高等教育需求多样化、教育民主化的兴起，各国视科学技术为第一生产力，注重人力资本的开发和利用，把提高科技创新作为促进社会经济发展、提升国际竞争力的基本手段，重新认识高等教育的重要职能，并积极鼓励私立高等教育机构的发展，很多国家出现了由个人、社会团体、合作组织、企业等非政府单位和部门兴办的各种类型和形式的教育机构，私立高等教育在全球范围内重新勃生。目前，在世界范围内，私立高等教育在教育体系中的作用越来越重要，成为各国教育活动中不可或缺的重要组成部分。

五　私立高等教育的发展特点

自中世纪大学诞生以来，高等教育系统从自治状态，越来越多地过渡到教会赞助、受到国家和地方政府的拨款支持，逐渐从受宗教组织控制转向受到世俗政府的控制。"近现代大学的发展史，既是以'自由和控制'为中心主题的矛盾关系的历史，也是一部内部逻辑与外部压力不断对抗、相互制约、继而在新的起点上建立新的平衡的历史。"[①] 一方面，大学的要义是一个知识共同体，其使命是对知识的自由探索；另一方面，举办大学需要与社会发生各种关联，特别需要诸多外在资源的支持，但是，大学一旦受控于各种外在力量，如教会、国家试图对大学进行干预和控制时，往往会对大学的教学和研究自由产生不利影响。纵观世界各国私立高等教育，尽管各国国情不同，私立高等教育发展过程呈现不同特色，但又有许多共同特点。

（一）适应性

各国的私立高等教育的发展适应了各自国家的社会经济发展，能够满

---

① 张学文：《大学理性研究》，北京师范大学出版社 2013 年版，第 74 页。

足人们对高等教育的不同需求。正如历史学家哈罗德·珀金（Harold Perkin）所言："自 12 世纪产生于意大利和法国以来到移植到整个现代非欧洲世界为止，大学的含义和目的可以说是因时而异、因地而异，它依靠自己的形式和职能以适应当时当地的社会环境"。① 一部大学的发展史就是一部大学的更新史。

（二）多样性

正是由于需求的多样性，各国私立高等教育呈现出多样化的特征。私立高等教育办学灵活、功能多元，特点纷呈，在一定程度上满足了社会上不同层次、不同领域的教育需求。多样性和灵活性是私立高等教育机构能在激烈竞争中生存的关键，是有别于公立高等教育机构的最大特点。

（三）特色化

许多国家的私立高等教育机构在发展过程中十分重视自身定位，在立足自身办学优势的基础上，走特色化发展之路。正如伯顿·克拉克（Burton R. Clark）所言："竞争的状态能够激励一些院校像企业那样去寻找特色，并从中取得利益。"② 私立高等教育机构必须在整个高等教育系统中明确自身的办学定位，围绕自己的办学理念，形成自己的办学品牌，为自己的生存和发展赢得合法地位。

第二节　私立高等教育的属性

私立高等教育的属性问题，是世界各国高等教育共同关注的话题，并对私立高等教育当下和未来的发展产生了深刻与持续的影响。按照现代公共财政理论和社会产品的消费特征，可以将全社会的产品分为私人产品、公共产品和准公共产品三种类型。公共产品理论将包括私立高等教育在内的高等教育服务的属性定义为准公共产品。依据这样的产品属性界定，政府和市场都应成为私立高等教育的经费来源方。

---

① 李爱良：《高等教育收费制度的利益博弈》，湖南师范大学出版社 2012 年版，第 63 页。
② 李文成、韩和鸣：《国外私立高等教育发展研究》，郑州大学出版社 2007 年版，第 60 页。

一 公共产品及其主要特征

美国经济学家保罗·萨缪尔森（Paul A. Samuelson）早在1954年就提出了公共产品理论，他认为："公共产品是这样的物品：扩展其服务给新增消费者的成本为零，且无法排除人们享受的物品"。[①] 公共产品是相对于私人物品而言的，是由公共部门（政府）提供的或指私人不愿生产或无法生产、而必须由公共部门提供的产品和服务，公共产品具有非排他性和非竞争性。

按照公共产品的基本定义，可以从消费的角度归纳出三个主要特征：一是效用的不可分割性。公共产品与私人产品不同，公共产品是不可分割的，其收益不局限于愿意支付价格的个人，还可以给社区和整个社会带来广泛的收益。二是消费的非竞争性，即公共产品或服务使消费者的增加产生的边际成本为零，并且不会影响原有消费者的消费水平或从中得到的满足程度。三是消费的非排他性。作为一件物品，如果一个人不支付价格就不能使用和享用它，那么这件物品就是私有的，即排他性原则，这类物品是由市场体系即私人部门自愿提供的。所谓公共产品的非排他性，是指出于技术（技术上不可行）或成本（排他成本很高）原因，一个人对公共产品进行消费的同时，无法排除其他人对它进行消费。同时具备这三个特征的产品属于公共产品，相比之下，私人产品可以被分割成许多可以买卖的单位，谁付款，谁受益。事实上，在纯私人产品到纯公共产品两端之间，存在着一个物品序列的连续光谱，我们通常将仅具有部分纯公共产品特征的物品，称作为准公共产品。

二 私立高等教育具有准公共产品的属性

根据不同的教育服务特点和制度安排，一般将教育服务分为义务教育和非义务教育。如果将义务教育看成是赋予个人的一项基本权利并通过政府的制度安排予以保障，那么义务教育便可以看成是公共产品。义务教育

[①] [美]保罗·萨缪尔森等：《经济学》，萧琛等译，机械工业出版社1998年版，第36页。

具有全民性、强制性和免费性特征，可视为政府的一种收入再分配行为，以保障公民权利，保障社会公平。从消费的角度看，属于非义务教育的高等教育具有消费的排他性和竞争性，教育供给有限，随着受教育者数量的增加，产生"拥挤成本"，直接影响到个人享受的教育服务质量水平及满足程度。由此，高等教育在一定程度上具有私人产品的某些特性。

作为一国高等教育的重要组成部分，私立高等教育机构虽然由非政府部门提供，但却发挥着与公立高等教育机构同样的，为社会培养人才、提供先进科学技术的作用。有许多私立高等教育的非货币性收益具有外部性或公共性，个人对它的消费会产生正的外部效应。如接受高等教育可使受教育者的感知能力、倾向以及适应能力发生变化；支持公共项目的政治态度会不断发展；更多地参与公益服务和志愿事业；失业和犯罪的可能性减少；受过教育的父母及其子女的健康水平更高等。不论教育是由公共部门提供，还是由私人部门提供，教育的私有收益包括获得更多的经济收益、享受更高水平和更好生活质量的能力等。个人通过接受高水平的私立高等教育，不仅使个人和家庭直接受益，教育利益还可以间接地通过受教育者本人外溢到整个社会，有助于整体提升社会经济发展水平和国家民族的文明进步。从这个意义上来说，私立高等教育明显地又具有公共产品的特征。私立高等教育兼有公共产品与私人产品的某些属性，因此，一般被界定为准公共产品。

鉴于私立学校教育的准公共产品的特征，很多国家或地区对私立高等学校的资助通过法律形式予以确立，例如，台湾的《私立学校法》设有"奖励"专章，分别对一般性奖励、学生奖励、私立学校奖励、捐资兴学奖励等作了规定；此外，还专门发布了《私立学校奖励办法》、《捐资兴学奖励条例》等予以配合落实。英国、法国、美国等国家也有对私立学校及其学生进行资助的法律规定或具体行为，至于资助的具体方式，同各个国家具体的政治制度、文化背景密切相连。

三 私立高等教育的市场化运作

纵观历史，教育很少与商业利益挂钩，私立教育在很多国家是一种公益性事业或慈善事业。大学的非营利性贯穿了高等教育发展的历史。然而，进入20世纪80年代，在新经济思想和经济全球化的影响下，各国逐渐允许教育机构参与商业运营，也允许企业直接介入教育领域参与办学。正如米尔顿·弗里德曼（Milton Friedman）认为："我们今天的教育不是强使人们一致，而是我们受到过多一致性的威胁。我们的问题是扶持多样化，而为了做到这一点，另一种代替的制度会比公立学校制度更为有效的多"。[①] 随着市场经济的原则和机制逐渐深入到私立高等教育领域，高等教育开始被作为一个营利产业来经营，这使得私立高等教育的目的和性质发生了重大变化，也在一定程度上促进了私立教育事业发展。企业作为一个营利性机构，利用市场经济原则和机制，参与到教育私营化之中，为私立教育发展提供了富有挑战性和令人振奋的新途径，如巴西的保利斯塔大学（UNIP）、印度的安艾艾迪信技术有限公司（NIIT）和南非的教育投资有限公司。[②] 国家通过允许私立教育机构营利，吸引有实力的非政府机构或个人参与到教育事业中。这些机构和个人建立的私立教育机构可以通过市场化的运作，提供良好的校园环境、招聘高素质的教师、开设面向市场的优质课程，从而吸引更多的生源。

关于私立高等教育与市场机制之间的关系问题，一方面，有学者认为私立高等教育是"市场的晴雨表"，某种意义上而言，私立教育的发展是市场发展的产物。由于私立学校不受政府的直接控制，具有较强的办学自主权，其专业设置、课程安排、制度管理等较为灵活，因此其对市场的反应较为迅速和灵敏。另一方面，有些学者和组织对高等教育市场化和教育服务贸易持谨慎态度，如联合国教科文组织1998年召开世界高等教育大会的报告认为，"应当澄清这一方面的模糊与混淆。市场规律和竞争法则不适用于教育，包括高等教育"。伴随高等教育政策变化之后的是财政模式的变化。政府的财政资助减少了，而高校寻求其他的财源都有不同程度的

---

① ［美］米尔顿·弗里德曼：《资本主义与自由》，张瑞玉译，商务印书馆1986年版，第165页。

② 劳凯声：《变革社会中的教育权与受教育权：教育法学基本问题研究》，教育科学出版社2003年版，第19页。

成功。也许更重要的是，财政资助形式改变了，特别是来自政府的财政资助，对于所提供经费的使用赋予了更多的条件。在高等教育大众化发展形势下，私立高等教育的发展更是较为有效地缓解了政府资金投入不足的问题，切实扩大了高等教育的覆盖范围。因此，人们不应过于片面或极端地理解私立高等教育的公益性与营利性，而私立高校自身也应正确认识自身的属性，满足当前社会多样化的高等教育需求。

四 私立高等教育需要政府和市场共同提供资金

一般来说，公共产品应该由政府来提供，纯公共产品特别需要加强政府干预，通过税收的方式强迫每个人为公共产品付费。如果交由市场通过私人来提供，那么由于提供者不能强迫每个消费者付费，总会有人没有付费却享受了公共产品，公共产品的提供就会表现不足。私人产品应该由市场来提供。而对于准公共产品，同样需要来自政府的干预，原因在于，与公共产品一样，准公共产品也以它们在生产中固有的外部性（externality）为重要特征。由于外部性的存在，公共生产（公共产品）或公共补贴（公共或准公共产品）决定着那些在自由市场中供应不足的产品的生产。[①]

美国经济学家米尔顿·弗里德曼素以反对政府干预经济著称，但他仍然坚持政府在教育中发挥作用。在《资本主义与自由》一书中，弗里德曼专章讨论政府在教育中的作用，把教育的外部性称为"临近影响"（neighborhood effect），认为要维持一个稳定而民主的社会，其前提条件是保证多数公民接受最起码限度的文化教育，拥有文明社会成员必须具备的知识，认同社会的核心价值观念。至于高等教育的外部性，弗里德曼认为："在高等教育领域进行经费投入，其目的是为了培养青年人成为合格的社会公民及领袖人物"。[②] 美国经济学家兰斯·泰勒（Lance Taylor）也提出，教育水平的提高还使得某些与教育无关的政策从中受益。譬如，高学历的个

---

① [葡]佩德罗·泰克希拉等：《理想还是现实——高等教育中的市场》，胡永梅、高玲等译，北京师范大学出版社2008年版，第108—109页。

② [美]米尔顿·弗里德曼：《资本主义与自由》，张瑞玉译，商务印书馆1986年版，第83—104页。

人收入较高,从而缴纳更多的所得税和财产税,增加了政府的税收收入;教育水平高的个人更少地接受失业、医疗、养老等方面的社会救济,减少了政府的社会福利开支。[1] 基于此,政府更有义务支持包括私立高等教育在内的高等教育发展。

从教育收益的视角来分析,任何教育经费支出的直接受益者都是受教育者本人和他们的家庭,从这个角度考虑,教育的收益是可分割的。但教育并不能完全由私人市场来提供资金,政府的财政支持也是必要的,因为教育除了其可分割的私人利益外,还有重要的社会利益。这些利益可以从受教育者本人和他们的家庭外溢给社会。如果把支付教育服务的全部责任直接留给个人,由于个人不会考虑给社会带来的这种外部效益,可能导致教育经费投入不足。因为这种公共效益的收益群很广,单个学生投资者无法独占这种外部效益。这样一来,他们在进行高等教育投资时就会犹豫不决,甚至会低估投资的回报,这样学生的投资数量很容易低于社会最佳投资数量,导致高等教育经费投入不足,这在客观上就需要政府进行干预。由于整个国家和社会都因此收益,根据"受益原则",政府和社会也应该参与高等教育服务的生产和提供。由此,需要政府通过强制征税获得的财政收入对接受教育的人进行补贴,促使其接受更多的教育;或者对教育的生产者提供补贴,促使其提供更多的教育;或者由政府自身举办教育,提供免费或收费较低的教育服务。

总之,除了市场调节之外,政府通过公共政策刺激社会资源更有效率地向高等教育领域分配,是改变高等教育"投资不足"状况的一种必然选择。对于高等教育发展,尤其是私立高等教育而言,政府与市场都是必不可少的资金提供方。

第三节 影响现代私立高等教育发展的主要因素

一般而言,教育活动是教育观念、教育资源、教育需求主体和供给主

---

[1] Lori L. Taylor, *Government's role in primary and secondary education*, Federal Reserve Bank of Dallas Economic Review, 1999(1), pp. 15 – 24.

体之间相互关联的活动,私立高等教育的发展也不可能脱离这些主要因素的影响和制约。20世纪中期以来,注重效益的高等教育发展取向、公办高等教育供给不足,政府对私立高校的系统扶持是影响私立高等教育发展的主要因素。

一 注重效益的高等教育发展取向

高等教育改革发展背后常常伴随一定的价值取向。20世纪70年代后兴起的新自由主义思潮崇尚市场理念,试图利用市场法则来提高教育的功效。新自由主义者普遍认为,僵化的公立学校教育体系存在巨大的浪费、低效和质量低下,必须放开政府管制,通过市场法则及其运行机制,最大限度地提高教育投入的效率;建议不管公立学校还是私立学校,都应该由顾客的需要和竞争来决定其存亡。换言之,人们对于各种类型高等教育(包括公立和私立)的需求和自由选择的权利,还有政府以外的社会力量满足这些需求的能力,直接影响了高等教育的发展。

20世纪80年代,在西方国家兴起了一场声势浩大的政府公共部门改革运动,新公共管理理论就是对政府改革运动的一种总结和概括。新自由主义经济学作为新公共管理的理论基础之一,对新公共管理最根本的影响在于以"理性经济人"假设取代了传统公共行政中沿袭于政治学的人性恶的假设,导致了政府管理的侧重点由规制转变为激励。新公共管理反对传统政府管理模式,认为其公共服务效率低下,主张引入市场竞争的机制,如通过合同外包等策略让私立部门和非政府组织参与公共产品的供给,引入私营企业(private sectors)的管理方法,打破公共部门的垄断地位,以提高公共管理水平以及公共服务质量,实现公共资源有效配置。由此,往往被人们描述为一场追求"3E"(economy, efficiency and effectiveness,即经济、效率和效益)目标的管理改革。新公共管理通过市场化导向的高等教育改革,引入竞争机制,以顾客为导向,支持和鼓励私立大学向社会提供高质量的高等教育,以满足人们对于高等教育多样化的选择需求。总之,注重效益的高等教育发展取向成为20世纪80年代世界各国高等教育制度改革的基本依据,也是推动私立高等教育发展的主要动因之一。

二 公办高等教育供给不足

高等教育需求与供给之间的不平衡，是促使私立高等教育持续发展的另一主要动因。从世界高等教育的发展历程来看，私立高等教育是先于公办高等教育产生的——现代意义上的私立大学产生于中世纪时期，而公办大学是在近代"新大学"运动的影响下，顺应资本主义经济发展需求而产生的。但是，由于公办高校拥有政府的强大支持，因此在近现代时期，私立高校的发展空间被严重压缩，在很多国家，公办高校占据着高等教育体系的主体地位。直至各国陆续迎来高等教育大众化以及普及化的发展阶段，各国私立高等教育陆续迎来了新的发展契机。

随着信息时代和知识经济时代的到来，经济发展和生产方式发生了革命性的变革，相对应的全球经济增长方式也发生了根本性的转变，科技、知识以及拥有这些科技、知识的人才成为最重要的影响因素。这对高等教育的规模与质量均提出了更高的要求，而这种新的要求也为私立高校发展提供了新契机。首先，在政府财力有限的情况下，为了满足高等教育规模发展的需要，政府不得不放松对高等教育市场的控制，促进私立高校的发展，以利用社会资源完成高等教育大众化及普及化的发展目标。按照马丁·特罗（Martin Trow）的理论，当适龄青年高等学校入学率达到15%，高等教育进入大众化阶段；当适龄青年高等学校入学率达到50%，高等教育进入普及化阶段。显然，面对高等教育如此大规模的扩张需求，单纯依靠政府举办公办高校来实现是不现实的，因此很多国家采取了大力发展私立高等教育的策略。如在美国高等教育大众化及普及化发展阶段，不仅加强了对非营利性私立高校的支持，而且还为营利性私立高校的发展创造了良好的环境，在1986—2008年间，美国营利性大学的入学人数以平均每年约8.4%的速度增长，有效地扩展了高等教育机会。[1] 又如20世纪80年代后，英国政府提倡在高等教育领域引进市场机制，实行高等教育私有化，

---

[1] Daniel L. Bennett, Adam R. Lucchesi, and Richard K. Vedder, *For-Profit Higher Education: Growth, Innovation and Regulation*, A Policy Paper from the Center for College Affordability and Productivity, 2010, p. 10.

目的是激发高等教育活力，解决高等教育资金短缺问题。

其次，在高等教育质量发展方面，确立多元质量观的呼声日益高涨，高等教育的多元化发展势在必行。随着高等教育的覆盖面日益扩大，人们对高等教育的需求也日益多元化，一方面，高等教育不仅要传授"高深学问"，"利用系统化的学科和专业知识来帮助人们实现政治、经济与社会治理的理想、意图或战略计划"，[①]更要传授与实际生产生活密切相关的实用性知识与技术，以满足人们多元化的职业发展需求；另一方面，高等教育不仅要满足人们的职前学习需求，还要满足人们的职后学习需求以及退休后的学习需求。但由政府控制的公办高校所体现的一般主要是统治者和利益集团的价值取向，主要按政府的要求办学，而对大众个人的发展需求关注很少，这使其难免陷入保守、单一、僵化、统一化的状态之中，而这种状态严重制约着其对人们多样化高等教育需求的满足。与公办高校相比较，私立高校灵活的办学体制和对市场需求的高度关注使其在满足人们多样化高等教育需求方面更具优势。

概而言之，随着高等教育规模发展需求日益增强，多元化发展诉求日益清晰，公办高校的高等教育供给能力日益减弱，各国政府不得不引入市场机制，通过大力发展私立高等教育来改善或解决这种供给不足问题。

三 政府对私立高校的系统扶持

各国私立高等教育的发展都离不开政府的支持，这种支持不仅仅体现在承认私立高校的合法身份与地位，还体现在为私立高校提供财政援助，为私立高校构建质量保障体系等多个方面。从世界范围来看，私立高校都或多或少，或直接或间接地接受了政府的财政资助，并接受政府的相关监督。实践证明，政府的这种系统性扶持有效地促进了私立高校的发展。

（一）法律保障

各国私立高等教育发展离不开不断完善的教育法制的保障。立法保障是政府从制度层面对私立高等教育机构施加影响的首要手段。通过立法，

[①] 刘福才、张继明：《高校智库的价值定位与可持续发展》，《教育研究》2017年第10期。

不仅私立高校的合法身份与地位得以确立,而且明确了政府对私立高校发展的鼓励与支持的态度,有些国家在法律层面规定了政府对私立高校的财政资助责任。如,依据《国防教育法》规定,美国非营利性的私立高校获得了成倍增长的政府资助和贷款;《高等教育设施法》的实施,使得美国非营利性大学获得了促进教学研究和图书馆的政府补助金;美国《高等教育法》规定向公、私立高等教育提供长期贷款。日本于1975年颁布的《私立学校振兴资助法》确定了国家援助私立学校的责任。英国于1991年出台的教育白皮书《高等教育:一个新的框架》设计了高等教育融资改革方案,在国家层面把大学和学院基金会合为高等教育基金会,按照统一的标准拨发教育经费,以促进高校(公办、私立)之间的竞争。我国也早在2002年颁布的《中华人民共和国民办教育促进法》中明确提出:"县级以上各级人民政府可以设立专项资金,用于资助民办学校的发展,奖励和表彰有突出贡献的集体和个人"。

总之,20世纪80年代以来,许多国家制定了有关私立学校和教育私营化的法律、法规,如马来西亚、泰国、俄罗斯、美国、日本、韩国等[①],这些国家的法律均鲜明地表达了鼓励、支持私立高等教育发展的态度,并总体呈现以下特征:第一,亚洲国家颁布的有关私立教育单行法规最多;第二,有些国家根据社会发展的新情况对私立教育法规进行了不断的修正;第三,更多的国家将私立教育纳入到整个教育的法律法规中,不颁布单行的法律法规,但是这并不说明这些国家不重视私立高等教育的管理,而是由于它们的法系、法源不同或一些国家处理教育发展问题的习惯不同。[②] 在现代社会,健全的法律是私立高等教育健康发展的基本前提。

(二) 财政资助

一些人认为政府不应该资助私立高校,以免混淆公私之间的界限。支持这种观点的人并非少数。事实上,在私立高等教育发展初期,许多私立高校为了保持办学的独立性与自主性而拒绝接受政府的资助;即使是在私立高等教育发达的美国,也曾一度因达特茅斯案确立了私立高校的办学独

---

① 肖甦:《生存与发展:国际视野下的私立教育》,高等教育出版社2011年版,第31—32页。
② 谢安邦、曲艺主编:《外国私立教育》,中国社会科学出版社2003年版,第322—323页。

立性与自主性而引发州政府大幅度减少对私立高校的财政资助。但是，随着私立高校在高等教育大众化与普及化阶段所发挥的作用越来越大，人们对于私立高等教育所具有的公益性也有了越来越清晰的认识。各国政府开始逐渐认识到鼓励私立高等教育发展对于整个社会发展的重要性，并逐步通过多种形式为私立高校提供不同程度的财政资助，目前已经有许多国家将对私立高校的这种资助常态化。国际经验表明，在政府能够给予私立高校一定财政资助的国家里，其私立高等教育发展往往较为优质、快速；相对应的，在政府不给予私立高校财政资助的国家里，其私立高等教育发展一般低质、缓慢。

在"政府应该提供哪些资助"问题上，不同国家的做法不一，而这往往与本国的国情以及教育体制等宏观因素息息相关。世界各国政府对私立高校提供的资助主要有两类：1. 学校经常费，包括学校基础设施建设费、教职工的人事费、学生的教育费和教育研究所需的物资费等；2. 学校其他补助资金。并不是所有国家的政府资助都包含上述全部内容，许多国家对于私立高校的补助仅包含其中某个或某些方面。通过分析一些发达国家较为成熟的资助模式，我们认为确定政府应该提供哪些资助这一问题的关键在于，政府应该首先对私立高校的性质进行划分，并在此基础上给予有差别的资助。[1] 例如在美国，除了教会学校不接受政府资助外，私立高校还按照是否营利分为营利性私立高校和非营利性私立高校两大类，虽然营利性私立高校的学生同样可以享受联邦政府的奖助贷学金，但是在税收优惠、科研资助等其他资助或优惠方面却显著不同于非营利性私立高校。又如法国根据契约关系，对与国家签订契约合同的私立学校提供资助，甚至包括教师工资也全部由国家承担；而对于没有与国家签订契约的私立学校则不予资助。总之，对私立高校进行类型划分是政府对私立学校提供资助的基本依据，这既涉及资助的类型，也涉及资助的数量等。[2]

从世界范围来看，政府对私立高校的财政资助主要有五种方式：一是直接给予私立高校以财政资助，包括经常费和补助经费等方面；二是通过

---

[1] 肖甦：《生存与发展：国际视野下的私立教育》，高等教育出版社2011年版，第303页。
[2] 同上书，第304页。

资助私立高校的学生从而间接资助学校发展,例如政府向贫困学生发放奖贷学金,使那些低收入家庭成绩优秀的孩子能够选择在私立高校就读,从而保证私立高校的生源;通过学生贷款制度,分担学生的学费负担,并在一定程度上维持甚至降低私立高校的收费水平;三是通过为教师科研活动提供经费间接资助私立高校;四是通过调节税收间接资助私立高校,如大多数国家都对非营利性私立高校实施免税或者减税政策;五是为私立学校提供贷款贴息或其他优惠等。

一般而言,接受政府资助的私立高校需要或多或少地接受政府的指导与管理——政府所提供的资助往往是一种有条件的资助,涉及办学质量要求、制度建设等多个方面。因此,对政府而言,为私立高校提供财政资助也有利其更好地监督、指导私立高校的发展;对于私立高校而言,政府的资助是一把双刃剑,一方面有助于减轻财政压力,另一方面则可能会损失一部分自主权。

(三) 行政监管

各国政府都注重对私立高校进行有效管理,以保障办学质量。一般而言,政府对私立学校的收费管理并不涉及学校经费运作的具体内容,主要是对财会制度的规范性、收支是否清楚等方面进行监察。美国政府对私立高校管控最严的就是财务问题;而在日本,政府除了例行的检查外,往往还要求私立学校提交对国家补助资金的使用报告等,以此监督和规范学校的经费使用情况。从国际范围来看,绝大多数国家会成立专门管理私立教育的机构以对办学质量实施监控和评估,如英国的私立学校委员会(ISC)、新西兰的资格认定局(NZQA)。政府对私立高校的监管模式大体分为两类:一类是比较严格型,例如泰国,除了对各种要求做出严格规定外,还明令私立高校不得从学生身上谋利,必须接受大学部的随时检查,在鼓励私立高等教育的同时不以降低质量标准为代价;另一种类型可以称为宽松型,如日本给予了私立高校很大的自主空间,保障其灵活性。

(四) 质量评估

鉴于私立高校对于办学自主权的强烈诉求,政府往往很难直接介入到私立高校的日常管理中,因此,质量评估便成为许多国家对私立高校加以掌控和督导的重要渠道，这有助于政府及时了解私立高校的发展情况，也有助于学校保障教育质量。在私立高校质量评估方面，有的是由政府直接实施的，如我国；有的是由第三方评估组织实施的，如美国。但无论是何种质量评估模式，都对私立高校的发展和内部资源分配起到重要的引领作用，如在美国高校教学质量评估体系由以资源投入为核心转为以学生成就为核心之后，私立高校加大了对学生职业成长、创业教育等方面的投入。另外，近几年兴起的办学绩效评估成为私立高等教育经费政策体系的重要组成部分，使得政府为私立高校提供的财政经费从"投入"到"使用"再到"产出"各个环节都有了相应的监督、监控机制，进而使得私立高等教育经费政策形成了较为完整的系统。

总之，20世纪中期以来，私立高等教育的蓬勃发展是多元因素综合作用的结果，其中，高等教育供需压力是催生私立高等教育发展的直接动因；有关私立高等教育的立法为其发展提供了法律保障；政府的扶持及监管则起到了重要的助推作用。

第二章 美国私立高等教育的经费政策体系

美国高等教育起源于私立高等教育，这一点与欧洲高等教育的发展相似，但不同的是，欧洲私立高等教育在后来的发展过程中逐步被公立化，而美国私立高等教育则不断发展壮大，不仅成为美国高等教育体系的重要组成部分，同时还引领着美国及世界高水平高等教育的建设与发展。毋容讳言，美国私立高等教育的发展是成功的，其发展经验对于世界其他国家私立高等教育的发展而言也具有重要借鉴作用，其中，美国政府与私立高等教育之间的关系问题尤为引人关注。本章将以私立高等教育的经费问题为视角，揭示美国政府对私立高等教育发展的重要影响。

第一节 美国私立高等教育发展历程

美国私立高等教育的发展历程大致可划分为殖民地时期（1636年—1775年）、独立战争至南北战争时期（1775年—1865年）、南北战争后至"二战"时期（1865年—1945年）、"二战"后至今（1945年—）等四个阶段，这四个阶段分别演绎了美国私立高等教育的起源、斗争、发展与繁荣。

一 殖民地时期：私立高等教育的起源

（一）私立高等教育起源的条件

由于殖民地之特殊性，美国殖民地时期的政治、经济、文化与教育等无一不受欧洲殖民国家,尤其是英国的影响,然而与其他殖民地不同的是北美新大陆就像一个刚出生的婴儿,那些新思想、新思潮更容易在这里生根、发芽。这使得殖民地教育的起点颇高,"它不是从美洲尚处原始社会的印第安人的简陋教育开端,而是从英国和欧洲教育演进的最佳层次向前迈进的。"① 其中,英国对美国私立高等教育的影响最为深远,为其发展奠定了如下条件:英国的慈善活动以及相应的法律法规被早期殖民者带到了北美殖民地,为私立大学这种非政府组织的发展提供了法律基础;英国移民将英国大学的办学理念与独立自主精神带到了北美大陆;英国的剑桥大学与牛津大学为美国殖民地时期私立学院的建立提供了组织与制度原型;英国清教徒在北美殖民地的定居与发展,不仅使得美国宗教思想得到了长足发展,更为殖民地时期私立学院的建立与发展奠定了宗教基础——殖民地时期的美国私立学院是由清教徒所首创,其主要目的在于传播清教思想。

(二) 私立学院的建立

美国殖民地时期的私立高等教育始于1636年哈佛学院的成立。哈佛学院是由清教牧师约翰·埃利奥特(John Eliot)提议建设,建设初期完全照搬了英国剑桥大学和牛津大学的学院模式,教学理念也继承了剑桥和牛津的教学理念,主要目的是"用知识和信仰教育英国和印第安青年","用各种有益的文学、艺术和科学使青年获得进步和教育"。② 但在后来的发展过程中,哈佛学院形成了有别于剑桥、牛津学院制的校监会(Board of Overseers)和校长制度,校监会主要由校外人士组成,而校长则由校监会任命。这种独特的学院管理制度不仅为美国私立大学内部管理体制的最终形成奠定了基础,同时也为密切私立院校与世俗社会之间的关系,促进私立学院关注世俗需求做出了积极的贡献。继哈佛学院之后,在仿照哈佛学院的基础上,美国殖民地又陆续建立了8所私立学院,它们分别是1693年的威廉·玛丽学院、1701年的耶鲁学院、1746年的新泽西学院、1754年的

---

① 章文凤:《促进美国私立高等教育发展的因素分析及其启示》,硕士学位论文,湖南大学,2008年,第9页。
② 刘海峰、史静寰:《高等教育史》,高等教育出版社2010年版,第399页。

国王学院、1755年的费城学院、1764年的罗得岛学院、1766年的皇后学院和1769年的达特茅斯学院。① 这9所私立学院共同构成了美国殖民地时期的高等教育系统。

(三) 殖民地时期政府与私立学院间的关系

在殖民地时期,政府与私立学院之间的关系是十分密切的。这主要表现在以下三个方面:私立学院必须由政府颁发"特许状"方能成立。特许状是欧洲中世纪教会或政府对大学组织的最早控制形式,也是中世纪大学获得合法性地位的唯一途径。特许状赋予大学很多特权,如居住权、司法自治权、罢课权、迁徙权、颁发教学许可证权等,这些特权有效地保障了大学的学术自治与学术自由。美国殖民地时期的私立学院亦是通过获得特许状的方式取得合法地位的,其特许状有的来自英国皇室,有的来自州议会。政府采取多种措施扶持私立学院。美国殖民地时期的私立学院得到了州议会的多方面的支持,如1652—1653年,马萨诸塞州议会捐赠了2000英亩土地给哈佛学院,第二年州议会又用100美元的税收收入支持哈佛学院;1693年,弗吉尼亚殖民地通过特许状允许威廉·玛丽学院收取烟草税,同年威廉·玛丽学院还获得了从皮毛交易中获取利润的权力;1785年,佛蒙特州将其拥有土地的一半赠予了达特茅斯学院。② 政府直接参与私立学院管理。政府对私立学院管理的参与一方面表现在特许状对私立学院管理的规范上——特许状一般对学院的管理及教学事务提出规范性要求,同时规定学院的办学目的;另一方面则表现为在校监会中拥有代表席位和对学院校长的任命上,如1737年,哈佛校长爱德华·哈里约克(Edward Harillock)就是由州议会任命的。

二 独立战争至南北战争时期:高等教育的公、私斗争

独立战争到南北战争时期是美国公、私立高等教育斗争空前激烈的时期。在这一时期,不仅美国高等教育公、私立原则得以确立,而且公立高等教育体系和私立高等教育体系都有了较大的发展,为最终公立大学与私

---

① 李文成、韩和鸣:《国外私立高等教育发展研究》,郑州大学出版社2007年版,第11页。
② 黄宇红:《美国州立大学的发展历程》,北京航空航天大学出版社2013年版,第1—2页。

立大学竞争发展局面的形成奠定了基础。

(一) 高等教育公、私立原则的确立

殖民地时期政府与私立学院之间的密切关系常常使人忽视私立学院的"私立性",但随着独立战争后美国各州试图将一些私立学院改造为州立大学的努力均以失败告终,围绕美国高等教育的公、私立问题的争论也日益增多,直至1819年达特茅斯案的判决,美国高等教育的公、私立问题之争才有了最后的答案。达特茅斯案双方争论的焦点集中在达特茅斯学院的建立是一种私人契约的关系还是一种公立机构上,而联邦最高法院最终接受了特许状乃是一种契约的观点,承认了达特茅斯学院的私立属性。达特茅斯案的判决意味着美国高等教育公、私立原则的确立,这一原则的确立不仅使私立高等教育机构获得了法律上的保护,保障了私立高等教育机构的独立性;同时也促进了诸如州立大学等公立高等教育机构的兴起与发展。换言之,达特茅斯案后,美国开始有了真正意义上的私立大学和公立大学,并最终形成了两种类型的高等教育机构竞争发展的局面。

(二) 私立高等教育机构的发展

达特茅斯案之后,私立高等教育机构发展很快,尤其是教派学院迅速扩展,有统计显示,1860年美国公、私立院校共182所,教派院校则达116所之多。[1] 但是这些教派学院一般规模较小、经费不足、条件较差。除了教派学院,一些私立的技术学院和专业学院也快速发展起来,如1824年,大富豪斯蒂芬·范·伦塞勒(Stephen Van Rensselaer)捐赠开办了一所"理论与实际科学学院",面向本地农民和技工的子女传授科学知识。[2] 继伦塞勒学院之后,一批技术学院陆续建立起来。库伯莱(Ellwood Patterson Cubberley)评论说:"正如有了哈佛才有了美国高等教育的发达,有了伦塞勒学院,才有了美国的技术教育。"[3] 另外,在知识进步与社会发展需求的共同驱动下,传统的私立学院逐渐发展出神学院、医学院、法学院、

---

[1] 章文凤:《促进美国私立高等教育发展的因素分析及其启示》,硕士学位论文,湖南大学,2008年,第14页。

[2] 刘海峰、史静寰:《高等教育史》,高等教育出版社2010年版,第412页。

[3] 滕大春:《今日美国教育》,人民教育出版社1980年版,第8页。

理学院等专业学院,这为传统殖民地私立学院升级为综合性的私立大学奠定了基础。总之,在独立战争至南北战争这一段时期,美国私立学院不仅在数量上有了较大的增长,而且在类型上也出现了多元化的发展趋势。

(三) 州立大学对私立学院的冲击

达特茅斯案一方面促进了私立高等教育机构的快速发展,另一方面也促进了州立大学的建立与发展。达特茅斯案的判决使得州政府意识到,从法律上讲,州再无可能轻易地控制已有的私立学院为其政治需求服务,这就极大地增强了州政府建立州立大学的意愿,同时由于殖民地时期州与私立学院之间的密切关系使得州积累了不少管理大学的经验,因此,州立大学的建立与发展势在必行。弗吉尼亚大学、密歇根大学、威斯康星大学等州立大学陆续建立起来。1862年的《莫雷尔法案》更进一步促进了州立大学的发展。州立大学的发展对私立学院产生了不小的冲击,其中最为明显的是州政府在加大对州立大学财政资助的同时,大大减少了对私立学院的财政资助,如马萨诸塞州资助哈佛大学的最后时间是1823年;1890年麻省理工学院虽然获得了州20万美元的资助,但与1865—1890年马萨诸塞州立学院每年获得60万美元的资助相比,则显得相对微薄。[①] 显然,州政府对私立学院资助的减少必然给私立学院带来不小的财政困难,但所幸的是,这些私立学院,尤其是殖民地时期创建的9所学院较早就具有了主动向社会筹资的意识,形成了多元化的经费筹措途径,这使得私立学院即使失去州政府的支持仍有能力维持学院的正常运行。

三 南北战争后至"二战"时期:私立高等教育的发展

南北战争至"二战"这一段时期是美国资本主义制度逐渐完善、经济迅速发展的时期,也是美国文化繁荣发展的时期。在这一时期里,私立高等教育机构实现了多方面的突破,为最终成长为美国高等教育的主导者奠定了基础。

[①] 黄宇红:《美国州立大学的发展历程》,北京航空航天大学出版社2013年版,第3页。

(一) 私立大学的财政状况逐渐转好

随着美国经济的快速发展，美国的整体财富水平大幅度提升，据统计，1895—1915 年美国国民生产总值增长了两倍，扣除通货膨胀的因素，国家财富翻了一番。[①] 这为主要依赖学费和社会捐赠的私立大学提供了良好的经济基础。另外，大财阀和大资本家对捐资助学的热衷和私人企业捐资助学的制度化发展，也使得私立大学的财政发展有了强有力的支撑。如石油大亨约翰·洛克菲勒（John Davison Rockefeller）拿出一千万美元于 1891 年创办芝加哥大学，并在后来继续慷慨资助该校；卡内基教学促进基金会、洛克菲勒基金会等慈善基金会的成立，不仅促进了私人企业对教育资助的制度化发展，而且大大提升了资助的额度——不是几百万几千万而是数亿美元被倾注到慈善基金会中来。[②]

(二) 私立大学开始重视研究生教育

众所周知，美国的研究生教育体制是由私立大学推动发展的。1876 年，由约翰·霍普金斯（Johns Hopkins）捐资创办的约翰·霍普金斯大学是美国第一所研究型大学，它的创建极大地促进了研究型大学的发展。就约翰·霍普金斯大学在发展美国研究生教育和科学研究中所起的楷模作用，哈佛大学校长查尔斯·艾略特（Charles W. Eliot）曾做出高度评价："哈佛大学研究生院只有在约翰·霍普金斯大学迫使我们的教师努力发展他们的研究生教育机构之后才得以发展。对哈佛如此，对于美国其他大学也是如此。"[③] 总之，在约翰·霍普金斯大学的引导下，哈佛大学、耶鲁大学、哥伦比亚大学等老牌私立大学和芝加哥大学、斯坦福大学等新兴私立大学都越来越重视研究生教育和科学研究，这为"二战"后美国研究型私立大学的崛起奠定了基础。

(三) 私立大学内部管理制度日益完善

在南北战争后至"二战"的这一段时期里，美国私立大学内部管理制

[①] 王英杰：《美国高等教育的发展与改革》，人民教育出版社 2002 年版，第 21 页。
[②] 章文凤：《促进美国私立高等教育发展的因素分析及其启示》，硕士学位论文，湖南大学，2008 年，第 17 页。
[③] 王英杰：《美国高等教育的发展与改革》，人民教育出版社 2002 年版，第 19 页。

度得到了进一步的发展，为美国现代大学管理制度的形成奠定了基础。首先，董事会制度不断成熟，这主要表现在董事会的成员产生方式、成员构成和职责变化等几个方面：公众选举和校友选举成为美国私立大学董事会成员产生的主要方式，这增强了董事会的民主性特征；宗教势力在董事会中逐渐消退，世俗力量不断增强，尤其是企业主和银行家这两类职业的董事比重逐渐增多；董事会除了是学校事务的最终仲裁者之外，其经费筹措职能日益凸显。其次，创新了教育教学管理制度；创建了"系"学术组织，美国大学中的"系"组织是对德国讲座制的创新，适应了当时大学教育日益专业化的发展趋势；发展了选修制，选修制虽起源于德国大学，但却在哈佛大学的推动下有了更深层次的发展，促进了自然和实用学科在大学的发展；首创了学分制，学分制是对选修制的一种延伸与完善，它与选修制一起改变了美国大学的课程结构与教学管理模式。

（四）私立大学开始与联邦政府建立联系

在南北战争结束之后，美国国会于1868年通过了宪法第十四修正案。该修正案使得原属于州政府和地方政府权限的事务转移到联邦政府手中，其中就包括教育事业。而随着国家权力的不断扩大，联邦政府对高等教育的介入不断加深，其中也包括对私立大学的影响与资助。如《莫雷尔法案》及其之后的一系列资助法案也使一部分私立大学受益："有六个州将联邦赠地赠予了现有的私立学院，促进它们发展农业和工艺教育"[①]。再如，"一战"和"二战"期间，联邦政府对大学科研的大力资助也惠及私立大学，约翰·霍普金斯大学、哈佛大学、耶鲁大学、哥伦比亚大学、普林斯顿大学等私立大学都从联邦政府那里获得了大量的科研经费。联邦政府对私立大学科学研究的资助对于研究型私立大学的形成起到了至关重要的作用。

四 "二战"后：私立高等教育的繁荣

"二战"后，各大国间的竞争逐渐从以军备为核心转向以经济和科技为

---

① Paul Westmeyer, *A History of American Higher Education*, Charles C Thomas · Publisher, 1985, p. 62.

核心。因此美国虽然通过战争一跃成为西方资本主义世界的霸主，但仍面临着较为严峻的经济与科技发展危机。为了应对这些危机，美国联邦政府开始注重发展高等教育，1957 年苏联人造卫星的成功发射使其更加快了发展高等教育的步伐。而在这一过程中，美国联邦政府平等对待公立高等教育机构和私立高等教育机构的做法，促进了私立高等教育的繁荣与发展。

（一）私立大学的发展能力继续增强

在资助大学科学研究方面，联邦政府平等对待公立大学和私立大学的做法，实际上起到了维护和增强私立大学科研优势的作用，因为经历了"一战"与"二战"的洗礼，私立大学的科研水平已有了较大的提升，而公立大学的科研水平相对较弱，所以在获得联邦科研拨款方面，私立大学具有较大的优势，如据美国国家教育统计中心的统计结果显示，1992 至 1993 学年，联邦政府的研究经费绝大部分给了私立大学（约 40 亿美元），公立大学只取得了 2.4 亿美元。[1] 联邦政府对私立大学科研工作的大力支持，不仅促进了私立大学科研水平的进一步提升，而且也促进了其教育尤其是研究生教育质量的提升，这不仅为其赢取良好的社会声誉提供了条件，而且也为其成长为世界一流大学奠定了基础。而更为重要的是，联邦政府对私立大学资助的增强，意味着政府与私立大学之间的关系在经历了殖民地时期的紧密和独立战争后的疏离之后再次走向"紧密"，这种关系的转变有效地保障了私立大学的可持续发展，同时促进了私立高等教育机构与公立高等教育机构间的良性竞争。

（二）私立大学的数量不断增长

"二战"后，就读私立大学的学生绝对数有了明显的增长，如 2011 年美国私立大学秋季入学人数为 5883917 人，比 1970 年的 2152753 人增长了一倍多。[2] 同时，私立大学的数量也有了成倍增长，最终形成了美国私立大学数量多于公立大学的局面，具体请见表 2-1。

---

[1] 李文成、韩和鸣：《国外私立高等教育发展研究》，郑州大学出版社 2007 年版，第 74 页。

[2] Digest of Education Statistics 2012, Table 223. *Total fall enrollment in degree - granting institutions, by control and level of institution: 1970 through 2011.* (https://www2.ed.gov/rschstat/catalog/index.html).

表 2-1　　　　二十世纪中期后美国私立院校数量统计表

年份	百分比（%）	院校总数	私立院校总数	四年制私立院校	两年制私立院校
1949—1950	65.4	1851	1210	983	227
1959—1960	65.3	2004	1309	1055	254
1969—1970	58.0	2525	1465	1213	252
1979—1980	56.0	2975	1665	1399	266
*1989—1990	55.8	3535	1972	1532	440
*1999—2000	58.8	4084	2402	1749	653
*2009—2010	62.8	4495	2823	2102	721
*2011—2012	65.0	4706	3057	2286	771

注：*含分校

数据来源：Digest of Education Statistics 2012, Table 306. Degree-granting institutions, by control and level of institution: Selected years, 1949-1950 through 2011-2012.（https://www2.ed.gov/rschstat/catalog/index.html）.

（三）私立大学的办学质量不断提升

"二战"后，虽然私立大学的数量要多于公立大学，但是私立大学的真正优势并不在于数量而在于质量。以哈佛大学等常春藤大学为首的一批私立大学成长为研究型大学，这些大学不仅在科学研究方面取得了卓越的成绩，而且在培养高端人才方面发挥了重要的作用。根据1995年9月18日《美国新闻与世界报道》，1995年在排名前25位的美国大学中，私立大学占了23位，公立大学仅占2位。在1995年美国大学最佳研究生院的排名中，最佳工程研究生院、最佳工商研究生院、最佳法律研究生院和最佳医学研究生院大多数是私立大学，排名在第一位的全部是私立大学，它们分别是麻省理工学院、耶鲁大学和哈佛大学。[①] 私立大学在办学质量方面的飞跃发展，一方面得益于联邦政府对其科学研究的大力资助；另一方面则得益于其自主、独立的发展地位。在"二战"后美国高等教育大众化发展阶段，一些私立大学并没有盲目扩大招生规模，而是坚持了精英教育的理念，以提升质量为核心，其结果是形成了多个名牌专业，如哈佛大学的

---

① 马立武：《二战后美国私立大学的发展及其对我国高等教育发展的启示》，《大学教育科学》2004年第1期。

法学和医学；麻省理工学院宇宙科学、原子科学、航天技术、生物工程；芝加哥大学的核物理、核化学、核医学等。

第二节 美国私立高等教育的经费来源政策

经费是制约私立高等教育发展的一个关键性因素，从美国私立高等教育的发展历程中也可以看到，南北战争后大财阀与大资本家对私立大学的慷慨捐赠以及"二战"后联邦政府的大量科研资助都对私立大学的快速发展起到了决定性的作用。目前，美国私立大学已经形成了较为完善的由学费、捐赠、政府拨款、销售服务等组成的多元化经费筹措机制，它不仅有效地保障了私立大学的独立性与自主性，同时也有效地保障了私立大学的可持续发展。而这种多元化经费筹措机制的形成不仅与美国多元化的文化背景和高度发展的市场经济体制有关，更与美国一系列直接影响私立高等教育经费来源的政策有着密切的关系。

一 税收优惠政策

税收优惠政策是美国政府促进非营利组织发展和激发个人和企业慈善捐赠的重要手段。在这种税收优惠政策的作用下，具有非营利组织性质的私立高等教育机构不仅减轻了发展过程中的成本压力，同时也获得了大量来自个人和企业的捐赠资金。

（一）有关非营利组织的税收优惠政策

依据美国《国内税收法典》相关条款规定，非营利组织分为公益慈善团体和私人基金会两大类，其中公益慈善团体包括慈善机构、教会、非营利私立学校、医院及学术机构等多种机构；非营利组织就其收益免缴联邦所得税和州所得税并享受极大宗邮件的邮资优惠，而消费税、不动产税等其他税种的征收与否取决于州法的不同规定。但综合联邦政府和州政府的免税政策来看，一般具有免税资格的非营利组织都可享受以下几种税收优惠：1. 免收"正常所得"税。所谓"正常所得"，是指非营利组织在从事与它们的非营利目标相关的事业中取得的所得，包括政府拨款、社会捐赠和服务性收入等。而非营利组织从事的与自身免税事业无关的业务所得不能享受免税。2. 免收销售税。目前美国各州大多规定，具有免税资格的非营利组织在购买商品和劳务时免于支付销售税。3. 免收财产税。美国各州及地方都对享有免税资格的非营利组织的财产给予免税。4. 免收联邦失业税。对于符合《国内税收法典》规定的，以宗教、慈善、教育为宗旨的非营利性组织，其支付给雇员的工薪免交联邦失业税，其他非营利组织只有在年度内对雇员支付的工薪不超过 100 美元时，才能免交失业税。① 这些税收优惠政策可以给非营利组织（包括私立高等教育机构）带来可观的经济利益。2006 年公司应缴纳的联邦公司所得税税率见表 2-2。

表 2-2　　　　　　2006 年公司应缴的联邦公司所得税税率

征税收入	税率（%）
50000 美元	15
50000 美元以上，75000 美元以下	25
75000 美元以上，100000 美元以下	34
100000 美元以上，335000 美元以下	39
335000 美元以上，1000000 美元以下	34
1000000 美元以上，15000000 美元以下	35
15000000 美元以上，18333333 美元以下	38
18333333 美元以上	35

资料来源：[美] 贝希·布查尔特·艾德勒、大卫·艾维特、英格里德·米特梅尔：《通行规则：美国慈善法指南》，金锦萍、朱卫国等译，中国社会出版社 2007 年版，第 6 页。

（二）有关慈善捐赠的税收优惠政策

美国的慈善捐赠事业的发展虽说与美国"小政府、大社会"的社会管理理念以及传统的慈善文化有着密切的关系，但美国制定的有关慈善捐赠的税收优惠政策也起到了积极的推动作用。无论是个人还是公司，都会因其对慈善机构的捐赠而获得巨大的税收收益，即税收减免。当然，根据捐赠物资的性质、捐赠的对象、捐赠物资的用途以及财产捐赠中财产的特点，捐赠者获得的税收收益是不同的，具体请见表 2-3。

---

① 杨龙军：《美国非营利组织的税收制度及其借鉴》，《涉外税务》2004 年第 11 期。

表 2-3　　　　　　　　　　　个人慈善捐赠所得税

赠予形式	对公共慈善机构捐赠税收减征额（%）	对公共慈善机构捐赠税收减征比例（%）	对私人基金会捐赠税收减征额（%）	对私人基金会捐赠税收减征比例限额（%）
现金	100	50	100	30
不动产：长期资本收益财产（拥有时间超过一年）	100 或应付税金*	30 或 50*	应付税金	20
不动产：短期资本收益财产（拥有时间为一年或一年以内）	应付税金	50	应付税金	30
有形个人财产，用途与慈善机构非营利目的无关：长期资本收益财产	应付税金	50	应付税金	20
有形个人财产，用途与慈善机构非营利目的无关：短期资本收益财产	应付税金	50	应付税金	30
有形个人财产，用途和慈善机构非营利目的有关：（如：向艺术博物馆捐画）长期资本收益财产	100 或应付税金	30 或 50*	应付税金	20
有形个人财产，用途和慈善机构非营利目的有关：短期资本收益财产	应付税金	50	应付税金	30
无形财产：长期资本收益财产	100 或应付税金*	30 或 50*	应付税金	20
无形财产：短期资本收益财产	应付税金	50	应付税金	30
合格的升值股票**	100	30	100	20
普通收入财产（存货）	应付税金	50	应付税金	30

资料来源：［美］贝希·布查尔特·艾德勒、大卫·艾维特、英格里德·米特梅尔：《通行规则：美国慈善法指南》，金锦萍、朱卫国等译，中国社会出版社 2007 年版，第 21 页。

注：捐赠者可以选择按捐赠品总价值进行税收减征，当年的最高减税限额是捐赠者调整后总收入的 30%；捐赠者也可以选择按其对捐赠品应付税款进行税收减征，当年的最高减税限额是捐赠者调整后总收入的 50%。

"合格的升值股票"指可公开交易的股票。对私人基金会来说，只有捐赠人及其家属将不超过 10% 的公司股票捐赠给了该私人基金会，捐赠的股票才算是"合格的升值股票"。

在"减征额"栏中给出的数值是一次性减税总数额，超出部分不顺延至其他年度；"比例限额"栏中给出的数值是年度减税额，超出该比例的部分可以顺延到其他年度，最长可延长至 5 年。

如果捐赠的财产是供慈善机构使用，而不是直接捐给慈善机构，那么，无论受赠机构是私人基金会还是公共慈善组织，收入所得税减税比例都被限定在捐赠者调整后总收入的20%。这里所说的"供慈善机构使用",要看捐赠是直接还是间接的。如果捐赠是给了慈善指向的信托基金(charitable lead trust,一种形式的信托基金,捐赠者将资产投入信托基金,将在捐赠者规定的一定时间内所产生的收益全部用于慈善事业,之后全部资产转入个人,如捐赠者的子孙名下)或剩余资产用于慈善事业的信托基金[charitable remainder trusts,与上述恰好相反,此类基金一般将资产收入在一定时间内(委托书规定的任何时间或终生)全部收入给个人,慈善机构得到剩余的资产]的话,受捐慈善机构受益会受到限制或滞后。在这种情况下,捐赠被认为是由慈善机构使用而享受较小比例的减税数额。

在美国系统、细致的慈善捐赠税收减征政策的引导下,私人资金用于慈善事业的数额日益增多,其中私立高等教育机构是私人或私人企业捐赠的主体对象之一,如在1991—2006年间,哈佛大学、耶鲁大学等私立高等教育机构的捐赠收入呈现大幅度增长,具体请见表2-4。

表2-4　1991、2006年哈佛大学等私立大学所获捐赠额及增长比例

大学名称	1991年获得的捐赠额	2006年获得的捐赠额	增长比例(%)
哈佛大学	$7213.6	$29545.7	309.6
耶鲁大学	$3969.2	$18423.5	364.2
斯坦福大学	$3489.7	$14391.6	312.4
普林斯顿大学	$3538.4	$13329.1	276.7
麻省理工学院	$2210.0	$8550.4	286.9
哥伦比亚大学	$2439.5	$6067.2	148.7
埃默里大学	$2058.5	$4976.1	141.7

资料来源：Richard Vedder, *Federal Tax Policy Regarding Universities: Endowments and Beyond*, center for College Affordability & Productivity, 2008, (2).

二　政府直接资助政策

美国政府对私立高等教育机构的直接资助起源于殖民地时期,于1819年达特茅斯案判决后大幅度减弱,在"二战"后又重新恢复。在这样一个曲折的发展过程中,政府与私立高等教育机构之间的关系变得日益清晰,即政府有责任资助私立高校,但却不能直接干涉私立高校的内部管理。而

从"二战"后的《军人权力法案》(1944 年)、《国防教育法》(1958 年)、《高等教育法》(1965 年) 等高等教育资助政策来看,联邦政府和州政府对私立高等教育机构进行资助的形式主要表现为院校资助、学生奖贷金资助和科研资助三个方面。

(一) 院校资助

联邦政府和州政府采取财政拨款、赠送土地、补助金和提供低息贷款等方式直接对私立院校进行资助的形式被称为院校资助。在美国私立高等教育的发展历程中,政府的这种院校资助形式对于私立高等教育的发展起到了重要的推动作用:殖民地时期州政府对私立院校提供的固定财政拨款,极大地促进了私立院校的发展;达特茅斯案之后,虽然州政府逐渐取消了对私立院校的固定拨款,但联邦政府和州政府通过赠地、补助金和提供低息贷款等方式继续支持着私立院校的发展,如通过两次《莫雷尔法案》,多个州的私立院校因获得了赠地资金而得以实施农业和机械教育计划;通过《国防教育法》、《高等教育设施法》、《高等教育法》等法案,私立院校获得补助金和贷款发展教学、科研和进行学校设施建设。

这种院校资助方式主要有两个突出的特点:1. 体现国家利益,如 1958 年的《国防教育法》第 3 条第 5 款明确规定"向非营利的私立学校提供贷款",以加强科学、数学和现代外语的教学与科研;1963 年国会通过的《高等教育设施法》规定向公、私立非营利大学提供联邦补助金和贷款,以促进自然科学、数学、外语的教学研究和图书馆建设。[1] 2. 以学校发展需求为基础,如 1965 年的《高等教育法》第 3 条第 1 款中明确规定:"帮助那些有愿望和潜力为我们国家的高等教育资源做出重要贡献,但是由于缺少财政和其他资源在为生存而奋斗并且与主流学术生活相隔离的那些学院提高质量。"[2]

(二) 学生奖贷金资助

直接对学生,而不是私立院校进行资助是美国联邦政府和州政府 20 世纪 60 年代以后普遍采用的一种资助方式。这种资助方式的盛行主要受以下

---

[1] 张旺:《美国私立高等教育发展的制度环境研究》,知识产权出版社 2009 年版,第 51 页。
[2] 王英杰:《美国高等教育的发展与改革》,人民教育出版社 2002 年版,第 275 页。

两方面因素的影响：1.60年代美国不断高涨的民权运动激发了人们争取平等的高等教育机会的思想，而这一思想深深地影响了联邦政府对高等教育机构的资助方式，即从以院校资助为主转变为以学生资助为主。2.一些州的宪法明令禁止向私立院校提供直接资助，如科罗拉多州、夏威夷州、蒙大拿州、犹他州、加利福尼亚州等，但这些州在民权运动和教育机会平等思想的影响下并不排斥对学生个体进行资助，因此，对学生而不是私立院校进行资助便成为他们的首选。

目前，美国联邦政府和州政府已实施了多种形式、多种类型的学生资助项目，如联邦政府实施的国防奖学金项目、佩尔助学金项目、希望税收减免项目（the Hope tax credit）、联邦与州联合开展的州学生激励资助项目（State Student Incentive Grant，SSIG）等。这些项目在促进高等教育机会平等，促进公、私立院校均衡发展等方面发挥了重要的作用。但在学生资助方面，"公平与效率"问题至今仍是一个未解的难题，主要表现在以下两个方面：1.对于学生资助应以"支付能力"为基础，还是以"能力"为基础一直是政策研究者与制定者争论的焦点，而至今"谁应该受益"这一基本问题仍未得到解决。或许正如特里·哈特尔（Terry W. Hartle）所言："假如不能获得新的资金，实质上任何决定都将产生胜利者和失败者"。[①] 2.各州在不同经济条件的影响下，在学生资助方面呈现不均衡的态势，如加利福尼亚州在单个项目中向每个学生提供2700美元的资助，俄亥俄州向每个私立院校的学生提供1500美元的资助，而有的州则只提供几百美元的资助。[②]

（三）科研资助

科研资助是联邦政府直接资助私立大学的又一种重要方式。联邦政府对大学的科研资助最早可追溯到1862年的《莫雷尔法案》，之后的《海奇法案》、《史密斯—勒弗法案》、《史密斯—休斯法案》等一系列法案进一步加强了联邦政府对大学科研事业的介入。在"一战"与"二战"战争需求

[①] Terry W. Hartle, *Federal Student Aid: Where We Have Been, Where We Are*, New Directions for Institutional Research, 1985, p. 23.

[②] 张旺：《美国私立高等教育发展的制度环境研究》，知识产权出版社2009年版，第110页。

的促动下，联邦政府与大学科研事业之间的资助与被资助关系被进一步确立。而"二战"后，随着美国国家科学政策的不断完善，联邦政府对大学的科研资助也日益正规化与常态化。首先，建立了专门资助基础研究的国家科学基金会。1950年哈里·杜鲁门（Harry S. Truman）最终签署法案建立了国家科学基金会，以资助全国的基础研究，而大学正是基础研究的主要承担者。其次，从《国防教育法》颁布至今，联邦政府对基础研究领域的经费投入逐年增多。2009年巴拉克·侯赛因·奥巴马（Barack Hussein Obama）签署了《美国恢复和再投资法案》（The American Recovery And Reinvestment Act），拨款180亿美元用于研发活动，其中绝大部分投入到了基础研究领域，只有少量经费投入到了应用研究和发展活动之中。① 第三，加强对主要从事基础研究的大学的资助。联邦政府对大学的基础研究资助要远远多于对企业和其他非营利机构的资助，如2008、2009和2010年度，联邦政府对基础研究的资金投入总额分别为39.2亿美元、40.4亿美元和41.1亿美元，其中投入大学的基础研究经费分别占的比例为61.5%、59.7%和59.6%。② 在联邦政府对大学科研的资助中，并不对大学进行公立与私立的区分，而是以竞争的方式，把科研经费分配给有实力的大学，因此原本具有科研优势的私立大学在获得联邦科研资助方面占据了较大的优势。根据美国教育部公布的数据，2010—2011年度获得联邦政府科研经费资助最多的前10名大学中，公立大学只有2所，而私立大学却多达8所，其中霍普金斯大学多年来一直稳居榜首。

三 专利与技术转移政策

"销售与服务"主要指学校利用自己的资源，如科技、智力、设备和校产等开展对外服务获取资金的一种途径，它是美国私立大学筹措经费的主要手段之一。而大学，尤其是私立大学之所以能够广泛地开展销售与服务工作，主要得益于免税政策、专利政策和技术转移政策的支持。

---

① 南爱华：《近三位美国总统的科技政策评析》，《山东理工大学学报》2011年第1期。
② 该数据根据美国科学基金会统计数据整理而成（http://www.nsf.gov/statistics/nsf14304/content.cfm?pub_id=4326&id=2）。

有关免税政策前文已经阐述，因此不再赘述。这里将重点介绍一下美国的专利政策与技术转移政策，以及它们对私立大学经费筹措的影响。

（一）专利政策

美国的专利制度起源较早，1790 年美国国会便通过了由华盛顿总统提议的专利法，并于 1836 年成立了专利局。但是直到 20 世纪后半叶，美国专利制度才真正成为促进科技创新发展的国家政策体系的核心，其标志性事件及重要的转折点就是 1980 年《专利与商标法修正案》（Patent and Trademark Law Amendment Act，又称《拜杜法案》）的颁布。《拜杜法案》指出：“本法案的主要目的在于通过本专利法案提升由联邦政府资助的发明专利的利用效率，鼓励更多的小型企业参与到联邦研发计划当中，促进营利组织与承担研发工作的非营利组织（包括大学）之间的合作……"①而其采取的主要策略是：“使非营利性组织（包括大学）和小型企业获得了由联邦政府资助的研究成果的专利权，……但条件是它们必须承担起专利成果向市场转移的责任。"② 实践表明，美国政府的这一专利政策确实激发了大学等非营利组织和小型企业的专利意识和科技创新的积极性。美国大学技术管理者协会 2008 年的统计显示：自 20 世纪 90 年代以来，美国大学专利申请量以年均 13.5% 的速度在增长，技术许可的数量每年以 9.7% 的速度在增长，自 1980 年《拜杜法案》实施以来，美国大学新创高技术衍生公司共 6279 家，仍运行的还有 3388 家。③

（二）技术转移政策

自 20 世纪 80 年代以来，美国为了促进科研成果向产业界的转移，除了颁布了《拜杜法案》以外，还陆续颁布了《联邦技术转让法》（Federal Technology Transfer Act，1986）、《国家技术转让与促进法》（National Technology Transfer and Advancement Act，1995）、《技术转移商业化法案》（Technology Transfer Commercialization Act，2000）和《美国发明法案》（America

---

① Patent and Trademark Law Amendment Act，（http://uscode.house.gov/browse.xhtml）.
② Ibid.
③ 李小丽：《三螺旋模型下美国大学专利技术转移机构的动态演进及其启示》，《图书情报工作》2010 年第 14 期。

Invents Act，2011）等一系列的技术转移法案。这些技术转移法案主要采取了以下措施来促进大学科技创新成果的市场转移效率。1. 建立了技术转让和推广组织，如建立了国家技术信息中心、联邦实验室联盟和国家技术转让中心等组织；同时，许多有条件的大学也建立了专门的技术转移办公室，雇佣专业人员处理技术许可与技术转移事宜。2. 将技术转移成果作为绩效评价的一个重要指标，如1986年《联邦技术移转法》规定，技术转让工作是联邦实验室研究人员的职责，技术转让的成果将纳入绩效考核的指标。[①] 3. 进一步明确专利和技术转移过程中的收益分配问题。4. 加强行政与立法扶持。如2011年的《美国发明法案》的主要目的之一即是"帮助企业和发明家避免昂贵的延迟和不必要的诉讼，以让他们把重点放在创新和创业上。"[②]

（三）专利与技术转移政策对私立大学的影响

20世纪80年代以来的美国专利与技术转移政策为大学开辟了一条利用技术创新获得社会资金的渠道，这进一步增强了大学的融资能力。而与公立大学相比，私立大学因其传统的科研优势和自身的灵活性、自主性与市场敏感性，更有效地运用了这种政策优势实现了经费筹集渠道的进一步扩展。1. 促进了以技术创新为基础的企业孵化基地的产生。斯坦福大学是较早经营知识产权的大学之一，而其经营知识产权的主要方式之一就是利用创新性技术进行企业孵化，那些被成功孵化的企业往往能给学校带来可观的收入，如谷歌公司（Google）即是运用斯坦福大学的科研成果发展起来的，后来它给斯坦福大学的回报远远超过了预期。2. 专利许可带来可观的收入。自20世纪80年代以来，私立大学通过专利许可获得的收入日益增多，如1999年哥伦比亚大学获得专利许可收入8920万美元，耶鲁大学获得专利许可收入4070万美元，分别比1998年度增长了45%和22%。[③] 3. 专利诉讼同样也能带来不菲的收入。专利诉

[①] 郑笑：《美国技术转让法律政策简介》，《全球科技经济瞭望》2004年第11期。

[②] *A Modernized Patent System*，（http：//www.whitehouse.gov/issues/technology）.

[③] Kay L. Mclennan, *Technology Selection and Marketing Activities in Higher Education Patenting and Technology Transfer*, University of Nebraska, 2003, p.25.

讼是美国大学维护自身利益的一种有效手段，而且通过专利诉讼大学通常可以获得大量的专利许可收入，斯坦福大学、麻省理工学院等私立大学都是专利诉讼大户。

第三节　影响美国私立高校内部经费分配的政策

美国私立高校享有较高的自主权，而这种自主权的最突出表现即是自主的校内资源分配权——所谓校内资源分配是指学校为了达到既定的目的而对学校拥有的人、财、物等资源进行合理配置的过程，其中最核心的工作是对经费的分配——因此美国并没有专门的私立高校经费分配政策来直接规范或管理其经费分配行为。但不可否认的是，美国私立高校的校内经费分配行为仍受到政府的约束，而这种约束主要是一种宏观上的约束，起到调节与引导作用。概而言之，从政策层面上来讲美国私立高校的校内经费分配主要受到宪法、特许状、免税政策、认证制度以及附有条件的资助法案等的制约与影响。

一　宪法的影响

宪法对私立高校内部经费分配的影响主要体现为它使联邦政府和州政府成了影响私立高校内部经费分配的重要因素。

（一）宪法赋予联邦政府以教育干预权

众所周知，美国高等教育管理体制是一种分权制，这种管理体制形成的法律基础是联邦宪法第十修正案中有关教育管理的规定，即"凡本宪法所未授予合众国而又未禁止各州行使之权力，皆由各州或人民保留之"。而1787年通过的联邦宪法没有提及教育，因此教育便成了各州政府、地方政府或人民的保留权力，联邦政府失去了对教育的直接管理权力，这使得美国建国后几位总统试图建设国立大学的努力都以失败告终。但这并不意味着联邦政府不能对教育，尤其是高等教育的发展进行干预与引导，如依据联邦宪法的"共同防卫"和"普通福利"条款，联邦政府可对教育进行干预；同时联邦宪法授予联邦政府的财政开支权、征税权、商业管理权、公民权利执行权等多项权利都广泛地涉及教育的各个方面。① 在美国建国后的教育发展历程中，我们可以清楚地看到联邦政府充分地利用了这种教育干预权影响、引导着各级各类教育的发展，其中私立高等教育也不例外。而在影响私立高校的内部经费分配方面，联邦政府主要是通过为私立高校提供免税优惠、为私立高校提供有条件的补助金和与其签订合同等方式来实现的。总之，联邦宪法赋予了联邦政府以教育干预权，而联邦政府利用这种教育干预权成为私立高校内部经费分配的主要影响因素之一。

（二）宪法赋予州政府以州内教育干预权

与联邦政府一样，宪法也赋予了州政府以州内事务处理权，如州内的征税权、商业管理权、教育管理权等，利用这些权力州政府也拥有了对州内私立高等教育发展的干预权。但受联邦宪法第一修正案②中禁止确立国教和保障信教自由条款的影响，州政府虽肩负着发展州内教育的主导性责任，但却始终与私立学校保持着距离，甚至相互隔绝。因为美国的私立学校大多数具有宗教属性，即使到了21世纪，仍有大量的宗教性质的私立学校存在，如2007—2008学年，近68%的美国私立学校仍为教会学校，教会学校学生占全美私立学校学生的比例为81%，教会学校教师占全美私立学校教师比例约为72%。③ 但随着私立学校公益属性的凸显，如私立学校在满足公民基本的受教育权利、促进教育公平、满足社会发展需求等各方面发挥着重要作用，州政府越来越认识到资助与管理私立高等教育的重要性，因此州政府逐渐加强了对私立高校的资助力度，同时也加强了对私立高校内部管理的干预，如州对私立高等教育的资助计划与法案都要求参加的私立高校必须通过地方或州认证机构的认证。④

---

① 张旺：《美国私立高等教育发展的制度环境研究》，知识产权出版社2009年版，第44页。
② 联邦宪法第一修正案的内容为："国会不得制定关于下列事项的法律：确立国教或禁止信教自由；剥夺言论自由或出版自由；或剥夺人民和平集会和向政府请愿伸冤的权利。"
③ NCES. U. S., *Characteristics of Private School in the United States*: Result from the 2007-2008 Private School Universe Survey, 2014-3-13, (http://nces.ed.gov/pubs2009/2009313.pdf).
④ Leonard A. Rhine, *State Aid to Private Institutions of Higher Education*: The Development of Guidelines, University of Florida, 1983, p.52.

二 特许状的影响

特许状在本质上就是政府与大学之间的一种契约，私立高校只有在获得特许状的情况下才具有合法地位。但特许状既是私立高校拥有独立自主权的法律依据，同时也是政府规范私立高校办学行为的一种重要途径。因为特许状一般除了赋予私立高校以独立自主权、大学师生的自由权以及学位授予权等权力之外，还会对私立高校的办学目的、内部治理结构、高级管理人员的产生方式、学生管理等方面予以规定或提出指导性意见。而特许状对美国私立高校内部经费分配的影响主要体现在其对私立高校办学目的的界定和董事会管理制度的构建两个方面。

（一）办学目的是私立高校内部经费分配的总指导原则

在政府颁发给私立高校的特许状中首先要对该学校的办学目的进行界定，而办学目的不仅反映了私立高校的办学思想，同时也制约着私立高校的任务与功能。对于私立高校内部经费的分配而言，办学目的更是最根本的指导原则。如殖民地时期哈佛学院的特许状明确指出哈佛学院要以"促成对这个郡的英国和印第安青年在知识和虔诚方面的教育"为目的，因此学院所获得的各种礼物、遗产、土地和财产都要为实现这一目的服务。哈佛学院在1721年到1783年间设立了7个教授职位，分别是神学、数学、自然科学、希伯来语和其他东方语言、修辞学与雄辩术、解剖学与外科医学还有理论与应用物理。[①] 可以看出这些教授席位的设置都紧紧围绕着哈佛学院的办学目的。再如约翰·霍普金斯大学的办学目的是："鼓励研究……促进学者们的学术进步，以使他们服务于科学的发展和社会的进步"，[②] 为达到此目的，霍普金斯大学校长丹尼尔·科伊特·吉尔曼（Daniel Coit Gilman）提出了"大学有限的资金应首先用在'人'，而不是砖瓦和灰浆上"的校内经费分配原则。

---

① ［美］亚瑟·科恩：《美国高等教育史》，李子江译，北京大学出版社2010年版，第25页。
② *A Brief History of JHU*，2014 - 3 - 12，(http：//webapps. jhu. edu/jhuniverse/information_ about_ hopkins/about_ jhu/a_ brief_ history_ of_ jhu/index. cfm）。

（二）董事会是私立高校内部经费分配的主体

哈佛学院 1650 年的特许状规定："为了促进如此崇高之事业和为了上述之目的，从今以后，位于新英格兰中塞克斯郡剑桥镇的这所学院将成为一个由 7 人组成的法人，即 1 名校长，5 名评议员和 1 名司库或会计……他们都应是本海湾的居民。"[①] 哈佛学院的这种团体法人制度即是美国私立大学的董事会制度。这种董事会制度使得董事会拥有私立高校内部事务的最高决策权，因此董事会也成为私立高校内部经费分配的主体。对于私立高校而言，董事会主导其内部经费分配具有以下几方面的优势：1. 董事会都是由多名成员组成，平均规模在 15—16 人，这一方面使得监督的深度和广度都有所增加，另一方面也大大增加了小团体拉拢合谋所需要支付的成本；[②] 2. 董事大多都是由社会知名人士担任，而他们的道德感、荣誉感和责任感都要强于一般人，因此这样的团体不容易出现"以权谋私"等违法行为，同时也能有效地提升经费分配的"合理性"与"科学性"，如约翰·霍普金斯大学的成功创建与发展就主要归功于约翰·霍普金斯先生精心组建的董事会；3. 董事一般都由差额选举产生，而大多数董事是由校友提名的，这种董事的产生方式有效地保障了董事继任者们的道德品质与责任心，从而保障了董事会理性主导校内经费分配能力的延续与发展。

三 认证制度的影响

高等教育认证是由民间机构以自评和同行评估为主要手段，对高等教育机构整体或其所设专业进行周期性评估和鉴定，以维持并提高教育质量的集高等教育评估、质量保证和自我管理为一体的机制。[③] 美国的高等教育认证制度已有百年的发展历史，并从 1949 年之后逐渐走向正规化和制度化[④]。虽然这种民间的高等教育认证机构秉持的是自愿参加的原则，但是

[①] 欧阳光华：《董事、校长与教授：美国大学治理结构研究》，高等教育出版社 2011 年版，第 63 页。
[②] 程北南：《美国大学治理结构的经济学分析》，中国财政经济出版社 2009 年版，第 147 页。
[③] 张旺：《美国私立高等教育发展的制度环境研究》，知识产权出版社 2009 年版，第 165 页。
[④] 1949 年，美国"全国认证委员会"成立，其目的就是要对全国的专业认证组织进行认可、协调和管理，为认证活动建立制度规范。

随着认证机构权威性的不断提升,同时也随着企业和政府部门对相关认证结果的使用,大部分的私立高校都加入到了认证行列之中,这使得高等教育认证制度对私立高校的发展产生了重要影响,其中对私立高校内部经费分配的影响是最主要的体现之一。

美国著名高等教育专家伯顿·克拉克(Burton R. Clark)和盖伊·尼夫(Guy Neave)等编写的《高等教育百科全书》(1992年)中指出:"认证是指高等教育中,通过检查或评估或二者兼而有之,院校或院校中的专业得到认可,表明达到了可接受的最低标准的质量控制和质量保证的过程。"[1] 可见,高等教育认证活动的核心是标准的确立,而私立高校参与认证即意味着要接受认证机构所列出的最低标准。因此认证标准对于被认证的私立高校而言具有较大的影响力,尤其对其内部经费分配具有重要的指导作用。这一方面表现在认证机构所列的认证标准为私立高校的内部经费分配提供了基本的框架,如中北部院校协会(NCA)的高等教育认证委员会所制定的认证标准包含五大指标,即办学宗旨和学校声誉诚信;未来储备;学生学习和有效教学;知识的掌握、发现和应用;有效提供服务。[2] 显然,这五个认证标准指导着私立高校围绕着办学目标及提升未来发展能力来进行内部经费分配,并应侧重学生学习条件、教学条件、研究条件和提升社会服务能力等方面的经费投入。另一方面则表现在当认证标准发生改变时,被认证高校的内部经费分配倾向也会随之改变,如当美国20世纪70年代认证标准重心由院校转向学生的时候——1979年,全国认证机构的协调组织"中等后教育认证委员会"(COPA)召开会议,主张院校评估的重点应是学生的学业成就而不是学校的声誉及资源成就,号召各认证机构要求其所认证院校在学生学习结果评价及反馈上增加投入并持续向公众发布必要信息[3]——私立高校在学生学业评价方面的投入大量增加。

---

[1] 杨智:《美国高等教育认证制度研究》,硕士学位论文,四川师范大学,2008年,第4页。
[2] 同上书,第18—19页。
[3] 熊耕:《试析美国高等院校认证标准演变的逻辑:以中北部地区大学与中学协会的认证标准为例》,《比较教育研究》2004年第7期。

四　附有条件资助项目的制约

无论联邦政府还是州政府，他们对私立高校的资助项目都是带有附加条件的。而这些附加条件直接影响着私立高校的内部经费分配。联邦政府与州政府的资助项目附加条件大致可以分为以下几种类型。

（一）为确保质量而提出的认证要求

联邦政府或州政府在实施资助项目时，往往为了确保被资助学院或专业具有完成该项目的条件与能力而对其提出认证要求。这种认证并不是由政府部门实施，而是由政府委托给具有独立性质的高等教育认证机构实施，这样既可以保障私立高校免于过多的政府干预，同时也起到了提升私立高校办学质量的目的。目前，这种认证要求已成为私立高校参与联邦政府或州政府资助项目的一个基本要求，即使是关涉到教育公平的学生奖助金和贷款项目也要求参与项目的高校必须接受联邦政府或州政府认可的认证机构的认证。而正如前文所述，高等教育认证机构的认证活动对私立高校的内部经费分配具有重要的影响，事实上，这种影响也反映了政府的要求与利益诉求：联邦政府或州政府通过对高等教育认证机构进行许可认证而间接地将其要求与需求传递给被认证的高校或专业。

（二）针对项目提出的专门要求

针对项目而提出的专门要求主要是指以下两种情况。第一，对于资助经费的用途做出专门的规定，以确保资助经费服务于项目目标。如以促进农业和工艺教育为目标的《莫雷尔法案》资助项目；以促进数学、科学和外国语教学为目标的《国防教育法》资助项目；以扩大退伍军人受教育机会为目标的退伍军人教育资助项目等，这些项目都对其资助经费提出了较为明确的用途，接受资助的学校或专业不得擅自挪作他用。第二，为完成项目目标而对被资助对象提出特殊的条件。如联邦政府的科研资助项目就对被资助对象的科研水平提出了较高的要求：无论是对高校的还是对个人的科研资助，联邦政府或州政府都采取竞争的方式进行，即"技高者得"，这样的要求有效地引导着那些竞争科研项目资助的私立大学加大科研投入。

（三）与项目无关的宽泛性条件

除了针对项目提出一些专门性要求之外，联邦政府和州政府还要求接受其资助的学校必须遵守各种法规条例和有关机构的规定，如1988年通过的《无毒品工作场所法案》适用于那些与联邦机构签订服务合同或接受联邦机构提供的补助金的高等院校；1989年颁布的《无毒品学校和社区法案修正案》要求接受联邦财政资助的院校为学生和职员开展禁止毒品和酗酒的项目；《学生知情权法案》对《高等教育法》第485款进行了修正，向参加联邦学生资助项目的高等院校提出了新的信息分享的要求，要求参加资助项目的院校公开申请证书或学位的全日制学生的结业率或毕业率。显然，这些附加在资助项目上的与项目无关的宽泛性条件是美国政府规范、管理高等教育的一种重要手段。对于私立高校而言，这种宽泛性条件是一把双刃剑，即一方面可通过遵守它而获得更多的政府资助，但另一方面也面临着丧失更多自主权的危险。

第四节 美国私立高校内部经费使用绩效的评估政策

随着政府与社会对私立高等教育投入的日益增多，美国政府除了利用特许状、认证制度、附加条件的资助项目等方式影响、引导私立高校的内部经费分配之外，还致力于私立高校内部经费使用绩效的评估政策体系的构建，以达到确保私立高校内部经费被合理、有效利用之目的。概括来讲，美国政府主要从高校信息公开制度、高校会计制度和高等教育质量评估制度三个方面来构建私立高校内部经费使用绩效的评估政策体系。

一 高校信息公开制度

高校信息公开制度是社会公众监督、评估高等教育质量的一种常用方式，而由于教育经费收支情况是其公开信息的重要组成部分，因此这种信息公开制度也成为公众评估高校内部经费使用绩效的重要途径。

（一）《信息自由法案》与私立高校的信息公开

美国联邦政府于1966年颁布的《信息自由法案》和各州的有关信息自由的立法是美国高校信息公开制度形成的法律基础。但由于《信息自由法案》和各州的信息自由立法主要针对的是政府信息公开问题，因此在法律层面上，作为非政府部门的私立高等院校并不需要遵守联邦的《信息自由法案》和州的各种信息自由法规。但随着联邦政府和州政府对私立高校资助的加大，尤其在1965年《高等教育法》颁布之后——这是联邦政府为了鼓励贫穷学生上学而通过的法案，所以很多没钱的年轻人都有机会申请到大学，但很多学生也认识到他们不了解每个大学有什么区别，他们应该上哪个大学，所以他们对高校提出了主动公开信息的要求——无论联邦政府还是社会公众对私立高校信息公开的要求越来越强烈，因此联邦政府和州政府对参加其资助项目的私立高校提出了信息公开的要求。目前，美国私立高校与公立高校一样受到《信息自由法案》以及相关法律的约束，履行着信息公开的职责与义务。美国私立高校经常公开的信息有学费、预算、财务经费、教师平均薪酬、奖学金申请、学生活动、教师团队、毕业要求、校园安全等。但根据1966年《信息自由法案》的规定，政府信息公开有9个例外，这9个例外分别是：1. 为了国防和外交的利益，由总统的行政命令特别授权所建立的标准加以保密的文件；2. 仅仅是机关内部人事制度和惯例的事项；3. 法律特别规定保密的事项；4. 贸易秘密和具有特权和机密信息人拥有的财务信息；5. 除了与政府在法律上有诉讼关系以外，不得向其他人公布的机关内部和机关之间的备忘录和信件；6. 公开将会造成明显地侵犯个人隐私的人事、医疗和类似档案；7. 为执法目的而编制的档案和信息；8. 负责监管金融机构的政府部门制定的，或代表其利益，或供其使用的监察、营业或形势报告；9. 关于油井的地质和地理的信息和资料，包括地图在内。① 这些例外同样适用于高校，如高校在与企业进行合作过程中，不必将涉及商业秘密的信息公开，同时一些涉及国防安全的研究资料也不必对外公开等。

（二）联邦部门是私立高校信息公开的重要平台

私立高校除了要通过自己搭建的平台进行信息公开工作，接受社会公众监督之外，还要根据联邦相关部门的要求提供相应信息，从而接受联邦

---

① 田青：《论美国联邦政府信息公开制度：以1966年美国〈信息自由法〉及其修改为视角》，硕士学位论文，中国政法大学，2009年，第21页。

政府的监督，如给私立高校提供科研资助的国防部、卫生部、国家科学基金会等联邦部门会要求受资助的私立高校将科研项目的经费分配与使用信息上报。而联邦部门也需要将这些科研项目的绩效信息对外公布，以让公众监督联邦政府的科研资助工作绩效。

但联邦教育部与国防部、卫生部等部门不同，它更倾向于综合教育信息的公开，以便社会公众更全面的了解各个层次教育的发展状况与趋势。1979年9月美国国会通过了《教育部组织法》（Department of Education Organization Act），并由卡特总统于10月17日签署后生效。《教育部组织法》规定教育部主要拥有三方面的职权，其中之一就是教育数据资料的收集及公布权。为了收集和公布全国的教育数据和资料，联邦教育部设立了国家教育统计中心（National Center Education Statistics），所有资料都在网络上公开。此外，始于1962年，联邦教育部每年出版一本《教育统计摘要》专刊，内容包括各级各类学校的数量、教师数量、学区的学生数量、教育经费的收支情况、图书设备的情况、教育研究的进展情况和国家教育的发展信息等，这一切信息也可以在国家教育统计中心网站浏览、下载。[①] 由于私立高等院校也是联邦教育部信息收集的对象，因此联邦教育部的这种综合信息的收集与公布职权也方便了公众对私立高等教育质量的监督，同时也可以实现对私立高校内部经费使用绩效的评估。

二 高校会计制度

美国私立高等院校和公立高等院校使用的会计标准是不同的：私立高等院校执行的是会计准则委员会（The Financial Accounting Standards Board，简称FASB）制定发布的会计准则；而公立高等院校执行的是政府会计准则委员会（The Government Accounting Standards Board，简称GASB）制定发布的会计准则。一般而言，在FASB和GASB指导下形成的财务报表的功能目标是不一样的："在FASB指导下形成的财务报表主要致力于为资源提供者提供有用的信息，以帮助他们在将有限的资源分配给企业或非营利

---

① 梁少梅：《政府管理与高校自治》，硕士学位论文，北方工业大学，2011年，第20页。

组织时做出明智的决策；而在 GASB 指导下形成的财务报表除了要起到决策参考的作用之外，更重要的是要承担问责的功能。"① 但近年来，FASB 和 GASB 制定的关于高校会计信息披露方面的法规逐步走向融合，这促使私立高校的财务报表与公立高校的财务报表一样都具有了决策参考与问责的双重功能。因此对于美国高校而言，会计制度不仅仅是一种财务制度，更是一种直接的经费使用绩效评估制度。而高校会计制度的经费使用绩效评估职能主要是通过以下两个方面来实现的。

（一）采用"权责发生制"的记账原则

"权责发生制"和"收付实现制"是两种不同的会计记账方式。其中所谓的"权责发生制"，又称应收应付制，是指以应收应付作为确定本期收入和费用的标准，而不问货币资金是否在本期收到或付出。也就是说，一切要素的时间确认，特别是收入和费用的时间确认，均以权利已经形成或义务（责任）已经发生为标准。② 而所谓的"收付实现制"，又称现金制或实收实付制，是指以现金收到或付出为标准，来记录收入的实现和费用的发生。按照收付实现制，收入和费用的归属期间将与现金收支行为的发生与否，紧密地联系在一起。换言之，现金收支行为在其发生的期间全部记作收入和费用，而不考虑与现金收支行为相连的经济业务实质上是否发生。③ 显然，"权责发生制"的记账原则可以更准确地反映盈亏和绩效。因此，为了更有效地反映整个学校的财务状况和经营成果，提升财务报表的实用性，美国私立高校普遍采取的是"权责发生制"记账原则。

（二）采用基金会计的会计核算模式

GASB 对基金所做的定义为："基金是一个财务和会计主体，它拥有一套自我平衡的账户，记录现金和其他财务资源（如果是权益基金或信托代

---

① Teresa Gorden, Mary Fischer, *A comparative empirical examination of extent of disclosure by private and public colleges and universities in the United States*, Journal of Accounting & Public Policy, 2002, p. 237.

② 百度词条，2017 年 3 月 10 日，(http://baike.baidu.com/link?url = sqReNPVtUaxig5HhTi4_qyuHdmN2t2m3J0743aXD9WfT3p_ jirNgUz4 − 27BFdFZ0)。

③ 百度词条，2017 年 3 月 10 日，(http://baike.baidu.com/link?url = ob8Oa5o9805 zwCqh-gN35HnF4Gbclw_ yeQc-NsbjtH5jFBrOiID1sriVDxbPfl5wF)。

理基金,还有非财务资源),并记录所有的相关负债、剩余权益或余额及其变动,并且按照法规、限定或限制条件的要求,对特定业务或实现特定目标的活动分别建账。"[1] 可见,基金的设置目的是为了按照法律或其他法规对这种资源使用的限制来从事特定的活动或达到特定的目标,而以基金为基础的会计模式一方面可以更有效地实现专款专用的原则;另一方面则更方便了利益相关者的财政监督。FASB 发布的第 117 号准则并不要求私立高校采用基金会计,但是私立大学为了加强财务资源的控制和有效地履行受托责任,还是采用了以基金会计为主的核算方法。[2] 实际上,基金会计模式就是把私立高校这个对外报告的大会计主体划分成了多个以不同的基金为基础的小的记账主体,对于发生的业务按照对应的基金来记账。私立高校的各类基金的主要用途及举例如表 2-5 所示。

表 2-5　　　　私立高校的各类基金的主要用途及举例

基金类别	用途	举例
流动营运基金	为完成学校主要任务的经济资源,核算学校主要经营活动的账户,记录的都是日常的经营活动。	教学、科研与公共服务等
房屋与设备基金	更新学校长期资产或为偿还长期债务而储备的资源。	房屋或土地
贷款基金	向学生、教师和雇员提供借款的资源	学生助学贷款
留本及类似基金	从捐赠人处获得的,只能花本金获得的收益,却不能动用本金的捐赠款	保留本金捐款
年金和终生收益基金	附有延期赠予协议的基金,收到捐赠的人必须要得到特定的时间以后,或是协议规定终止后才能使用该基金。	债券信托存款
代理基金	学校充当保管员,为存款人保管钱的一种基金,存款人可以随时支取。	学生组织存款

资料来源:严莹:《美国私立大学会计制度的特点及启示》,《经济师》2009 年第 12 期。

三　高等教育质量评估制度

美国是世界上最早开展高等教育质量评估的国家,早在 1784 年就出现

---

[1] 戚艳霞:《美国政府与非营利组织基金会会计模式及对我国的启示》,《财会通讯》(学术版) 2006 年第 6 期。

[2] 严莹:《美国私立大学会计制度的特点及启示》,《经济师》2009 年第 12 期。

了非官方性质的高等教育质量评估机构——纽约州立大学董事会（The Regents of the University of the State of New York）。这个董事会经常定期派人访问各教育机构，定期给州立法机关递送有关各校绩效的报告书。[①] 时至今日，美国已经形成了一套较为健全且行之有效的高等教育质量评估制度。而与高校信息公开制度和会计制度相比，高等教育质量评估制度可以为公众和政府提供有关私立高校内部经费使用绩效的更专业、更可靠、更丰富的信息，这主要体现在以下三个方面。

（一）"绩效"已成为高等教育质量评估的核心标准

绩效是一个组织或个人在一定时期内的投入产出情况，投入指的是人力、物力、时间等物质资源，产出指的是工作任务在数量、质量及效率方面的完成情况。美国的一些州早在20世纪60年代就开始利用绩效评价来服务于政府的高等教育投资了，时至今日美国高等教育质量评估已完全由以输入评估模式[②]为主转向以绩效评估模式为主，换言之，"绩效产出"正逐渐取代"资源和声誉"成为衡量高等教育质量的核心标准。高等教育质量评估模式的这种转变为政府和公众了解私立高校内部经费的使用绩效提供了条件，因为在这种以"投入—产出"为主要关注点的高等教育质量评估模式中，高校内部经费的使用绩效评估是其不可缺少的重要组成部分。尤其在教育经费不像以前那么容易得到的情况下，各高校，尤其是私立高校必须向政府和公众报告他们把教育经费用在了最需要的地方，如改进本科教育、技术教育和职业准备等，以表明其绩效。但需要指出的是，对于高校内部经费的使用绩效评估大致可分为两类：一类是对已被指定用途的经费使用绩效的评估，如科研项目经费使用绩效、专项建设资金的使用绩效等，这类评估一般由相关的政府部门实施；另一类则是对非指定用途的经费使用绩效的评估，目前这种评估一般由社会评估中介组织实施，并越来越突出对"以学生的学习成就与发展为核心"的学校教育绩效进行评估。

（二）社会评估组织具有较高的专业性与权威性

众所周知，非官方的、具有独立性质的社会评估组织是美国高等教育

---

① 王伟：《美国高等教育评估制度研究》，硕士学位论文，河北大学，2004年，第9页。
② 所谓输入评估模式是指以学校资源和声誉为评价标准实施的高等教育质量评估。

质量评估的主体。而为了提升这种社会评估组织的专业性与权威性，美国从宪法、政策、制度等多方面采取了措施对其进行规范与管理，其中最为突出的是构建了社会评估组织的认可与鉴定制度，即对社会评估组织本身的资质进行认证与评估。目前，美国已形成官方和民间两套社会评估组织认证与评估体系。官方的社会评估组织认证体系以联邦教育部为核心，是依据《联邦管理条例》——《教育部长对认证机构的认可》构建起来的；而民间社会评估组织认证体系的构建以 1996 年美国高等教育质量认证委员会（CHEA）的成立为标志——CHEA 的一个重要的职能就是对认证机构进行认可，它是唯一的从事高等教育认证机构认可的非官方组织。美国的高等教育质量认证（评估）机构，只有经过 CHEA 或联邦教育部的认可和承认才具有认证资格和权威性。总之，社会评估组织的资质认可与评估机制促进了社会评估组织的专业化发展，同时也大大提升了其权威性，而显然这样的评估组织可以为人们提供高质量的、专业的有关私立高校内部经费使用绩效的信息。

（三）多元化的评估类型提供了丰富的评估信息

美国高等教育质量评估类型是十分多元的，如根据评估对象的不同可划分为院校评估和专业评估；根据评估内容的不同可划分为教学评估、科研评估、社会服务评估、学生学习投入评估和学生就业评估等；根据评估主体的不同可划分为机构认证、民间排行和院校内部评估等。这种多元化的评估类型有效地满足了包括政府、家长、学生、捐赠人、企业和高校等在内的利益相关者的多元化的信息需求。而对于私立高校内部经费使用绩效评估而言，这种多元化的评估类型为其提供了更丰富的信息支撑，有利于不同的利益相关者利用这种多元化的评估信息对私立高校的内部经费使用绩效做"个性化"的评估，如家长和学生比较关注私立高校的专业建设绩效和学生的教育绩效，那么他们就可以重点关注专业评估、学生学习投入与发展评估；而企业可能比较关注私立高校的科研绩效、社会服务绩效或整体绩效，那么他们就可以重点关注科研评估、社会服务评估和民间排行。这样，不同的利益相关者都可以形成针对性较强，并能够为其所用的评估数据。

第五节 美国私立高等教育经费政策体系评析

综合以上分析，我们可以看到目前美国已经形成了一套较为系统的、同时也是十分复杂的私立高等教育经费政策体系。而且有目共睹的是在这套私立高等教育经费政策体系的支持下，美国的私立高等教育健康、快速地发展起来。概括起来，美国私立高等教育经费政策体系主要有以下特征。

一 认可私立高等教育的公益性是其最基本的政策理念

目前有关私立高等教育的公益性与私益性问题仍处于争论状态，这是各国间私立高等教育发展政策差异性产生的重要原因之一。而从美国联邦政府和州政府对私立高等教育的经费资助政策来看，美国政府始终是认可私立高等教育的公益属性的，并将其与公立高等教育放在平等的位置上予以支持，如平等的学生奖、助、贷金资助政策；公平竞争的科研资助政策等。美国政府对私立高等教育公益属性的这种认可甚至惠及那些营利性私立高校，如1972年美国政府设立联邦学生助学金系统时，在营利性学校学习的多数学生也可以获得政府提供的这种资助。然而从美国私立高等教育的发展历程中，我们可以看到美国政府对私立高等教育公益性的认可并不是单纯地源自于对私立高等教育公私属性的理性判断，而是有其更深层次的历史与政治原因。首先，从历史角度讲，私立高等教育是美国高等教育的起源，并从一开始就与州政府和地方政府保持着密切的联系，这为后来政府与私立大学之间合作关系的建立奠定了基础；而在两次世界大战期间，私立大学的科研实力不仅迎合了美国政府的战时需求，而且向公众证明了其"公益性"的一面，这为"二战"后美国政府明确对私立高等教育的资助责任，出台私立高等教育经费资助政策奠定了重要的基础。其次，从政治角度讲，在美国分权政治体制下，私立高等教育拥有了更大的发展空间——美国联邦政府建立国家大学梦想的破灭迫使其将关注点放在具有独立属性的私立大学身上，以实现其引导高等教育发展的理想与抱负。而美国联邦政府对私立高等教育的引导与影响使其"公益性"更加凸显。

二 政府与私立高校间保持合理距离是其基本的政策原则

对于私立高等院校而言，政府所提供的财政资助一直被视为是一把"双刃剑"：它一方面可以帮助私立高等院校缓解资金压力，尤其在教育成本和科研成本日益提升的背景下，政府的财政资助显得尤为重要；但另一方面它也会导致私立高等院校一部分办学自主权的丧失，因为政府必定会加强对其所提供经费的监管，而这必然对私立高校的内部资源分配造成影响。从前面的阐述中可以看到，政府财政资助的这种"双面性"在美国也是存在的：美国政府对私立高等教育公益性的认可促进了美国政府对私立高校的财政资助，但同时美国政府也加强了对私立高校的规范与管理。所不同的是，在政府与私立高校之间的关系处理方面，美国政府更趋向于与私立高校间保持一种合理的距离，这主要体现在以下几个方面：第一，除科研资助之外，美国政府一般倾向于采取间接的方式资助私立高等院校，如减免税收、为学生提供奖助贷金等。这种间接性的资助方式有效地避免了政府对私立高等院校的过分干预，保障了其独立自主性。第二，政府对私立高等院校并不是放任不管的，它对受其资助的私立高等院校提出了质量认证的要求，以确保、并不断提升其教育质量，但这种质量认证并不是由政府直接实施，而是由社会中介组织实施，这种做法巧妙地处理了政府要求与私立高校独立自主性之间的冲突。第三，在科研资助方面，政府虽然采取的是直接资助的方式，但却没有索要私立大学科研的直接管理权，而是一直扮演着私立大学科研成果购买者与投资者的角色，并致力于通过专利权转让构建政府、私立高校、企业共赢的合作局面。因此，虽然美国政府并没有明确提出"与私立高校保持一定合理距离"的政策原则，但这一原则却实实在在地体现在美国私立高等教育经费政策之中。

三 发展多渠道融资模式是其政策体系最显著的功能

美国私立高校多渠道融资模式的形成与发展有其历史传统[①]方面的原因,更得益于私立高等教育经费政策体系的支持,如美国政府制定了较为细致的税收优惠措施为私立高等院校开展经营活动、争取社会捐赠提供了政策支持;《拜杜法案》和诸多技术转移法案的颁布为私立高校经营知识产权提供了条件;特许状中对董事会管理制度的界定与设计,以及后来的信息公开要求都促进了私立高校社会声誉和公信力的提升,这为其获取大量的社会资源奠定了良好的基础。历史证明,这种多渠道融资模式不仅可以有效地帮助私立高校解决资金问题;而且可以有效地保障私立高校的独立自主性。首先,私立高校的多渠道融资模式有利于抵御政府的不合理干预。在美国高度分权的政治体制下,政府主要通过经济手段来引导和影响私立高等教育的发展,因此私立高校采取多渠道的融资模式,可以减少对政府财政资助的依赖,从而促进私立高校与政府间平等关系的建立,有效避免政府的过多和不合理干预。其次,私立高校的多渠道融资模式有利于抵御其他利益集团的不合理干预。除了政府之外,学生、家长、捐赠者以及企业都是与高等教育密切相关的利益相关者,同时他们也是私立高校筹资的主要对象。多渠道融资模式不仅可以有效地协调不同利益相关者的利益诉求,同时也可以避免任何一类利益相关者对私立高校产生过大的影响。

四 构建社会评估机制是其政策体系的重要内容

对于如何评估私立高校的内部经费使用绩效,美国政府依然主要采取了一种间接策略,即致力于构建一种社会评估机制。这一特征在美国私立高校内部经费使用绩效的评估政策中体现得较为明显。概括起来,美国政府主要是通过两种途径来构建私立高校内部经费使用绩效的社会评估机制

[①] 美国私立高校虽然从一开始就得到了州政府的大量财政资助,但它们面向社会筹资的意识与行为却从未间断,而正是美国私立高校的这一筹资特点帮助它们度过了达特茅斯案后政府财政资助锐减所带来的财政危机。

的：一是促进私立高校的信息公开化；二是鼓励具有独立性质的评估中介组织的发展。显然，促进私立高校包括财务信息在内的各种信息的对外公开，使得社会公众监督私立高校办学行为、评估其内部经费使用绩效变成可能；而鼓励并规范具有独立性质的评估中介组织的发展则促进了社会评估的科学化与专业化发展。从美国的私立高等教育发展实践来看，这种以社会为主体的绩效评估机制在以下两方面显示了独特的优势：第一，有利于弱化政府对私立高校的干预。社会评估中介组织是搭建在政府、公众和私立高校之间的一座桥梁，它反映的是三方面的需求，这决定了政府只能是影响评估的主要影响因素之一，而非唯一影响因素，因此社会评估机制在很大程度上减弱了政府对私立高校的影响与干预。第二，有利于将社会的不同教育需求及时反馈给私立高校。社会教育需求的多元性是私立高等教育发展的重要基础，而社会评估机制更有利于促进私立高校与社会教育需求相衔接，进而促进其多元化与特色化发展。

第三章　日本私立高等教育的经费政策体系

　　1918年，日本政府颁布了《大学令》，为私立大学的设立提供了法律依据。"二战"后，依据美国教育使节团报告书提出的"自由"、"民主"、"平等"的教育理念，日本的教育制度重新确立。尤其是1949年《私立学校法》的颁布，既为私立高等教育的发展提供了法律保障，也使私立大学的地位得到了提升。20世纪50—70年代，日本经济高速增长，私立高等教育的发展也进入了黄金发展期。此时，日本政府相继颁布了《日本私学振兴财团法》、《私立学校振兴助成法》等法律法规，以此为依据为私立高等教育提供经费、设施等方面的资助，使私立高等教育的规模迅速扩大，教育质量得到了很大提高。20世纪80年代之后，由于经济衰退、学龄人口减少、学费上涨等各方面不利因素的影响，日本私立高校的发展面临着新的危机。但日本政府通过加大资助力度、提供校舍或土地、公私合作办学等方式，使私立高校度过了经营危险期。21世纪之后，日本政府为提高高等教育的国际竞争力，实行国立大学法人化改革，鼓励国公私立大学平等竞争，使私立高等教育的发展既迎来了新的机遇也面临着严峻挑战。总体来说，"二战"后日本的私立高等教育在法律和政府经费资助的支持下取得了蓬勃发展，其院校数量和学生数都远超国公立大学，在办学质量上也得到了国内外的广泛认可。日本的私立高等教育经费政策体系也对我国民办高等教育的发展有一定的参考和借鉴作用。

第一节　日本私立高等教育的发展历程

明治时期（1868年1月1日—1912年7月30日），日本仿照西方国家建立了完整的由小学到大学的公立教育体制。其中，大学的设置分为由国家直接设立的国立大学和由地方政府设立的公立大学（统称官立大学）。虽然当时已存在私人设立的"大学"，但由于在国家考试、免除兵役等方面并没有享受与官立大学同等的优待，所以只被看作高等专科水平的学校。1918年，日本大正政府进行了一系列教育改革，其中颁布的《大学令》规定私立高等专科学校享受与官立大学同等的待遇，经文部大臣认可的私立财团法人可设立大学。由此，日本的私立大学正式产生，这一体制在第二次世界大战后也得到了延续。但在"二战"以前，日本的教育处于国家的严格管制之下，私立大学仅作为官立大学的一种补充，为军国主义服务。

"二战"结束后，1945年10月20日，依据《波茨坦公告》美军在日本东京设立盟军总司令部，负责日本政治、经济、文化等各方面体制的重建；1952年4月28日，《旧金山合约》生效，日本主权恢复，所以这一段时期被称为占领期。战后日本的教育改革正是始于占领期的《第一次美国教育使节团报告书》。1946年1月，盟军总司令部向美国国会申请，由美国政府派遣教育使节团负责制定日本的教育制度，并要求日本政府任命"日本教育家委员会"协助美国教育使节团的工作。同年2月，以南原繁为委员长的"日本教育家委员会"成立，3月乔治·斯托达德（George D. Stoddard）团长率领的美国教育使节团抵达日本。3月30日，美国教育使节团将报告书提交给盟军总司令部，4月7日该报告书公布。报告书中体现了"自由"、"民主"、"公平"的教育理念，其中关于高等教育提出了"机会平等"、"传授以人性发展为目标的广泛的知识"、"尊重教育研究的自由与自治"三项基本理念。[①] 关于机会平等，报告书中规定"高等教育

---

① ［日］土持加里法一：《新制大学的诞生——战后私立大学政策的展开》，玉川大学出版社1996年版，第187页。

不是少数人的特权，是为多数人提供的机会"。① 并建议依此实施高等教育体制改革，将战前多样化的高等教育机构统一为四年制的"新制大学"，原有的高等专科学校、专修学校等升级为大学。另外，规定了"官私立学校间不存在本质的区别"，力图改变战前官尊民卑、轻视私学的局面。之后负责推进教育改革的"教育革新委员会"也提出"为了使私学发挥其特点，废除政府以往统一的、形式上的监督"、"打破偏重官立，实现官私立大学的平等"、"确立大学的自由及自治"等建议。②

依照美国教育使节团报告书的建议，日本政府于 1947 年制定了《教育基本法》和《学校教育法》，从法律上确立了"自由"、"民主"、"公平"的教育发展方向。《学校教育法》中规定"大学，以学术为中心，传授广博的知识的同时，深入教授和研究专业学问和艺术，以提高智力、道德以及应用能力为目的"，③ 与战前《大学令》强调"适应国家之需要"的国家主义的教育目的截然不同。1949 年，日本政府颁布了《私立学校法》，该法案规定：私立学校的设立者为学校法人，私立学校应设学校理事会，负责管理学校日常事务，理事长 1 人（可由校长兼任），理事 5 人以上（含理事长），监事 2 人以上；并设超过理事会人数 2 倍以上的评议员会，负责监督理事会的工作。《私立学校法》为私立大学的建设和发展提供了法律依据和保障，促进了其快速发展，以 1948 年为例，12 所新设新制大学中，除 1 所公立大学之外其余 11 所皆为私立大学。④ 总之，在 1945 年至 1952 年的占领期，日本高等教育仿照美国建立了一元化的 4 年制大学体制，另外依据"自由"、"民主"、"公平"的教育理念，私立高等教育的建立和发展得到了法律保护，为之后的蓬勃发展奠定了基础。

进入 20 世纪 50 年代中期，随着日本经济的高速增长私立大学也取得了

---

① ［日］《美国教育使节团报告书》，1951 年 3 月 31 日，(http://www.mext.go.jp/b_menu/hakusho/html/others/detail/1317998.htm)。

② ［日］土持加里法一：《新制大学的诞生——战后私立大学政策的展开》，玉川大学出版社 1996 年版，第 187 页。

③ ［日］《学校教育法》，1947 年 3 月 31 日，(http://law.e-gov.go.jp/htmldata/S22/S22HO026.htm)。

④ ［日］日本学制百年史编辑委员会：《学制百年史·资料编》，2017 年 3 月 10 日，(http://www.mext.go.jp/b_menu/hakusho/html/others/detail/1317930.htm)。

快速发展。1952 年主权恢复之后，除了 4 年制大学之外，日本政府基于经济界的要求又认可了短期大学、高等专科学校、国立工业教师培养所和国立特殊教师培养所四类新型高等教育机构。其中，国立工业教师培养所和国立特殊教师培养所并非独立的学校，而是设立在国立大学当中，以培养工业高中的教师和特殊学校的教师为目的的高等教育机构。短期大学其实在占领期已经存在，是战前的高等专科学校和高级中学当中没有直接升级为 4 年制大学的学校，其学制为 2 年或 3 年。进入 20 世纪 50 年代中期以后，日本经济快速发展，企业对中级技术人员的需求大幅增加。相比 4 年制大学，学制时间短且教学内容针对性强的短期大学的培养模式更符合企业的需求。因此，将短期大学作为正式的高等教育机构确立下来受到了产业界、经济界的大力支持。经过反复讨论之后，日本政府最终认可了短期大学的正规高等教育机构地位，短期大学的数量也逐渐增加。1950 年，最初认可的短期大学为 149 所，1960 年增至 280 所，1970 年增至 479 所。而这些短期大学多数为私立大学，如 1963 年，在 321 所短期大学中，私立院校达 252 所（表 3-1）。高等专科学校（以下简称高专）的设立始于 1962 年。高专的教育目的是培养技术人才，学制 5 年，招生对象为应届初中毕业生。与短期大学多为私立的情况有所不同，高专院校多数由国家设立。以 1963 年为例（表 3-1），全国共 34 所高专院校，其中国立 24 所，公立 4 所，私立 6 所。

表 3-1　　　　　1963 年与 1968 年日本高等院校种类及数量①　　　　单位：所

	高专		短期大学		普通大学	
	1963 年	1968 年	1963 年	1968 年	1963 年	1968 年
国立	24	49	28	23	72	75
公立	4	4	41	43	34	35
私立	6	7	252	402	164	267
合计	34	60	321	468	270	377

20 世纪 60 年代，日本私立大学进入了快速发展阶段，这主要得益于

---

① ［日］日本学制百年史编辑委员会：《学制百年史·资料编》，2017 年 3 月 10 日，（http://www.mext.go.jp/b_menu/hakusho/html/others/detail/1317930.htm）。

国家政策的支持、人口高峰期的出现以及私立高校自身的策略。国家政策的支持。1960 年,日本池田内阁制定了《国民收入成倍增长计划》,确立了实现 1961—1970 年的 10 年间国民生产总值翻一翻的经济发展目标。该计划中指出"倍增期间内,预计缺少大约 17 万科学技术人员,应尽早制定增招理工科大学生数量的计划"。[1] 因此,文部省于 1962 年 7 月 4 日发布了《关于私立大学学科增设以及招生数量的变更》的文件,并于同年 9 月以文部省大学学术局局长的名义发布了《关于公·私立大学学校增设的处理》的通知。放宽了创办大学的标准,为私立大学的创办提供了方便条件。人口高峰期的出现。20 世纪 60 年代中期至 60 年代末,正值战后日本的第一次人口高峰期,适龄人口的入学需求激增,这为私立高等教育的扩充提供了客观条件。私立学校自身的策略。与国公立大学比较严苛的入学考试和相对高昂的学费相比,私立高校的入学考试更加容易,同时,私立高校将教育支出控制在最低限以实现低成本、相对学费也要低廉,因此在招生方面私立高校比国公立高校更有竞争力,也由此形成了私立高校的学校数和学生数远超国公立高校的局面。从学校数来看(表 3-1),1968 年与 1963 年相比,短期大学和普通大学都增加了 100 所以上,其中新增大学中私立大学占绝大部分。私立短期大学增加了 150 所,公立短期大学增加了 2 所,国立短期大学反而削减了 5 所。新增普通大学 107 所,其中私立院校占 103 所,国立与公立大学仅增加了 4 所。高专的学校数也翻了近一倍,但在国家办学为主的模式下,私立高专仅增加了 1 所。从高等教育的学生数来看(表 3-2),1968 年与 1963 年相比,短期大学的在校生数共增加了 132970 人,其中私立学校在校生数占 97.4%;普通大学生增加了 476089 人,私立大学学生占 81.2%。因此可以说,在 20 世纪 60 年代,日本高等教育进入大众化时期,私立高等教育发挥了核心作用。

---

[1] [日]米泽彰纯:《高等教育大众化与私立大学经营——"资助与限制"带来了什么》,东北大学出版社 2010 年版,第 69 页。

表 3-2　　　　1963 年与 1968 年日本私立高等院校在校生数　　　　单位：人

	高专		短期大学		普通大学	
	1963 年	1968 年	1963 年	1968 年	1963 年	1968 年
国立	4685	28211	8682	9274	215334	291345
公立	1447	4008	13117	15928	34731	48412
私立	2428	6146	100498	230060	544035	930432
合计	8560	38365	122292	255262	794100	1270189

注：含在校硕士博士研究生。
资料来源：[日] 日本学制百年史编辑委员会：《学制百年史·资料编》，2017 年 3 月 10 日，(http://www.mext.go.jp/b_menu/hakusho/html/others/detail/1317930.htm)。

20 世纪 70 年代至 80 年代中期，日本私立高等教育发展进入了停滞期。其原因主要是到 60 年代末日本人口高峰结束之后，适龄入学者骤减，私立高等教育学校生源短缺，招生遇到困难，日本经济增长速度放缓，加之世界性石油危机、通货膨胀加剧，致使多数私立学校财政陷入危机。此时，许多私立高校只能靠大幅提高学费维系生存，最终导致学生爆发罢课、游行等抗议活动。所以，在私立大学联盟、私立大学协会、私立短期大学协会等组织的强烈要求下，以及政府对私立高校在社会经济发展中发挥的作用的重新认识，考虑到私立高校的财政危机恶化将造成的重大影响，从 60 年代末开始日本政府逐步讨论私立高等教育的经费补助政策，并于 1970 年正式建立私立学校经费补助体制。但为了避免政府直接介入私立高校的教学和研究，特设了日本私学振兴财团特殊法人，政府通过该财团向私立高校提供经费资助。根据 1970 年的预算，政府为私立高校提供了 132 亿日元经费资助。并于 1975 年颁布了《私立学校振兴助成法》，使为私立学校提供的经费补助成为固定的政府预算，每年向私立高校提供一定数额的经费补助。至 1982 年，政府为私立高校提供的补助经费逐年递增，政府补助金在私立高等教育经费中所占的比例也逐渐增加，从 1970 年的 1.7% 到 1980 年的 29.5%，达到顶峰。从 1982 年开始，由于私立高校经费支出增加，政府提供的补助金在私立高校经费中所占比例有所减少，所以，在 20 世纪 70 年代至 80 年代中期日本经济增长速度放缓、人口骤减的背景下，日本私立高等教育的发展虽受到较大影响，但在政府经费资助政策的支持下，私立高等教育受到了一定程度的保护。

20世纪80年代后期之后，日本迎来了战后第二次人口高峰，这又为私立高等教育的发展提供了契机。但此时政府吸取了60年代人口高峰期的经验教训，针对私立高等教育制定了资助和数量控制相结合的政策。1984年6月，为了应对即将到来的人口高峰期，文部省大学创办审议会的计划分科会制定了《昭和六十一年（1986年）以后高等教育计划性整顿》报告，提出除固定招生人数之外增加临时招生数、缩小高等教育的地区差异、提升高等教育质量、创办特色高等教育、增加研究生招生数量等一系列方案，以解决因为人口高峰带来的激增的入学需求问题。另外，该报告书还提出了"公私合办"的新型高等教育办学模式，"……地方公共集体与学校法人合作创办和经营是一种适当的方法。这种情况下，办学形式为私立，但可以通过以下合作方式创办、经营：①地方公共集体提供一部分土地、校舍等建筑以及设施或相应的资金；②地方公共集体为学校法人提供一部分经费补助"。① 这种办学模式在1986年之后正式确立，并呈增加趋势。以2001年为例，新增17所大学中，公私合办大学为9所。通过上述政策的调整和实施，20世纪80年代后期的私立高等教育扩充并未因90年代适龄入学人口的骤减而面临70年代初那样巨大的财政困难和经营危机，也由此奠定了私立高等教育稳步发展的基础。

进入21世纪，日本在高等教育领域推进了国立大学法人化改革。一直以来，日本的国立大学作为国家出资创办、国家管理的机构，盈利和负债都由国家负责，学校的教职员也属于国家公务员。但为了提高大学的自主性、提高教育和研究的灵活性，文部省决定从2004年开始，实施国立大学法人化。法人化之后，国立大学同私立大学一样设立理事和监事，负责学校的监督和管理。另外，原来每年政府划拨给国立大学的经费从2004年之后每年减少1%，逐渐实现学校的自负盈亏。所以，国立大学也需要通过征收学费、募捐等私立大学的经营方式筹集资金，学校教职员也不再属于国家公务员。但截止到2012年，国家投入资金仍是原有国立大学经费收入的主要来源，学

---

① ［日］米泽彰纯：《高等教育大众化与私立大学经营——"资助与限制"带来了什么》，东北大学出版社2010年版，第206页。

校理事也都由文部省的官员担任。所以，就目前情况来讲，原有国立大学并不能被视作私立大学。从学校数量来看，国立大学从 2000 年时的 99 所，到 2008 年削减至 86 所，并维持至今；公立大学总体呈增加趋势，2000 年为 72 所，到 2012 年增至 92 所；私立大学则持续快速增长，从 2000 时的 478 所增至 2012 年的 605 所。但由于少子化、金融危机、部分短期大学升级为 4 年制大学等因素影响，短期大学的数量从 2005 年左右开始急剧减少，2010 年国立短期大学已消失；2000 年公立短期大学为 55 所，2012 年仅剩 22 所；私立短期大学的数量也从 2000 年的 497 所削减至 2012 年的 350 所。

总体来看，私立学校在日本高等教育中占据十分重要的地位。依据 2013 年公布的文部科学省统计数据（表 3-3，表 3-4），除了国家办学为主的高等专科学校以外，私立大学和在校学生数所占比例均达 70% 以上，私立短期大学则达 90% 以上。而且，在数量领先的同时，办学质量上私立大学也不逊于国公立大学，例如早稻田大学、庆应义塾大学、御茶水女子大学等优秀私立大学不仅可以和东京大学、京都大学等一流大学齐名，在国际上也享有很高的知名度。

表 3-3　　2012 年日本高等院校数及私立院校所占比例　　单位：%

	学校数				
	国立	公立	私立（a）	合计（b）	私立比例（a/b）
大学	86 所	92 所	605 所	783 所	77.3
短期大学	—	22 所	350 所	372 所	94.1
高等专科学校	51 所	3 所	3 所	57 所	5.3
合计	137 所	117 所	958 所	1212 所	79.0

资料来源：［日］日本文部科学省：《文部科学统计要览（2013 年版）》，(http://www.mext.go.jp/b_menu/toukei/002/002b/1337986.htm)。

表 3-4　　2012 年日本高等院校学生数及私立院校学生所占比例　　单位：%

	在校生数				
	国立	公立	私立（a）	合计（b）	私立比例（a/b）
大学	618134 人	145578 人	2112422 人	2876134 人	73.4
短期大学	—	7917 人	134053 人	141970 人	94.4
高等专科学校	52814 人	3956 人	1995 人	58765 人	3.4

	在校生数				
	国立	公立	私立（a）	合计（b）	私立比例（a/b）
合计	670948 人	157451 人	2248470 人	3076869 人	73.1

资料来源：[日] 日本文部科学省：《文部科学统计要览（2013 年版）》，(http://www.mext.go.jp/b_menu/toukei/002/002b/1337986.htm)。

第二节 日本私立高等教育的经费资助政策

日本政府对私立教育的经费资助始于 1949 年《私立学校法》的颁布。该法案指出："私学在财政上实行自营自治，这与国公立学校存在根本的不同"，即规定私立学校的财政收支实行自负盈亏；但其第 59 条中又规定："国家或地方公共团体认为有振兴教育的需要，可依据相关法律对私立学校法人提供教育资助"，[①] 即如果国家和地方政府希望发展和振兴教育事业时，在法律允许范围内可以对私立学校进行相应资助。但当时对私立教育的投入并未成为政府的恒常性预算，只是偶尔为之。1955 年，中央教育审议会提出了《关于私立学校教育振兴》的报告，其中提出政府应该在设施设备、教育、研究、教师待遇等方面对私立高校提供相应资助或补助。之后，1963 年中央教育审议会的《关于大学教育的改善》报告中再次重申了 1955 年报告中提出的建议。1965 年，由于反对私立大学学费上涨的学生运动和私学团体要求政府提供人事费补助的声音日渐高涨，文部大臣咨询机构"临时私立学校振兴方策调查会"被设立，该调查会于 1967 年提交了《私立学校振兴方策的改善》最终报告。报告中提出对私立大学的财政援助应该以"经常费资助"和"临时费资助"为两条主轴，实行网络化、综合化的经费补助制度。1970 年，人事费补助金也作为经费补助的一项计算在政府预算中，并制定了颇具特色的经费发放制度。即将私立学校振兴会改组为"日本私学振兴财团"，通过该机构将文部省划拨的私立高校经常费补助金发放给各高校，并颁布了《日本私学振兴财团法》，将

[①] [日]《私立学校法》，1949 年 12 月 15 日，(http://www.mext.go.jp/a_menu/koutou/shinkou/07021403/001/001.htm)。

该制度上升为法律。《日本私学振兴财团法》中规定:"日本私学振兴财团为充实和提高私立学校教育,并维持其经营的安定,综合且有效地实行补助金发放、资金借贷以及其他对私立学校教育进行援助所必要的业务,以振兴私立学校教育为目的"。① 1997 年,日本私学振兴财团与日本"私立学校教职员共济组合"合并为日本私立学校振兴·共济事业团,作为拨付私立学校经费的机构,并制定了相应的《日本私立学校振兴·共济事业团法》取代了《日本私学振兴财团法》。该制度避免了文部省划拨的经费通过各级政府发放的烦琐程序,而且通过中立机构拨付经费,避免了政府通过经费拨付干涉私立高校的教育和研究,保持了私立高校的自主性。目前,包括文部省在内的政府机关对私立高校的投入经费种类逐渐增多,投入方式和途径也更加多样化,主要包括补助金拨付政策、贷款政策和减免税收政策。

一 补助金

目前,日本政府对私立高校提供的经费补助大致可分为文部省的投入和其他省厅(部门)的投入两种,具体请见图 3-1。其中,文部省拨付的补助金又可分为直接拨付和间接拨付两种。间接拨付是指文部省将经费拨付给日本私立学校振兴·共济事业团、日本学生支援机构、日本学术振兴会等机构,通过上述机构对各私立高校发放补助金。

(一)通过私立学校振兴共济事业团拨付的补助金

日本政府为私立高校提供的经常性(日常经费)补助金主要通过私立学校振兴·共济事业团进行拨付,包括一般补助和特别补助。2002 年之后,日本政府为私立高校提供的经常性经费补助始终占私立高校经常性经费的百分之十以上,具体请见表 3-5。

一般补助,是与大学等运营中必要的教育研究相关的日常经费补助。一般补助主要用于教职工工资、基础教育研究经费、教职工福利费等。一般补助主要按照学校的教职工数、学生数等进行平均性质的分配。

特别补助,主要针对培养推动国家发展的人才、推进大学国际交流等

---

① [日]《日本私学振兴财团法》,1970 年 5 月 18 日,(http://www.houko.com/00/01/S45/069.HTM)。

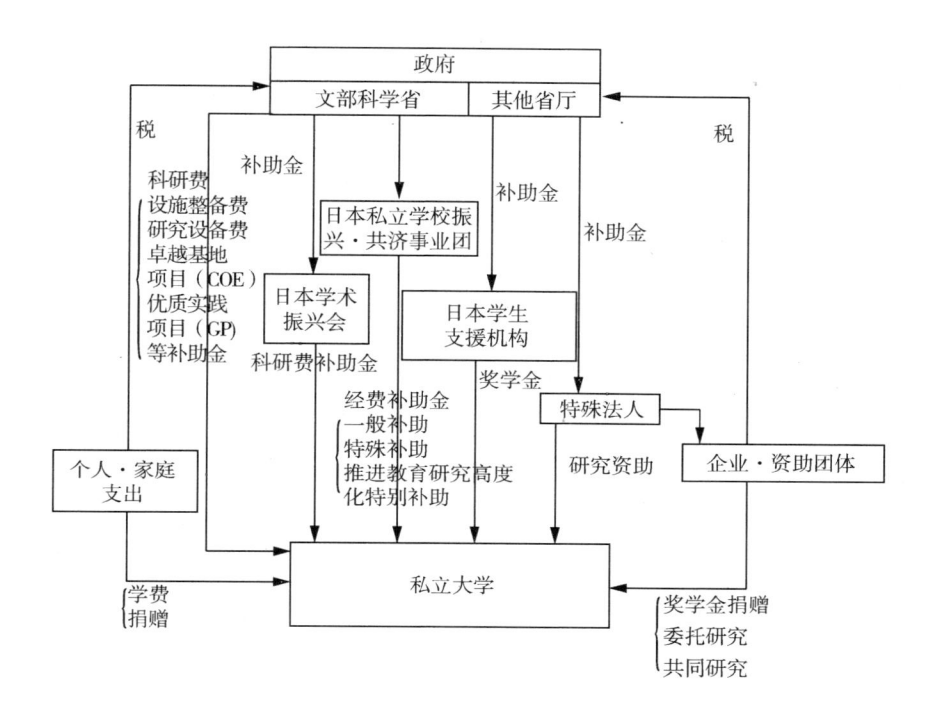

图 3-1 日本政府对私立高校经费投入流程

资料来源：[日] 齐藤真：《关于对私立大学财政政策实证性研究——政府财政支出的构造与变容》，《教育系·文系九州地区国立大学间联合论文集 3》(2)，国立大学协会九州地区支部，2010 年，第 27 页。

教育活动进行的重点支援。特别补助重点用于提高研究生教育质量、促进学术研究、实施信息化和国际化活动、振兴终身教育以及促进大学教育改革等方面。与一般补助相比，特别补助是针对特定项目或目的进行的补助，具有倾斜性分配性质。

(二) 文部省直接拨付的经费

文部省直接拨付给私立高校的经费主要包括促进私立高校研究的设备配置事业补助和教育研究装置·设施的配置费补助。进入 21 世纪之后，文部省直接拨付的经费还包括教学科研项目经费，此经费由国公私立高校公平竞争获得。

1. 专门针对私立高校的经费补助

促进私立高校研究的设备配置事业补助的目的是通过设备、设施的配

表 3-5　2002—2012 年日本私立高校经常性经费补助金投入状况

单位：亿日元

年度		2002	2003	2004	2005	2006	2007	2008	2009	2010	2011	2012
经常性经费		26230	26604	27439	28147	28849	29426	29786	29691	30052	30449	
经常补助金	总额	3197.5	3217.5	3262.5	3292.5	3312.5	3280.5	3248.7	3217.8	3221.8	3209.2	3187.5
	特别补助	972	1012	1064	1099	1109	1113	1113	1102	1102.1	397.5	394.3
	比例	(30.4)	(31.5)	(32.6)	(33.4)	(33.5)	(33.9)	(34.3)	(34.2)	(34.2)	(12.4)	(12.4)
补助金比例（补助金额/经常性经费）		12.2	12.1	11.9	11.7	11.5	11.1	10.9	10.8	10.7	10.5	

资料来源：[日] 文部科学省：《2012 年文部科学白皮书》，（http：//www.mext.go.jp/b_menu/hakusho/html/hpab201301/1338525_014.pdf，2012 年）。

置支援私立高校的改革，进而为私立高校教育、教学改革打下坚实基础。

教育研究装置·设施的配置费补助，其目的是促进高等教育及学术研究质量的提升，对私立高校的教育研究装置及设施配置进行补助。

此类补助金是由私立高校提出经费预算，经文部省审核后拨付的经费，不存在与国公立院校或其他院校的竞争。

2. COE、GP 项目等经费资助

2000 年以后，文部省新增设了向高校直接拨付经费的各类项目。此类项目是文部省为促进高校的教学和研究，对高校实行的倾斜性、重点性资助项目。其特点是不分国公私立高校，各院校一律平等竞争，由学校提供项目申请和计划书等，经文部省选拔进行资助。其中具有代表性的是卓越基地项目（Center of Excellence，COE）和优质实践项目（Good Practice，GP）项目等。

COE 项目补助。该项目是 2002 年设立，目的是进一步充实和提高高校研究生院的教育研究功能，培养领先世界的创造型人才，形成国际性卓越的教育研究基地，建成具有国际竞争的大学。

GP 项目补助。该项目是从高校实施的教育改革业务中选择优秀的业务进行支援，从而将关于该业务的信息向社会广泛宣传，为其他高校提供参考，推进大学教育改革。该项目每年都有所变化，例如，"有特色的大学教育支援项目（特色 GP）"（2003 年）、"现代教育需求业务支援项目（现代 GP）"（2004 年）、"高素质教员培养推进项目（教员培养 GP）"（2005 年）、"高质量大学教育推进项目（教育 GP）"（2008 年）、"大学教育·学生支援推进事业【题目 A】大学教育推进项目"（2009 年）等。

二 贷款

日本政府还通过私立学校振兴·共济事业团对私立高校提供长期低息贷款，以此实现对私立高校的财政支援。这种贷款主要是指私立高校在购置设施及其他经营方面需要资金时，可以通过私立学校振兴·共济事业团得到低息贷款。《私立学校振兴·共济事业团法》中规定事业团的业务中包括："对学校法人或准学校法人设立的私立学校、以教授职业技能为目

的的专修学校或各种学校，政策规定的设施配置及其他经营所需要的资金提供贷款，并对私立学校教育（含专修学校和各种学校教育）振兴相关的事业提供必要的资金贷款"。① 日本私立学校振兴·共济事业团为私立高校提供的贷款项目和利率如表 3-6 所示，共包括 5 种类型的贷款项目，贷款年限最短为 6 年，长期可达 20 年甚至无期限；贷款利率最低为 0.4%、最高为 1.3%（2014 年更新）。所以，日本政府为私立高校提供的贷款亦可被算作高校收入的一部分。

表 3-6　日本私立学校振兴·共济事业团对私立学校提供贷款利息表

贷款项目	偿还期限	利率
一般设施费	20 年	0.6%—1.2%
	10 年	0.7%
	6 年	0.6%
教育环境配置费	无	0.4%—0.7%
灾害修复费	无	0.5%
公害对策费	无	0.9%
特别设施费	20 年	0.9%—1.3%
	10 年	0.8%

资料来源：［日］日本私立学校振兴·共济事业团融资利率表，2014 年 2 月 13 日，（http://www.shigaku.go.jp/s_kinri_now.htm）。

三　税收优惠

根据私立学校的公共性与公益性，日本政府通过减免各种税收对私立高校进行资助，具体税收优惠政策请见表 3-7。其中收益事业税是指私立高校承担校外公司企业委托的科研、开发等项目获得的收入等所应缴纳的税金，对于此类收益事业征收的税率（22%）也低于公司企业等的税率（30%）。

另外，为了便于企业、团体对私立高校进行捐助，日本政府于 1962 年开始实行指定捐助费制度，即当社会、团体和个人通过私立学校振兴财团进行捐助时，其捐助额作为亏损处理。而且，对于私立学校所获得的捐赠

---

① ［日］《私立学校振兴·共济事业团法》，1997 年 5 月 9 日，（http://law.e-ov.go.jp/htmldata/H09/H09HO048.html）。

金实行减免税政策。私立高校的捐赠金税率要远低于普通公司、企业等私营机构的捐赠金税率（表3-8，表3-9）。这种税收减免制度亦可以视为日本政府对私立高校实施的一种财政资助。

表3-7　　　　　　日本政府对学校法人实行的税收优惠政策

国税	法人税	教育研究事业：免税
		收益事业：税率降低为22%（股份公司等税率为30%）
	其他税目	免税项目： 　　收入税（利息、分红收入等）、登记许可税（教育研究用之外的不动产除外）
地税		免税项目： 　　居民税、事业税、事业收入税（收益事业除外）、不动产取得税、固定资产税、特殊土地保有税、城市规划税（教育研究用之外的不动产除外）

资料来源：［日］私立学校相关税制，（http://www.mext.go.jp/a_menu/koutou/shinkou/07021403/003.htm）。

表3-8　　　　　对私立学校法人捐赠实行的税收优惠政策

捐赠对象	捐赠者	个人捐赠	法人捐赠
对学校法人的直接捐赠	国税*2	满足一定条件的学校法人	税收扣除额（2011年修订）（捐赠金额-2千日元）×40%（上限为税额的25%）	无
		特定公益增进法人	收入扣除额 捐赠金额-2千日元（上限为总收入的40%）	算入亏损额度（资本金×0.375%+该年度收入×6.25%）×1/2
	地税	地方自治体的条例中指定的捐赠金	税收扣除额（2011年修订）（捐赠金额-2千日元）×10%（上限为总收入金额的30%）	无
通过日本私立学校振兴·共济事业团进行的捐赠（指定受捐者捐赠金）			收入扣除额 捐赠金额-2千日元（上限为总收入的40%）	捐赠金可全额算入亏损金

注：*2 对具有扣税对象法人和特定公益法人两种证明的法人，由个人对其进行捐赠时，捐赠者可在税额扣除制度和收入扣除制度中二选一。

资料来源：［日］私立学校相关税制，（http://www.mext.go.jp/a_menu/koutou/shinkou/07021403/003.htm）。

表3-9　　　　对其他团体机构的捐赠实行的税收政策

	个人捐赠	法人捐赠
国家·地方公共团体（含国立大学法人、公立大学法人）	收入扣除额 捐赠金额-2千日元（上限为总收入的40%）	捐赠金可全额算入亏损金

	个人捐赠	法人捐赠
股份公司等	无优惠待遇	算入亏损额度 （资本金×0.25% + 该年度收入×2.5%）×1/2

资料来源：［日］私立学校相关税制，（http://www.mext.go.jp/a_menu/koutou/shinkou/07021 403/003. htm）。

第三节 日本私立高等教育的经费分配政策

一 经费的整体分配

1971年，日本制定了《学校法人会计基准》，该法建立了学校法人财务管理和审计制度，要求学校法人按规定事项处理会计业务，必须如实编制资金收支、人员经费支出、消费支出、固定资产、借贷款及基本金的计算表和明细表，并详细规定了各种报表的内容和填写方法。按照《学校法人会计基准》规定的经费收支计算方法，私立高校的经费主要分配用于以下各项事业的开销（表3－10）。

表3－10　　　　　　　　学校法人支出计算书

项目	子项目	备注
人事费支出	教员经费支出	教员工资及福利
	职员经费支出	教员以外的职员工资及福利
	役员薪酬支出	理事、监事的薪酬
	退休金支出	
教育研究经费支出	消耗品费支出	
	水电费支出	水、电、煤气费支出
	旅费交通费支出	
	奖学金支出	
管理经费支出	消耗品费支出	
	水电费支出	
	旅费交通费支出	
借入金等利息支出	借入金利息支出	
	债务利息支出	

续表

项目	子项目	备注
借入金等偿还支出	借入金偿还支出	
	债务偿还支出	
设施相关支出	土地支出	
	建筑物支出	建筑物附属的供电、供水、供暖设备支出
设施相关支出	构筑物支出	游泳池、运动场、庭园等土木设备或工艺品支出
	建设预定支出	建筑物及构筑物完成之前的支出
设备相关支出	教育研究用机器设备支出	取得标本及模型时的支出
	其他机器设备支出	
	图书支出	
	车辆支出	
资产运用支出	证券购买支出	
	特定存款准备金操作支出	
	收益事业原投入	
	第三号基本金准备资产投入	
其他支出	贷款支付支出	收益事业的贷款支出
	票据债务支出	
	前期未支付金支付	
	存款支付支出	
	订金支付支出	

资料来源：[日]《学校法人会计基准》，1971 年 4 月 1 日，（http：//law.e-gov.go.jp/htmldata/S46/S46F03501000018.html）。

其中，私立大学的财政特殊之处在于，在消费收支表中将纯收入的一部分纳入基本金，以用于将来的教育设施购置、维修。这种确保资金的会计处理方式使私立大学作为永久性的组织体，以自我资金维持必要的资产成为可能。其中，《学校法人会计基准》第 30 条对基本金类型进行了如下规定：①

学校法人可将相当于如下金额的资产额纳入基本金。

1. 学校法人设立之初获得的固定资产中用于教育的物品金额，或设立新

---

① [日]《学校法人会计基准》，1971 年 4 月 1 日，（http：//law.e-gov.go.jp/htmldata/S46/S46F03501000018.html）。

学校、扩建已设学校或为了充实和提高教育质量获得的固定资产的金额。

2. 学校法人设立新学校、扩建已设学校或为了充实和提高教育质量，充当将来要获得的固定资产收入的金钱或其他资产的金额。

3. 作为基金持续保留并可运用金钱或其他资产的金额。

4. 作为应该恒久保持的资金，文部科学大臣规定的金额。

但如日本学者山本清所指出的，基本金制度在促进财政健全化的同时，因私立学校可以将部分收入作为基本金而不受监督，所以也存在着导致财政不透明的缺陷。[①]

二 政府拨付经费的分配

（一）间接拨付经费的分配

依据图3-1所示，日本文部科学省对私立大学的经费投入可大致分为直接投入和间接投入两种。其中，间接投入是指通过日本私立学校振兴·共济事业团拨付的经常性经费补助金，其经费依据1977年颁布的《私立大学等经常费补助金交付纲要》和《私立大学等经常费补助金处理要领》进行分配。这种间接投入又分为一般补助和特别补助两类。

1. 一般补助金的分配

一般补助是根据各高校教师和学生人数等进行平均分配的补助金。以2013年文部科学省的私立高校经常费补助金预算为例（表3-11），一般补助金中包括专职教师工资、专职职工工资、教师经费、学生经费、认证评价经费、兼职教师工资、教职工卫生福利费、改革综合支援事业费。其中专职教师工资、专职职工工资、兼职教师工资、教职工卫生福利费又被称为人事费。2013年的私立高校经常费补助预算中，人事费的预算总额占一般性补助的绝大部分（约67.6%）。根据《私立大学等经常费补助金交付纲要》和《私立大学等经常费补助金处理要领》的规定，人事费的分配主要按照教职工数量来分配。以专职教师工资补助为例，其计算方法如下：

专职教师数×人均年标准工资额或各高校专职教师的平均年工资额之

---

① 山本清：《日本大学财政的结构和课题——以国立大学为中心》，《教育与经济》2002年第2期。

间的较低者×补助标准＝专职教师工资补助金

表3－11　　　　2013年私立高校经常费补助金预算额　　　　单位：千日元

	预算项目	预算额
一般补助	专职教师工资	119676000
	专职职工工资	47046000
	教师经费	33088000
	学生经费	50143000
	认证评价经费	58000
	兼职教师工资	10498000
	教职工卫生福利费	10867000
	改革综合支援事业费※	6877000
小计		278253000
特别补助		39262000
合计		317515000

资料来源：［日］日本私立学校振兴·共济事业团：《2013年私立高校经常费补助金预算》，(http://www.shigaku.go.jp/s_hojo_menu.htm)。

其中大学、短期大学、高等专科学校教师的年标准工资分别为5731千日元、4871千日元、4871千日元。依据《私立大学等经常费补助金处理要领》规定的补助标准，具体请见表3－12，以某私立大学的专职教师数100人为例进行计算，该校的专职教师工资补助金为：$100 \times 5731000 \times 5/10 = 286550000$日元。专职职工工资和教职工卫生福利费的补助金额也依此计算。兼职教师工资补助的计算方法则如下所示，根据授课时数进行计算。

兼职教师授课时数×每节课的标准工资或兼职教师每节课的平均工资之间的较低者×补助标准＝兼职教师工资补助金

表3－12　　　　　　　私立大学经常费补助标准

补助项目	补助标准
专职教师工资	5/10
专职职工工资	5/10
兼职教师工资	4/10
教职工卫生福利费	4/10

续表

补助项目	补助标准
教育研究经常费	5/10
卫生辅导费	5/10
研究差旅费	5/10

资料来源：[日] 文部科学省：《私立大学等经常费补助金处理要领》，1977 年 11 月 30 日，(http：//www.mext.go.jp/a_menu/koutou/shinkou/07021403/002/002/012.htm)。

教师经费、学生经费、认证评价经费又被统称为教育研究经费。教师和学生经费指专职教师从事教育、研究活动和学生学习、研究所需的机器、器材及其备品（1 个或 1 组超过 500 万日元的除外）、图书、消耗品、燃料等购买费及其租金、印刷费、水电费、通信设施费等。[①] 教师和学生经费补助的计算方法如下。

专职教师数 × 专职教师人均教育经费金额 × 5/10 = 教师经费补助金

学生数 × 学生人均教育经费金额 × 5/10 = 学生经费补助金

其中专职教师人均教育经费和学生人均教育经费补助金额依据《私立大学等经常费补助金处理要领》进行计算，具体请见表 3 - 13、表 3 - 14。

表 3 - 13　　　　　　　　专职教师人均教育经常费金额

区分			金额（千日元）
大学	博士	教授、副教授	1972（2928）
		讲师、助教、助手	1872（2828）
	硕士	教授、准教授	1176
		讲师、助教、助手	1076
	本科		590（1330）
短期大学、高等专科学校			590

注：括号内金额适用于医科、牙科教师。但不包括医学院护士科教师。

资料来源：[日] 日本私立学校振兴・共济事业团：《2013 年私立高校经常费补助金预算》，(http：//www.shigaku.go.jp/s_hojo_menu.htm)。

认证评价费补助金的计算方法是向认证评价机构支付的实际金额乘以 5/10。认证评价费是指向认证评价机关（详见第 4 节）支付的评价费。

---

① [日] 文部科学省：《私立大学等经常费补助金处理要领》，1977 年 11 月 30 日，(http：//www.mext.go.jp/a_menu/koutou/shinkou/07021403/002/002/012.htm)。

表 3 – 14 学生人均教育经常费金额

区分				金额（千日元）
大学（通讯教育除外）	研究生院	博士课程	医科牙科学院（含生命牙科学院）以及兽医学课程的学生（医学院护士科学生除外）	504
			上述以外	404
		硕士课程	医科牙科学院（含生命牙科学院）以及兽医学课程的学生（医学院护士科学生除外）	352
			上述以外	292
		专职学位课程		292
	本科		医科牙科学院（含生命牙科学院）以及兽医学课程的学生（医学院护士科学生除外）	78（103）
			上述以外	68（93）
短期大学、高等专科学校（通讯教育除外）				68（93）
通讯教育				51

注：括号内的金额适用于地方中小规模学校的学生。
资料来源：［日］日本私立学校振兴·共济事业团：《2013年私立高校经常费补助金预算》，(http://www.shigaku.go.jp/s_hojo_menu.htm)。

另外，2013年的私立大学经常费补助金当中新增加了改革综合支援事业费补助金，具体见表3–11。日本文部科学省对该项目的目标规定如下："从2013年开始，为提高'大学实力'，实现大学教育质的转换，形成有特色的、多层的支持地方发展的大学，与产业界和国内外大学等联合开展教育研究，为私立高等院校有组织地、系统地开展大学改革打下坚实的基础；与日本私立学校振兴·共济事业团联合实施对经常费、设备费、设施费的一体化重点性支援的'私立大学等改革综合支援事业'"。① 该项目补助金与上述提到的人事费和教育研究经费补助金与主要按人数平均分配的方法有所不同，是由文部科学省向各私立高校发放《私立大学等改革综合

---

① ［日］文部科学省：《私立大学等改革综合支援事业》，2017年3月10日，(http://www.mext.go.jp/a_menu/koutou/shinkou/07021403/002/002/1340519.htm)。

支援事业调查表》,根据各高校问卷回答的情况进行选拔。共分为"发扬建学精神的大学教育质量提高"、"创造发挥特色多层地支持地方发展的大学"、"与产业界等主体、国内外大学等联合开展教育研究"三种类型,学校名额分别为 250 所、150 所、100 所左右。①

2. 特别补助金的分配

如上所述,一般补助金基本是按照教职工和学生人数平均分配。特别补助金则是在一般补助金的基础上为促进学校间竞争而另行设立、倾斜性分配的补助金。例如,2013 年《私立高校经常费补助金分配标准别记 7(特别补助)》规定的特别补助金分配标准,共包括 7 项特别补助,具体请见表 3-15。而且,每个项目中又分别包含多个子项目,例如"培养为推进经济增长领域和强化经济增长做贡献的人才"项目中包括以下 5 个项目:1)经济增长领域与雇佣体制相结合的人才培养;2)医学部扩招;3)充实就职支援·培养就业能力的业务;4)支援受灾地区复兴的业务;5)接收依据国家解散命令即将倒闭学校的学生。各子项目的经费分配方法和标准也各不相同。以第二项"医学部扩招"和第三项"充实就职支援·就业能力培养的业务"为例,其经费补助计算方法请见表 3-16、表 3-17。

表 3-15　　私立高校经常费特别补助金分配项目及对象

补助项目	补助对象
培养为推进经济增长领域和强化经济增长做贡献的人才	开设经济方面的课程或从事经济方面研究,着重经济人才培养的学校
对有组织地接收社会人的支援	推进社会人接收、促进社会人就学的学校
对促进高校国际交流的支援	为应对全球化完善教育研究环境,有组织地向海外输送教师和学生、接收海外教师和留学生的学校
对研究生院提升质量的支援	促进研究生院提升研究高度的学校
未来经营战略推进经费	为促进学校规模的适度化、制定经营改善计划等的学校
充实学费减免以及学生经济性支援体制	为减免学生的学费建立相关体制的学校

① [日]文部科学省:《私立大学等改革综合支援事业》,2017 年 3 月 10 日,(http://www.mext.go.jp/a_menu/koutou/shinkou/07021403/002/002/1340519.htm)。

续表

补助项目	补助对象
东日本大震灾相关的支援	减免灾区学生学费的学校和灾区学校等

资料来源：［日］日本私立学校振兴·共济事业团：《2013年私立高校经常费补助金预算》，(http：//www.shigaku.go.jp/s_hojo_menu.htm)。

医学部扩招项目是对该年度医学部·学科招生人数扩招的学校实施的补助。其补助标准如表3-16所示。

表3-16　　　　　　医学部扩招项目补助金分配标准

扩招人数（人）	增加额度（千日元）
1	4250
3	6000
4	6500
5	7000
10	10750

资料来源：［日］日本私立学校振兴·共济事业团：《私立大学等经常费补助金分配标准别记7（特别补助）》，(http：//www.shigaku.go.jp/s_haibunkijun.htm)。

表3-17　　面向充实就职支援·就业能力培养的业务项目补助金分配

	区分	业务
1	对已毕业或未就职者的支援	对已毕业或未就职者实施有组织性地支援。
2	对就职内定后学生的支援	对获得就职内定的学生，进行关于礼仪讲习、心理健康、防止过早离职方面的研修，劳动者权利义务和缴税、社会保障制度方面的启发等，使其能够顺利地向社会人转变方面的支援
3	相隔较远的地方展开的就职活动支援	开通参加就职说明会等的专车、由教职员带领进行企业参观等，对远离校园的地方展开的就职活动进行支援
4	学生毕业后就职状况等的数据化	对毕业生就职地及其就职后的状况等进行追踪调查，把握就业率和满意度，进行数据积累和分析等，将毕业后的状况等进行数据化整理，用于就职支援
5	职业生活辅导员等培养支援	为增强就职支援体制，校内教职员等取得职业生活辅导员等资格时酌情减轻其经费负担和工作量等

资料来源：［日］日本私立学校振兴·共济事业团：《私立大学等经常费补助金分配标准别记7（特别补助）》，(http：//www.shigaku.go.jp/s_haibunkijun.htm)。

充实就职支援·培养就业能力的业务项目补助金是按照每名支援人员500000日元，或表3－17中所示的业务项目中的每项300000日元的分配标准进行拨付。

总之，特别补助金的分配方法与带有平均分配性质的一般补助金不同，是为达到特定目的而设立的倾斜性补助金项目。其项目和子项目也在逐年变化，例如"东日本大震灾相关支援"项目即2011年东日本大地震发生后开始增设的特别补助项目。

（二）直接拨付经费的分配

上述的一般补助金和特别补助金皆通过日本私立学校振兴·共济事业团向各私立高校拨付。除此之外，还有文部科学省向各高校直接拨付的经费补助金。根据经费功能可大致分为设备相关经费补助金和教育·研究项目经费补助金。

1. 设备相关经费补助金的分配

私立高校的教育研究设备相关的费用补助可大致分为"私立高校教育研究装置、设施配置费补助"和"私立高校研究设施配置费补助"，以及2012年新增设的"私立高校教育研究灵活性设备配置事业"三类。

私立高校教育研究装置、设施配置费补助是为提高高等教育及学术研究的质量而对私立高校的教育研究装置、设施的配置费提供的补助，其补助对象及补助标准请见表3－18。该项目中包含多个子项目，如2013年的私立高校教育研究装置、设施配置费补助金预算中包含6个子项目，经费预算总额为30亿5700万日元，具体请见表3－19。

表3－18　　　私立高校教育研究装置、设施配置费补助标准

	补助对象	补助率
研究装置	4000万日元以上的装置	1/2以内
教育装置	（大学）4000万日元以上的装置 （短大·高专）3000万日元以上的装置 （专修学校）2000万日元以上的装置	1/2以内

资料来源：［日］丸山高央：《大学改革与私立大学》，柏书房1992年版，第246页。

表 3-19 　　　　　2013 年私立高校教育研究装置、
　　　　　　　设施配置费补助　　　　　单位：百万日元

预算项目	补助对象	预算额
教育研究设施·教育研究装置	教育研究设施及教育研究装置	1080
私立大学战略性研究基础形成支援事业	研究设施及研究装置	997
教育研究装置等配置费补助	教育研究用装置、媒体设施改造工程、校内 LAN 铺设工程级通讯装置等	629
私立高校防灾功能等强化紧急特别推进事业	包括学校设施的耐震度监测的耐震增强工程等认证评价经费	174
专修学校防灾功能等强化紧急特别推进事业		41
环保校园推进事业	再生能源利用等设施改造工程	136
合计		3057

资料来源：日本私立学校振兴·共济事业团：《2013 年私立高校教育研究装置·设施配置费补助》，（http：//www.shigaku.go.jp/s_ hojo_ menu.htm）。

私立高校研究设施配置费补助是为提高高等教育及学术研究的质量而对私立高校的研究设施配置费提供的补助，其补助对象及补助率请见表 3-20。该项目中同样包含多个子项目，如 2013 年文部科学省的私立高校教育研究设施配置费补助金预算中包含 3 个子项目，经费预算总额为 20 亿 3200 万日元，具体请见表 3-21。

表 3-20　　　　私立高校研究设施配置费补助标准

	补助对象	补助率
研究设备	500 万日元（图书 100 万日）元以上 4000 万日元以下的设备	2/3 以内
信息处理相关设备	1000 万日元以上 4000 万日元以下的设备	1/2 以内

资料来源：[日] 丸山高央：《大学改革与私立大学》，柏书房 1992 年版，第 247 页。

表 3-21　　　　2013 年私立高校研究设施配置费补助　　　单位：百万日元

预算项目	补助对象	预算额
私立大学战略性研究基础形成支援事业（研究设备）	大学研究用设备	1507
研究设备		231
教育基础设备	大学、短大、高专、专修学校教育用设备	294
合计		2032

资料来源：[日] 日本私立学校振兴·共济事业团：《2013 年私立高校经常费补助金预算》，（http：//www.shigaku.go.jp/s_ hojo_ menu.htm）。

另外，2012 年开始，设备相关经费补助当中新增设了"私立高校教育研究灵活性设备配置事业"补助金项目。其目的是为发挥私立高等院校的人才培养功能及建学精神和特色，应社会之期望增强和推进教育研究，推动私立高校进行更深入的改革，而对其教育研究设备的配置进行支援。2012 年，该项目的经费预算为 31 亿 4700 万日元，2013 年增加至 45 亿日元。①

上述设备相关经费的补助金需要各高校向文部科学省提交补助申请，文部科学省根据各高校的设备相关经费预算额及各项目补助金的补助率向各高校拨付。

2. 研究项目经费资助金的分配

除了设备相关的费用补助之外，从 2002 年开始文部科学省为了推进大学教育改革，逐渐增设了各种与大学教育改革相关的资助项目。此类项目被统称为"通过国公私立大学支援大学教育改革"项目。项目主旨是在国公私立大学的相互竞争的环境下，选择具有特色、个性的优质业务进行支援，以进一步推进大学改革。② 需要注意的是，该项目补助金并非只针对私立高校，而是国立、公立、私立高校平等竞争，由各高校提出项目计划，经文部科学省选定之后提供资金补助。此类项目补助金的设立目的是促进各高等院校之间的学术和研究的竞争，从而提高高等院校的办学质量和国际竞争力。以 2013 年为例，文部省设立的研究经费项目及经费请见表 3-22。

三 日本私立高校经费分配的发展趋势

关于日本私立高等院校的经费补助金分配，日本学者齐藤真根据经费的用途功能将上述经费分为以下五个种类：（1）教职员人事费；（2）教育、研究相关经费；（3）特定政策实施经费；（4）设备相关经费；（5）竞

---

① ［日］文部科学省：《2013 年私学资助相关预算说明》，2013 年 1 月 1 日，（http://www.mext.go.jp/a_menu/koutou/kaikaku/index.htm）。

② ［日］文部科学省：《私立大学等经常费补助金处理要领》，1977 年 11 月 30 日，（http://www.mext.go.jp/a_menu/koutou/shinkou/07021403/002/002/012.htm）。

表 3-22　2013 年文部省"通过国公私立大学支援大学教育改革"项目及经费预算

	项目	经费预算（亿日元）
通过国公私立大学的大学教育改革支援	研究生课程教育领先项目	178
	卓越研究生院据点形成支援补助金	72
	国际 COE 项目	16
	信息技术人才培养实践教育网络形成事业	5
	大学间协作共通教育推进事业	27
	应对产业界需求的改善教育充实相关体制配置事业	20
	应对口蹄疫等家畜传染病的兽医培养环境配置	2
	※"地区（知识）据点配置事业（大学 COC 事业）"	23
	大学等机构中为地方复兴服务的核心性功能配置事业	14
大学教育的国际化体制配置	国际人才培养推进事业	45
	大学国际化网络形成推进事业（1）项目 30	23
	大学世界展开力强化事业	28
高级医疗人才培养与大学医院的功能强化	※高级医疗人才培养功能的充实	23
经费合计		476

注：※为 2013 年新设项目

资料来源：[日] 文部科学省：《2013 年私学资助相关预算说明》，2013 年 1 月，（http://www.mext.go.jp/a_menu/koutou/kaikaku/index.htm）。

争性资金。① 教职员人事费是指专职教师工资、专职职工工资、兼职教师工资、教职工卫生福利费。教育、研究相关费是指教师和学生经费。特定政策实施经费是指经常费补助金当中的特别补助金及一般补助当中的认证评价经费。设备相关费是指教育研究设施、设备相关费用。竞争性资金是指国公私立大学公平竞争的支援大学教育改革项目资金。在此基础上，齐藤真又根据经费补助的目的性和竞争性将上述五种经费补助进行了划分，

---

① [日] 齐藤真：《关于对私立大学财政政策实证性研究——政府财政支出的构造与变容》，《教育系·文系九州地区国立大学间联合论文集 3》（2），国立大学协会九州地区支部 2010 年版，第 32 页。

具体请见图3-2。

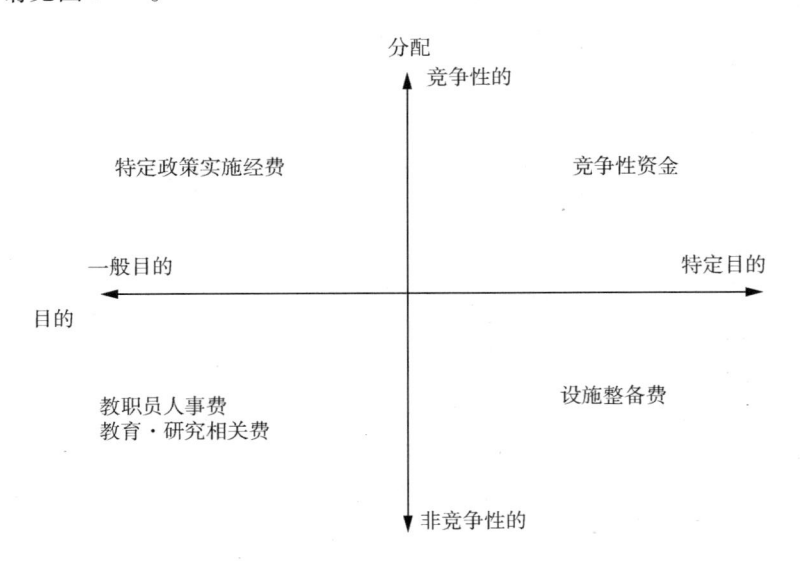

```
                        分配
                        ↑ 竞争性的
                        │
     特定政策实施经费      │      竞争性资金
                        │
   一般目的              │              特定目的
   ←────────────────────┼────────────────────→
     目的                │
                        │
     教职员人事费         │      设施整备费
     教育·研究相关费      │
                        │
                        ↓ 非竞争性的
```

图3-2 日本私立大学经费补助金分配分析框架

资料来源：[日]齐藤真：《关于对私立大学财政政策实证性研究——政府财政支出的构造与变容》，《教育系·文系九州地区国立大学间联合论文集3》（2），国立大学协会九州地区支部，2010年版，第45页。

此外，齐藤真还根据上述的分类方法对20世纪90年代至21世纪初日本私立高等院校经费补助分配的趋势进行了分析。如表3-23所示，"一般目的、非竞争性"型补助金比前年增加10亿日元以上的仅出现过5次，与此相比"一般目的、竞争性"型补助金从1990至2005年的16年间连年增加，从2002年开始设立的"特定目的、竞争性"型补助金也几乎每年增加。由此可见，进入21世纪之后随着国际竞争愈发激烈，日本高等院校的经费补助也趋向鼓励竞争，体现出将有限的资源有效分配的经费分配理念和发展趋势。

表 3-23　　　　　　　私立高校相关支出类型变化（年度）

类型	范畴	90 91 92 93 94 95 96 97 98 99 00 01 02 03 04 05 06 07
一般目的/非竞争性	教育·研究相关费	○
	教职工人事费	○　　　　　　　○ ○　　　　　○
特定目的/非竞争性	设备相关费	○ ○ ○ ○ ○ ○
一般目的/竞争性	特定政策实施经费	○ ○ ○ ○ ○ ○ ○ ○ ○ ○ ○ ○ ○ ○ ○ ○
特定目的/竞争性	竞争性资金	○ 　○

注："○"符号表示预算金额比上一年度增加 10 亿日元以上的项目。
资料来源：[日]齐藤真：《关于对私立大学财政政策实证性研究——政府财政支出的构造与变容》，《教育系·文系九州地区国立大学间联合论文集 3》（2），国立大学协会九州地区支部，2010 年版，第 55 页。

第四节　日本私立高等教育的经费使用绩效评估政策

关于私立高等教育经费使用绩效的评估，日本政府并没有出台专门的评估政策，但从《私立学校振兴助成法》、《补助金预算执行合理化法》、《私立大学等经常费补助金交付纲要》、《私立大学等经常费补助金处理要领》等法律法规的相关规定中可以总结出私立高等教育经费使用绩效评估的相关政策。以下从经费使用绩效评估的主体、内容、标准三个方面对日本私立高等教育经费使用绩效评估的政策进行梳理。

一　评估主体

日本高等教育评估可大致分为内部评估和外部评估两种形式，高校自身是内部评估的主体，政府和第三方评估机构是外部评估的主体。

（一）内部评估

内部评估是指高校对自身的组织、课程、教育活动、财务状况等进行的评估。日本的高等教育评估制度最初便是始于自我检验、评估制度的建立。1991年2月，日本大学审议会发布了《大学教育的改善》报告，提出了建立大学自我检验、评估制度的建议，同年7月该制度正式确立。评估内容包括：1）大学的存在方式和目标；2）组织、机构；3）人事；4）教育活动；5）研究活动；6）设施、设备；7）财务。其中财务状况的评估主要针对私立大学而言。财务评估包括预算制定、预算执行、收支均衡、收支项目比例、长期财政计划、教职工工资、退休金、学费等。

另外，学校监事也会对学校的财务状况进行监督审查。《私立学校法》第37条第4项规定："学校监事主要负责监督、审查学校法人的财产状况及理事业务的执行情况"。① 发现问题及时向学校主管部门或评议员汇报，并具有建议理事长召开评议员会议的权力。所以，上述的自我评估和监察制度对高校经费的使用绩效发挥着监督和评估作用。

（二）外部评估

外部评估是指由高校自身之外的部门、机构等对各高校进行的评估。外部评估还可以分为政府评估和第三方评估。政府部门评估是由国家政府机关对高校进行的监督、审查与评估。第三方评估是指政府部门和高校自我评估之外的中立机构进行的评估。上述评估机构也负责对各高校的经费使用绩效进行评估。

1. 政府评估

文部科学省等向私立高校提供补助金、资助金、奖学金的政府部门有权对私立高校的经费使用进行评估、监督和审查。《私立学校振兴助成法》第十二条对私立学校经费资助和审查的相关主管部门的权限规定如下：②

1）在必要的情况下，主管部门有权要求学校法人提交其业务或会计状况的相关报告。此外，该学校法人的相关人员需接受主管部门职员的质询，或对账簿、文件及其他物件的检查。

---

① ［日］《私立学校法》，(http://www.mext.go.jp/a_menu/koutou/shinkou/07021403/001/001.htm)。

② ［日］文部科学省：《私立学校振兴助成法》，1975年7月11日，(http://www.mext.go.jp/a_menu/koutou/shinkou/07021403/002/001.htm)。

2）在学校招生出现明显超编时，主管部门有权命令其调整。

3）在确定学校法人的预算不符合财政资助目标时，主管部门有权对其提出预算调整变更劝告。

4）在学校法人违反法令规定，或违反基于法令的所辖厅处分或捐赠行为时，主管部门有权提出解除学校管理人员职务的劝告。

另外，会计检察院[①]、总务省、财务省等部门也有权对私立高校的财务、经费使用状况进行监督和审查。例如，会计检察院会对各私立高校的财务状况等进行实地调查，其报告书上报内阁进而提交到国会，对各学校进行评估和监督。各学校法人必须提交关于财政资助主要指标的准确依据和资料，即私立大学在校生人数、教职工收入及工作状况、财务状况、特别补助的估算基础等。这种政府部门的评估在很大程度上推动了学校法人在管理经营和事务处理中的合理化和规范化。[②]

2. 第三方评估

第三方评估最早始于1996年的大学相互评估制度。即大学之间进行互相评估，评估内容包括自我检查、评估的7项之外，还包括"图书等资料以及图书馆"、"为学生生活提供便利"、"管理运用"、"自我检查、评估的组织体制"4项，共11个大项。

2000年4月，日本成立了专业的大学评估机构——大学评估、学位授予机构，是以收集、提供并进行调查研究评估信息为任务的第三方评估机构，其评估对象主要是国立大学。2004年11月，成立了以私立高校为对象的第三方评估机构——日本高等教育评估机构。大学评估、学位授予机构和日本高等教育评估机构的评估项目请见表3-24，共包括学校财务状况在内的11项内容。与大学自我评估和政府部门评估相比，第三方评估避免了政府对大学自主性的干预，更加客观、可信。

[①] 日本的会计检察院与我国的国家审计局类似，是对接受国家直接或间接拨付财政资助金的机构进行财务审计的国家行政组织机构。

[②] 西尾泰彦：《日本私立高等教育财政补助制度及高校财务管理》，鲍威译，《教育发展研究》2008年第10期。

表 3 – 24　　大学评估标准

评估项目	大学评估・学位授予机构	日本高等教育评估机构
	大学目的	建学精神・大学的基本理念及使命・目的
	教育研究组织（实施体制）	教育研究组织
	教员及教育支援者	教育课程
	招生	学生
	教育内容及方法	教员
	教育成果	职员
	学生支援等	管理运营
	设施・设备	财务
	教育质量提高及改善系统	教育研究环境
	财务	社会合作
	管理运营	社会责任与义务

资料来源：户泽几子《高等教育评价制度——以不同机构认证评价制度与国立大学法人评价制度为中心》，《参考》2011 年第 1 期。

二　评估依据及其标准

（一）学校财务状况的整体监督与评估

《私立学校法》、《私立学校振兴助成法》、《私立学校法人会计基准》、《监事监察事项一览》等法律法规中规定，学校自身及相关政府机构等应该对学校的财务预算、结算等账目进行严格的监督和审查。

《私立学校法》第四十二条规定："学校理事长在对经费预算，借入金以及重要的资产处理，捐赠行为的变更，合并、解散，收益事业，与其他学校法人的业务相关的捐赠行为等事务进行处理时，必须听取评议员的意见"。[1]《私立学校振兴助成法》第十四条规定，学校法人应按照文部科学大臣所规定的基准进行会计处理、制作借贷对照表、收支计算书等财务计算相关文件；并向所属机关（私立高校向文部科学省）提交收支预算书；另外提交财务计算相关文件时需提交公认会计师或监查法人的监察报告

---

[1] ［日］《私立学校法》，1949 年 12 月 15 日，（http://www.mext.go.jp/a_menu/koutou/shinkou/07021403/001/001.htm）。

书。① 其中，收支计算书、消费收支计算书、借代对照表等财务文件的制作方法及项目明细等如前文表3-10所示，在《私立学校法人会计基准》中有明确规定。学校法人要如实填写和申报，若不如实填写或不填写则会依据《私立学校法》的处罚规定，对学校法人的理事、监事或清算人进行相应处罚。

1985年，日本私立大学联盟经营问题协议会提出的《监事监察事项一览》中，对学校监事的工作进行了规定，监事有权力和义务对学校经费的预算、会计、结算等财务状况进行下列监督。

1. 对预算制度的监督

1）预算管理组织

①预算体系、预算科目、预算单位等预算管理组织是否完善、是否得到有效运用。

②预算管理组织是否与会计组织有效联合。

2）预算编成、执行

①对于教育研究活动以及与其他业务相关的中、长期计划，实施其短期计划时，是否对该计划的选择与资金分配的目的性和经济性进行了充分审议、并制定相关预算。

②预算是否依据规定的手续制定、获得批准。

③预备费的使用、科目间的流用、预算的补充是否按规定手续获得批准。

④预算的执行状况是否定期向理事会报告。

⑤结算是否按规定手续在期限内受到理事会的批准、并向评议会报告。

⑥是否对预算与实际效果之间的差异进行了分析、并有效应用于下一期中长期计划预算制作。

2. 对会计制度的监督

1）会计组织

①是否成立并有效运用了账本组织、核算体系等会计组织。

---

① ［日］《私立学校振兴助成法》，1975年7月11日，（http：//www.mext.go.jp/a_menu/koutou/shinkou/07021403/002/001/001.htm）。

②经理规程及相关规程是否依据私立学校法和学校法人会计基准，且合乎实情。

③会计组织变更时是否有正当理由、合乎法律程序。

2）会计处理及手续

①会计处理及手续是否依据经理规程等。

②会计处理及手续是否每期持续使用、变更时是否有正当理由。

③会计处理相关规程等是否在相关部门彻底实施，相关手续没有疏漏。

3）会计账本的保存

①计算书、会计账本及票据等文件是否按保存年限切实保管

3. 对结算书等监督

1）与交易记录、结算书相关的监察事项，参照日本公认会计师协会"学校法人监察手续"进行适当调查。

2）为形成监察意见进行下列调查

①听取理事会的结算说明、对获得批准的结算书内容进行检查。

②听取会计检查人的报告、交换意见。

③监事间交换意见。

（二）政府补助金使用状况的评估

日本政府对于划拨给私立高校的各种补助金的使用情况也会进行严格的评估和审查。评估依据及标准主要按照《补助金预算执行合理化法》、《私立大学等经常费补助金处理要领》执行。

1. 与财务状况相关的评估

政府在拨付财政补助金时，对拨付决定条件、拨付决定的取消、返还财政资助金等举措做了明确规定。在接受补助金资助的学校法人中，如果一旦发现虚假申请、补助金的不正当使用、违反条件等不恰当行为，将酌情实施包括上年度财政补助金拨付决定的取消、返还或未来停止补助等措施。政府期望通过这种制裁措施抑制学校的违规行为。例如，《私立大学等经常费补助金处理要领》中规定，日本私立学校振兴·共济事业团对学校法人等（笔者注：此处专指私立高校）出现下列状况任意一项者，根据其情况，对该学校法人等提供的补助金削减10%、25%、50%或75%进行

交付。但如果情节恶劣，没能达成补助目的时，将不向其交付补助金。①

1）将私立大学等经常费补助金、私立大学·研究生院教育研究装置设施配置费补助金或私立大学研究设备等配置费补助金挪作他用，违反相关部门处分或通过伪造等不正当手段接收该补助金。

2）不正当使用学校法人的财产。

3）不填写或虚假填写财产目录、借代对照表、收支计算书、事业报告书或监事的监察报告书。

4）违反私立学校法第47条规定的财产目录、借代对照表、收支计算书、事业报告书或监事的监察报告书的备份及阅览义务。

5）违反从事业团或地方公共集体借款的契约条款，被要求偿还借款的。

6）通过伪造等不正当手段获得办学许可的。

7）由于与学校经营有关的刑事案件学校职工或教职员被逮捕或起诉的。

8）职工或教职员之间或各自内部之间发生诉讼等纠纷，严重影响教育研究等学校运营，或迫使其他事务全部或部分停止的。

9）长期不召开理事会或评议员会议，严重影响教育研究等学校运营，或迫使其他事务全部或部分停止的。

10）由于教职员的抗议或由于学生占据或封锁设施、罢课等非正常行为，严重影响教育研究等学校运营，或迫使其他事务全部或部分停止的。

另外，还会根据学校的财务状况决定该校的补助金交付额度。《私立大学等经常费补助金处理要领》第3条第2款规定：②

1）从事业团借入的贷款偿还或税金缴纳延期6个月以上1年以下的，从滞纳期限开始计算，除前5个月，每月削减一般补助的5%进行交付。

2）从事业团借入的贷款偿还或税金缴纳延期超过1年的，不交付补助金。

3）宣告破产的，不交付补助金。

4）负债总额超过资产总额的，不交付补助金。

---

① ［日］文部科学省：《私立大学等经常费补助金处理要领》，1977年11月30日，（http：//www.mext.go.jp/a_menu/koutou/shinkou/07021403/002/002/012.htm）。

② 同上。

5）被银行停止提取资金的，不交付补助金。

6）除上述各项之外，违反《私立学校振兴助成法》第5条第4号规定的，视其情节不交付或减额交付补助金。

2. 与招生状况相关的评估

根据《私立大学等经常费补助金处理要领》的相关规定，事业团应根据私立高校的招生状况交付经常费补助金。一旦私立高校出现招生超编或不足，将作为不符合条件的学校取消财政补助金的拨付，有效控制私立大学的招生超编率。例如，处理要领明确规定："1）对该年度5月1日在籍学生数超过可容纳人数的1.5倍（可容纳人数8000人以上的大学的1.4倍以上）的私立大学，或该年度5月1日总入学人数超过该校各学部（学科）入学名额乘以1.3之后的人数的不向其交付补助金。2）对该年度5月1日在籍学生数超过可容纳人数的1.5倍（可容纳人数8000人以上大学的1.4倍以上）的学部等，或该年度5月1日入学者人数超过入学名额的1.3倍（可容纳人数超过8000人大学的超过1.25倍、医科牙科学部超过1.1倍）的学部等，不向其交付补助金。3）对该年度5月1日在籍学生数与可容纳人数的比例低于50%的学部等，不向其交付补助金"。①

3. 与科学研究状况相关的评估

日本政府对于科学研究相关的经费分配和使用情况主要采取事前评估方式。如前文第3节中提到的卓越基地项目（COE）、优质实践项目（GP）等竞争性资金的分配是通过分配之前对各高校的申报研究项目进行评估之后再选择，对其进行资助。此类资金的拨付包括文部科学省的直接资助和通过日本学术振兴会进行的间接资助。评估机构包括科学技术·学术审议会、学术分科会、科学研究费补助金审查部会和科学研究费委员会。

例如，科学研究费委员会的评估流程包括以下几个环节：1）选出研究项目审查委员会；2）第1阶段审查，采取书面审查方式，对于申报的每项研究计划由4名或6名审查委员分别从各自专业的角度进行审查；3）第2阶段审查，采取合议审查方式，主要是根据第1阶段审查进行综合性调整，

---

① ［日］文部科学省：《私立大学等经常费补助金处理要领》，1977年11月30日，（http://www.mext.go.jp/a_menu/koutou/shinkou/07021403/002/002/012.htm）。

由十几人到三十人组成的小型委员会，对各领域的研究计划进行合议审查；4）对于审查合格的研究计划，支付研究费资助金。（见图3-3）上述研究经费分配和拨付的审查和评估是根据2006年颁布的《科学研究费助成事业审查及评估规程》（以下简称《科研费审查及评估规程》）进行的。按照《科研费审查及评估规程》规定，对于科研费分配和使用的评估分为：1）审查（事前评估）；2）研究进展评估；3）追踪评估三种。[①] 上述所示的从审查委员会的选定到资助金交付阶段即属于第一种审查（事前评估）。研究进展评估是把握评估课题的进展情况，以对该研究的今后发展进行资助为目的进行的评估。追踪评估是指研究课题完成之后，经过一段时间之后对该研究成果产生的效果、效用及波及效果进行检验而进行的评估。对于某一研究项目或课题进行评估时，除事前评估之外，是否运用研究进展评估和追踪评估则视项目或课题的情况而定。

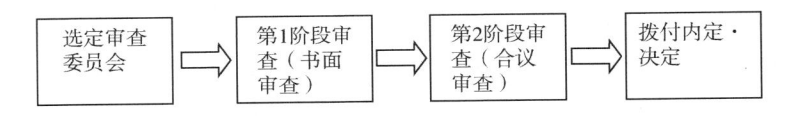

选定审查委员会 → 第1阶段审查（书面审查） → 第2阶段审查（合议审查） → 拨付内定·决定

图3-3 科学研究委员会科研经费审查流程

资料来源：［日］日本学术振兴会：《科研费审查流程》，（http://www.jsps.go.jp/j-grantsinaid/01_seido/03_shinsa/index.html#kiin）。

评估方法分为：1）书面评估；2）合议评估；3）听证评估；4）现场调查评估。[②] 书面评估和合议评估主要是审查委员会对研究计划进行审查和商议。而听证评估和现场调查评估则需要项目或课题研究者或研究者代表向审查·评估委员会作出口头阐述和报告，并回答审查·评估委员的提问和质疑，之后审查·评估委员会根据研究者或研究者代表的口述和报告进行评估和审议。而且根据审查·评估结果，可以要求项目或课题研究者改变研究计划、削减该项目的研究经费或终止该项目或课题。

---

① ［日］独立行政法人日本学术振兴会、科学研究费委员会：《科学研究费助成事业审查及评估规程》，2006年9月22日，（http://www.jsps.go.jp/j-grantsinaid/01_seido/03_shinsa/index.html#kiin）。

② 同上。

第五节　日本私立高等教育经费政策体系评析

本章对日本私立高等教育的经费政策进行了梳理和分析，其经费政策的发展和完善过程对于我国的民办高等教育经费体系建设可提供以下借鉴和启示。

一　通过立法为民办高等教育的建立和运营提供保障

1949 年，日本文部省颁布了《私立学校法》，从三个方面促进并保障了私立高等教育的发展。第一，重视私立高等院校的自治；第二，鼓励新型公共社团的建立，以利于资助和管理私立教育机构；第三，授权国家和地方政府给予私立院校经费上的补助。《私立学校法》的实施不仅实现了日本私立高校的自治和自强，还使私立高等教育的发展受到法律保障，使私立高等教育得到了稳固而又长远的发展。正如第一节所述，日本私立高等院校的学校数和学生数从"二战"后便不断增加，在高等院校和全体学生数中所占的比例也不断扩大。《私立学校法》公布之后，日本文部省为执行该法于 1950 年补发了《私立学校法施行令》和《私立学校法施行规则》。随后，日本政府又相继制定了一系列相关法律法规。如《关于给予私立大学研究设置国家补助的法律》（1957 年）、《日本私学振兴财团法》（1970 年）、《私立学校振兴助成法》（1975 年）等。政府的财政资助改善了私立高校经营状况，为私立高校的创办和经营提供了有利条件，促进了私立高等教育的蓬勃发展。由此可见，通过完善的法律法规为私立高等教育的创办和经营提供政策保障，这是日本私立高等教育实现健康发展的成功经验之一。

我国的民办高等教育立法滞后，法律法规不完善，影响了民办高等教育的发展。尽管我国政府一直比较重视民办教育的立法工作。从 1982 年至 1994 年，我国政府相继颁布了多项相关法律法规。如《关于社会力量办学的若干暂行规定》（1987 年）、《民办高等学校设置暂行规定》（1993 年）、《中华人民共和国高等教育法》和《面向 21 世纪教育振兴行动计划》（1999 年）等，都在一定程度上促进了民办高等教育的发展。但专门针对民办高等教育的法律法规，尤其是像日本的《私立学校振兴助成法》之类对民办高等教育进行经费投入或补助作出具体规定的法律法规不完善。民办高校在与公办高校竞争中处于劣势地位，民办高校的健康发展和有效经营存在各种各样的困难。所以，针对民办高等教育的创办、经营、资助等方面颁布具体、详细的法律法规对我国民办高等教育的健康发展是十分重要和必要的。

二 通过经费资助政策为民办高校提供资金支持

目前，日本私立高等教育的经费收入除学费以外，还有来自学校法人及理事会的集资、各种社团的捐赠以及政府的补助等。这种多渠道的资助形式与日本政府的资助政策相关。尤其是1975年《私立学校振兴助成法》的出台与实施，将政府对私立高校的经费补助作为恒常性政府预算确立下来，为私立高校的发展提供了有利的经费支持。仅从21世纪之后日本文部省通过私立学校振兴·共济事业团对私立高校经常性经费补助金投入状况来看，日本文部省的拨付经费补助金占私立高校经费收入的10%以上。除此之外，还包括日本文部省通过卓越基地项目（COE）、优质实践项目（GP）等对私立高校的教育研究进行的直接经费投入，通过日本学术振兴会对私立高校的科学研究经费进行的资助以及其他政府部门提供的奖学金等经费。总之，正是日本政府出台了资助私立高等教育的多种政策，才有效缓解了私立大学的经费困难，使私立大学得以健康发展。

目前，对于我国民办高等教育而言，经费不足是阻碍其可持续发展的一个主要障碍。我国虽然在多个法律、政策中提到了对民办教育的扶持与奖励，但是在落实方面却十分乏力，我国民办高校较少能够获得政府的经费支持。2000年，国家教育发展研究中心和教育部发展规划司社会力量办学管理办公室对全国的民办高等教育机构进行的调查显示，民办高等学校主要的收入来源是学费和杂费，这两项加起来约占了总收入的90%，贷款和政府的补贴各占5%左右，社会捐赠、校办产业和服务收入以及其他收入占的比重非常小。[①] 因此，办学经费不足是我国民办高校面临的普遍问

---

① 董丽娜：《中日私立高等教育比较研究》，《高教探索》2004年第2期。

题，也是改善学校办学条件、提高教育教学水平的最大障碍。可以说，当前我国民办高校发展水平不高，在很大程度上与国家没有出台或实施有效的经费资助政策有关。因此，出台相应的民办高等教育资助法律，建立完善的经费资助体系，为民办高等教育经费资助提供基本保障是发展我国民办高等教育的必要条件。

三　通过多种评估方式监督民办高校经费的使用

如本章第四节所述，日本高等教育的评估方式包括自我评估、政府评估和第三方评估，其中都包含经费的使用评估。自我评估是指由高等教育机构自身实施的评估活动，其主要的功能在于通过建立自检自评机制，自发地改进高等教育质量。政府评估和第三方评估则属于外部评估，如科学技术·学术审议会、大学基准协会、学位授予·评价机构、日本高等教育评估机构等高等教育机构之外的团体或机构执行的评估，其主要的功能是办学效能核定、质量的证明与鉴定等。外部评估从外部保障了高等教育质量的同时，也符合社会对大学提出的绩效责任的要求。其中多数是对高等教育机构进行整体性的评估，但也包括科学技术·学术审议会、学术分科会、科学研究费补助金审查部会之类专门针对科研经费使用进行评估的机构。这种通过自我评估、政府评估和第三方评估进行的多类型、多视角的评估，从各方面有效监督着高校的经费使用情况，促进了经费的合理使用。

反观我国的高等教育评估，教育行政主管部门是唯一的评估主体。当教育行政部门成为评估的唯一主体时，由于行政部门的"权威性"，评估实际成为一种行政化活动，评估对象（高等院校）没有参与评估的主动权，只是被动接受评估。这种评估与被评估的状况一定程度上损害了高等教育的个性、自主和活力，而且现行评估也没有设立对于民办高等教育的经费使用绩效情况进行专门评估的部门，缺乏对民办高校经费使用的监督。

四　通过间接拨付经费维持民办高校教育的自主性

日本政府对私立高等教育的经费投入主要通过日本私立学校振兴·共

济事业团和日本学术振兴会进行拨付。尤其是通过日本私立学校振兴·共济事业团拨付的经常费补助金占政府投入的绝大部分。其中，用于支付教职员工资、福利等支出的平均分配性质的一般补助占60%以上。这种颇具日本特色的间接拨付制度在为私立高校提供经费资助的同时，有效避免了日本政府对私立高等教育的直接干预，为私立高校教育、研究的自主、自由提供了良好环境。同时，也避免了经费投入主体与投入对象之间的直接接触，有效避免了教育腐败。进入21世纪以后，文部科学省对高校的教育科研项目提供的直接补助逐渐增加，这一政策导向加剧了高校之间的竞争，促进了日本高等教育向更高水平发展，也间接引导了高等教育的发展方向。但从总体来看，间接拨付的经费占私立高等教育经费投入的主体，间接拨付这种私立高等教育经费的投入方式，也值得我国学习和借鉴。仍是日本私立高等教育经费投入的主要方式。

第四章　韩国私立高等教育经费政策体系

韩国实行"教育立国"的基本国策，因此政府及民众对教育尤其是高等教育十分重视，这使得韩国的教育竞争力和国家竞争力大幅提高。1945 年韩国解放时，高等教育机构仅有 19 所，在校生 1.6 万名，到 2012 年高等教育机构扩展为 363 所，在校生 335 万名。据韩国教育开发院《2013IMD 教育竞争力分析报告书》显示，韩国在 IMD[①] 国家中教育竞争力从 2009 年的 36 位提高到 2013 年的 25 位，国家竞争力从 2009 年的 27 位上升至 2013 年的 22 位。其中，25—34 岁人口的受高等教育比率为 65%（2013 年），连续 4 年在 IMD 国家中排第二；高等教育入学率专门大学为 37%，大学（包括硕士教育阶段）为 69%，大幅超过了经济合作与发展组织（OECD）[②] 国家的平均水平（19%，60%）。在韩国的高等教育体系中，私立高等院校占据了较大的比例，如 2013 年，韩国私立大学数为专门大学 131 所（国立 2 所，公立 7 所），一般大学 155 所（国立 32 所，公立 1 所），大学院 961 所（国立 230 所，公立 9 所）。因此，私立高等教育在促进韩国经济、社会、文化以及教育发展方面起到了非常重要的作用。而韩国私立高等教育之所以如此发达，除了受历史、政治、文化等方面的影

---

① 洛桑国际管理发展学院（International Institute for Management Development，简称 IMD），全球顶尖商业管理学院，坐落于瑞士西部城市洛桑。从 1989 年开始，IMD 每年发布《世界竞争力年鉴》。

② 经济合作与发展组织 Organization for Economic Co-operation and Development 简称经合组织（OECD），成立于 1961 年，目前成员国有 34 个，总部设在巴黎。

响之外，与其独特的经费政策体系也有着密切的关系。

第一节　韩国私立高等教育发展历程

韩国最早出现的私立高等教育机构应属高丽时期（918—1392年）的私学"十二徒"。1055年，辞官回家的崔冲在自家设立了私塾，招募学生传授儒教知识，很多以参加科举为目标的学生闻声而至。其他儒教学者纷纷效仿设立学校，其中最有名的有12所私学，因此历史上称为"十二徒"。"十二徒"的教育水平与当时作为国立综合大学的国子监相似，也是以准备科举为目的的预备学校，教育内容以儒家思想为主，加上设立学校的儒学学者都曾任职过科举考试官，因此得到很多学生的青睐。"十二徒"虽于1391年，因国家教育政策改为重视国学而被废止，但不可否认的是，在国子监因战乱等原因不能充分发挥作用的背景下，它代替国子监对高丽时期的高等教育发展和振兴作出了重大贡献，培养了很多国家管理人才[1]。而近代意义上的私立高等教育则是从19世纪末韩国"门户开放"时期开始的，这个时期的高等教育机构很难与中等教育机构区分，只能看作是现在高等教育机构的前身[2]。但正是从近代开始，韩国私立高等教育逐步发展、壮大起来，成为其高等教育体系的重要组成部分。

一　1945年前的私立高等教育

（一）开化期（1876—1910年）

韩国近代史中的"开化期"是指1876年《江华岛条约》（又名丙子修好条约）签署后到1910年《韩日合并条约》签署前。开化期的朝鲜政府在日本强压之下进行了一系列改革，其中也包括教育方面的改革，即1894年8月—1895年4月间由学武衙门实行的甲午教育改革。改革主要向两个方向推进：第一，广泛实行针对国民大众的初等教育。为此，政府设立了

---

[1] 孙仁秀：《韩国的教育学和教育史》，韩国教育学教授协议会2012年版，第247—252页。
[2] 金宗哲：《韩国民族文化大百科辞典》，《高等教育》，2014年8月25日，（http://encykorea. aks. ac. kr/Contents/Index? contents_ id = E0003401）。

汉城师范学校和 13 个官立小学校,以及全国范围内的 109 个公立小学;第二,快速培养可推行国家近代改革的人力资源,因此设立了各种外国语学校和武官学校、医学校、商工学校、矿务学校、法官养成所等。这个时期培养社会领导层的高等教育以成均馆(开设于 1392 年)[①] 改革为主,1895 年朝鲜政府发布改革方案,在成均馆设立了经学科,开设了朝鲜历史、朝鲜地理、世界史、世界地理、数学等科目,同时实施教授任命制、入学考试制、毕业考试制及学期制度,规定了每年授课日数及每周授课时间等,这一系列改革举措推动了朝鲜教育逐渐走向近代化道路[②]。甲午教育改革的意义主要体现为以下几个方面:构建了小学、中学、专门学校、大学相衔接的教育体制,为以后的学制奠定了基础;消除了旧教育的体制,推动了近代教育进程;设定了初等教育,促进了初等教育的义务化;设定了机会均等的原则,促进了教育民主化。但是改革政策中关于高等教育的改革并没有正式实施,在第二年就取消了其内容,这也是学术界认为甲午教育改革没有意义的主要原因之一。

在政府主导的高等教育改革失败之际,民间的私立教育却以中等私立学校的形式蓬勃发展起来,为之后的私立高等教育发展奠定了基础。开化期的私立学校主要分为两类:一类是由基督教会的传教士所创立的私立学校,开化期所设立的 796 个基督教会私立学校大部分都属于中等教育机构,发展成高等教育机构的只有培材学堂(1886 年)、梨花学堂(1886 年)、儆新学校(1886 年)、崇实学校(1897 年)等;另一类是私人所设立的私立学校,这类学校于 1910 年达到 1427 所。但由于日本当局对具有民族教育性质的民间私立学校进行了强有力的控制,因此当时的私立学校发展受到了极大的限制,很多学校只能关门或维持中等教育机构水平,其中只有 1905 年设立的普成学校改编成专门学校[③]。关于这个时期私立教育机构的

---

① 1298 年,高丽时期的国立大学——国子监改为成均监,1308 年又改名为成均馆,此后经历多次改名,1362 年正式改名为成均馆后也一直作为朝鲜时代(1392—1910 年)的高等教育机构。1398 年 7 月新校舍建成,故普遍认为 1398 年是成均馆正式创立的时间。
② 《成均馆大学简史》,2017 年 3 月 10 日,(http://www.skku.edu/)。
③ 韩国民族文化大百科、韩国学中央研究院:《高等教育》,2014 年 8 月 25 日,(http://terms.naver.com/entry.nhn? docId=567291 & cid=46615 & categoryId=46615 & mobile)。

总数量,由于在 1908 年《私立学校令》发布前设立私立学校不需要政府的认可,也无须报告,因此无法进行确切统计,但以爱国人士和地方儒士所设立的私立学校居多。据朝鲜总督府刊行的《朝鲜的保护及合并》可知,"1908 年京城内约有 100 多所私立学校,而全国有 5000 余所、20 多万名学生",而"学堂数以万计"[1]。

为了抑制 19 世纪后期出现的几千所私立学校,日本控制下的学部在 1908 年 8 月 26 日颁布了《私立学校令》,其主要内容是:私立学校设立时需要学部大臣的认可;认可必需的条件为学校的目的、位置、学则、校地、校舍的平面图、1 年的收支预算及维持方法、设立者及教职员简历、教科用图书名等;对于违反法令规定、紊乱秩序或风俗、6 个月以上不履行所规定的课程、学部大臣要求设备和课程等事项变更时不执行等情况,都可以下达停办命令。同时期该学部又颁布了几条学部令来抑制私立学校的发展,例如,为控制教科书内容而颁布的《教科用图书鉴定规程》、为阻断私立学校财源颁布的《捐款募集取缔规则》(1909 年 2 月 27 日)和《地方费法》(1909 年 4 月 1 日)等。总之,在日本控制的学部影响下,朝鲜私立学校受到了严重的打压。当时达到四千、五千所的私立学校到 1910 年 5 月得到学部认可的只有 2250 所,而这个数字在 1910 年以后继续呈减少趋势。其中朝鲜人所设立的学校有 1402 所。开化期私立学校通过自己民族语言、地理、文化及历史的教育内容,培养民族意识和爱国心,在培养反外侵和自主化的力量主体上作出了贡献。[2]

(二) 日本殖民地时期(1910—1945 年)

1910 年 8 月 29 日签订的《韩日合并条约》使朝鲜丧失了国权,朝鲜的教育从此成为日本"皇民化"政策的工具,日本殖民地时期的朝鲜总督府对于私立学校主要以打压为主。但朝鲜民众却十分偏爱私立学校,因为他们认为在私立学校可以接受民族教育。正如李万珪写到的,"民间社会

---

[1] 《日帝抢夺教育权、民族私学 1217 所中有 1175 所退出》,《中央日报》2014 月 8 月 25 日,(http://sunday.joins.com/article/view.asp?aid=23313)。
[2] 高昌奎:《开化期国语教科书中出现的民族、社会、个人》,《教育理论与实践》(韩国) 1993 年。

普遍认为，私立学校是为了人民的学校，是为了朝鲜人利益进行教育的学校，所以当时朝鲜人偏好私立学校"。① 民众的这种偏爱促使朝鲜总督府进一步加大了对私立学校的管制力度。如 1911 年发布了《第一次朝鲜教育令》；1915 年将《私立学校令》修改为《修订私立学校规则》，完全去除了私立学校的"民族教育"建学理念，并动用一切手段对学校的人事行政、教育课程、学校设施、环境结构等进行干涉、威胁，不断逼迫其主动放弃经营、自动关闭。特别是在 1941 年太平洋战争给日本带来不利局面的情况下，日本进一步强化"皇民化"教育，对私立学校进行强力镇压：强占了美国传教士学校，禁止民间私立学校使用朝鲜语，并进行皇国臣民誓词朗读、神社参拜等一系列奴化教育。

对于私立大学的设立，朝鲜总督府在 1911 年的《朝鲜教育令》中甚至没有谈及关于大学教育的规定，认为在朝鲜并没有实施大学教育的必要。在民众日益高涨的教育热潮下，1922 年朝鲜总督府为了缓和矛盾，公布了《修订朝鲜教育令》，最终允许在朝鲜设立大学，但也设置了种种障碍，使得朝鲜民众设立自己民族大学的路程异常坎坷。1922 年，李商在等人正式组织了朝鲜民立大学期成会，在总会上采纳了私立大学发起书，发布宣言，"开拓本民族命运的先决条件在于教育，文化的发达与生活质量的提升都有赖于作为高等教育机构的大学"，并确定了大学设立计划书。根据计划书，期成会准备资本金 1000 万圆，用三年时间建立大学：第一年度用其中的 400 万圆购买土地 5 万坪，建教学楼 10 栋、大讲堂 1 栋和图书馆，设置法学、经济学、文学、理科 4 个学科及预科；第二年度用 300 万圆增设工科，并加强第一年设置的学科；第三年度用 300 万圆设置医科、农科，等等。为了顺利建设大学，期成会还以"1000 万韩民族每人 1 圆"为口号进行了募捐，仅在全罗南北道就募集了 150 万圆以上。朝鲜总督府被朝鲜民众的大学设立热情所惊恐，认为这不是单纯的教育运动而是政治运动，因此阻碍期成会在地方组织的资金募集活动，阻挠朝鲜私立大学的设立，并创办京城帝国大学。就这样，私立大学设立运动因朝鲜总督府的

---

① 李万珪（1888—1978 年），著名的教育家及民族运动家。著作有第一本由朝鲜人编写的《韩国教育史》。

破坏而最终失败,但它却是最早以设立西方近代大学为目的的一场运动,显示了当时对教育的认识已经具有近代化之端倪,因此,朝鲜史认为该运动在开拓私学方面起到了先驱者的作用①。

二 1945 年后的韩国私立高等教育发展

有关解放后韩国私立高等教育发展阶段的划分标准是较为多元的。为了了解韩国高等教育经费政策产生的背景,本文将详细阐述其政权更替、政策变化及影响私立大学经费收入的主要因素。

(一) 自由放任期及动乱期(1945—1960 年)

1945 年 8 月 15 日韩国光复以后,日本统治时期的各个专科学校就期待着升级为大学,并为升级为大学作准备工作。而对于私立专科学校的大学升级及私立大学的新设,美国军政府起初是采取保留态度的,后来为了用扩大教育机会来获得统治的正当性,才采取了不限制态度。这个时期,政府对教育设施的新增与扩充,主要依靠外来援助②解决财源,其中 1946 年教育部门投入的资金为 3.3 万美元,1947 年为 18.6 万美元,1948 年为 57.1 万美元,共计 79 万美元。虽然这只是总援助金的 0.2%,但至少有了这些援助金政府才能增设一些教育设施。解放以后到韩国政府成立期间,因政府无力为高等教育投入更多的财政资金,无法开设更多的国公立大学满足大众的高等教育需求,因此放松了对私立大学的管制,私立高等教育机构急剧增加。同时,政府也给予私立大学很大的管理自主权,私立大学在招生和学费定价等方面也有较大的决定权,这无疑促进了私立大学的发展与规模扩张。在此背景下,私立高等教育机构由 1945 年末的 10 所(所谓私立专科学校的高等教育机构)增加至 1947 年的 23 所(包括升级和新设立的大学)。韩国解放初期私立高等教育之所以发展如此迅猛,除了美国军政府的认可态度以外,主要还有以下几方面的原因:第一,解放后,在日本统治下被强制压抑的教育需求与发展教育的热情被激发,形成了韩

---

① 俞容植:《关于日帝统治下朝鲜民立大学设立运动的研究》,又松大学校论文集,第 11 集(韩国)2006 年,第 5—15 页。

② 主要是美国实施的行政救济(Government and Relief in Occupied Area, GARIOA)。

国民众追求教育的热潮,一些目光高远的慈善家们纷纷捐献个人财产设立高等教育机构,促进了私立高等教育的发展。第二,全新的教育思想对国民的教育热情起到推波助澜的作用。受美国教育文化的影响,韩国建立和改革国民教育制度,采取多种措施以扩大教育机会,如采取了单线型学制,即 6-3-3-4 学制,更有效地增加了升学机会。第三,在美军政府统治下,以没收的日本人财产建立学校是十分便捷的;同时因为把土地用来建设学校更容易出手,所以那些预想到农田改革的地主们也倾向于出让土地建设学校①。

1948 年韩国政府成立,第二年颁布了《教育法》②,设立了统管教育并制定教育政策的部门——文教部。在文教部内正式设置了专门负责高等教育的行政部门,为促进高等教育制度建设提供了必备的条件。依据《教育法》,设置了 2 年制的专科大学(短期大学、又名初级大学)和 4—6 年制的普通高校;又将普通高校分为独立大学和综合性大学,综合性大学设置 3 个以上的独立学院和研究生院,授课年限为 4—6 年;扩大了受教育机会,促进了从极少数人可以获得高等教育机会的精英教育向大众化教育方向发展③。教育法的制定、文教部的设立及其职能发挥以及高等教育制度体系的建立、完善,为私立高等教育的长足发展提供了制度上的保障。

1950 年朝鲜战争爆发,私立高等教育机构因战乱而陷入困境。1951 年,当时的文教部长官在釜山公布了《战时教育特别措施大纲》,创立了战争时期独有的战时联合大学,集中了因战乱从首尔等地逃散的教授和大学生,在釜山、光州、大田、全州 4 个城市设立了临时大学,提供了战争中接受高等教育的机会。战时联合大学运营了 1 年多时间,在战势趋于稳定的 1952 年 5 月末被关闭④。战时联合大学的开设一方面有效地维持和保

---

① 李奇石:《韩国高等教育私学政策的变迁过程研究(1945—1959)》,硕士学位论文,蔚山大学校,2004 年,第 41—44 页。

② 教育法经过 37 次的修改,于 1997 年随着教育 3 法(教育基本法、初中等教育法、高等教育法)的制定而废止。

③ 李奇石:《韩国高等教育私学政策的变迁过程研究(1945—1959)》,硕士学位论文,蔚山大学校,2004 年,第 25—28 页。

④ Daum 百科词典:《战时联合大学》,2017 年 3 月 10 日,(http://100.daum.net/encyclopedia/view.do? docid = b19j0566a)。

护了私立高等教育资源，另一方面为战后发展地方大学提供了基础，并扩大了地方学生接受高等教育的机会，对高等教育机构乃至私立大学数量的增加都发挥了重要作用。与此同时，大学生征兵保留措施也促使更多年轻人选择进入大学，在国家财力无法建立更多国公立大学的情况下，生源的扩大自然促进了私立高等教育机构的较快发展，但同时也催生了私立大学过度追求营利和质量下滑等问题。

战后，由于韩国教育机构遭受了人力和设施方面的巨大损失，因此需要对破坏的教育设施进行复原和重建，同时对大学教师队伍进行补充和扩大。所以，战后的韩国政府十分注重教育条件的改善和高等教育质量的提升。根据 1955 年发布的《大学设置基准令》，韩国对大学进行整顿，包括对未达到法定要求的大学进行了大学生人员缩减，废止了部分大学和学科等；同时根据 1953 年《教育公务员法》及《大学设置标准令》对教授资格进行审查。即使在政府加强质量控制的情况下，韩国私立大学也呈现稳步增长态势，1960 年韩国高校数量达到 81 所，其中私立高校数量是 63 所，在 1952 年到 1959 年间新增加了 28 个私立大学[①]。

（二）管制和扶持期（1961—1980 年）

20 世纪 60 年代前半期，通过军事政变执政的朴正熙政权利用大学整顿和制定私立学校法等措施改变了原先开放、自由放任式的私立教育发展模式。同时，又针对教育大学和实业高等专科学校制定了大力扶持的政策。

1. 整顿及管制政策

1961 年，通过军事政变上台的朴正熙政府为了加强对大学的控制，同时也为了减少私立大学的不规范经营行为，采取了一系列整顿和管制措施。如 1961 年 9 月，朴正熙政府颁布了《关于教育的临时特例法》，规定了校长或学校法人的理事及监事的亲属不可任职于该年度学校的出纳职务；私立学校的教师符合教育公务员的退职、免职等惩戒要求的，监督厅可要求学校法人代表作出惩戒；理事长不可兼任学校校长；文教部长官认

---

① 李奇石：《韩国高等教育私学政策的变迁过程研究（1945—1959）》，硕士学位论文，蔚山大学校，2004 年，第 44—55 页。

为学校法人的理事或监事有违法行为或无法达成学校法人的设立目的时，可取消该年度理事或监事的委任等。在此基础上，1963 年朴正熙政府颁布了《私立学校法》，规定了监督厅对私立学校的指挥监督权；关于学校法人收益事业等义务；私立学校经营者违反规定时适用刑法的规定等。

1965 年又颁布了《大学定员令》，规定了大学各学科入学定员和学年定员数[①]。再如 1969 年，朴正熙政府推出了《大学入学预备考试制度》，规定由国家选拔合格的大学入学者，其目的是防止随着大学生的数量膨胀引起的质量下滑，以提高教育质量；抑制私学的无节制计划外招生，促使其依法正常运营；缩小大学间的质量差距，促使大学均衡化发展[②]。

这些政策法令都是在没有大学参与的情况下，由政府单方面制定的，虽然调整了多方面的不合理性，但却使大学的自主权限大幅降低，加强了政府对大学的控制。这个时期，高等教育机构的数量由 1960 年的 81 所增加至 1970 年 152 所；其中私立高等教育机构由 1960 年的 63 所增加至 1970 年的 95 所[③]。

2. 扶持政策

20 世纪 70 年代，韩国的经济持续高速发展，为了培养满足经济高速增长需要的高等人力资源，朴正熙政府不仅加强了对高等教育机构的管理与整顿，同时也出台了以理工科高等教育为对象的多项扶持政策，为高等教育的发展与转型提供了重要条件。例如，1963 年，文教部为了强化大学的研究功能，确立了学术研究资助制度，资助的对象为国公立、私立大学的教授和大学附属研究机构，且每年都增加资助的额度和人数；1965 年，撤销私立大学学费的限额；1969 年，撤销期成会会费的限额，使纳入金（学生交纳的各种费用的总称）自主化；高等教育的各种奖学金制度都得到进一步的强化，特别是理工科大学生的奖学金及学费减免制度得以实施，扩大了受益者数量；使用对日请求权资金[④]，购买私立理工科大学实

[①] 张石焕：《大学定员自主化政策分析》，博士学位论文，中央大学，2009 年，第 4—6 页。
[②] 大学教育研究所：《教育学用语词典》，1995 年。
[③] 大学教育研究所：《大学数》，2013 年 3 月 10 日，（http://khei-khei.tistory.com/579/）。
[④] 对日请求权资金是针对日治殖民地时期，对韩国人财产的补偿，以及对征兵、征用等日本殖民地支配的概括性赔偿。

验实习所需设备；允许将农场、牧场等生产财产登记到学校财团的财产里，采取免税、优惠的措施引导其建设私立大学；1970年，通过国库补助金的间接方式对私学进行资助，等等。总之，这个时期政府虽然对大学的招生加强了管制，抑制了大学在数量方面的快速增长，但是为了提高经济发展水平，同时也扶植创办并发展了很多技术方面的大学，因此大学数量还是出现了稳步增加的趋势。根据统计，1970年韩国的大学增加至152所，其中私立大学95所，占总体的62.5%；在校学生数也达到191957人，其中私立大学在校学生数129346，占总体的67.4%[1]。

(三) 高等教育扩展期（1980—1988年）

在朴正熙政府扶持政策的作用下，韩国高等教育有了较大的发展，但还是无法满足当时民众对高等教育的需求，导致了升学志愿者急增、课外补课现象普遍、入学考试竞争加剧和复读生累积等问题。在这些背景下，1980年通过"12·12"事变夺取权力的全斗焕政府于7月30日发表了"教育正常化及课外辅导过热取消方案"（又名7·30教育改革），对高等教育采取了强有力的调控措施：1）废止各大学自主考试，大学要根据高中内审成绩和预备考试成绩选拔学生；2）扩大招生计划，实施毕业生定员制度[2]；3）开始全日制大学招生；4）实施教育广播；5）延长教育大学的授课年限等。此次教育改革中特别是通过毕业定员制希望达到以下几个目的：1）通过增加入学机会来减少过热课外补课问题；2）形成大学的勤学氛围；3）解决私立大学的财政困难问题；4）更敏感地把握产业人才需求等。但是后人却认为此次改革效果甚微，除了私立大学的财政困难有所缓和之外，其他的目标都未达到预期效果。

除了"7·30"教育改革之外，在促进私立高等教育发展方面，全斗焕政权还采取了以下措施：1）确立了对私立大学给予财政支援的政策，自1982年起从国库中给予私立专门大学实验实习费、内外部设备费及材料

---

[1] 大学教育研究所：《大学数》，2013年3月10日，(http://khei-khei.tistory.com/579/)。

[2] 毕业生定员制即毕业生定额制度，是根据毕业生计划人数的115%—130%招生，大学过程中和毕业时根据成绩淘汰其扩大招生部分学生数的制度，目的在于增加接受高等教育的机会，并产生竞争压力，形成勤学的校园氛围，军政府希望以此减少当时激烈的学生运动。毕业生定员制于1987年废止，1988年起实施入学生定员制。

费支援；2）1985年修订《租税减免限制法》，对收益用基本财产的转账担保时免除全额特别附加税，为私学的财政保障提供帮助；3）同年，全斗焕政权设立总统直属教育改革审议会，在追求多样性和优秀性的理念下，研究制定了私学振兴方案，其中最重要的是"学费自主化"政策。此政策虽因政府的物价政策等因素影响未及时实行，但为卢泰愚政府执政时期的正式实行奠定了基础。

通过全斗焕政府时期的一系列高等教育政策调整，特别是毕业生定员制的实施，私立大学学生数急速上升，据大学教育研究所的一份统计，1980年到1985年间，大学生数由61.1万名增加至136.6万名，其中私立大学学生数从42.6万名增加至90.8万名[①]。这最终导致了在教育条件未得到及时有效改善的情况下，因学生数量急剧膨胀而出现教育质量低下的问题。

（四）大学招生自主化时期（1988—2003年）

1988年至2003年期间，韩国高等教育发展的主要特征是实现了大学招生的自主化。

1. 大学招生自主化的起步

卢泰愚政权在1987年的"6·29宣言"的8项内容中提起大学自主化政策（其中第6项），并通过1987年10月的宪法修订，使大学自主化保障事项明文规定于宪法第31条第4项中，大学因此迎来了招生自主化的新阶段。全斗焕政府的"学费自主化"政策也在卢泰愚政府时期正式实行。根据此政策，私立大学从1989年开始自行决定学费（包括入学金、注册费、期成会费）。自从实施学费自主化政策，1990年开始到2008年国际金融危机爆发前[②]，私立大学的学费上涨率平均为8.8%（具体见图4-1），普遍高于物价上涨水平的2—4倍，造成了私立大学学生及家长的学费重负，引起了一系列社会问题，也引起了之后"学费减半"的社会呼声及由此而生的各种政策出台。

---

① 大学教育研究所：《学生数》，2013年3月10日，（http：//khei-khei.tistory.com/585/）。
② 1998年和1999年因亚洲金融危机影响，私立大学学费上涨率低于物价上涨率，较特殊。

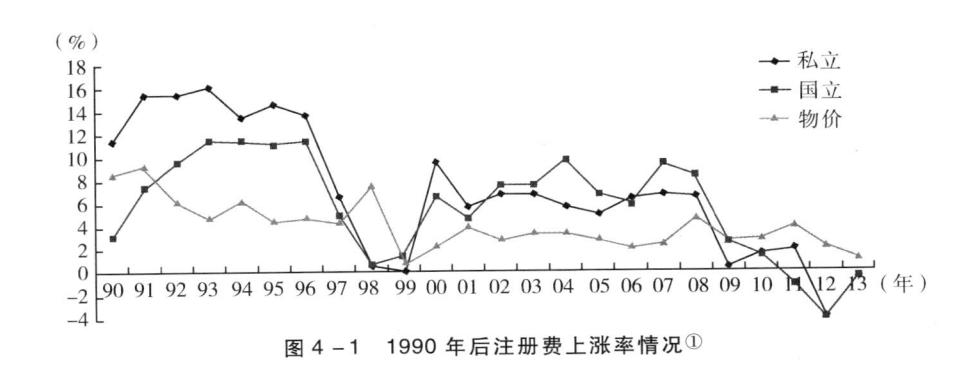

图 4-1 1990 年后注册费上涨率情况①

2. 大学招生自主化的进一步发展

1993—1998 年金泳三执政的"文民政府"时期，高等教育方面主要以缓和各种规制为其政策取向。政府组织成立由大学教授、私学设立·经营者、学生家长、教育专家、产业体、法律专家等组成的教育部教育规制缓和委员会，同时，通过教育改革委员会（总统直属机构）在 1995 年实施了"为了树立主导世界化、信息化时代的新教育体系的教育改革方案（5·31 教育改革方案）"，极大地推进了大学自主化进程。

"大学设立、招生及学士运营自主化"政策是"5·31 教育改革方案"中关于高等教育的最主要政策。教育改革委员会为了"设立拥有优质教育项目的小规模、特性化、多样化大学"，在其"大学设立准则主义"下，把以前的大学设立许可制度修改为"只要具备最低法定标准就可允许办校"的制度，从 1996 年开始实行。"大学设立准则主义"实施以后，私立大学数由 1995 年的 250 所增加到 2005 年的 301 所，学生数由 1995 年的 149 万名增加到 2005 年的 237 万名。与"大学设立准则主义"并行，1995 年的"5·31 教育改革方案"同时推出了大学招生的自主化方案。招生自主化政策由三个阶段组成：1) 1996 年的"概括认证制"；2) 1997 年的"教育条件联动制"；3) 1999 年的完全自主化。三个阶段除了首都圈大学、师范类和医学类招生之外都实现了自主化。结果，大学的数量和招生数量急剧增加，同时也导致了无法实现财政独立的小规模、不稳定的大学大量产生。

---

① 大学教育研究所：《私立大学学费现状》，(http://khei-khei.tistory.com/585/)。

大学招生自主化政策在进入国民政府时期（金大中 1998—2003）后仍一直继续着。政府在 1998 年废止《大学学生定员令》，实施《高等教育法》及同法施行令，规定在总统决定的范围内由学校决定关于招生的事项。随着制定《高等教育法》及同法的施行令，大学招生被规定为"大学校规"，法律上政府掌管的招生调整权利转交给了大学，这是韩国高等教育历史上的重要事件。

从 1988 年到 2003 年，在政府的大学自主化政策影响下，大学生数量成几何级数增加。1990 年全国大学生数仅仅是 158 万名，到了 1995 年超过 221 万名，到 2000 年已经达到 313 万名，增加了将近 2 倍①。但之后的文民政府认为，从 2003 年开始，大学在招生数比高中毕业生多的情况下继续增加招生是不可能的。这引起了大学缩减招生的讨论。

（五）结构调整期（2003—现在）

随着韩国出生人口的减少，韩国政府和教育界开始探讨大学招生计划多于实际入学人数的问题，适龄人口减少和大学数量的增加必定会使一部分低质量和无特色的私立大学难以招到足够维持其运营的学生数量。在这种背景下，政府开始实施促进大学自身结构调整的一系列财政支援政策。卢武铉政府（2003—2008 年）于 2004 年提出"对自主进行结构调整的大学给予奖励"，首次尝试引导大学自主进行包括减少招生数量在内的结构调整。2005 年，卢武铉政府又进一步运用财政支援手段促进大学减少招生。这一政策虽然成效微小，但学生数还是由 2005 年的 320 万名减少到 2008 年的 317 万名。

李明博政府时期（2008—2013 年），开始加大对高等教育的国家财政投入。关于私立大学财政政策主要分两个部分：针对私立大学的税制支援政策和"学费减半"政策。"学费减半"政策的主要内容有：实施了学费上涨率在物价上涨率的 1.5 倍以内的学费上涨率的最上限；引入了由教职员工、学生、专家等参与决定学费标准的学费审议委员会；引入了"财务、会计透明性方案"，引导私立大学财政的自主化控制；在这些措施基

---

① 大学教育研究所：《学生数》，2013 年 3 月 10 日，（http：//khei-khei.tistory.com/585/）。

础上，为了根本解决学费过高问题，李明博政府从2012年开始正式实施了"国家奖学金"制度。2012年1月，为了加强私立大学法人的责任感，修订了"私立学校教职员工年金法"，规定如学校法人无力承担全部法人负担金时，可由学校负担，但必须得到教育部长官的许可，对于学校法人需负担的法定负担金增加了监督机制。

朴槿惠总统上任以后，沿用了一部分李明博政府时期的高等教育财政政策，如2013年8月，在"高等教育综合发展方案（试案）"中提出：通过产学合作活性化等，扩大民间研究与发展资金（R&D）及大学捐款；通过对大学的各种税制支援减少大学的财政负担等。与此同时，将高等教育支援预算增加至1%（GDP对比），并将实施实质性的学费减半政策等。

总之，经过结构调整，韩国的国公立大学从2000年的61所减少为2012年的52所；私立大学由2005年的301所减少为2012年的291所。通过政府资金大量投入及政府主导的税制优惠政策等一系列财政支援措施，从2009年开始私立大学的学费上涨率开始呈现下降趋势，有效减轻了学生及其家长的经济负担。通过私立大学财务和会计透明性政策，提高了私立大学运营的透明性、公共性程度，有效促进了韩国高等教育质量的提升和结构的进一步优化。

第二节　韩国私立高等教育经费来源

与许多国家一样，韩国私立大学也形成了较为多元的经费来源渠道，但同时也在财源保障和运营方面有很大压力。历代韩国政府在私立高等教育财政资助方面，持受益者负担及设立者负担原则，因此更主要地对国公立大学进行财政支持，对私立大学的财政支持十分有限。近年来韩国政府提出了私立大学收益多元化方案，其中就包括减少学费比例、增加国库补助金、减税、增加捐赠等政策。下面就对韩国私立大学的几种主要的经费来源渠道作进一步的分析。

一　学费

韩国私立大学的学费（又名登录金）包括入学时的一次性入学金和每

个学期的注册费。1999 年以前,私立大学学费中还包括期成会会费(私立大学学生、家长缴纳的期成会会费在学校预算之外单独列支立账,除特殊情况减免外每季度需缴纳一次,主要用于补贴教师研究费、学生活动费和学校设施费),自 1999 年起都归到注册费中。韩国私立大学的经费收入中绝大部分是学生缴纳的学费。近几年,虽然韩国政府不断增加对私立高等教育的财政投入,但是学费收入占私立大学经费收入中最大比例的情况并没有改变。

（一）入学金

韩国并没有政策或法规对私立大学的入学金性质、征收目的和计算方法作明确的规定,仅依据"大学学费相关规定"第 4 条第 4 项[①]所规定的"入学金在学生入学时全额征收"的条款,由大学自行决定。且此"规定"第 3 条赋予了校长"根据学校的实际情况减免或免收全部学生或一部分学生的入学金"的权力。韩国大学教育研究所 2013 年入学金调查结果[②]表明,韩国私立大学的入学金普遍高于国公立大学。调查显示,国公立大学的平均入学金约 15 万韩元,私立大学的平均入学金约 71 万韩元,是国公立大学的近 5 倍。其中私立大学入学金最高的是 103 万韩元,最低是 15 万韩元,差距近 7 倍;而国公立大学入学金最高 40 万韩元,最低 2 万韩元。国公立、私立大学共有 3 所无入学金的大学,不包括在上述比较中。以国公立大学的最高入学金 40 万韩元为标准进行比较的话,可以看到,对于学生而言韩国私立大学的入学金负担是比较重的。私立大学中入学金超过 40 万韩元的大学为 149 所,占总私立大学数的 95.5%,其中 90 万韩元以上的私立大学为 29 所,占 18.6%,70 万韩元以上的大学为 91 所,占总数的 58.3%。[③]

---

① 针对大学学费,2007 年韩国政府专门制订了《大学学费相关规定》,到 2013 年已经修改了 7 次,该规定的名称也由起初的《大学注册费及入学金相关规定》改为《大学学费相关规定》(2010 年 12 月 2 日)。

② 本次调查是以大学信息公示网站(Higher Education In KOREA)中公开的全国 196 所大学(国公立大学 40 所,私立 156 所)为对象。

③ 大学教育研究所:《2013 年全国大学入学金现状》,2014 年 3 月 5 日,(http://khei-khei.tistory.com/635)。

（二）注册费

韩国大学的注册费无论是国公立大学还是私立大学，在经合组织（OECD）国家中都是除美国之外第二昂贵的国家。韩国大学注册费昂贵的主要原因是：政府根据"受益者负担原则"让学生和学生父母承担大学教育费用；私立大学根据从1989年开始实施的"学费自主化"政策可自行决定学费（包括入学金、注册费、期成会费）。其结果是，在近20年的时间里，私立大学的学费以年8.8%的平均速度增加；国公立大学的学费也每年平均上升7.5%。这意味着大学学费是以物价上升率的2—4倍暴涨的[1]。

2009年因受国际金融危机的影响，大部分大学停止了学费增长。2010年，韩国政府实施了学费上涨抑制政策，大学学费呈现涨幅减小或下调的趋势。特别是2012年实施国家奖学金制度，并积极引导学费下调后，私立大学和国公立大学的学费各下降了3.9%和4.8%。具体请见图4-1。

二 国库补助金

1997年12月13日首次制定的韩国《教育基本法》中规定："国家和地方自治团体要为确保稳定的教育财政实施必要的措施"（第7条）。1964年11月10日修改的《私立学校法》中也明确规定："国家或地方自治团体如认定有利于教育振兴，可根据总统令或当年地方自治团体条例规定，对提出申请的学校法人或私学支援团体提供补助金或其他资助"（第43条）。这样，在法律上，国家和地方自治团体是有义务和责任为教育，包括私立教育提供经费支持的。在现实中，韩国政府和地方自治团体也确实为国公立学校和私立学校提供了大量的财政资助，其中对于私立大学的资助集中地体现为国库补助金，主要包括国家奖学金和研究资助两种形式。

如图4-2所示，国库补助金占私立大学总收入的比例从1995年的2.0%提高到2012年的16.7%，增长速度是比较快的。国库补助金之所以能够以较快速度增长，主要有以下两方面的原因：第一，2007年制定了

---

[1] 大学教育研究所：《2013年全国大学入学金现状》，2014年3月5日，（http://khei-khei.tistory.com/635）。

"高等教育预算增加1兆韩元"政策;第二,随着2012年实施国家奖学金制度,教育部高等教育预算又有了进一步的增长,给予私立大学的国库补助金也从1995年的1218亿元增加至2012年的3兆8914亿韩元。

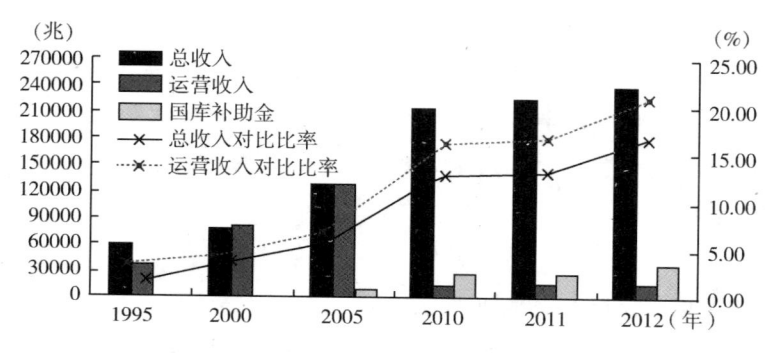

图4-2 私立大学国库补助金变化(1995—2012年)①

但需要指出的是,并不是所有私立大学的国库补助金占总收入的比例都这么高。2012年,27%的私立大学总收入中国库补助金比例未满10%,仅有12%的私立大学总收入中的国库补助金比例超过20%。因此,虽然政府财政资助逐年增加,但仍然有相当一部分私立大学依靠学费等方式自行筹集办学经费,政府更愿意资助那些名牌私立大学和更容易进行产学合作的医学、工学领域的大学。同时,国库补助金在地域间的分配也并不是十分均衡。如1995—2000年间,首都圈和非首都圈学生人均国库补助金并没有太大差异,甚至有时非首都圈会更多一些;但2005年首都圈大学获得的学生人均国库补助金为76万韩元,而非首都圈大学为66万韩元,这种差距从2010年以后达到了100万韩元以上。这种国库补助金地域差异的产生与韩国政府终止"一般支援事业"和为了增强特定领域的竞争力而实施的差别化资助政策有着密切的关系。如2012年,投入私立大学的国库补助金的40.4%被分配给了延世大学、高丽大学、汉阳大学、成均馆大学、浦航大学等排名前10的大学,其中只有浦航工大一所大学是地方大学,其他都是首都圈大学。

---

① 大学教育研究所:《私立大学国库补助金现状》,2014年3月5日,(http://khei-khei.tistory.com/689)。

三 法人转入金

根据《私立学校法》第3条第1项中的规定，唯有学校法人才可以设立、经营大学，因此在韩国设立、经营私立大学的主体是学校法人。为了更为清晰地阐释法人转入金政策及相关的税收政策，有必要先了解韩国学校法人与私立大学间的关系。学校法人就是私人以设立、经营私立学校为目的，捐赠一定的财产并制定章程，根据《私立学校法》第10条规定①得到教育部长官的许可后所设立的非营利教育法人。法人转入金是指私立大学法人以经常费转入金、法定负担转入金、资产转入金等形式投入于大学的经费。《高等教育法》第4条②和《私立学校法》第5条③明确规定私立大学法人有确保能够提供私立学校所需设施、设备的义务，也通过相关总统令明示了学校法人需确保私立学校所必需的校舍、校地、教师、收益用基本财产等具体标准，并负担大学运营经费。这些法律法规具体明示私立大学法人的义务，确保了私立大学运营的健全性。

韩国私立大学的法人转入金占其总收入的比例并不高，如2012年私立大学运营收入中法人转入金所占的比例仅仅是5.2%（其他年份请参见图4-3）。这使得韩国人民和学者常常认为韩国私立大学法人并没有很好地履行其义务。

（一）法定负担转入金

所谓"法定负担转入金"是指私立大学法人需按照《私立大学教职员退休保障金法》、《国民健康保险法》等法律政策，负担教职员工的退休保障费用和国民健康保险费的一部分（以下简称法定负担金）。但以上法律又补充了"学校法人无法负担法定负担金的全部或一部分的时候，其不足

---

① 《私立学校法》（2014年7月1日实行）第二章第二节第十条（设立许可）欲设立学校法人者，需捐赠一定财产，制定包括以下事项的章程，需根据总统令规定得到教育部长官的许可方可设立。（后略）

② 《高等教育法》（2014年4月30日实行）第4条（学校的设立等）设立学校者必须具备设施，设备等总统令所规定的设立条件。

③ 《私立学校法》（2014年7月1日实行）第二章第一节第五条（资产）学校法人要具备其设立经营的私立学校所必需的设施，设备及当年学校经营所必需的财产。

部分可以由校费会计负担"的条款。这使得即使在法人能够负担法定负担金的情况下，也可以将这笔费用转嫁给学校。

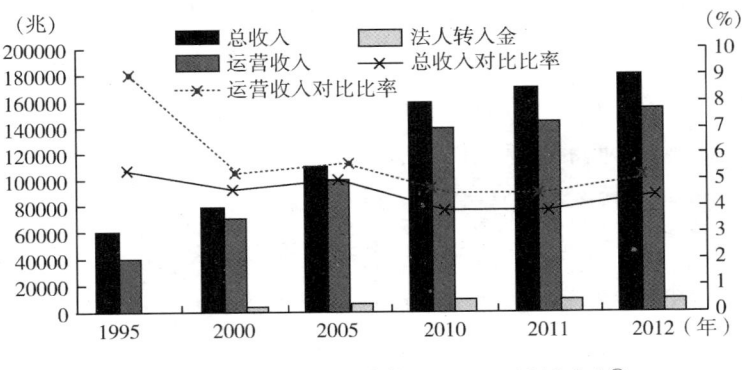

图 4-3 法人转入金变化（1995—2012 年）①

（二）资产转入金

资产转入金是法人购买土地和建筑，或对建筑费等资产性支出进行支援的转入金。《私立学校法》第 5 条规定"学校法人对所设立经营的大学需要提供必要的设施、设备"，以此明示私立大学法人的资产转入金义务。但是，资产转入金并没有如法定负担转入金一样明确法人的负担义务。因此，原则上由法人全额负担的资产性支出很大一部分由大学自己负担。资产转入金比例由 1995 年的 26.9% 到 2000 年的 16.3%，再到 2010 年的 7.1%，明显呈现下降趋势。虽然 2012 年增加到 12.6%，但还不及 1995 年的一半。具体见图 4-4。在资产转入金逐渐减少的情况下，私立大学用校费购买了越来越多的土地或新增、改建建筑物。

（三）经常性经费转入金

经常性经费转入金是指学校法人用于人工费、管理运营费、研究经费、学生经费等的转入金。与资产转入金的情况相同，私立大学法人在经常费转入金投入方面也呈现日益减少的趋势。见图 4-5。

---

① 大学教育研究所：《私立大学法人转入金现状》（http://khei-khei.tistory.com/）。

图 4-4　资产转入金变化①

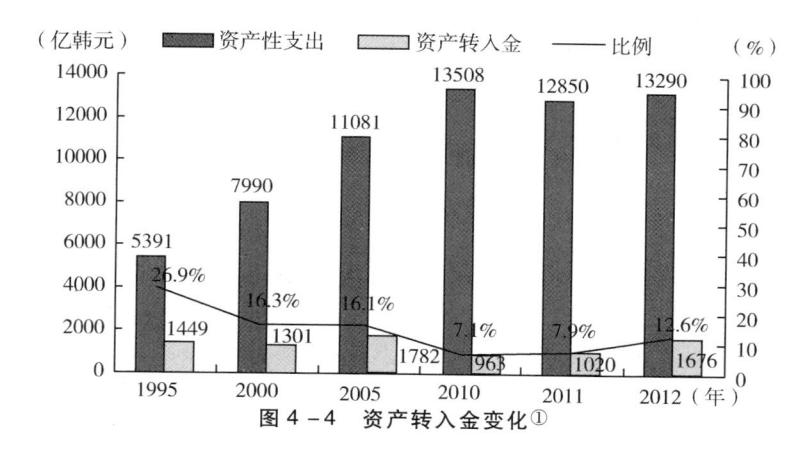

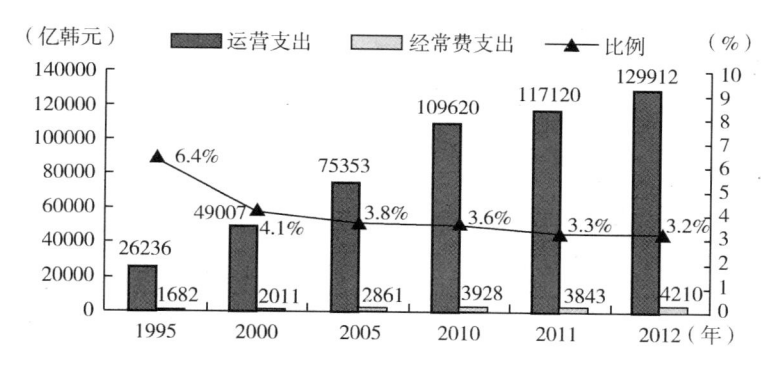

图 4-5　经常费转入金变化（1995—2012）②

四　税收制度

韩国对学校法人实行的是不以征收税金为目的，而是以税收支援为目的的税制，即并不把学校当作征收税金解决政府的财政需求的机构。基本上，学校法人用学费填补财政需要，而学费不是课税对象。另外，学校法人经营的收益事业中赚取的利润只要用在"固有目的事业"中就不用缴纳法人税。同时，利润用在"固有目的事业"中的经费转出时间最多可达到 5 年，给予收益事业以财政上的支持。换言之，对于学校法

---

① 大学教育研究所：《私立大学资产转入金现状》，（http://khei-khei.tistory.com/）。
② 同上。

人的税收制度原则上以非课税为主，只实施在违反条件时征税的方式。虽然学校法人还要缴纳附加价值税或地方税，但在政府层面上并没有多大实际收益[①]。

五 社会团体等捐款

政府在私立大学收益多元化方案中着重提出的政策之一就是扩大捐款。韩国政府修订了《大学设立运营规定》，在大学内扩大民间企业的入驻机会，以此来增加企业对私立大学的捐款，以扩充大学财政。另外，政府又出台了"关于产业教育振兴及产学协力促进的法律"，旨在激发产学协力的积极性，鼓励企业支援学生及教师的现场实习教育和研究；同时，促进技术转让，鼓励学校企业的建立和运营。

第三节 韩国私立高校财政支援制度

20世纪90年代，为了扩充私立大学的设施，政府拨了200亿韩元的直接支援资金和300亿韩元的间接支援资金（拨与私学振兴基金）；之后的几年间，政府逐渐扩大其支援规模，到1997年政府的拨款达到了1250亿韩元，还调拨1300亿韩元的自救努力支援费（对国、公、私立大学共同支援），从此，韩国私立学校财政支援制度逐步确立起来。在财政支援方式方面，也逐渐从"平均化"转换为"自由竞争"，比如在实施工科大学重点支援、研究生院重点支援、教育改革推进优秀大学支援、国际专业人力培养支援、地方大学特性化支援等项目中，通过大学申请、书面评价及访问评价等形式，进行大学评价，根据其结果集中支援优秀大学。概而言之，韩国政府针对私立大学的财政支援不仅具有常规性，而且形式多样、项目繁多。

---

① 朴正宇、李俊圭：《韩国私立大学财政运用问题及解决方案》，《法学研究》2012年第22期。

一 主要财政支援制度

(一) 改善教育条件的绝对均等支援制度

1994 年之前的财政支援政策主要以国公立大学为对象,对私立大学的支援只是进行一些为理工类介绍教育贷款的业务[①]。到了 20 世纪 90 年代,政府对大学的支援规模大幅度增加,发生了划时代的变化。90 年代初,政府对大学提供的财政支援为 160 亿韩元,在 1994 年前,支援力度缓慢增长,从 1995 年开始大幅度增加,1996 年支援力度达到 1050 亿韩元、1997 年达 1250 亿韩元[②]。在这期间,政府对韩国私学振兴财团支援 300 亿韩元,给财政条件恶劣的私立大学提供改善教育环境的长期低息的贷款。这虽然不是对大学的直接支援,也不是专门为私立大学进行的项目,但是这一项目的支援对私立大学的教育环境改善和财政独立性的提高有着积极的影响[③]。

(二) 以评价为基础的等级支援制度

1. 对私立大学财政支援的扩大

这一时期,政府财政支援的最大特征之一是国公立大学和私立大学间的财政支援差距趋于缩小。1993 年之前,政府的直接支援只限于国、公立大学的设施设备扩充,且当时还不是竞争支援,而是以学生数为基准,比较均等地进行分配。1994 年的《国、公、私立自救努力支援》和《工科大学重点培养支援》、1995 年的《研究生院重点培养支援》及 1996 年的《教育改革优秀大学支援》等项目则都以国、公、私立大学为支援对象,根据评价结果按等级或选拔一些大学进行支援。由此可见,1994 年之后的大学财政支援政策发生了根本性的变化,一方面不再区分大学的类型,另一方面则是开始采用竞争方式来分配财政支

[①] 罗民柱:《国立大学教师总额人员经费导入模型开发研究》,2008 年 8 月,教育部 (http://www.moe.go.kr/)。

[②] 俞贤淑:《高等教育财政支援项目评价研究》,2006 年 12 月,韩国教育开发院 (https://www.kedi.re.kr)。

[③] 韩国私学振兴财团资料,2000 年 12 月,(http://www.kfpp.or.kr/)。

援经费了①。

2. 以评价为基础的特殊目的支援项目增加

政府针对大学实施的财政支援项目分为一般支援项目和特殊目的（选拔）项目两类。一般支援指的是，为了改善大学的教育及研究条件，根据学生数、自求努力程度及事业目的等，比较均等地分配的支援方法；特殊目的（选拔）支援则是，迎合国家政策，为了重点培养特定领域，通过评估选拔支援对象，按结果等级分配的方法。1994 年之后，均等分配的一般支援比例不断缩减，如 1994 年的公、私立大学设施、设备扩充项目的一般支援比率为 40%，1995 年为 30%，1996 年则减少到 20%。相对应的，以选拔评价为基础的特殊目的支援项目的比率大幅增加。特殊目的支援项目只对在选拔评估中成绩优秀的大学进行支援，方法是教育部先公开发表特定财政支援项目的基本计划，各大学根据自身的条件提交申请书，教育部评估团对申请书进行书面评估，之后评估团再对通过评估的大学进行现场访问，鉴定真伪②。

（三）全面实行选拔支援制度

2003 年 8 月，教育改革委员会发布了《教育人力资源开发改革计划》，提出了拥有世界水平的高等教育竞争力的方案，同时教育改革委员会还指出了大学评估和财政支援专业性及体系的不足。2003 年 11 月，教育人力资源部发布了《为了走进人均收入 2 万美元时代的大学竞争力强化方案》（教育人力资源部，2003），提出了通过大学自律力量强化竞争力，提高教育、研究能力，转换大学支援政策等主要议题。这一时期另一个明显的变化是废除了对应资金（matching fund）制度。政府为了赋予大学责任，引导地方自治团体或产业体的紧密结合，1993 年开始实行该制度，制度实施初期，政府根据大学确保的对应资金，调整和决定最终支援金额③。

---

① 罗民柱：《国立大学教师总额人员经费导入模型开发研究》，2008 年 8 月，教育部（http://www.moe.go.kr/）。

② 同上。

③ 俞贤淑：《高等教育财政支援项目评价研究》，2006 年 12 月，韩国教育开发院（http://www.moe.go.kr/）。

(四) 实施"政府财政支援限制大学"评价制度

"政府财政支援限制大学"评价制度由李明博政府于2011年制定,从2012年开始正式实施,每年进行一次,其推进目的是应对学龄人口减少的外部环境变化和促进大学教育质量的提高。2013年,韩国教育部通过大学结构改革委员会和学生贷款制度审议委员会对全国337所大学(大学198所、专门大学139所)进行的审议和评价,选出了35所大学为"不达标大学",并列为2014年度政府财政支援限制大学。这些政府财政支援限制大学在2014年度国家和地方团体的财政支援事业中被排除,指定为学生贷款限制大学的14所大学的2014年新生学生贷款缩减至70%或30%。韩国教育部每年根据评价指标(指标每年由教育部决定)选出评价顺序中居后15%的私立大学为政府财政支援限制大学。其中,问题严重的大学被认定为学生贷款限制大学,更严重的大学则被认定为经营不达标大学。最严重的不达标大学需要接受专门咨询团体的经营咨询,根据其结果强制进行招生缩减、学科收编、内部结构调整或退出等。

二 主要财政支援项目

韩国政府的财政支援项目种类繁多,具体可见表4-1,其中第三分类还可以再细分,如学生经费中包括校外奖学金、校内奖学金、奖学金、学费减免、实验实习费、论文审查费、学生支援费、其他学生经费等。这些项目中对私立大学发展与教育质量提升产生重要影响的有奖学金(校内、校外奖学金和国家奖学金)、研究经费、实验实习费和器材购买费及图书购买费等。

(一) 奖学金

1. 奖学金现状

奖学金是一种为了缓解学生学业发展的资金压力和减少教育机会不均等问题的财政支援。私立大学奖学金从2010年开始分为由大学自身财源支付的"校内奖学金"和由政府、公共机构、企业、社会团体等大学外部支援的"校外奖学金"。校内奖学金包括学费中扣除或免除一定金额的"学费减免"。"学费减免"是根据《关于大学学费的规则》必须支付的法定奖

表 4-1　　韩国政府财政资金支出总计表

第一分类	第二分类	第三分类
资金支出总计	运营支出	报酬	教师报酬
			职员报酬
		管理运营费	设施管理费
			一般管理费
			运营费
		研究·学生经费	研究费
			学生经费
			高考管理费
		教育外费用	利息支付
			其他教育外费用
		转出金	转出金
			产学合作团及学校企业转出金
		预备金	预备金
	资产及负债支出	投资与其他资产支出	设立学校
			投资资产支出
			本金保存基金储备支出
			任意基金储备支出
			其他资产支出
		固定资产买入支出	有形固定资产购买支出
			无形固定资产取得费
		流动负债偿还	短期借款偿还
		固定负债偿还	长期借款偿还
			其他固定负债偿还
	未使用下期结转资金	未使用下期结转资金	未使用下期结转资金

学金。该规则第 3 条第 2 项中明确规定："学校应当在本年度全体学生所缴纳的学费总额中拿出 10% 以上给学生减免学费",即私立大学要用学费收入的 10% 以上作为奖学金。校内奖学金比例除了 1995 年低于 10%（当年为 8.8%）以外,私立大学一直遵守这个法定标准,例如 2000 年校内奖学金所占比例为 10.3%,2012 年则达到了 19.1%。具体请见图 4-6。

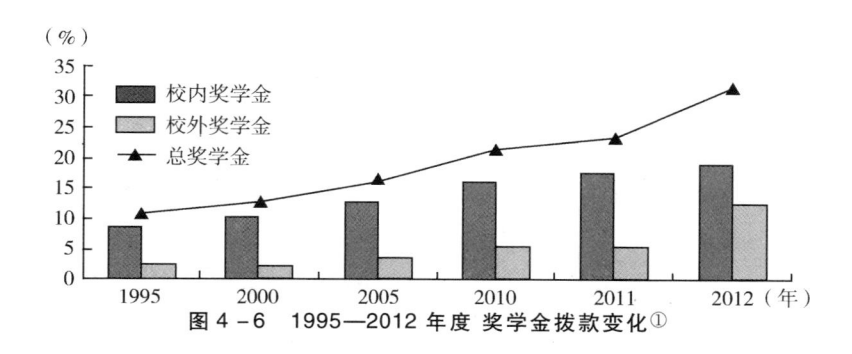

图 4-6 1995—2012 年度 奖学金拨款变化①

校内奖学金比例的增加受大学结构调整和国家奖学金政策的影响很大。政府为了推动大学结构调整，从 2009 年开始公开"差等大学"名单，这个评价中就包括了奖学金支付情况这一项。加上从 2012 年开始，国家奖学金中二等级国家奖学金是与学费下降和奖学金支付计划等大学自身的努力联动起来支付。在这些政策性压力下，私立大学不断扩大校内奖学金数额。因此实施国家奖学金制度以来，校内奖学金、校外奖学金都有很大的涨幅。1995 年学费收入中占 2.5% 的校外奖学金比例在 2011 年仅仅涨到 5.6%，但到 2012 年即大幅上涨到 12.6%。校内外奖学金的增加使总奖学金规模扩大，1995 年学费收入中占 11.3% 的总奖学金比例到 2012 年上涨为 31.7%。学生人均校内奖学金金额从 1995 年的 29 万韩元到 2012 年 144 万韩元，增加了近 5 倍。学生人均校外奖学金增幅更大，从 1995 年的 8 万韩元增加到 2012 年的 95 万韩元，增加近 10 倍。学生人均总奖学金从 1995 年的 37 万韩元上升到 2012 年的 239 万韩元，涨幅为 6 倍以上，增加近 200 万韩元。具体请见图 4-7。

这些奖学金的增加在缓和过重的学费负担方面起到了重要的作用。韩国政府也宣布，奖学金"今年已接近半额学费水平"，"明年还会加大国家奖学金预算，监督鼓励各大学的奖学金扩充，以实现半价学费公约"。但是，由于政府并没有制定有关奖学金的相关法规、制度，这使得奖学金预算具有一定的随意性，可以随着国家经济情况随意改变。

---

① 大学教育研究所：《私立大学奖学金现状》，(http://khei-khei.tistory.com/)。

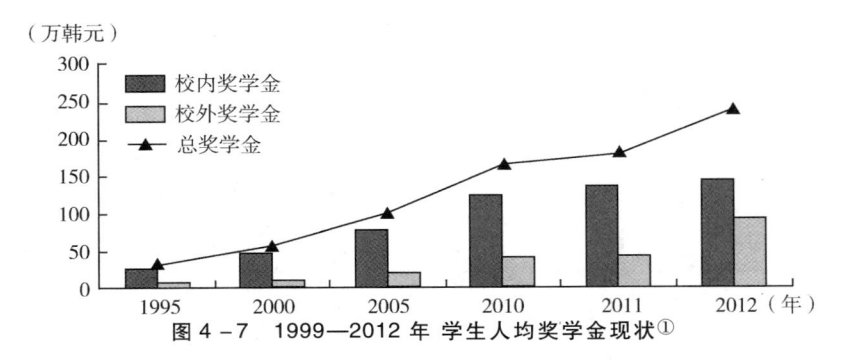

图 4-7　1999—2012 年学生人均奖学金现状①

2012 年，一般私立大学的平均学费为 739 万韩元，即使学生人均总奖学金 239 万韩元全部支付到位，学生所承担的学费还有 500 万韩元。尤其考虑到除了人文社会系（646 万韩元）之外，其他系学费都高于全体平均水平的实情（自然科学系 775 万韩元、工学系 837 万韩元、艺体系 836 万韩元、医学系 1006 万韩元），学费负担仍然较重。目前，所支付的总奖学金中校内奖学金超过 60%，但扩大以大学自身收入为财源的校内奖学金是有限制的，大学很有可能为了增加校内奖学金而上调学费，以往也有很多大学以这种方式上调过学费。

2. 国家奖学金

国家奖学金制度于 2011 年由李明博政府制定，从 2012 年开始正式实施，其目的是使学生不受经济条件的限制，可以按照其意志和能力接受高等教育。国家奖学金的设立是为了缓和高额大学学费给学生及家长所带来的经济负担。2014 年，国家奖学金预算规模已经达到 3.4575 亿韩元。国家奖学金的受惠对象为多子女家庭（三个孩子以上）学生及家庭年收入在 8 等级以下（年换算所得在 6931 万韩元以下/2013 年标准）并满足学分及成绩条件的新生或在读生，支援方式一般为从学费中直接扣除奖学金金额。

2014 年，国家奖学金一等级学生年人均支援金额为：家庭年收入在 2 等级以下者为 450 万韩元，3 等级者为 DIR4 等级者为 247.5 万韩元，5 等级者为 157.5 万韩元，6 等级者为 112.5 万韩元，7—8 等级者为 67.5 万韩元。3 等级以

---

① 大学教育研究所：《学生奖学金现状》，(http://khei-khei.tistory.com/)。

上的私立大学学生得不到学费支援，所占比例为82%。国家奖学金的成绩标准为 B 学分以上（前学期 12 学分以上，满分 100 分中 80 分以上）。由于低收入层学生即使拿到全额国家奖学金也还要打工，因此，在大部分是相对评价的情况下要求 B 学分以上是较不利于这些学生的。

虽然实施国家奖学金制度的目的之一是为了促进大学自主参与到学费负担缓和之中，但实行该制度的第一年，即 2012 年，私立大学的学费下调率只有 3.9%，首都圈主要大学的学费下调率更低，竟未达到 3%，例如庆熙大学为 2.9%。2013 年、2014 年大部分大学仅仅维持原状。2014 年国家奖学金Ⅱ型预算（5 千亿韩元）比 2012 年（1 兆韩元）缩减了一半，表明政府已经认识到依靠奖学金制度下调学费水平的效果并不大。

（二）研究经费补助

韩国教育人力资源部于 2004 年 4 月 13 日宣布，为了鼓励学生报考理工科和培养优秀科技人才，政府向各市、道下拨 200 亿韩元的发展科学教育事业支援金。此次下拨的发展科学教育事业支援金主要用于 1600 多个学校实验室的现代化建设，以及支援以探索、实验为主的科学授课与科学体验活动。其中，168 亿韩元用于实验室现代化，9.2 亿韩元用于科学教育先进学校运营，19 亿韩元用于科学教室运营，3.8 亿韩元用于支援科学班等。此间，为了支援科学试验实现现代化，韩国教育人力资源部于 2003 年提供了 214 亿韩元的支援金，使 1289 个实验室实现了现代化；2004 年又提供了 200 亿韩元的支援金，使 1661 个实验室实现了现代化。

2006 年 6 月 14 日，韩国教育人力资源部"BK21 委员会"向教育部提交了一份报告书。韩国政府以该报告书为基础拟定了工作计划，并从 2007 年开始连续 7 年每年提供 4000 亿韩元规模的支援，共计 2.8 亿韩元。根据报告书要求，继 1 期工作之后的 2 期工作不提供研究费，并只允许各大学只参加 1 期。教育行政部门指出，允许多所大学参与的"联合工作组"制度相当于只是将研究费分给各大学。对此，韩国政府针对学科和教授数量等方面就研究费申请资格进行了完善，以保证只能够使排名在前 30 位的大学进行申请。按性质（人文类 5 所，理工类 14 所）分类选出 6—10 所大学，并计划分配理工大学 80%，其余分配给人文类大学。报告书针对支援对象新设了"融合及学制领域"。此外,如果各大学将"6T 领域"(生命工学、环境工学、信息通信工学、超精密原子工学、宇宙航空工学、文化观光信息工学)的学院合并后进行申请,将得到全体预算的 20%(400 亿韩元/年)。韩国政府针对排名在 30 位以后的大学和最终落选的大学不能获得研究费的情况,也采取了措施鼓励此类大学实施结构调整。与此同时,2 期工作进入第 3 年后,通过中期评价筛选未能充分履行工作内容的大学,停止对其进行支援,并将相关研究费提供给其他大学。

(三) 实验实习费、器材购买费、图书购买费

大学为了促进教育活动,必须充分保障实验实习费、器材购买费、图书购买费等。实验实习费和器材购买费是实施现场教育所必需的支出,图书购买费也是支持教育及研究活动的重要教育费用之一。但是,现有财政支援政策中没有专门针对实验实习费、器材购买费、图书购买费的支援,所以这些费用全部依赖于大学自己购买。2004 年韩国教育部还曾下达"学校法人及私立大学预算编制及运营注意事项",要求大学改善实验实习器材及提高实习费。虽然在各种财政支援事业中"教育投资改善努力指标"里间接包括了实验实习费、器材购买费、图书购买费等,但相对于就业率、招生率等指标其比重甚小。因此,私立大学的上述三项费用支出增长缓慢,除了 1995 年到 2012 年间,学生人均实验实习费增长了 2.5 倍以外,图书购买费、器材购买费的增幅是 1.5 倍和 1.3 倍,都达不到同时期学费的增加幅度(2 倍),具体请见图 4-8。

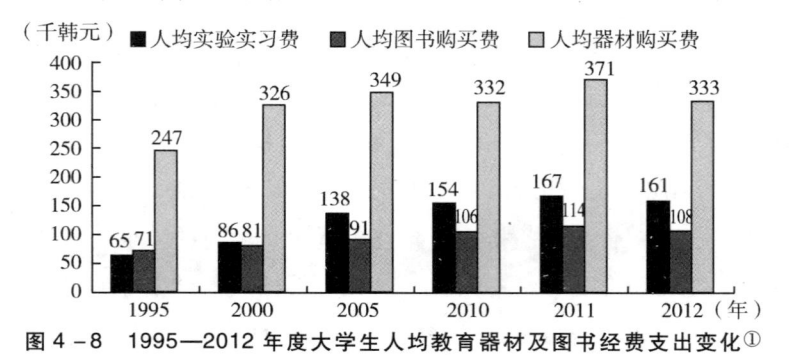

图 4-8 1995—2012 年度大学生人均教育器材及图书经费支出变化[1]

---

[1] 大学教育研究所:《私立大学人均器材及图书经费支出现状》,(http://khei-khei.tistory.com/)。

从教育条件支出占支出总额的比例也可以看出，教育条件支出较少。如实验实习费占支出总额的比例是1995年占0.8%，2005年增加到1.2%，2005年到2012年间的呈下降趋势，2012年所占比例为0.9%，其他两项的占比在2000年以后均呈下降趋势。具体请见图4-9。

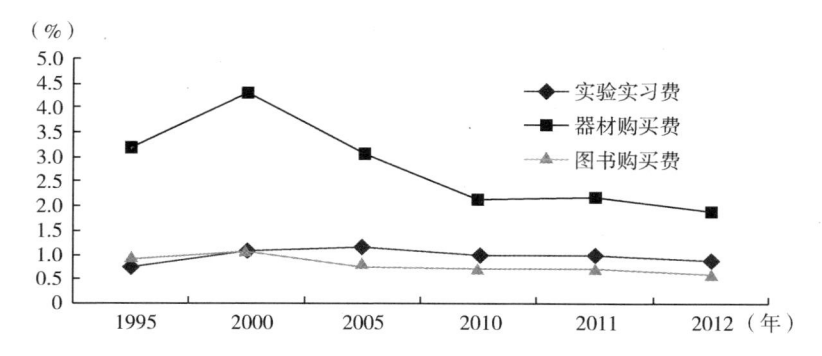

图4-9 教育条件相关支出占支出总额的比例变化（1995年—2012年）[①]

根据各大学教育条件相关数据描述说明可以看到，2012年学生人均实验实习费、器材购买费及图书购买费的学校间差距巨大，实际上未达到全体平均值的学校占多数。比如，学生人均器材购买费最多的是浦航工业大学，达到934.8万韩元，与第二位的东西大学（101.4万韩元）差距有8倍之多。2012年学生人均器材购买费为33.3万韩元，而学生人均器材购买费未达到30万韩元的大学有98所，占所有被统计大学（152所）的64.5%，其中还包括器材购买费未达到5千韩元的大学16所[②]。

第四节 韩国私立高校经费使用监督政策

私立大学在韩国高等教育发展过程中做出了重要的贡献，但是私立高校的腐败、舞弊现象也一直层出不穷，难以根治。这导致在扩大私立高校

[①] 大学教育研究所：《私立大学支出总额及相关支出比例现状》，（http://khei-khei.tistory.com/）。

[②] 大学教育研究所：《私立大学部分支出及支出总额现状》，（http://khei-khei.tistory.com/）。

财政支援的问题上，经常无法得到国民一致的支持。因此为了更有效地消除私立高校的不良行为，并提高其办学绩效，韩国政府通过推行高校信息公开制度、健全私立高校会计制度、构建私立高校财务监督体系、完善高校评估体系、设立处罚制度等措施，加强了对私立高校经费使用的监督。

一 高校信息公开制度

高校信息公开制度是保障国民知情权，赋予大学最低限度的社会责任的制度。自2008年开始，韩国政府开始实施高校信息公开制度，并综合管理大学的"投入—过程—产出"的全过程，讨论了信息公开项目和次数等问题，为系统的稳定、公开信息利用率的提高及使用的方便等问题做出了不懈的努力。另外，还统一了校内评估和信息公开制度的各项内容，并有意减少评估项目和次数，以减轻学校的负担。更为重要的是，政府还在高等教育财政支援工作评估中，逐渐扩大了公开信息的利用率，这在促进各私立高校做好信息公开工作方面起到了积极的作用。目前在信息公开制度建设方面，仍需要去做的事情有：第一，提高公开信息的可靠性。通过强化大学信息公示中心的作用、加大监控的人力资源投入等，提高信息公示制度的可靠性。第二，提高公开信息的有效性。目前，大学还未大量公开其投入和支出等方面的信息，这对高等教育政策的制定与完善形成了制约，因此需要进一步完善大学信息公开内容，以为政府制定政策提供更多的支持。第三，满足不同用户的信息需求。学生、家长、企业管理者、高校管理者、研究者和政府部门所需要的办学信息是不同的，如何满足不同用户的不同需要是当前亟须解决的问题。

二 私立高校会计制度

学校法人会计共分两种，一个是属于学校的会计，另一个是属于法人业务的会计，而前者又分为校费会计和附属医院会计（拥有附属医院的大学）。校费会计以学费为收入，用于学校的教育、研究、奉献活动及大学运营和硬件的改善等。2011年，韩国监察院对国内大学进行了监察，发现一些学校法人未把捐款按校费处理，而是归入到法人会计处理，其使用也违背了捐款人的捐款目的（监察院，2012）。为了防止此类现象，2013年7月24日出台的《私立学校法》明确规定，校费会计应该把学费和非学费会计区分开，捐款、上课费及其他费用按校费处理，但必须另立账户。

为了促进私立高校财务、会计透明化，《私立学校法》（2013）进一步规定："校费会计预算及决算需要学费审议委员会的审查且议决；私立高校提交决算书时，有义务提交外部监察报告书等"。另外，教育部在2013年总统业务报告中提出，为了提高财务、会计透明性，将把法定负担金的提供程度、收益性基本财产的学校运营经费负担比率及法定收益率程度，遵守储备金上限情况等指标反映在高校情报公示项目中[①]。显然，这种私立高校会计制度改革对于规范私立高校内部的经费分配，提升内部经费使用效率将起到积极的作用。

三 私立高校财务监察体系

在私立高校发展过程中，韩国还形成了一套专门对私立高校进行财务监察的机制，这在其他国家是很少见的。韩国教育部在2003年出台了私立大学监督评估政策，要求学校法人进行自我监察，同时通过社会上的独立公认会计师对学校进行外部监察，如有财务虚假情况则报给教育部，教育部可以对学校进行相应处罚。通过内部和外部双管齐下的监察，私立高校的财政透明和公益性得到了保证。除此之外，韩国教育部也会每年发行《教育部监察实务手册》等资料，详细举出对学校法人及私立大学的监察事项。

（一）高校的自我财务监察

关于私立高校财政运营上的监督评价，韩国政府在《私立学校法》和《高等教育法》中都有规定。私立高校的学校法人会计分为它所经营的学校会计和法人会计两部分。所谓学校会计，指的是除了附属医院会计的所有属于学校的会计。法人普通业务会计是管理和运营学校设立主体——学校法人的会计，不同于营利事业会计，遵循私学机关财务会计的特例规则。依据《高等教育法》，学校会计的预算需要"通过大学评议员会的咨

---

① 李正美：《私立大学财政运营实况及成果分析》，韩国教育开发院2009年版，第22—25页。

询及根据《高等教育法》第 11 条第 2 项规定的学费审议委员会的审查、表决后,由理事会审议决议后确定,最终由学校校长执行";"学校法人根据总统令的规定,每个会计年度开始前、结束后的预算和决算都要报告于管辖厅公示";"每个会计年度结束后的学校会计决算需要通过大学评议员会的咨询及学费审议委员会的审查、决议"。

大学还要按照法律规定进行大学外部监察。学校法人提出决算书的时候,需要添加该学校法人的全部监察人员署名、摁手印的监察报告书。私立高校学校法人还要添加学校法人和独立的公认会计师或会计法人的监察证明书及附属资料。教育部长官可以对按照《私立学校法》第 31 条第 4 项所规定的监察证明书及附属资料进行监理,具体事项由总统令规定。

(二) 教育部行政监察

私立高校除了要自身进行内外部监察以外,还需要接受教育部行政监察。教育部根据《教育部监察规定》,在每年初确定当年监察计划。监察的种类有综合、特定、财务、服务、日常监察。从 2004 年开始,教育部作为财务监察的一环,引入了私立高校会计监察制度,每年对 20 所左右的私立大学进行会计监察,相对于 300 多所私立大学的规模,教育部的私立大学监察次数还远远不够。国公立大学综合监察周期为 3 年,对于私立高校并没有设监察周期,因此直到 2012 年,近一半的私立大学从设立以来从未接受过综合监察。

四 私立高校绩效评估制度

2008 年开始,教育部开始实施"国家大学教育力量强化事业",对大学展开绩效评估,并依据评估结果确定财政资助的优先顺序。"国家大学教育力量强化事业"的评估指标主要由成果指标(占比 32.5%)和硬件指标(占比 67.5%)两部分组成;同时细分为 7 个二级指标,具体见表 4 - 2。教育部根据大学自我评价报告书、书面评价及现场实际考察,决定大学优先顺序[1]。

---

[1] 教育部:《大学教育力量强化项目基本计划 2013 年度》,(http://www.moe.go.kr/)。

表 4-2　　　　　　　国家大学教育力量强化事业评价指标

指标	成果指标（32.5%）		硬件指标（67.5%）			
	就业率	在校生充员率	教师确保率	学士管理及教育过程运营	奖学金自给率	学生教育投资	学费负担缓和指数
比例（%）	15	17.5	12.5	22.5	10	10	12.5

五　处罚制度

韩国为了有效管理私立教育机构，制定了《高等教育法》及同法施行令、《私立学校法》及同法施行令、《大学设立、运营规定》、《关于私学机构财务·会计规则的特例规则》等各种法令。由教育部负责对未遵守上述法令的私立高校采取制裁措施。如《高等教育法》规定，当学校在设施、设备、课程、学校行政事务等方面出现违反教育相关法令或根据这些法令制定的命令和学则时，教育部可以下达改正或变更命令。私立高校若不履行上述更改命令，教育部可以做出减少招生等行政处分。

对于私立高校各种腐败、不正之风，除了教育部进行处分之外，情节严重的还要进行刑事处分。对通过监察发现的腐败、舞弊问题，教育部会下达改正命令或行政、财政惩罚措施，并且作为改正命令的一部分可要求取消产生腐败、舞弊行为的人员（理事）的任命或聘用，并对相关负责人进行解聘或惩处等。现行《私立学校法》中提出了因腐败、舞弊问题被解聘或取消任命的人员 5 年之内不能再聘用或任命，校长在 3 年之内不可复职的限制。

第五节　韩国私立高等教育经费政策体系评析

在韩国，政府对私立高校的财政支援也经历了一个从无到有、从少量到逐渐增加的发展历程。在这个发展进程中，韩国内部对于该不该对私立高校实行财政支援也是存在着争议的。一部分人依据以下理由主张给予私立高校财政支援：第一，国、公、私立高校既是"根据国家的法律设立的"国家的公共机关，又是向国家和社会培养同等学力的毕业生或结业生的机关。在法律层面私立高校与国、公立高校都属于公共教育机构,没有丝毫区别,因此应对其进行同等的支援;第二,私立高校体现韩国教育基本法第一、二条的精神,即韩国教育的目的和理念;第三,私立高校具有公益性质,对国家和社会做出了应有的贡献,因此只对国、公立大学进行财政支援是不公平的;第四,韩国大学教育的四分之三是由私立大学负责,私立大学的教育质量即是韩国大学的教育质量。因此在教育和国家发展层面上,必须对私立大学进行支援;第五,为了保障政府的控制和监督,有必要对私立高校进行支援;第六,学校法人的财务结构恶劣,除了国家的支援,没有其他途径;第七,国家对私立高校的支援是全球趋势,大部分国家由政府来支援教育的全过程。同时,也有另一部分人依据以下理由反对给予私立高校财政支援:第一,根据设立者负责原则,私立高校的运营经费应该由学校法人负责;第二,根据受益者负责原则,应由私立高校的受益者——学生来负担教育经费;第三,如果对私立高校进行支援,难免支援一些不合格私立高校,造成国库的浪费;第四,在国家财政有限的情况下,会影响国、公立大学的发展;第五,私立高校占的比率很大,会加大国家的负担。从历史实践来看,韩国政府最终还是选择了对私立高校进行财政支援,而且这种财政支援成为政府管理、引导私立高校发展的重要手段。概括来讲,韩国私立高等教育经费政策体系给予我们如下启示。

一 政府资助是促进民办高等教育快速健康发展的必要条件

由于受到动荡的政治局势的影响,韩国私立高等教育发展曲折艰难,政府也是于20世纪60年代才开始为私立高校提供财政资助。历史实践证明,韩国政府对私立高校提供的这种财政资助有效地促进了私立高等教育的发展。其意义不仅在于有效地缓解了私立高校的财政压力,促进了其教学、科研质量的提升,更为重要的是在其"公立、私立高校一视同仁"的政策取向下,为私立高校创建了一个公平的发展环境。韩国政府对私立高校的财政资助形式是多元的,覆盖的范围也较为广泛,同时特别注重对影响教学、科研质量的关键因素发展的资助,如在韩国政府对私立高校的直接财政资助中,涵盖了私立高校设备的建设与扩充、私立高校科学研究费用以及私立高校教职工的养老金与保险金等方面。实践证明,这种资助方式对于消除私立高校办学质量提升所面临的关键性阻碍作用显著,对于促进私立高校可持续发展收到了"四两拨千斤"的功效,大大地提升了政府财政资助的效率。除了直接资助,韩国政府也非常重视对私立高校的间接资助,如政府通过建立私学振兴基金和推出优惠税收政策来间接对私立高校进行财政扶持;韩国《教育税法》的颁布明确了政府对私立高校的各种税收减免政策;另外政府鼓励"产学合作"的发展模式,利用相关税收、财政和金融政策来鼓励企业投资私立高校,这使得韩国的大多数私立高校背后都有企业作为后盾,去除了私立高校经费问题的后顾之忧;同时,韩国政府还很注重对私立高校学生的财政扶持。在这种多元化的政府资助下,韩国私立高等教育发展迅猛,至今,私立高校已成为其高等教育体系的重要组成部分,一批私立大学成长为高校发展的"领头羊"。相比较而言,我国政府给予民办高校的财政资助普遍存在着项目单一、方式陈旧、法律保障措施不到位等问题。这严重制约着我国民办高校的可持续发展。

二 加强法律规章建设,做到"依法治理私立高校"

韩国非常重视教育法律法规的建设,这为私立高等教育发展提供了有效的法律保障。如1963年首次制定的"私立学校法"到2013年末为止,就已经修改了53次;又如"高等教育法"从1997年制定后到目前已经修改了37次。这些法律的修订虽然大多是因执政党的政策改变造成,但除了一部分政策有消极作用外,大多对私立高校的发展和壮大起到了积极影响。除了这些一般性法律会被经常更新之外,韩国政府还针对私立高校管理中的具体问题制定了较为系统的法律法规,如《大学设立及运营规定》和《关于大学登录金的规章制度》;有关私学财政运营的《私学机关财务、会计规章制度》和《关于私学机关财务、会计的特例规章制度》,等等。这些法律规章的建设,为韩国政府依法治理私立高校,私立高校依法享受相应权益提供了保障,这是十分值得我国学习的。

当然,韩国有关私立高等教育的法律法规建设仍有需要进一步完善的地方，为了促进私立高校进行结构调整，有必要把私立高校结构改善委员会的设置和功能、指定不合格大学、支援合并和解散、剩余财产归属的特例、资产接收、合并法人、支援合并大学、私立大学结构改善基金等内容，以法律形式明确下来，这样，才能依法对合格的私立高校进行财政支援，并逐步加大财政支援力度；引导不合格高校积极进行整顿或自发退出。

三　强化监督评价体系，提高财务透明性

加强对私立高校办学情况的监督，经费分配与使用的监察，提升其财务透明性，是政府与公众有效了解私立高校，并确保财政支援效果的重要保障；同时，也是政府给予私立高校的财政支援可持续发展的重要保障。在强化监督评价体系、提高财务透明性方面，韩国有诸多值得我们借鉴的地方。首先，其监督评价小组的评议员数要达到11人以上，在教职员、学生中选出代表组成，有必要时可以选有利于学校的人，扩大外部人士的参与程度。这种多元化来源的成员构成方式一方面可以保证客观透明的评议，另一方面可以防止特定集团的垄断，代表各集团利益的人员不能超过全体评议员的半数以上。其次，外部监察功能的强化。根据现行《私立学校法》，必须安排二人以上的监察人，其中一人由理事会推荐，另一人由开放理事推荐委员会推荐。再次，加强对发生腐败大学的制裁措施。如果大学发生腐败，根据轻重，实施最多五年的制裁（停止政府所有的财政支援、冻结或下调登录金金额、禁止开设新学科及禁止增收学生），同时根据腐败程度及影响大小，实行"结构调整"和"强制性经营咨询"两种干预方式。

第五章　印度私立高等教育的经费政策体系

众所周知，古印度是世界四大文明古国之一，有着悠久的、光辉灿烂的历史。今天的印度亦是当今世界上发展最快的发展中国家之一，在软件业、技术服务、金融等领域享有国际盛誉。在印度的发展、壮大过程中，高等教育扮演着重要角色。印度拥有庞大的高等教育规模，其精英高等教育在世界高等教育体系中也占有一席之地。在印度的整个高等教育体系中，公立高等教育相对较为发达，但其私立高等教育也日益成为高等教育体系的重要组成部分，在扩大高等教育机会、促进就业和社会公平等方面发挥着不可忽视的作用。在印度私立高等教育的发展过程中，其经费政策从投入、分配到绩效评估和管理，都有着值得借鉴或引发我们反思的价值。

第一节　印度私立高等教育的发展历程

印度的私立高等教育有着悠久历史，两千多年前的塔克什舍拉大学（Taxila）和那兰陀寺大学（Nalada），以及公元4、5世纪的超戒寺大学，都是由帝王或私人捐赠而设立和维持，以学习和研究高深知识为职能的私立高等教育机构。其中，那兰陀寺大学是人们学习和研究巴利语文学和佛经之地，一直到公元8世纪，都堪称印度高等教育文明的标志；超戒寺大学则是古印度著名的教育和科学中心。① 殖民地时期,在英印政府、西方传教士和印度本土民族主义人士的共同推动下,印度私立高等教育逐步走向了近代化。独立后,印度的私立高等教育逐渐融入世界高等教育体系,现代化、国际化水平不断提高。

一 殖民地时期的印度私立高等教育

(一) 殖民地政府推动了印度私立高等教育发展

16世纪之前,印度私立高等教育沿着传统的、保守的轨迹缓慢发展。但从16世纪到18世纪,随着印度一步步沦为英国殖民地,印度私立高等教育发展开始逐渐走上了近代化的道路。为了培养统辖印度的精英和专业人士,英殖民政府极为重视殖民地教育,成立了教育委员会,推行一系列政策,包括"放任政策"(laissez faire policy),即鼓励个人、民间团体开办学院。在此政策鼓励下,1781年,孟加拉总督黑斯廷斯(Histings, W.)创办了加尔各答马德拉沙;1792年,贝拿勒斯驻扎官邓肯(Duncan, J.)创办了贝拿勒斯梵语学院。② 1854年,英印政府颁布《伍德教育急件》,提出政府给予符合条件的私立教育机构一定的财政补助,开启了印度私立高等教育接受政府资助的先河。1913年加尔各答大学委员会出台《推进大学和学院教育的立法建议》,强调私立学院的教育质量。这一系列政策、制度推动了当时印度私立高等教育的发展。

(二) 教会大学推动了印度私立高等教育近代化进程

教会办大学是殖民地私立高等教育发展的一个重要特征。1813年以后,英印政府颁布法令,鼓励教会团体在印度创办高等教育。1815年浸礼会在孟加拉开设的基督教学院、1844年建于蒂鲁吉拉伯利的圣约翰学院、1868年建于泰米尔纳德的圣查维亚学院,最初都是由宗教人士提供资金和实施管理的。这些教会学院如今都已成为印度著名高校,如圣查维亚学院在2006年被大学拨款委员会评为国家重点大学;圣约翰学院在1978年成为自治学院,多次被国家教育质量认证委员会评估为"A+"等级;圣斯

---

① 宋鸿雁:《印度私立高等教育发展研究》,山西人民出版社2010年版,第30—31页。
② 赵中建:《战后印度教育研究》,江西教育出版社1992年版,第5页。

蒂芬学院等在日后都成为印度高水平大学。① 教会大学成为印度殖民地时期私立高等教育体系的重要组成部分，教会大学具有典型的欧洲大学特征，在一定程度上推动了印度私立高等教育的近代化进程。

（三）民族独立运动推动印度私立高等教育兴起和发展

19世纪末、20世纪初，印度民族独立运动蓬勃发展，民族教育随之兴起。民族主义人士成立民族教育委员会，积极创办私立高校，期望通过教育来唤起民众觉醒，推动民族独立。1885年在普纳创办的弗格森学院、1908年孟加拉的反英运动组织创建的加道普尔工程技术学院，都是民族主义力量创办的高校；1911年工业家塔塔（Jameshed Tata）在班加罗尔创办的塔塔科技研究院，已经成为今天印度杰出的研究型大学。1921年，泰戈尔（Rabindranath Tagore）将尚蒂尼克坦学校改建为国际大学，呼吁"把人民从一切精神桎梏中解放出来"，② 鲜明地反映出殖民地时期印度民族私立高等教育追求自由和独立的革命精神，同时也反映出印度人民积极探索发展教育事业的努力。

1947年印度取得独立时，高等教育已经具备了较大规模，全国已有20所大学，500个学院，约10万名学生，其中私立高等教育构成印度高等教育的主体③。独立前印度私立高等教育发展主要存在以下几个特征：其一，私立高等教育的经费来源主要是来自王公贵族、宗教团体、企业家等提供的慈善捐款，以致1892年至1947年这一阶段被称为"印度慈善事业的黄金时代"④；其二，独立前印度私立高等教育的主要目的并非营利，而是多元的，包括实施殖民教育或文化侵略，追求民族独立及传承文化、促进社会转型等；其三，私立学院主要实施文科教育，设置的主要学科专业是语言和其他文科专业。总之，殖民地时期印度私立高等教育获得了初步发展，为印度私立高等教育乃至整个高等教育体系的发展奠定了基础，并成

---

① 宋鸿雁：《印度私立高等教育发展研究》，山西人民出版社2010年版，第33—34页。
② 赵中建等：《印度基础教育》，广东教育出版社2007年版，第12页。
③ 瞿葆奎等：《教育学文集：印度、埃及、巴西教育改革》，人民教育出版社1991年版，第397页。
④ Dr. Prem Chand Patanjali, *Development of Higher Education in Indian*, Shree Publishers & Distributors, 2005, p. 192.

为印度高等教育近代化进程的起点。

二 独立后初期的印度私立高等教育

(一) 政府政策推动了私立高等教育规模的扩张

1947年印度独立,国家收回了教育主权,积极推动教育发展。在国家初建时期,为了尽快推动高等教育进步,印度政府推行规模战略,除部分重点院校外,对包括私立高校在内的广大普通高等院校采取"开放政策",扩大招生规模,即学生只要通过由一些邦中等教育委员会或大学组织的中学毕业考试就可进入高等院校。"开放政策"带动了印度私立高等教育的规模扩张。据统计,在印度独立后的半个世纪里,私立学院净增6200多所,被印度学者称为"爆炸式扩充"。但由于经费和资源投入相当有限,这一时期印度私立高校的基础设施非常薄弱,教育质量普遍不高;而且,尽管这一时期私立学院数量庞大,但学院单体规模普遍较小。统计表明,1974年印度私立学院中学生不到百名的有776所,200人以下的私立学院占当时学院总数的41.7%。[①]

在印度,政府资助私立学院是印度政府发展高等教育的一种理念。1947年印度甫一独立,政府就将私立学院的办学经费纳入财政拨款体系[②]。到20世纪80年代以前,印度大部分私立学院都享受政府的财政资助。但基于教育财政的压力,政府也鼓励发展自筹经费的纯私立学院。进入20世纪90年代,印度的纯私立学院数量不断增加,这些学院主要依靠社会捐助和学生缴费来维持运转。例如,当时印度医学协会提议的收费标准是80000—100000卢比,但马尼帕尔学院的收费可高达343000卢比。[③] 政府鼓励学院自我融资,推动了印度独立后初期私立高等教育的发展。

---

① 王长纯:《世界教育大系:印度教育》,吉林教育出版社2000年版,第52—53页。
② Antony Stella, *External Quality in India Higher Education: Case Study of the National Assessment and Accreditation Council*, published by International Institute for Educational Planning, unesco Prais, 2002, p. 102.
③ 厦门大学高等教育科学研究所:《亚太地区私立高等教育国际研讨会论文集》,1996年,第52页。

（二）私立高等教育的制度化和规范化发展

为了促进高等教育发展，印度政府相继颁布了一系列重要政策法规，从而推进了印度私立高等教育发展的制度化。《大学拨款委员会法》（University Grants Commission Law）是印度高等教育发展史上一个重要的全国性法规，它规定各邦可以根据邦立法建立大学，这就大大增强了各邦的教育自主权，各邦纷纷创建高校。《大学拨款委员会法》还规定，印度中央和邦政府有责任共同资助私立学院，这就从法律上确立了政府资助私立高等教育的发展模式，大大推动了印度私立高等教育的发展。

基于对私立学院教育质量的担忧，印度政府于1970、1972年两次修订《大学拨款委员会法》，旨在遏制高等教育规模的快速膨胀，加强政府对私立学院质量的监管，为此要求大学拨款委员会必须在对高校进行评估检查基础上确定拨款标准。1985年，大学拨款委员会颁布了《关于正规教育中授予第一级学位的最低标准的规定》，对高等教育机构的招生、考试、教师资格、办学基础等做了详尽规定，加紧调控私立高等教育质量。[①]《大学拨款委员会法》及其相关法规的出台，有效保障了印度私立学院的有序发展和基本质量。

《国家教育政策》及其修订本是印度推动高等教育发展的另一个重要文件。1968年的《国家教育政策》要求"高等教育必须严格坚持教育标准"，这使得包括私立院校在内的各级各类教育的设施和质量有了相当大的改进。[②] 1986年的《国家新教育政策》又提出，扩大私立学院及其基层学术组织的自主权，并提出成立"私立高校认可委员会"，对印度的私立高校进行评估认证。这进一步推进了私立高校的规范化发展，为私立高校改进教育教学质量提供了保障机制。

（三）赞助费学院的发展

从独立到80年代，印度发展高等教育的一个重要模式即"赞助费模式"。以收取赞助费为主要经费来源的私立学院，成为印度私立高等院校

[①] Amrit Lal Vohar, *Manual of UGC Schemes*, New Delhi, Crest Publishing House, 1997, p. 33 – 38.

[②] 马加力：《当代印度教育概览》，河南教育出版社1994年版，第23页。

系统的重要类型，推动了这一历史时期尤其是独立初期印度私立高等教育的快速发展。

在印度建国之初，南印度泰米尔纳德邦实施"招生保留制度"，婆罗门种姓及医生家庭的子女在进入高等院校时被排斥。基于向特定人群提供受教育机会的动机，1953年帕伊（T. M. A. Pai）创办了印度第一所私立医学院。为了解决办学经费短缺问题，该学院要求学生在入学时交纳一定"赞助费"，这是印度私立院校将学费正式纳入筹资渠道的肇始。1993年，这所医学院更名为买尼普大学（The Manipal University），成为印度首所被国家授予"准大学"地位的私立大学。[①] 为了保证赞助费用于改善学校办学条件，买尼普大学加强了对财务管理的规范，如经费的筹集与分配都需要向大学董事会报告和公布，并记录在账。

在赞助费模式影响下，一些本来主要依靠政府资助和社会捐赠的高等教育机构也开始收取赞助费，NSS社群举办的私立学院除了向学生收取赞助费外，还向教师收取。70年代，该学院教师缴纳赞助费大约25000—40000卢比，到了1988年增加至50000卢比。赞助费模式使得这些私立学院获得了较充足的经费保障，也催生了更多的私立学院。据统计，1982—1983年在马哈拉施特拉邦建立了约100所赞助费学院。但由于资金管理制度匮乏，大部分私立学院的赞助费使用不当，有的新设私立学院具有很强的商业营利色彩，导致赞助费学院的教育质量缺乏基本保障。为此，部分邦制定政策法案，加强对赞助费学院的财务监管，如喀那塔卡邦在1984年出台专门法案，就赞助费学院的办学资格、招生、收费和费用支出等进行了规范。[②]

三 20世纪90年代以来的印度私立高等教育

（一）多重因素推动了自筹经费学院的发展

20世纪70、80年代，印度自筹经费私立学院规模快速增长。然而，

[①] Amrik Singh, *Redeeming Higher*, *Essays in Educational Policy*, Ajanta Publications（India），1985, p.229.

[②] 宋鸿雁：《印度私立高等教育发展研究》，山西人民出版社2010年版，第43—44页。

收取赞助费及部分私立学院的商业化取向同印度的宪法和文化传统是不相符合的,喀纳塔卡邦、泰米尔纳得邦等都先后制定了禁止私立学院收取赞助费的法规。1993 年,在印度安得拉邦的一个关涉私立院校收取赞助费的法律判例中,联邦最高法院否定了禁止私立学院收取赞助费的"1988 年学费法案","取而代之的是,通过与相关的邦政府协商,允许一些付费的名额作为'折中办法',这样,政府以社会公平的名义令一些家庭为教育全额买单"。① 此判例首次提出"私立高校有权收取基于成本的费用",实际上是认可了发展私立高等教育的价值。这一判决在法律上赋予了赞助费学院以合法性基础,是对自筹经费的纯私立高校法律地位的认可,大大扩展了私立学院的发展空间。

　　印度自筹经费学院的快速发展,是多重因素共同推动的结果,除了以上政策和法律因素外,还有如下影响因素:其一,进入 80 年代以后,印度经济社会的发展有着巨大的高等教育需求,尤其是通过发展高科技以提升综合国力是印度国家战略的核心②,这要求国家加快高等教育发展。自筹经费学院发展是印度扩大高等教育规模的客观要求。其二,印度政府无力承担庞大的高等教育经费。自"四五"计划以来印度高等教育公共经费的相对规模在总体上呈下降趋势,在此情况下,社会资源必然要流向高等教育,自筹经费学院的快速发展符合了这一趋势。其三,独立后的印度高等教育学科专业结构以文科为主导,为了适应市场和产业结构的需要,必须对此进行改革。自筹经费学院以市场需要为依据,充分发挥自主办学权力,兴办工程、医学等专业学位教育。据统计,2007 年卡纳塔克邦和泰米尔纳德邦的自筹经费学院中,工程学院所占比例分别为 85% 和 95%。③ 自筹经费学院的快速发展是适应印度经济、社会发展客观需求的一个必然结果。20 世纪末,印度一些邦的自筹经费学院在高等教育机构中的比例超过了 50%,例如喀纳塔卡邦的自筹经费学院占全邦高等教育学院的 54%,安

---

① [印] N. 艾沙·古普塔:《印度政府和私立高等教育发展之间的分歧》,《浙江树人大学学报》2012 年第 5 期。
② 郭济:《迅速崛起的印度高科技》,《光明日报》2002 年 1 月 25 日第 B04 版。
③ 安双宏:《印度教育战略研究》,浙江教育出版社 2013 年版,第 139 页。

德拉邦则占56%。[1]

(二) 私立大学的发展

在印度,"学院"与"大学"之间的差别常常标识着办学水平和社会声誉的差异。高等教育机构要获得"大学"的名称和地位,必须拥有优秀的教学科研水平,并经政府严格审批。除了学院和大学外,印度还存在介于两者之间的"准大学",例如1953年创立的印度第一所赞助费私立医学院,于1993年经政府批准成为"准大学"。由于私立学院办学水平普遍较低,因此在21世纪之前,印度的大学均为公立,进入21世纪,部分私立学院才逐渐进入大学系列。

附属制(即私立学院依附于公立大学)使得大部分印度私立学院受制于母体大学的控制,部分附属私立学院寻求独立。在此过程中,中央政府逐步批准部分声誉良好的私立学院升格为准大学,赋予其独立颁发学位、自行制定教学大纲、自主举办学业考试等权利。与此同时,部分邦还出台了地方私立大学法,创办私立大学。在2002—2005年间,仅查提斯加尔一个邦就出现了100多所私立大学。但由于很多新生的私立大学缺乏基本的办学条件,质量低下,导致这些大学和查提斯加尔邦政府均遭到起诉。2005年,印度最高法院要求关闭绝大部分私立大学,同时也认可了私人和邦在遵守大学拨款委员会规范的前提下创办私立大学的权利,开启了印度创办私立大学(非私立"学院")的先河。到2007年,获得大学拨款委员会认可的私立大学已有几十所。另外,诸如拉伊大学(Rai University)、阿米提大学(Amity University)等未经认可的私立大学,也逐渐在高等教育市场上具备了较强竞争力;某些发展迅速的私立大学如印度特许金融分析师学院(The Institute of Chartered Financial Analysts of India)已在全国创办了很多分校。[2] 私立大学越来越成为21世纪以来印度私立高等教育的重要形式。

---

[1] James Tooley, *Management of Private-aided Higher Education in Karnataka*, India, Educational Management Administration & Leadership, 2005, pp. 465–486.

[2] Pawan Agarwa, *Private Deemed Universities in India*, International Higher Education, Nov 49, Fall 2007.

总之，20 世纪 80、90 年代以来，私立大学、自筹经费学院的兴起以及管理、工程科学等新兴学科的发展推动了印度私立高等教育的多样化。在私立高等教育发展过程中，营利动机和市场驱动成为推动印度私立高校发展的重要因素。印度私立高等教育在推动国家经济社会发展中的地位和作用越来越重要。①

四　当代印度私立高等教育的发展现状

（一）当代印度私立高等教育机构的类型

当代印度高等教育机构主要包含大学、准大学、"国家重点高等教育机构"及学院。其中，大学按所属不同又分为中央大学、邦立大学和私立大学。私立大学是社团、基金组织或公司以私立大学法为依据举办的单一制大学，据统计，到 2010 年获得大学拨款委员会认可的私立大学已经达到 53 所。②

学院是印度高等教育机构的主体。从经费来源和管理体制上看，学院可分为公立、受助私立和纯私立三种。公立学院由政府拨款建立；受助私立学院由私人团体创设和管理，但接受政府补助；纯私立学院则主要依靠自筹经费，基本不受政府资助。严格来讲，受助私立学院并非真正意义上的私立机构，因为从财政角度讲，这类院校的运行经费、教育用地等来自政府拨付，因而带有显著的公共性质，印度高等教育学专家提拉克认为受助私立学院是"虚假的私立高等教育"。自筹经费学院（self-financing college）是真正意义上的私立机构，其经费来源主要是学费；当然，自筹经费学院也存在违规收取高额学费，损害教育质量和教育公平的问题，引起社会的诸多不满。③ 据统计，截止到 2010 年底，全印度 31324 所学院中，私立学院的比例占到 75%。④

---

① 宋鸿雁：《印度私立高等教育发展研究》，山西人民出版社 2010 年版，第 64—66 页。
② 安双宏：《印度教育战略研究》，浙江教育出版社 2013 年版，第 149—150 页。
③ surprise checks conducted at self-colleges, (http://www.thehindu.com/2007/07/31/stories/2007073160711000.htm).
④ Annual report 2010 - 2011, (http://mhrd.gov.in/sites/upload_files/mhrd/files/AR2010 - 11_Part1.pdf).

准大学是在大学拨款委员会推荐下由中央政府认可的具有较高教学与研究水平的高等教育机构,具有公、私立之分。公立准大学基本是由邦政府依据本邦《私立大学法》创建,而私立准大学一部分由受助私立学院演变而成,另一部分是由自筹经费私立学院发展而来的,如前面提到的买尼普医学院。自筹经费准大学依靠自筹经费办学,具有教学权、颁发学位权等自主权。[①]

（二）当代印度私立高等教育发展的规模

独立后,印度实施高等教育规模化战略,正如美国比较教育学家阿特巴赫（Philip G. Altbach,）指出:"印度独立后高等教育的特征是增长迅速"。[②] 在规模扩张战略的促动下,印度私立高等教育规模也快速扩充。从私立高等教育机构的规模来看,当前印度私立高等教育机构约占高等教育机构总数的 33.3%;在全国 367 所大学中,私立大学约有 100 所;17590 所学院中,受助私立学院有 5750 所,自筹经费学院 7540 所,即私立大学和两类私立学院所占比例分别为 27.2%、32.7% 和 42.9%;考虑到有许多私立院校尚未通过政府认可,但在人才培养方面发挥着实际作用,因此印度私立高等教育的规模要远超过统计的结果。从高等教育学生规模来看,私立高等教育显然已成为印度高等教育大众化的重要力量。调查显示,2005—2006 年印度全国有近 30% 的高校学生就读于私立高校;而另一调查甚至发现,纯私立院校（包括外国高教机构）的学生数则已经达到了全国高校在校生数的 50%。[③]

独立后印度高等教育发展延续了殖民地时期"重普通高等教育"而"轻专业高等教育"的特征。但随着印度经济社会的发展,专业高等教育的重要性凸显,新兴私立院校适应了这一趋势,逐渐成为印度专业教育发展的主体。据统计,从 1999—2000 年到 2005—2006 年,印度专业

---

① Pawan Agarual:《印度私立高等教育的新动向:私立名誉大学的崛起》,《教育发展研究》2007 年第 10B 期。

② Dinesh Mohan, *India Education: the Anti-Cultural Involution*, Journal of Higher Education (India), No. 1, Monsoon 1983, p. 24.

③ Pawan Agarwal, *Higher Education in India: The Need for Change*, ICRIER Working Paper No. 180. 2006. 6, Table 1, p. 14.

高等教育机构由 3730 所增至 9947 所，增幅达 167%，其中私立院校占到近 80%。① 另据统计，在喀纳塔卡邦、喀拉拉邦、泰米尔纳德邦，自筹经费院校在各邦所有工程学院中所占的比例分别为 72.3%、85.7% 和 94.8%。②

（三）当代印度私立高等教育发展的质量

1. 初步成就

印度私立高等教育在经济和社会发展中发挥着愈来愈重要的作用。美国比较教育学家阿特巴赫、印度学者桑德拉基和米特拉都肯定了印度私立高等教育的积极意义。例如，由于私立院校多为专业教育机构，与市场结合紧密，就业服务质量较高，因而毕业生的就业更好。印度工商联合会的调研表明，50% 的学生把就业前景作为选择专业的基础，而 75% 的学生因此而选择私立院校。再如，作为一所私立学院，印度国家信息技术学院（NIIT）在 20 年的时间里，发展成为全球范围内信息技术领域的佼佼者，是亚洲唯一一家被美国国际数据公司评为排名世界前 16 名的国际 IT 培训机构。③ 2008 年，班加罗尔印度管理学院帕提班德拉（Murali Patibandla）教授和美国斯坦福大学拉斐奇·多萨尼（Rafiq Dossani）教授发布的《为服务经济做准备：印度高等教育评估》报告指出，印度当前的教育结构能够产生符合市场要求的工程师，而这是一个在包括私立高等教育在内的教育因素和劳动力需求共同作用下取得的巨大成就。④

受殖民地历史的影响，印度公立高校设置的学科专业偏重文理科，忽视应用性学科的建设，私立院校在一定程度上弥补了这一缺陷，除了前文所述及的私立高校在发展工科教育、专业教育中发挥了重要作用之外，在医科领域同样如此。在受调查的 19 个本邦中，有 7 个邦的私立医科类高校占医科类高校总数的比例超过 50%，在贾坎德和北安查尔两个邦，私立医

---

① Pawan Agarwal, *Higher Education in India: The Need for Change*, ICRIER Working Paper No. 180, 2006.6, Table 8, p. 159.
② 宋鸿雁：《印度私立高等教育发展研究》，山西人民出版社 2010 年版，第 87 页。
③ 安双宏：《影响印度高等教育质量的几个因素》，《江苏高教》2000 年第 4 期。
④ Murali Patibandla, Rafiq Dossani, *Prepating for a services economy: an evaluation of higher education in India*, Bosto: Annual Conference of Industry Studies, 2008, p. 5.

科类高校的出现还填补了这两个邦长期没有医科类高校的空白。①

2. 质量之忧

美国的印度问题专家鲁道夫（S. H. Rodolph）指出，印度高等教育"大扩充的一个主要结果是标准的下降"②，印度私立高等教育在规模与质量之间出现了明显失衡。泰米尔纳德邦对本邦私立文理学院教学质量的调研、印度工商业联合会对印度私立高等教育角色的调研，也都得出了一致的结论，那就是印度私立高等教育质量堪忧。这表现在：（1）基础设施薄弱。印度私立高校向学生收取的学费多用于增加招生、扩充宿舍等非功能性投入，维持性支出远多于发展性支出，导致师资、图书馆、实验室等难以满足正常教育教学的需要。（2）师资匮乏，教学能力不强。在泰米尔纳德邦的调研中，6000名教师中只有4%具有博士学位，只有11%通过了教师资格考试，教学不足5年者占72%，师生比高达1∶27。（3）生源质量不高。私立高校的学生多为公立高校招考的落榜生，且由于部分私立学院过度强调经济标准，很多学生通过高交费来进入大学。泰米尔纳德邦的调研发现，2001学年本科生毕业淘汰率为10%，也说明了私立高校生源质量较差。③（4）人才培养不力。私立专业学院因办学条件落后，人才培养质量不高，其毕业生常常遭遇就业难。印度一项调查表明，每4个工程专业毕业生中只有1人具备就业能力。④（5）办学目标不端。印度私立高等教育的发展具有很大盲目性，自筹经费学院便是"在没有计划的情况下，为迎合大众化以及那些为扩张经济新形式而服务的新型院校机构的需要"而发展起来的；部分私立院校还借收取高额学费牟利。这都会降低质量标准在私立院校发展目标体系中的地位。⑤

---

① Devesh Kapur and Pratap Bhanu Mehta, *Indian Higher Education Reform: From Half-Baked Socialism to Half-Baked Capitalism*, Prepared for Presentation at the Brookings-NCAER India Policy Forum 2007, New Delhi, July 17–18, 2007.

② 赵中建：《战后印度教育研究》，江西教育出版社1992年版，第153页。

③ 宋鸿雁：《印度私立高等教育发展研究》，山西人民出版社2010年版，第91—93页。

④ 阎凤桥：《全球化和知识经济背景下的印度高等教育及其对经济增长的贡献》，《比较教育研究》2009年第2期。

⑤ [美] 菲利普·G. 阿特巴赫：《巨人觉醒：中国和印度高等教育系统的现在和未来》，《大学教育科学》2010年第4期。

此外，印度政府奉行"精英教育优先发展战略"，在资源投入和政策保障上偏向公立高等教育，私立院校缺乏平等竞争的环境[①]。但印度学者塞蒂仍指出："教育质量下降的最重要原因是独立以来学生人数迅速增加的同时没有增加有能力的教师和提供必要的物质设备"。而私立高等院校由于办学条件和水平较低，又会导致精英人才"外流"，这严重制约着私立院校的质量提升。

3. 质量保障

面对质量的隐忧，印度通过制定政策法规来保障私立高等教育质量，例如在《大学拨款委员会法》、《国家教育政策》中均有提高私立高等教育质量的规划；1986年印度制定《国家教育政策》及其《行动计划》，旨在追求高等教育的"质量和卓越"；UGC通过对学院和大学提供财政支持来加强其教学基础设施以及人力资源建设，并加强对高校的质量评估；从20世纪90年代开始，政府通过建立一些质量保障和认证机构来提高高等教育质量。[②]

2006至2007年，印度政府先后出台《2020年印度展望报告》、《"十一五"高等教育发展规划》，对当前印度高等教育包括私立高等教育改革和发展提出了规划：大力发展私立高校，提高高等教育入学率；进一步认可私立高校依据市场价格自行确定学费标准，同时政府为优秀私立院校提供适当资助；加强国家教师资格考试制度（NET & SET），提高私立高校的师资水平；改革附属私立学院内部治理结构，扩大其自主权；实施"有卓越潜力的学院资助计划"，提高高校教学水平；建立专门的高等教育质量评估机构，对包括私立高校在内的全国高等院校进行质量评估；等等。[③]在2012年出台的《"十二五"发展计划》中还提出，将鼓励私立院校以独立身份或通过与公立院校合作的方式参与"多学科研究大学"建设项目，以达到高等教育"卓越"目标，而这一项目的核心之一就是吸引和留住全

---

① 安双宏：《印度教育战略研究》，浙江教育出版社2013年版，第24页。
② 宋鸿雁：《印度高等教育"十一五"规划述评》，《世界教育信息》2008年第2期。
③ National Knowledge Commission, *NKC Note on higher education M.*, New Delhi: New Concept Information Systems Pvt, Ltd., 2006, p.76.

球高素质的教师。[①]

第二节 印度私立高等教育经费投入政策

高等教育是一项耗费巨大的事业,往往给政府带来沉重的财政压力。适当降低政府公共资助在高等教育经费来源中的比例,是各国减轻政府财政负担的重要手段。这一趋势同样反映在印度高等教育改革与发展中。印度学者瑞尼(Rani)指出,印度高等教育光靠政府公共预算支出是不行的,尤其是在印度高等教育大众化阶段,经费严重不足深刻影响到了高等教育的进步。[②] 在这样的认识影响下,随着市场化理念在高等教育运营与治理中的运用,印度私立高等教育经费投入政策发生了很大的变化。

一 政府对私立高等教育实施财政资助

印度独立后,政府推行私立高校的"国有化"政策,几乎把所有的大学及学院纳入财政资助体系内,确立了私立高等教育的政府拨款资助制度(GIA：Grant-in-Aid System)。印度《宪法》规定,中央与邦共同承担高等教育职责,财政拨款由两级政府共同承担;1956年印度议会颁布的《大学拨款委员会法》则明确了政府资助私立高等教育的义务:"大学拨款委员会有义务对私立院校提供资金和设备补助"。在政府资助制度内,绝大部分私立学院成为受助私立学院,这类学院虽由个人、社会组织等举办和管理,但其办学经费主要来源于政府财政,其对国库的依赖程度达到80%左右,包括"教师费用、必须承担的非教师费用、免费学生的学费以及排除重复性费用"等均由政府负责。印度的私立学院中有90%属于受助型私立学院。[③] 与受助私立学院相对的是纯私立学院,它们一般不受政府资助,仅在有限范围内通过竞争性项目获得政府的发展性资金。

[①] 靳润成等:《国际教育政策发展报告2013》,天津人民出版社2014年版,第320页。
[②] P. Geetha Rani, *Economic reforms and financing higher education in India*, Indian Journal of Economics and Business, 2004, 1 (2), pp. 195–205.
[③] 王长纯:《世界教育大系:印度教育》,吉林教育出版社2000年版,第136—137页。

中央政府和各邦政府的高等教育预算拨款主要依靠政府税收、公营企业的积累、国内储蓄和国外贷款。尽管印度政府征收大量的税收，但仍然无法支撑巨大的高等教育财政支出，基于此印度政府采取了"节流开源"措施。一方面，在2000—2001年度，印度政府强行将高等教育拨款减少了10%；另一方面，政府设立新税种以增加经费来源，其一是大学毕业生税（Graduate Tax），即专门向消费或使用了受过高等教育的人力资本的部门征收教育特别税；其二是教育税（Education Cess），即由某一特定地区的所有人缴付、用以特定目的的税种，例如有的邦在征收职业税（Professional Tax）或地区财产税时征收教育费，用以资助学校图书馆建设等。[①]

随着对高等教育认识的变化，印度政府在最近几年的政策文件中又提出扩大对高等教育的公共资助。例如印度"十二五"计划的目标是将高等教育财政拨款占国内生产总值的比例从目前的1.22%提升到1.5%。为此，中央政府鼓励各邦在对高等教育进行战略规划基础上增加财政拨款，提高资金利用率；由中央和邦政府共同参与各邦资助计划，形成共同评审机制，确保资金正确使用。但从总体来看，印度政府的高等教育财政资助相对规模并无显著提高，甚至存在下降趋势。在此情况下，私立院校获得的政府资助显著减少。

二　政府退出资助并推行高等教育私营化

印度政府的财政资助能力难以满足高等教育的大规模发展，导致国内在理论和政策方面出现了大力发展私立高等教育的倾向，如20世纪末印度中央政府财政报告明确提出了高等教育的非公共产品性质和裁减高等教育公共支出的动议；2000年阿巴尼（Ambani）和比拉（Birla）的研究报告也建议将高等教育作为私营产品纳入市场轨道，提倡由消费者付费。最终，印度高等教育采取了"私营化"的发展模式，推进了私立高等教育的进一步发展。

---

① 安双宏：《影响印度高等教育质量的几个因素》，《江苏高教》2000年第4期。

(一) 政府的"退出"

所谓"退出",即政府减少乃至逐渐停止对受助私立学院的财政补助,以减少高等教育公共经费支出。在安德拉邦,政府批准私营部门创办学位授予学院;对新建立的私立学院邦政府不再提供任何补助;对现存受助私立学院,通过控制教师、岗位数及提高专业学费标准等措施减少公共资助。在喀纳塔卡,邦政府也削减高等教育投入,规定1987年6月后新开办的私立学院、1990年至1991年以后的新上专业均不再获得政府资助;1993年至1994年以后不再填补非教师岗位的空缺,大量多年空缺的教师岗位逐步转为不接受政府资助的岗位;关闭那些招生不满40人的受助私立学院的传统专业;要求和鼓励受助私立学院转制为自筹经费学院。[①] 此外,政府"退出"的另一重要表现就是放宽附属私立学院的财政控制,加大其财政自主权,财权的扩大加快了受助私立学院的转制。政府"退出"私立高等教育资助,一方面是出于财政压力,另一方面还与其调整教育投入结构有关。印度1949年新宪法曾明确承诺实施免费义务教育,但实际上直到2010年印度的人均受教育年限才4.4年。为此,自20世纪80年代末以来,印度政府开始改革教育经费分配机制,逐步减少高等教育公共资助,将投入的重心转向义务教育。[②]

(二) 鼓励创办自筹经费的纯私立学院

1953年,银行家、慈善家帕伊(T. M. A. Pai)通过收取赞助费筹资创办了印度首所私立医学院。其后在较长一段历史内,向学生、社会乃至教师收取赞助费是印度私立高等教育经费筹措的重要方式。赞助费学院在收取赞助费的同时并不拒绝政府的资助,只是在收费的标准和数量上有更大自由权。经过1993年"安得拉邦案判例"后,赞助费学院开始转变为具有合法性的自筹经费学院,通过收取学费、技术转让费、获取捐助等方式来自筹经费,得到了国家政策法规的支持。相对于受助私立学院,纯私立

---

① M. R. Narayana, *Privatisation Policies and Postprivatisaiton Control Devices in India's Higher Education: Evidence From a Regional Study and Implicaitons for Developing Countries*, Journal of Studies in International Education, Vol. 10 No. 1, Spring 2006, pp. 46 – 70.

② 周江林:《印度私立高校发展的政策逻辑及其启示》,《教育发展研究》2013年第9期。

学院基本依靠自筹经费办学，只有极少数办学水平高的纯私立学院在经过大学拨款委员会认可后，可获得政府一定额度的经费支持。在"十二五"期间，按中央制定的"十二五"计划，政府把"吸引慈善机构以筹集更多资金、建立可持续发展的高品质私立院校"作为重要政策导向；高等教育市场将更加开放，印度政府放弃不允许营利机构参与高等教育的传统做法，逐步放开营利机构参与长期缺乏教育资源的特定领域的高等教育；与此同时，政府及相关组织对私立机构参与高等教育进行必要的监管和审查，以保证质量与公平。[①] 从赞助费学院的法律判决到一系列政策的出台，实质上是对自筹经费学院的鼓励和推动。

（三）受助私立学院实施"自费专业制度"

除了鼓励创建自筹经费的纯私立学院外，在受助私立学院中还实行了"自费专业制度"，即部分专业同纯私立学院一样，没有政府的财政资助，而靠就读该专业的学生缴费来维持和发展。据统计，喀纳塔克邦2005—2006年度受助私立学院的自费专业的学费同纯私立学院的学费几乎持平，是公办学院和受助私立学院非自费专业的学费的数倍，例如"阿育吠陀医学"和"酒店管理"专业，在公办学院的学费数是8090卢比，但该专业在受助私立学院的自费标准是33090卢比；"工程"专业在受助私立学院的自费标准最高可达52950卢比，但在公立学院的收费标准只有10090卢比，同样在未实行自费的受助私立学院的收费标准也是10090卢比。[②] 总之，自费专业制度为受助私立学院开辟了一个有效的筹资渠道。

在高等教育私营化过程中，由于私立院校的收费自主权不断扩大，加之部分营利性院校逐渐参与高等教育市场，导致印度私立院校的收费秩序发生混乱。为此，印度国家知识委员会、高等教育改革与复兴委员会在"十一五"计划期间出台了《禁止技术教育和医学教育机构及大学不公正行为法》和《大学法》，要求公、私立院校必须依法披露学费标准等相关信息，确保迅速处理那些进行不法操作的机构。在2012年《"十二五"发展计划》中，又进一步提出了私立院校要提高招生、费

---

① 靳润成等：《国际教育政策发展报告2013》，天津人民出版社2014年版，第308页。
② 安双宏：《印度教育战略研究》，浙江教育出版社2013年版，第146页。

用、财务等方面的透明度和标准化的要求,意在加强私立院校收费和财务管理水平。[1]

三 政府推动高校与产业界合作

1988年,印度成立了国家高等教育理事会,促进高校与工业部门之间的合作,这使得高校获得了大量的科研经费。据统计,80年代期间印度高校承担了全国95%以上的基础研究项目,高校科研经费由1984年占全国总经费的0.1%上升到1988年的1%。[2] 进入21世纪,印度进一步推动高等教育融入产业。2001年印度启动国家培养计划,由中央、邦政府与产业界共同投资高等教育,培养高水平IT人才;在一些技术学院面向社会开设产业性实用课程和管理课程,这也成为高校创收的重要手段。[3] 为了加强高等教育与产业的合作,1991年印度政府在班加罗尔、孟买等地设立了17个软件园区,吸引全球著名公司。大学科技园为高校科技成果转化、高新技术企业孵化等提供了平台,也成为高校通过产研合作获得产业资助的有效路径。

2006—2007年,印度制定"十一五"计划,核心之一仍是要加强高校与高新技术产业的联系,高校越来越多地接受高技术产业界的委托研究。例如,2005—2006年度,印度理工学院德里分校承接了包括摩托罗拉公司、芬兰诺基亚公司等企业的84个研究课题,总经费近2.8亿卢比。[4] 2012年《"十二五"发展计划》进一步提出了建立由公、私立院校牵头的教育或综合中心,加强与知识密集型产业的合作,并明确提出鼓励院校与技术公司、风投公司以及国内外基金会等实施合作。[5] 为了保护高校的知识产权和收益,印度政府通过出台《专利法》、《信息技术法》、《公共资助

---

[1] 靳润成等:《国际教育政策发展报告2013》,天津人民出版社2014年版,第366、323页。
[2] 王伟龙:《独立后印度大学科研发展的回顾与分析》,《高等教育研究》1992年第2期。
[3] 彭慧敏:《印度高等工程技术教育改革的经验、问题与启示》,《复旦教育论坛》2008年第2期。
[4] 孙健、王沛民:《基于资源观的大学发展战略初探:以印度理工学院为例》,《高等工程教育研究》2008年第3期。
[5] 靳润成等:《国际教育政策发展报告2013》,天津人民出版社2014年版,第320页。

知识产权条例》等规范知识资本市场。①

在此背景下，包括私立高校在内的高等院校不断加强与产业界的联系，通过校企合作，加快科技成果转化，通过提供有偿服务来获取办学经费；甚至有的高校开始创办和经营营利性的校办企业，依托自身的智力和研发资源来孵化高新技术产业，将其作为向市场输送技术与服务、加快科研成果转化的平台。② 印度德里大学（Delhi University）教授阿莎·古达指出，面对激烈的高等教育市场竞争，为了增加资金来源，印度高校正在向创业型大学转型。③ 显然，在印度高校向创业型大学转型的过程中，由于私立高校以专业教育、技术开发、社会培训为基本职能，课程与教学、研究与服务更加贴近市场需求，办学机制强调市场原则，因而具有更大的优势。通过与产业界合作，私立院校获得了一定的社会资源投入。

四 学生缴费是私立高校重要经费来源

随着印度高等教育理念的变化、政策和法规的调整，受教育者缴费上学成为普遍做法，受助私立学院有权向受教育者收取学费。④ 例如1997年安得拉邦私立工科学院学生平均学费为每人每年20000卢比。在学费项的收费标准上，私立受助学院与公立学院是一致或者稍高的，例如喀纳塔克邦2005—2006年度"工程"专业的学费在公立学院与受助私立学院都是10090卢比，"阿育吠陀医学"专业，受助私立学院收取学费11090卢比，比公立学院高300卢比。在注册费、入学费、学院发展基金、图书资料费等方面，受助私立学院拥有一定的自主权，收费普遍高于公立学院。

学生缴费是纯私立学院最主要的筹资方式，在学生缴费项目中，学费是主要构成，此外还包括文具费、交通费、住宿费等。以安得拉邦为例，

---

① 杨思帆：《当代印度高校与高技术产业的联结研究》，博士学位论文，西南大学，2010年，第106页。

② Jandhyala B. G. Tilak., Global Trends in Funding Higher Education, (http://www.nuepa.org/libdoc/e-library/articles/2006jbgtilak.pdf).

③ Tobias, Sheila, Smith, Kenneth R. and Leydesdorff, Loet, Towards and Ecosystem for Innovation: Implications for Management, Policy and Higher Education, 2006 (8), p. 216.

④ J. B. G. Tilak, Global Trends in Funding Higher Education, (http://www.nuepa.org/libdoc/e-library/articles/2006jbgtilak.pdf).

其纯私立学院的学生每年交纳的费用至少为5万卢比,收费水平要高过公立学院及受助私立学院的几倍、十几倍。甚至部分私立院校以及在一些热门应用型专业领域,学费标准已经超出了中产阶级的接受程度,例如在喀纳塔卡邦,医学教育的学费为190万卢比,牙科教育1100万卢比;在班加罗尔,一些著名私立工学院的IT、电子与交通等专业的学费达到90万卢比。[1]

由于一部分纯私立学院具有营利性动机,这在很大程度上造成了私立学院收费以及财务管理、审计存在一定的混乱。而政府对纯私立学院的收费管理非常有限,甚至部分邦在发展本地私立高等教育过程中,采取了较为激进的政策,譬如20世纪90年代,安得拉邦政府曾出台政策,规定私立学院可以将本校招生额度的50%进行公开拍卖,谁交钱多谁就可以获得上大学的机会,显然这有悖于教育公平原则。

随着自筹经费高校的大力发展,高等教育公共经费所占的比重已经明显下降,根据印度学者阿加瓦的研究,各类高校收取的学费已经占到其总收入的49.7%,一些邦立大学,如班加罗尔大学的学杂费收入占高校运营总成本的比重高达60%以上。[2] 这表明印度高等教育中私有资金已经占据很大比例,向学生收费成为印度私立高等教育的重要经费来源。

五 积极鼓励私人、社会捐赠及引进外资

(一) 私人与社会捐助

私人捐赠在印度私立学院经费中占有较大比例。捐赠者主要来自社会中上层富有者、企业、信托基金、宗教及慈善团体等;有的私立学院还接受国际或地区性组织的捐助,如国际复兴开发银行、联合国教科文组织、联合国儿童基金会、经济合作与发展组织等;有的捐助还来自一些私人基金会,如美国洛克菲勒基金会、福特基金会等。这些组织和机构为印度高等院校包括私立院校提供了很多贷款、赠款,在一定程度上增加了印度私

---

[1] Ravi Sharma, *A Compromise in Karnataka*, Frontline, Volume 20 – Issue 20, September 27 – October 10, 2003.

[2] Pawan Agarwal, *Higher education in india: the need for change*, New Delhi: Indian, Council for Research on International Economic Relations, 2006, p. 29.

立高等教育经费,对于印度私立高等教育的发展与质量提高有着积极影响。① 基于此,"十二五"期间,印度继续把社会捐助作为高等教育多渠道筹资的重要方式,并建立起了鼓励教育捐助的政策、法规和制度体系;成立了专门的委员会,负责制定和实施计划,吸纳个人和企业资金,并将其用于具体项目,如创建和管理某些特定学科的研究中心等。② 有时,这种捐助或援助是提供教学与科研人员培训、课程与教学设计等,例如美国加州理工学院、麻省理工学院等国际顶尖理工大学对印度坎普尔理工学院的援助,除了派专家亲临印度进行指导外,还接收坎普尔理工学院的教师,提供科研训练和学位教育,以及赠送设备、书籍等,并展开科研合作。③

(二) 引进外资发展高等教育

吸引和利用外资发展高等教育是印度政府的一项战略。这些外资主要来自一些世界组织和主要发达国家,如设在孟买的理工学院是由联合国教科文组织提供资助、前苏联提供专家建立起来的;设在坎普尔、德里的理工学院分别是由美、英国援建的。这些学院实行高竞争性的招生政策,选拔成绩优秀的学生,为印度培养了大批高级尖端人才。④ 此外,印度还引进国外高等教育机构。2010年印度内阁通过了一项允许外国大学在印建分校的提案,为国际高等教育贸易开启一个巨大的市场;其后印度国会还通过相关法案,规定外国大学可以在印度提供学位教育课程。⑤ 在政策引导下,哈佛、耶鲁、斯坦福等美国高等学府都来到印度进行考察,美国佐治亚理工学院在印度南部城市海德拉巴购买了土地,加拿大约克大学也在孟买开设分校。⑥ 印度人力资源及发展部部长凯皮尔·斯柏（Kapil Sibal）认为,这有助于扩大选择、增加竞争及提高教育质量基准;印度国际经济关系研究委员会客座教授安瓦尔·霍达（Anwarul Hoda）亦认为:这为优质

---

① 马加力:《当代印度教育概览》,河南教育出版社1994年版,第31—32页。
② 靳润成等:《国际教育政策发展报告2013》,天津人民出版社2014年版,第308—309页。
③ 安双宏:《印度教育战略研究》,浙江教育出版社2013年版,第123—124页。
④ 王长纯:《世界教育大系:印度教育》,吉林教育出版社2000年版,第426—427页。
⑤ India: government approval of foreign university education institutions are establishing programs,（http://www.cn.wsj.com）.
⑥ 印度内阁批准国外大学在印度设立分校,（http://www.chinadaily.com.cn/hqgj/2010-03/15/content_9592443.htm）.

教育及知识经济提供了动力。在印度,各种形式的外资高等教育机构都划归为私立高等教育范畴。为了规范国外教育机构的办学行为,印度《"十二五"发展计划》中提出了建立《外国教育机构(准入管理与经营)法》,对外国教育机构进行资质认证,并对其经营行为进行监管。[①]

六 教育贷款政策

教育贷款政策是印度高等教育经费政策的重要组成。为了在提高大学入学率的同时不增加政府的经费负担,印度政府从1963年开始实行一项免收利息的国家贷学金计划(National-loan scholarship),用财政资金设立了一个5—10年的周转性借贷基金,以建立相应的学生贷款制度。但由于通货膨胀、资本市场的不成熟以及贷款回收率过低等因素,印度高等教育的贷学金计划实施的情况并不令人满意。

2000年,印度政府同印度储备银行、印度银行协会正式出台综合性教育贷款计划。目前,印度全国有26家银行开始推出教育贷款计划。教育贷款计划覆盖了公、私立高校的所有课程和学科,其目标是提供经费支持,让有前途的学生接受高等专业教育和技术教育。计划规定,在印度国内学习最高可以获得75万卢比贷款,在国外学习最高可以获得150万卢比贷款;贷款少于40万卢比免收担保金和保证金,利息不超过银行业基本放款利率;超过40万卢比的贷款利息不超过银行业基本放款利率加1个百分点;贷款偿还期为5—7年,完成学业后可以享受一年宽限期。按照所得税法第80条,教育贷款还贷可以享受减息,每年减息贷款限额为4万卢比(本息)。减息的对象必须是为了接受高等教育的本科生、研究生、专业课程、纯科学和应用科学课程全日制学生贷款。从还款开始计算,减息最长可以达到8年。[②]

印度在"十二五"期间,将"使学生的经济资助项目从数量、范围和总量上实现飞跃"作为战略要点,提出"有政府保障的奖学金和学生贷款应该普遍化",私立学院学生的权益得到了进一步保障。中央政府采取有

[①] 靳润成等:《国际教育政策发展报告2013》,天津人民出版社2014年版,第323页。
[②] 张家勇等:《印度教育资助政策初探》,《世界教育信息》2007年第6期。

力措施支持学生贷款，同时通过建立信用担保等制度来加强教育信贷管理，以有效保护贷款机构不受学生拖欠还款的影响，鼓励它们给更多的学生贷款。在国家主导的教育贷款计划中，私立高校的学生与公立院校学生享受一致的政策，教育贷款成为私立高等教育发展的一个重要条件。近些年，印度鼓励和吸引更多的商业银行参与大学生助学贷款。[1]

七　大学生奖助学金及相关扶持政策

印度十分重视教育公平及其社会公正效应，为此政府通过提供大学生奖助学金来促进教育公平，这是印度保障教育公平的重要机制。私立学院的学生享受与公立高校学生相同的资助和扶持政策。

印度政府通过多种名目向大学生发放奖助金，其中具有代表性的有：（1）大学拨款委员会奖学金。截至90年代末，大学拨款委员会为16所中央大学、53个德里大学学院、4个基础卫生单位学院以及12个德里大学的招待所提供了非计划助学金；除此之外，它还为24所中央大学、5所德里大学学院和120所地方大学提供了计划助学金。（2）印度国家奖学金。印度国家奖学金是从1961—1962年由政府面向通过大学入学考试的考生推出的，主要资助那些学术成绩优异却家庭贫困的学生。在2004—2005年，它与国家"农村天才儿童奖学金"合并称为"国家优秀奖学金计划"，即根据学生的学历和所学课程确定250—750卢比不等的额度，父母年收入低于10万卢比的学生才有资格进入选拔。（3）弱势群体助学金。印度政府对弱势群体学生特别是表列种姓和部落的学生实施特别扶持政策，不仅每年为他们保留22.5%的大学入学名额，还向他们提供学费资助。在有些学校，表列种姓和表列部落学生可免交学费；表列种性和表列部落学生没有申请到奖学金，且家庭年收入低于7.5万卢比，可免除住宿费。[2] 除了表列种族外，其他少数民族及穷人占较大比例的高校，印度政府都给予特别经费资助。2008年，印度政府通过议案，投入226亿卢比作为奖学金，资助优

---

[1] J. B. G. Tilak, Global Trends in Funding Higher Education, (http://www.nuepa.org/libdoc/e-library/articles/2006jbgtilak.pdf).

[2] 杨林岩：《印度高等教育资助政策研究及对我国的借鉴》，《知识经济》2009年第9期。

秀的贫困生及残疾学生。①

印度政府还高度重视特殊高等教育发展。例如大学拨款委员会（University Grants Committee，UGC）实施特殊需要人群高等教育和特殊教育师资培训两个项目，为残障学生提供无障碍入学，培养特殊教育师资。"十一五"期间，政府拿出财政专项基金设立残疾人服务项目。"十二五"期间，印度大力增加公共支出在学生经济资助上的投入，增加奖学金的名额和金额；所有人力资源发展部所属的学生经济资助计划统一归为"学生经济资助项目"，加强项目管理，提高资助项目的实效；参与高等教育的营利机构必须依法纳税，税收用于奖学金计划。②

总之，就印度私立高等教育经费来源来看，政府通过政策手段为私立高校的经费来源提供了有效保障。除了以上几点外，还比如，20世纪90年代初，印度政府决定各高校自己筹集到的资金不再从政府拨款中扣除；在税收方面制定优惠政策，使大学获得的捐助完全免税。这刺激了各高校努力争取社会各界的捐助。③ 在"十二五"期间的新政策中，印度政府继续通过多种方式对非营利私立学院给予帮助，包括：达标的私立院校学生有权申请政府的经济资助；研究经费方面与公立学院享有同等地位，知识产权也会得到相应的保护。再如，在传统非营利的高等教育中引入更多私有资产，包括：允许高教系统自由筹资，如私立院校可以通过公开发行债券和股份募集资金；改变高教系统的法律地位以吸引更多的投资者，如根据印度《公司法》第二十五条，允许现有的信托机构和社团向教育机构转化；对高教系统给予优先认可，如将其定位为"基础设施"，并给予相应的金融和税务待遇等。④ 印度政府的这些政策和做法，推动了整个私立高等教育经费投入政策的变革。

---

① 邱小健：《印度政府资助私立高等教育的经验及其启示》，《比较教育研究》2010年第9期。
② 靳润成等：《国际教育政策发展报告2013》，天津人民出版社2014年版，第308页。
③ 易红郡、王晨曦：《印度高等教育发展中的问题、对策及启示》，《清华大学教育研究》2002年第5期。
④ 靳润成等：《国际教育政策发展报告2013》，天津人民出版社2014年版，第308—309页。

第三节　印度私立高等教育经费分配政策

高等教育经费和资源能否被有效使用，决定着高等教育发展的速度、方向和质量。作为一个发展中国家，印度的高等教育财政资助能力是较为有限的，这就要求制定出科学合理的财政支出或经费分配政策，从而提高经费的使用效益。印度关于高等教育经费分配的一些政策或做法，值得我们去思索。

一　计划与非计划投入：政府拨款的流向

印度中央政府和邦政府所提供的财政性教育经费，主要是由计划性经费（plan outlay）和非计划性经费（non-plan outlay）两部分构成，亦称作计划内拨款和计划外拨款。两个支出或拨款方向承担着不同的功能。其中，计划内支出经费用于教育事业的再发展，如创建新的学校、扩大学校规模等，计划内支出经费列入国家的五年发展计划；计划外支出经费是政府财政拨款的主体部分，主要用于教育机构的维持和教育事业的日常运行、常规管理；或者说，计划内拨款用于发展性项目（Development），即物质条件、办学环境的改善，计划外拨款则用于日常性项目（Concurring），保证教育教学的稳定进行。两种拨款类型的功能不同，同时由不同部门主管，计划内拨款由国家计划委员会等部门负责，基本按财政预算方案来执行；而计划外拨款则由国家财政委员会负责。至今，印度政府的高等教育资助经费还是以计划性与非计划性作为财政预算的重要依据。在印度政府的拨款中，非计划支出作为主要部分，所占比例远远高于计划性支出。统计表明，在很长一段时期内，计划内支出在印度公共教育经费中约占15%，计划外经费所占比例则在85%左右；[1] 在2004—2005年度，计划外支出所占比例达到了88.14%。[2]

---

[1] 王长纯：《世界教育大系：印度教育》，吉林教育出版社2000年版，第173页。
[2] 刘淑华、王旭燕：《印度高等教育大众化进程中的经费来源渠道探析》，《外国教育研究》2016年第3期。

印度《宪法》规定，中央与邦共同承担高等教育职责，财政拨款由两级政府共同承担，其中邦政府所承担的比例要高于中央政府。印度国家信息中心（NIC）的数据表明，印度高等教育公共拨款中央与邦政府担负的额度之比约为1：3。[①]但单就中央政府教育拨款来说，其高等教育投入绝对量不断增长，且在计划内支出部分，中央政府投入所占比重呈上升趋势，而在计划外支出中的比重逐渐减少，到20世纪90年代，中央在计划外教育经费上所分担的比例只有6%左右，邦政府则占到94%。[②]这说明印度中央政府更加看重教育的再发展，即创办新的学校和增加教育基础设施，以扩大教育机会，保障教育公平。"十一五"期间，基于部分学院因为基础设施落后而影响教育质量，大学拨款委员会（UGC）把加大基础设施投入纳入了拨款体系，以维护高等教育基本质量。

根据《大学拨款委员会法》，受助私立学院在接受政府资助上享受与公立高校基本一致的政策，因此政府在计划内与计划外拨款间的差异也反映了受助私立院校的经费分配状况。从独立之初到20世纪90年代，印度私立院校的数量迅速膨胀，尤其是受助私立学院作为印度私立高教系统的主要类型，所获政府资助几乎满足其全部经常性开支，因此私立高等教育的规模扩张与政府的推动是离不开的。[③]

二 消费性与资产性开支：高校经费使用分配

高校对办学经费进行分配，形成高校经费开支。在印度，高校的经费开支基本分为消费性、资产性开支两类，前者包括人事费、教育科研费、管理费、事业性活动补助费等，后者主要是指学校土木基建费、图书和设备购置费等。邦政府是印度高校获得财政资助的主要来源，而大部分邦政府仅资助高校的运转成本开支，而不资助固定资产的成本支出。

在高校的经费开支中，教师工资的开支占了非常大的比重。据统计，1969—1970年教育经费中教师工资所占比例为46%，而到70、80年代则

[①] 张家勇、张家智、张跃庭：《印度教育资助政策初探》，《世界教育信息》2007年第6期。
[②] 赵中建：《战后印度教育研究》，江西教育出版社1992年版，第54—55页。
[③] 谢安邦、曲艺：《外国私立教育》，中国社会科学出版社2003年版，第64页。

增加至63%。教师的工资在教育经费中所占的比例偏大且呈上升趋势，而且印度高校的非学术活动方面的经费不断增加，尤其是随着非教学人员的数量增长，用于支付非教学人员工资的经费给高校包括私立学院带来了沉重的财务负担。基于此，印度政府对于私立学院教师工资的分配制定了专门政策，如根据教师学历和任职情况实行工资级别制；规范私立学院教师工资标准；部分邦政府只给予承担教学的教师资助，而对非教学人员的薪金支出不予资助。

消费性支出庞大，必然导致资产性开支相对较少。学校在更新教学设备、改进实验室条件、购进新图书资料等方面的经费相对不足，必然会影响到教育质量。统计表明，高校资产性经费支出比例在1984—1985年度尚不足40%。因此，印度高校每年都需要拿出大量经费用于旧的基础设施，如实验室和图书馆等的维护与修缮。有学者提出，印度高校应加强资源共享，以节省资金，扩大新教育设施的投资。此外，在印度高校，每年用于考试的支出平均占大学经费预算的15%，这在大学经费支出中所占比例过大，显然有必要降低这部分的支出。[①] 尤其是对于很少接受政府财政资助的纯私立学院，在办学基础设施水平普遍不高的条件下，如何调整消费性支出同资产性支出间的结构，以保障基本的教育教学质量，是一个关乎其生存权的致命问题。

三 教学与科研是经费分配的主要方向

印度高校从政府那里获得多少财政经费，主要由教学量和科研质量来决定。在此，教学量是由学习各种课程的学生数来衡量的，实际上标识着学生规模或者说学校的办学规模；科研质量则主要通过研究质量的指标来衡量。印度政府给予高校的教学与科研以财政支持，反映在其教师教学与研究支持项目上，包括：提供专门的教师资助以加强其教学研究水平；重点和一般研究计划资助；国际研讨会旅费资助；给退休教师专家津贴以从事科研活动；为教师提供科研交流项目和其他学术合作机会；建立教师进

[①] 王长纯：《世界教育大系：印度教育》，吉林教育出版社2000年版，第409—411页。

修学院,为教师提供持续更新知识与技能的平台;成立大学校际研究中心,为师生提供高水平研究设施;等等。①

同时,教学与科研也是高校分配校内经费的两个主要方向。在高校总经费的分配中,大约有60%用于教学、科研及相关服务管理领域,余下的40%用于其他方面。政府为大学拨付经费时,引入了一定的竞争机制,即资金分配遵行"有效性优先、兼顾平等性"原则,这为引导高校提高科研质量和扩大招生规模提供了一个重要导向,有利于促使高校主动改进办学模式,提高教学和科研水平,也促使大学的发展更密切地联系社会需求。在政府拨款和学校分配经费过程中,大学拨款委员会作为介于政府与大学间的第三方机构,很好地协调了政府与大学间的关系,为大学的相对自治和自由分配经费提供了一定空间。按相关政策规定,政府只能决定每个学校获得的资金总额,但不干预这些资金在学校是如何分配的。而对于学校的资金利用绩效,该委员会通过相关评估进行引导。

第四节 印度私立高校的经费使用绩效提升政策

随着高等教育规模的不断扩充,高等教育财政在国家整体财政中所占的比重日渐扩大,致使部分国家在提供高等教育财政投入上显得捉襟见肘、力不从心。在此背景下,提高高等教育经费的投入产出比就有着重要的意义。印度政府在高等教育财政支付能力有限的条件下,高度重视拨款的合理性,强调有限拨款的使用效率,并通过加强评估和管理来提高高等教育经费的使用绩效。

一 私立高等教育经费的划拨与资助方式

(一)财政预算编制与拨款分配高度程序化

为了提高资金使用效率,印度高等教育财政预算的编制与审批实行严格的程序化。首先,国家计划委员会在制定五年计划时确定对高等教育的

---

① 宋鸿雁:《印度高等教育"十一五"规划述评》,《世界教育信息》2008年第2期。

投入，该计划制定出后交由议会讨论审批，通过议会审批后该计划将作为财政部编制年度财政预算的依据；财政部经过论证、权衡，编制出年度财政预算，再次交由议会讨论；议会在经过多次协商讨论、并在财政部反复对预算做出调整后，预算才能最终通过。随后，财政部把预算中的教育经费拨到人力资源部和地方财政。人力资源部再经权衡后将这笔教育经费分配到人力资源开发部和大学拨款委员会。大学拨款委员会再根据院校评估，将经费分配至各高校。[①]

(二) 财政经费的划拨以高校评估为基础

根据印度宪法修正案，印中央高等教育财政经费由大学拨款委员会（UGC）负责向高等院校分配，包括向通过大学拨款委员会（UGC）认证了的私立附属学院（即受助私立学院）拨付专项拨款，用于改善其教学和科研运行。大学拨款委员会（UGC）是印度的半官方、半独立性的中间性机构，主要负责对中央高校及附属学院和研究院的拨款，针对政府高等教育资金配置及其他高校相关问题向政府人力资源开发部提出意见和建议，并对拨款的使用予以监督，指导与协调高等教育发展。在印度私立高等教育质量提升战略实施中，大学拨款委员会扮演了重要角色，即它通过实施财政经费分配来监控公、私立学院的教学质量。具体而言，大学拨款委员会（UGC）通过国家高等教育支出绩效评价协会（The National Assessment and Accreditation Council，NAAC）对公、私立高校进行评估，并规定高校若不接受评估就不能获取政府的财政资助，而接受国家高等教育支出绩效评价协会（NAAC）评估的院校由大学拨款委员会（UGC）根据其评估成绩确定资助额度。

(三) 变革高等教育财政资助方式

除了加强评估之外，为了充分发挥有限财政资助的价值，印度政府还进一步加强了经费投入的论证和规划，提高经费拨付方式的科学化水平，由相对粗放式的投入转向精细化投入，并提高院校办学绩效在拨款公式中的影响权重。这种高等教育资助思想的转变导致在"十二五"期间，印度

[①] 刘晓凤：《印度高等教育支出绩效评价》，《晋中学院学报》2013年第6期。

的高校资助范式从需求型拨款向规范型授权拨款转变,由投入型预算模式向产出型预算模式转变。例如,分类财政补贴形式取代了明细支出预算模式;计划分配方案的制定严格以各高校的长期战略计划为依据,即政府的年度经费划拨以战略计划中制定的标志性项目和目标为依托,并与高校的业绩相联系。① 这样,印度政府财政经费的使用效益得到提高,而这也在客观上推动了私立院校积极探索改革,不断提高办学绩效和经费使用效益。

二 私立高校经费使用绩效评估

从前文的叙述中可见,对私立高校经费使用绩效进行评估是政府拨款中的一个重要环节,也是其拨款的主要依据。"十二五"期间,印度政府在大幅增加教育资金投入的同时,进一步重视了资金利用效率。一个重要举措就是以"十二五"计划开始时的基础数据为依据,监督"十二五"计划各教育发展目标的年度实现情况和累积实现情况;监督不仅针对资金及其利用情况,还包括对各种方案和举措所取得的成果及产生的影响进行评价,包括学习效果评价等。② 也就是说,高校办学水平评估已经成为印度高校经费使用绩效评估的重要手段。

(一) 评估机构

大学拨款委员会(UGC)是印度包括私立高等教育在内的高等教育经费使用绩效评估和管理的一个重要机构。大学拨款委员会于1987年组织成立"质量鉴定与评价委员会",专门负责检查和鉴定高等教育的绩效;而为了进一步提升高等教育支出绩效,尤其是鉴于印度有着规模庞大的附属学院,大学拨款委员会于1994年推动组建了国家高等教育支出绩效评价协会(NAAC),对高等教育支出绩效进行控制与管理,对高等教育机构与课程实施评定,帮助大学改革和创新教学、科研工作。在印度,也有专门的私立高等教育评估机构,即印政府在20世纪90年代建立的"私立高等学校认可委员会",负责对私立学院进行考核与评价。总的来说,该评价协会是印度高等教育评估、经费绩效评估的最主要机构。为了符合不同性质

---

① 靳润成等:《国际教育政策发展报告2013》,天津人民出版社2014年版,第325—328页。
② 同上。

高校的评估需求，截至 2007 年，该评价协会制定了大学、自治学院、附属或成员学院的评估手册，为各类院校评估提供指导意见。①

（二）绩效评估指标体系

2007 年 4 月 1 日，NAAC 制定和颁布的《高等院校绩效评价体系与评判新方法》正式实施。《方法》对全印公立大学、私立自治学院和受助私立附属学院的经费使用绩效评估办法均做出规定。例如，由于印度各地区附属学院绩效千差万别且规模庞杂，NAAC 要求各附属学院在申请绩效评价之前，先做一定准备，以取得申请附属学院绩效评价的资质；在取得绩效评价资质之后才可申请进入正式的综合绩效评价阶段。基于评估需要，NAAC 制定了绩效评估的指标体系，该指标体系涉及 7 个评价基准，36 个绩效评价关键点（即观测点），并依据大学、自治学院和附属学院在办学定位、办学目标和办学特色上的区别，规定了三者在绩效评估关键点上的不同权重（见表 5-1）。为了提高评价的精确化程度，该指标体系还含有 194 个"绩效评价标杆"，例如在"课程基准"（作为一级指标）下的二级指标"课程设置情况"下面，仍设有 9 个进一步细化的观测点（见表 5-2）。同行绩效评价专家小组实地考察各个参与评价的高校时，会参照这些绩效评价标杆而测度绩效评价关键点的得分与评价基准的平均得分；印度高等教育经费使用绩效评价，主要是通过累加平均得分体系来获取各高校的绩效评价关键点得分与各高校的累加平均得分的，因此精确测算出各高校的累加平均得分是 NAAC 对各高校展开绩效评价与身份评判的基础。②

依据大学、自治学院和附属学院在办学定位、目标和特色上的差异，该指标体系规定了三者在评估关键点上的不同权重，即不同类型高校在绩效评估中的关键点所负载的权重是不一样的，例如自治学院、附属学院在"研究和发表的成果"中所占比例明显低于大学，一方面表明私立高校在办学目标定位上同公立大学之间的差异抑或不足，另一方面也反映了评估的导向性，即引导私立高校淡化科学研究，把更多资源投入到教学；从私立院校在"教学与评价"权重总分显著高于公立大学这一关键点来看，同样

---

① 刘晓凤：《印度高等教育支出绩效评价》，《晋中学院学报》2013 年第 6 期。
② 同上。

表 5-1　　　　　印度 NAAC 高校支出绩效评估指标体系[①]

绩效评价基准	绩效评价关键点	关键点的权重明细		
		大学	自治学院	附属学院
1. 课程设置与发展	1.1 课程设置境况	90	50	10
	1.2 学术发展远景	30	20	15
	1.3 课程的市场回应	10	10	10
	1.4 课程革新景况	10	10	5
	1.5 课程理论知识的践行与运用	10	10	10
	权重加总	150	100	50
2. 教学工作与绩效评判	2.1 招生方式与学生资质	20	30	30
	2.2 教学需求的适应性	20	35	45
	2.3 教学活动的开展景况	90	170	270
	2.4 教师学历与资质水准	60	65	65
	2.5 教学评价活动与创新	50	40	30
	2.6 教学评价的践行与应用	10	10	10
	权重加总	250	350	450
3. 科研、咨询与普及	3.1 科学研究发展景况	40	30	15
	3.2 科学研究成果水准	90	50	25
	3.3 咨询活动境况	20	10	5
	3.4 科普普及活动	30	40	40
	3.5 科学研究协作境况	10	10	5
	3.6 科研发展、科研咨询与科研推广的践行与运作	10	10	10
	权重加总	200	150	100
4. 硬件设备设施与软件设备设施	4.1 硬件设备设施境况	20	20	20
	4.2 硬件设备设施的维护境况	10	10	10
	4.3 图书馆馆藏景况	35	35	35
	4.4 信息通信技术的应用情况	15	15	15
	4.5 其他设备设施	10	10	10

① 刘晓凤：《印度高等教育支出绩效评价制度及启示》，《金融教学与研究》2012 年第 6 期。

续表

绩效评价基准	绩效评价关键点	关键点的权重明细		
		大学	自治学院	附属学院
4. 硬件设备设施与软件设备设施	4.6 硬件设备设施与软件设备设施的实践应用境况	10	10	10
	权重加总	100	100	100
5. 受教育者发展与支持	5.1 受教育者发展境遇	30	30	30
	5.2 受教育者赞成与否	30	30	30
	5.3 受教育者活动境遇	30	30	30
	5.4 受教育者支持与发展的践行与运作	10	10	10
	权重加总	100	100	100
6. 高校的治理与引导	6.1 高校发展远景	15	15	15
	6.2 高校组织管理境况	20	20	20
	6.3 高校发展战略与发展构思	30	30	30
	6.4 高校人事治理景况	40	40	40
	6.5 高校财务与资源治理境况	35	35	35
	6.6 高校治理与引导的践行与运作	10	10	10
	权重加总	150	150	150
7. 革新手段	7.1 高校内部绩效评价体系	20	20	20
	7.2 革新的详细方式	15	15	15
	7.3 与各利益关联方的互动、协作	15	15	15
	权重加总	50	50	50
	总权重	1000	1000	1000

表 5 – 2　NAAC 高校支出绩效评价"课程设置与发展"指标细化表

绩效评价标准（细化权重）	绩效评价关键点（细化权重）	绩效评价指标杆
1. 课程设置与发展 大学（150） 自治学院（100） 附属学院（50）	1.1 课程设置景况 大学（90） 自治学院（50） 附属学院（10）	1.101 课程部署是否符合高校的人才培育要旨
		1.102 所使用课程是否符合地区/国家发展需要
		1.103 课程设置是否有利于受教育者全方位发展
		1.104 课程安排要着重切受教育者的就业能力
		1.105 课程安排要着重关切受教育者国际视野培育
		1.106 课程开展是否有利于合理价值取向的建立
		1.107 课程的开发是否与校内外专家学者合理沟通
		1.108 课程的开发是否与用人单位合理沟通
		1.109 全体教职员是否在课程开发中不断革新

可以体现出指标体系对各类型院校的不同评估标准及导向。①

在该评估指标体系中,高等教育经费使用的绩效表征为各院校的办学绩效。针对经费本身的绩效评估,其意义固然不言而喻。例如对经费分配方式的科学性、监管体系的完善程度等的评估固然有助于提高经费使用绩效,但高校经费的价值最终仍体现在其办学绩效上,包括人才培养、科学研究、学科建设等,因此通过办学绩效评估来衡量经费使用绩效水平是合理有效和不可或缺的模式选择。

(三) 绩效评估的应用

1. 增进社会对高校的了解

印度高等教育经费支出绩效评估直接表现为高校办学效果的评估,评估结果为社会正确认识和评价高校办学能力提供了依据。一方面,高校办学效果的评估结果以特定方式公布后,首先为用人单位选择所需人才提供了可靠的依据;另一方面,不同高校办学效果的信息公开后,有助于高中生和家庭选择适合的高校、专业等。

2. 推动高校改革和保障教学质量

通过专业的评估使得参与评估的高校清晰地认识到自身在教育教学、运行管理、经费使用等各方面存在的问题,在此基础上依据评估报告所提出的改进建议制定出有针对性的改革方案,尤其对于以教学为主要职责而整体教学水平存在较大隐忧的私立院校而言,评估对于保障其基本的办学条件和教学品质发挥着不可或缺的作用。监控和保障私立院校的基本教学质量,也正是印度高等教育支出绩效评估的基本初衷和重要目的之一。

3. 提高私立高校经费使用效益

印度政府委托大学拨款委员会或专门的评估机构对包括私立院校在内的高校进行经费支出绩效评估,一方面帮助私立院校反思和发现经费分配、使用上存在的问题,有助于提高经费使用效益;另一方面,评估为政府或大学拨款委员会提供了拨款的依据,有助于私立高等教育经费配置的

---

① NAAC, *New Methodology of Assessment & Accreditation*, (http://www.naac.gov.in/Publications/. methodology2007. pdf, 2007 - 04 - 01).

科学性。绩效评价结果和政府财政资助之间相挂钩，更有助于激励各私立院校加强经费管理及办学制度改革。

三 私立高校经费使用的制度化建设

提高高等教育经费的使用效益，不仅要进行必要的评估，还必须加强经费管理，向管理要效益。为此，印度政府及教育主管部门对各校的经费使用加强了管理，包括加强经费使用状况的信息公开、加强高校财务与会计制度建设等，以通过提高私立高校经费管理的专业化和规范化的方式来提高有限财政投入的积极效应。

（一）推进经费使用透明化

信息公开是现代民主与法治文明的重要标志，有利于项目利益相关主体有效参与监督、管理，提高项目规划与实施的科学性，减少项目实施过程中的不当行为，最终提高项目实施质量。印度政府在加强包括私立院校在内的高等教育体系管理过程中，贯穿信息公开原则，使得管理不断走向透明化。经费绩效管理也是如此。依据印度的相关政策规定，全国公、私立高校必须在规定时间内将本校年度经费的分配、使用和效果状况按标准制成财务报表，并上传到网络，公布于众，让包括政府、民众在内的各利益相关主体对其财务执行情况和资金利用效益情况进行监督，并作为政府和社会问责的基本依据。财务信息公开对于部分以营利为目的、以市场化运营为基本模式的自治学院而言，其管理效应尤为明显，这些私立院校在办学的价值取向上常常存在偏误，而财务公开显然有利于规范这些院校的办学行为，保障教学质量。

（二）提高经费管理的专业化水平

经费管理的科学化水平要求提高管理的专业化水平。印度政府及高等教育监管部门基于高等教育质量的不足和提高高等教育经费支出绩效的动机，越来越重视高校财务管理的专业化建设。具体来说，按印度有关政策和制度规定，无论是公立高校还是私立院校，都必须执行由印度特许会计师协会（The Institute of Chartered Accountants of India，简称 ICAI）制定的会计准则和通用的财务报告格式。ICAI 是印度规模最大、专业水平最高的会计专业团体,其职能包括认定会员资格、组织考试并安排考生实践培训、会员注册、公布并留存具有执业资格的会员名册、保持会员执业质量等。经费的预算、审计、核查等以专业的标准来进行,一方面有利于财务管理的规范化,提高预算科学性和执行有效性;另一方面财务的高度专业化还有利于防止行政权力或个人干预财务,甚至出现经济违纪和腐败现象。对于部分私立院校来说,财务和会计制度的高度专业化、规范化有利于防止部分办学者借办学之名而图盈利。总之,私立高校经费管理的进一步规范化、统一化,是印度加强私立高等教育经费使用绩效的重要手段,是提高其经费支出效益的客观选择。①

第五节 印度私立高等教育经费政策评析

印度私立高等教育经费政策一方面体现出了世界高等教育经费管理的普遍特征,例如在投入上中央地方两级负责制、通过大力发展私立高等教育以减轻政府财政负担、致力于加强财政经费管理的专业化和规范化等;另一方面也体现出印度高等教育经费政策的独特之处,例如对部分私立学院的大力资助、引用外资发展高等教育等。其中,我们既可以看到印度私立高等教育经费政策的先进之处,也可以发现其不足,这都对制定、完善我国民办高等教育发展及经费政策具有启发意义。

一 印度私立高等教育经费政策的优势与不足

(一) 印度私立高等教育经费政策的优势

1. 政府战略转型:从私立高等教育"国有化"到积极的市场化

印度政府对于纯私立学院基本没有财政资助,对于受助私立学院也逐渐减少资助,而把有限的经费投入到公立高等教育系统。由此,印度政府在私立高等教育领域实施"退出"战略,鼓励创建纯私立学院,并积极把高校推向市场,引导、鼓励社会资源投入高等教育,以适应大力发展高等

---

① 靳润成等:《国际教育政策发展报告2013》,天津人民出版社2014年版,第325—328页。

教育的形势需要，并有效地解决政府在促进高等教育发展过程中的财政乏力问题。无论是印度政府推动创业型高校的创立，还是高校积极同产业进行智力和资源的交换，乃至后来大学科技园在印度的蓬勃发展，都体现了印度政府的高等教育产业化治理的政策取向。在这个过程中，以提供专业、技术教育为特色的私立院校成为印度高等教育产业化战略的显著受益者，它们在一般应用技术及工艺流程的开发、技能型和专业性人才的培养等方面，在与中低端产业进行合作方面，具有较大的发展空间。

从1986年的《国家教育政策》到"十一五"、"十二五"国家规划，印度政府出台相关政策，推动高校积极与产业合作。从本质上说，这是印政府合理转移财政职能的有效手段，既符合国际高等教育发展趋势，也符合"谁受益、谁付费"的经济学原则。为了保障高校在与产业合作中的合法权益，印度政府还通过专门的法律法规保护高校权利不受侵害。1970年的《专利法》、2000年的《信息技术法》、2008年的《公共资助知识产权条例》中都含有相关的政策规定，这为包括私立院校在内的印度高校系统进行"校社联动"提供了必需的法律和政策保障与支持。尤其是在纯私立学院不受政府财政资助的条件下，高校产业化战略及保障性政策无疑为纯私立学院获取社会资源创设了一个好的外部竞争环境。值得强调的是，印度还尝试引进外资来发展私立高等教育，如允许国外大学在印度建立分校及同印度本土高校合作办学等。这顺应了高等教育国际化及国际教育贸易的趋势，有利于提升印度高等教育发展的水平。

2. 大学拨款委员会：政府与高校之间关系的协调者

大学拨款委员会（UGC）在印度高等教育治理中扮演着重要角色，是印度中央政府划拨高等教育经费、实施高等教育管理的重要机构。从性质上说，UGC是一个半官方、半独立性的机构。UGC有权采取它认为适当的措施来实施管理和协调职能，包括调查各大学的经费需求，同大学协商确定发展计划，并在此基础上分配并发放给各大学的拨款等。历史上作为英属殖民地的印度，其大学拨款委员会的设置受英国高等教育管理体制的影响。1919年，英国中央教育委员会召开会议成立大学拨款委员会，授权"调查大不列颠大学教育的财政需要，就议会可能做出的满足这种需要的任何拨款申请向政府提供建议"。该委员会隶属英国财政部，避免了中央教育委员会对大学直接控制；同时，委员会拥有储备、处置资金并免受政府审查的自主权，这进一步保障了大学的自治地位。"二战"后，英国加强了对大学的干预，大学拨款委员会增加了执行政府决策的职能，但它仍努力维持国家需要同大学自治间的平衡，坚持大学应实施自由教育，要求政府拨款以确保满足大学设施和师生需要。① 从性质和职能上看，印度与英国的大学拨款委员会是极其相似的。

印度 UGC 在维持高教最低水平、改善高校办学条件等方面确实发挥了积极作用，在通过拨款职能来协调政府与大学间关系方面，也在一定程度上避免了政府对大学的直接干预。② 但由于印度 UGC 的委员都是由中央政府任命，且中央政府对拨款计划及相关事宜具有法定的裁决权，同时，中央政府有权为 UGC 制订工作条例，③ 因此，印度 UGC 在协调政府与高校间关系方面的作用又是非常有限的。但设立专业的中介性机构来缓解政府对大学的直接管理甚至控制，是国家大学治理体系改革的一个有效措施。

3. 规范与绩效：基于绩效提升的拨款制度化建设

为提高高等教育经费使用效益，印度政府建立了严格的高等教育财政预算编制和审批制度。从国家计划委员会制定投入计划，到议会讨论审批，到财政部统筹权衡，再到议会讨论通过，期间经过多次论证，才最终确定预算方案。而财政部最终确定的财政投入在到达高校之前，还需要人力资源部、大学拨款委员会的计划和评估。从财政计划的制定，到财政资助的分配，整个过程实现了程序化、制度化，多部门的参与、严格而充分的论证，有助于增强政府财政资助的科学性和有效性。

如何确保有限的政府经费得到合理配置，发挥其最大效应，是大学拨款委员会的首要职责。基于此，大学拨款委员会将财政经费的分配与高校办学绩效评估结合在一起，将高校的办学水平作为决定经费拨付额度的主

---

① 贺国庆等：《外国高等教育史》，人民教育出版社 2006 年版，第 315—320 页。
② 周采：《印度高等教育发展及其启示》，《南京师大学报》（社会科学版）2008 年第 2 期。
③ 安双宏：《印度大学拨款委员会及其对我们的借鉴意义》，《比较教育研究》2003 年第 12 期。

要依据。印度的主要高等教育评估机构就是在大学拨款委员会的推动下成立的。拨款与办学绩效评估结合在一起，在一定程度上有利于推动高校充分使用财政拨款，积极探索办学体制机制改革，提高办学质量。而为了进一步提高高等教育经费支出效益，印度政府还高度重视经费管理，例如基于对高校办学绩效的重视，变革高等教育财政资助方式；加强经费使用状况的信息公开；严格遵循专门的财务和会计制度，提高经费绩效管理的规范化；等等。加强经费管理是提高财政资助质量、提高高校经费使用效益的重要手段，反映了国家财政体制和高校内部财务制度改革的一个重要方向。

（二）印度私立高等教育经费政策的不足

1. 附属私立学院：政府财政支持与办学低质之间的悖论

在印度高等教育系统中，私立高等教育尽管占了非常大的比例，但从质量的角度来看，代表印度高等教育发展较高水平的是公立高等教育，尤其是由国家或中央财政资助的国立高等教育，如印度理工学院、印度管理学院在世界高等教育体系内都占有一席之地。在私立高等教育系统内，只有为数不多的私立准大学具有较高办学水平，但办学水平普遍不高的受助私立学院是私立高等教育的主体，这决定了印度私立高等教育整体质量较低。而受助私立学院在接受印度政府财政资助方面与公立高校的差别并不大，在此就引发一个问题，为何政府提供较大力度的资助，其办学水平却普遍不高？

印度受助私立学院在名义上是具有独立法人地位的办学实体，但实际上并不具备面向市场需求自主办学的法人权力，它们普遍附属于公立大学，以此获得公立大学的荫庇，进而提高自身的社会认可度。从本质上说，大量私立学院在办学资源匮乏、缺乏充分的高等教育资质的条件下，基于达到政府及其评估机构的认证标准以及确保生源的需要，依附于公立大学既是一种策略，更是一种获得自身合法性的手段。但从长期来看，依附发展削弱了这些私立学院的办学自主能力，市场竞争力难以提高。这些受助附属私立学院在课程上、教学上乃至管理上都受制于所依附的公立高校，在很大程度上丧失了办学实体的权力和能力。如此，尽管政府提供了财政上的资助，但由于办学缺乏自主性，无法真正获得经费使用的决定权，这使政府的经费资助变得低效。

2. 双重结构失衡：政府财政拨款和高校经费配置的不当

印度政府拨付给高校的财政经费主要分为计划性和非计划性经费两类，前者用于扩充教育规模、购置及更新教育设施等发展性项目，后者主要用于教师薪酬福利、考试等维持办学一般状态的日常性项目。用于发展性项目的计划性经费远远低于用于维持性项目的非计划性费用。尽管印度政府有意识地缩小这个差距，但时至今日，两者间的差距仍过大。发展性投入与维持性投入之间的严重失衡，导致高等教育基础设施不足，严重影响着高等教育的可持续发展，这在印度"十一五"计划期间已有所表现。

高校对所获财政经费的配置和使用同样表现出结构失衡问题。印度高校的经费开支主要分为消费性、资产性开支两类，前者如人事费、管理费、事业性活动补助费等，后者如教学与科研设施购置费、图书购置费等。从印度高校在两个不同性质领域的经费支出比例来看，消费性开支如教师工资支出所占比例过高。尤其值得强调的是，在部分高校中非教学人员数量众多，所占比例甚至远远超过教学人员，非教学人员的工资费用大大挤占了教学人员的工资支出总量，非教学活动经费的过多开支影响了正常的教学支出水平。从总体上说，消费性支出比例过大，使得高校尤其是私立院校因发展性基金的匮乏而影响到长远乃至基本办学项目的发展，如将有限的经费过多投入到消费性领域，使得学校的实验场地和设备、图书资料、教学与生活设施无法在量和质上满足维持正常办学状态的需要，更遑论办学水平的持续提高。

无论是印度政府财政资助在计划性与非计划性经费间的分配失衡，还是包括私立院校在内的高校经费在消费性和资产性开支间的分配不均，都不符合一个国家高等教育体系和一个高校组织发展的要求。只有在不同项目和性质的开支之间，依据高等教育规律来合理分配、使用，经费的价值才能得到最大化实现。

二 印度私立高等教育经费政策的启思

（一）政府向私立高校提供财政资助，应以尊重高校自主权为前提

在整个印度高等教育系统中，私立高等教育始终处在低端层次，受助私立学院与纯私立学院相比没能表现出显著的优势，反而有较少数的私立准大学更具有发展的潜力和活力。政府的财政资助在附属学院那里未能有效转化成办学绩效、办学质量，究其原因还在于这类学院之"附属"性质。在印度的私立院校中，只有附属学院才能够接受政府财政的常规性、持续性资助，但附属学院作为公立大学的附属机构，在课程、教学、考试、管理等各方面都严重地受到公立"母体"大学的控制，缺乏基本的办学自主权，这严重制约着其市场竞争力的提高和办学质量的提升。

尽管受助私立学院办学自主权的匮乏不能说是政府控制或政府损害其自主权的直接结果，但这却引发我们的思考，高校提升办学质量需要哪些基本条件，又需要怎样的一个外部环境？结合我国政府与民办高校之间的关系，一个值得深思的问题是，我国政府应如何对民办高校实施资助才能使资助发挥应有的效能？直接性的财政拨付符合我国民办高等教育的状况吗？而不当的资助方式是否会破坏民办高等教育生态？这是现阶段我国民办高等教育发展过程中面临的亟待解答的基本问题。

（二）在政府财政有限条件下，应鼓励私立高校提升市场融资能力

印度政府在高等教育财政资助能力有限的条件下，重视开发高校的创业和社会融资能力，让高校进入市场，依托自身智力优势寻求与产业、企业的合作，通过市场来实现高校与社会间的双赢性合作。尤其是印度出台的保障性、激励性政策对于以实施职业和技术教育为主体的私立院校而言，更具有意义。同时这也是政府在缓解教育财政压力的同时承担社会责任的客观选择。

充分发挥与市场结合紧密、以市场调节作为办学管理机制的独特优势，从而吸引社会资源投入、体现民办高校在技术型人才培养及应用型技术开发方面的价值，毋庸置疑是我国民办高等教育发展的一个主要方向。而政府为民办高校创建一个自由交换、与公立高校公平竞争的市场环境，

是民办高校发挥制度优势、增强市场竞争力的必需条件。邬大光教授指出,民办高等教育介入资本市场,既是一种国际经验,也是我国的道路选择。① 这就需要我国政府通过政策与制度供给,确保民办高校根据市场和利用市场自主办学。而这又进一步要求政府切实转变对民办高校的传统管理方式,赋予其真正的独立法人地位,明晰其产权、保障其收益权,这是当前我国民办高校发展的要务,因为政府约束过多、政策与法规不完善是我国民办高校真正获得法人地位、行使法人自主办学权力的主要制约因素。

(三) 建立专业的中介性机构,有效协调政府干预同大学自主之间的关系

印度大学拨款委员会在协调政府与大学间的关系方面作用虽然有限,但在高等教育财政资助过程中,其通过评估等形式将各高校的办学质量及发展需求反馈到政府,并依据高校的办学绩效将政府的资助经费配置给不同高校,这在一定程度上关照到了高校的真实需求,同时在一定范围内避免了政府与高校之间发生直接联系,有助于减少政府对高校的直接干预乃至控制。

前文提及,束缚当前我国民办高等教育发展的一个重要因素就是政府管控过多,民办高校的机制灵活性、以市场为基础配置资源的优势未得到充分发挥。从高等教育治理现代化的视角来说,要改变传统的"政府—大学"二元权力谱系,必须引入第三方管理,做到权力分散,而这也是政府由管理实现治理的要求,是建设现代大学制度、实施大学善治的要求。因此,我国民办高校在发展过程中,如何培育中介组织,构建中介组织及第三部门参与大学治理的制度、模式,例如,发挥中介机构在民办高校认证、评估及协调管理、制定行业标准等方面的专业性作用,极其值得深入研究。

(四) 实现财政拨款结构平衡,采取有所为、有所不为的资助做法

提高财政资助质量,必须增强资助结构或拨付流向的科学化。印度在这一点上提供的更多的是教训。政府必须确保有限的私立高等教育投入发

---

① 邬大光:《民办高等教育与资本市场的联姻》,《教育研究》2003 年第 12 期。

挥最大效益。一方面,财政拨款的结构应趋于相对平衡,是用于私立高等教育的规模扩张,还是致力于内涵提升;进一步说,有限的政府资源是投向私立院校的基础设施建设,还是用于教师与学生服务,是倾斜于教师薪酬福利,还是着重强调教学和科研质量的提升,都需要做出科学规划。

另一方面,拨款结构的平衡意味着政府不应采取包揽式的资助方式来扶持私立高校,政府资助应是有所选择的。资助对象的选择不仅指不同的民办高校发展维度,例如教学、科研、教师福利等,还指政府资助的民办高校类型。本研究认为,当前我国政府应该着力扶持那些通过前期自由竞争而培育起了成熟的自组织体系和职能体系,具备了优秀办学质量的民办高校,通过政府重点扶持教学、科研及师生服务等关键领域,提升其核心竞争力。而另一部分已进入资本市场的民办高校,政府应为其创设公平、自由的竞争环境,通过市场的基础性调节作用来培育自我发展能力。总之,政府应采取何种模式来扶持、资助民办高校是值得认真研究的课题。因为这在很大程度上影响着民办高校的性质及其走向,例如有的地方政府给民办高校教师以事业单位编制,这是否会影响到民办高校按市场原则实施教师管理?本研究以为,政府必须资助民办高校的发展,但政府必须以恰当的方式资助,不恰当的政府资助反而会破坏民办高等教育市场秩序,会消解民办高校的市场属性,进而影响其体制和机制优势。例如,事业单位编制短期内有利于民办高校师资稳定,但却降低了学校在师资管理及促进师资内涵建设方面的主动权,从长远来看未必是值得采取的行为。

(五)创建适宜的外部环境,促进公、私立高校间的自由公平竞争

从印度私立高等教育经费政策体系可以看到,无论是受助私立学院还是纯私立学院都没有获得真正的自由、公平的竞争环境,如受助私立学院虽然得到政府的大量财政资助,但却因附属于公立大学而缺少办学自主权;而纯私立学院一方面得不到政府资助,另一方面在争取政府的发展性经费项目时又无力与公立大学展开充分竞争。在竞争政府的科研专项经费中,除了极少数的优质私立高校,绝大多数私立院校都很难获得政府的科研资助。因此,从根本上说,印度至今仍未构建起一个公立、私立高校公平、自由竞争的发展环境。这值得我国引以为览鉴。

在我国，民办高校发展步履维艰，究其根本也在于缺乏公平的体制环境和市场竞争环境。在世界各国政府都加大资助或扶持私立高等教育的趋势下，我国政府对民办高校财政支持明显不足，不仅如此，我国现行的许多政策和法规还在多个方面限制民办高校。也正是因为体制弊端，民办高校缺乏利用市场手段争取经费和按市场原则实施管理的自由环境。在政策和制度供给不足、市场空间狭窄的双重束缚下，我国民办高校发展困难重重。因此，我国民办高等教育的发展，不仅需要政府财政的资助，更亟须政府为之提供一个自由、公平的大环境。在此过程中，应将民办高等教育作为实现公共价值的有效载体，包括支持部分民办高校向营利性高校转型，实现营利与提供公共服务的价值统一。联合国教科文组织在题为《为满足社会变革和发展需要，高等教育和研究的新动力机制》的联合公报中指出："知识型社会要求高等教育系统具有多样化的特征，不同的学校履行不同的使命，满足不同学习者的需求。除了公立学校之外，追求公共目标的私立高等教育将扮演重要的角色"。[①] 印度著名高等教育学家提拉克（J. B. G. Tilak）强调，应把高等教育看作是具有公共利益的服务，不论是采取公共或私人资助形式，须将其纳入公共政策范围，唯有如此高等教育才能满足社会发展的需求。[②]

此外，探微印度殖民地时期以来私立高等教育发展历程，还可以发现：1. 英国的殖民侵略一方面使印度丧失主权，沦为殖民地，另一方面英国的殖民统治推动印度提早踏上了近代化之路，在这个过程中，英国高等教育体系客观上推动了印度私立高等教育的较快发展和近代化历程，这以一种特殊的叙事方式诉说了国际化对于高等教育发展的重要意义。2. 印度民族独立运动冀望通过教育来唤醒民族自觉意识，教育成为追求民族独立的强大武器，高等教育在增强民族文化自觉与文化自信中的作用启示我们，国际化必然是以本土化或民族化为基础的，显然，缺乏本土化的盲目

[①] 2009 World Conference on Higher Education, *The New Dynamics of Higher Education and Research for Societal Change and Development*, Paris, 5 – 8 July 2009. (http://www.unesco.org/en/wche2009/. 2010 – 06 – 26).

[②] Sjur Beryan, etc., *Public Responsibility for Higher Education*, A Report Prepared for the UNESCO 2009 World Conference on Higher Education, 2009, p. 26.

"西化"必然会威胁本国教育、文化主权甚至是民族的根性。3.政府推动与市场选择是影响印度私立高等教育改革和发展进程的两大基本因素,市场在推动私立高等教育扩张、引导私立高校大力发展工程等专业教育的同时,却需要政府通过法律与制度的供给来规范私立高等教育市场。对于市场发育并不成熟的国家来说,政府的财政扶持、立法规范及政策引导对于私立高等教育发展的作用更加凸显。4.规模扩张与质量提升是印度私立高等教育发展的两大主题,规模扩张既是经济社会进步的客观要求,也是为了满足巨大的高等教育需求,但规模战略往往威胁到教育的质量,因此,如何协调规模与质量间的矛盾关系是值得深入探讨的一个重要课题。目前,我国民办高等教育发展也面临着同样的矛盾。

第六章 澳大利亚私立高等教育经费政策

澳大利亚高等教育体系有比较特殊的划分方法，在相当长的时期内，只有大学和高级教育学院被明确定性为高等教育机构；职业技术和继续教育机构则被单列为教育体系中的一部分，属于中学后教育的范围，不被视为真正意义上的高等教育。基于这种划分，可以说，当代澳大利亚的高等教育是由公立高等教育主宰的，因为迄今为止，澳大利亚只有3所私立大学。不过，本研究扩大了澳大利亚传统意义上的高等教育范畴，将开办高级课程并可授予学士、硕士学位的职业技术和继续教育学院也视为高等教育机构，这大大扩展了澳大利亚私立高等教育的范畴。

第一节 澳大利亚私立高等教育发展历程

澳大利亚私立高等教育具有悠久的发展历史，1832年创办的澳大利亚学院是第一所私立高等教育机构，而第一所公立大学是1850年创办的悉尼大学。因此从这个角度来讲，澳大利亚的高等教育是发源于私立高等教育的，并在早期的发展过程中，保持有较强的私立传统。澳大利亚私立高等教育发展大致可以分为四个阶段。从1832年到"二战"结束是第一阶段，这是澳大利亚私立高等教育的建立与初步发展的时期。这一时期，澳大利亚逐渐形成每州一所大学的状态。第二阶段是从第二次世界大战到20世纪80年代。这一时期，澳大利亚私立高等教育处于衰退时期。随着澳大利亚社会的整体发展，州政府和联邦政府逐渐通过财政杠杆的作用将一些主要由私人或教会捐赠所办的大学转化为主要依赖国家的公立大学，这个时期全国已几乎没有一所纯粹意义上的私立高等教育机构。第三阶段从20世纪80年代到2003年，是澳大利亚私立高等教育恢复发展的时期。这一时期澳大利亚高等教育进入到大众化发展阶段，加之新自由主义与新公共管理主义的盛行，澳大利亚高等教育开始进行市场化改革、政府不断放松对高等教育的管制，私立高等教育借此契机开始重建。1987年邦德大学建立，打破了公立大学一统天下的局面。第四阶段是从2004年至今，是澳大利亚私立高等教育的快速发展阶段。2003年，澳大利亚高等教育支持法案出台，明确了高等教育的分类以及相应的资助管理政策，促进了澳大利亚各类高等教育的发展。

一　澳大利亚私立高等教育的产生

19世纪50年代的澳大利亚"淘金热"，在带动澳大利亚经济发展的同时，因为经济发展的需要也引进了大量人才，经济发展与人才的引进既为澳大利亚高等教育的产生与发展提供了物质基础及人力资源，也产生了对高等教育的需求。1850年悉尼大学建立。随后，根据每州开办一所大学的政策，墨尔本大学（1853年）、阿德莱德大学（1874年）、塔斯马尼亚大学（1890年）、昆士兰大学（1909年）和西澳大利亚大学（1911年）等相继建立。这些大学的建立都带有较深厚的私立传统。然而，由于澳大利亚当时的经济发展水平比较低，社会生产仍然主要依靠体力劳动者，对高层次专门人才的需求并不大，因此，当时许多人认为兴办大学是劳民伤财的奢侈举动。与此同时，澳大利亚经济在一个较长的时期，因为受到世界范围的经济萧条和两次世界大战的显著影响而处于低迷状态，所以从1914年至1945年的30余年间，澳大利亚私立高等教育几乎没有什么进展，甚至处于停滞状态。

这一时期，澳大利亚私立高等教育的重要特点是个人在大学创办过程中占主导地位，大学主要沿袭英国模式。以悉尼大学为例，威廉姆·查尔斯·温特沃斯（William Charles Wentworth），于1848年，向新南威尔士立法委员会（New South Wales Legislative Council）提交了《温特沃斯报告》，建议将当时的悉尼学院扩建为一所真正的大学。正是在其领导下悉尼大学于 1850 年得以建立。1855 年约翰·亨利·查雷斯（John Henry Challis）向悉尼大学捐款 25 万英镑，有力促进了悉尼大学的发展，并在一定程度上推动了政府对悉尼大学的投入。1880 年约翰·亨利·查雷斯的遗产捐赠，又使悉尼大学得到非常可观的发展资金，促进了学校的进一步发展。正是由于这些人的努力，才使澳大利亚高等教育在这一时期得以建立并获得较好的发展。在办学模式上，悉尼大学、墨尔本大学等高校都是仿照英国剑桥大学或伦敦大学建立，具有明显的英国特色。

私人捐款和学生学费是这一时期澳大利亚高校的主要经费来源。在 1935 年以前，联邦政府对各大学基本没有经济资助。大学生存和发展的主要财政来源为各州拨款、学生缴纳的学费、私人捐款等。1931 年，澳大利亚经济由于受世界经济危机的影响开始衰退，直接导致大学办学经费短缺。[①] 严峻的社会形势和各界的压力促使联邦政府开始出资扶持大学。1935 年，澳大利亚联邦政府通过科学工业研究委员会向大学下拨 3 万英镑，作为科学研究的经费，这成为联邦政府资助大学的先例，其意义在于一方面缓解了大学的财政危机；另一方面，使联邦政府对高等教育的影响开始日益加深。[②]

这一阶段的私立高等教育并没有得到充分的发展，前期是因为当时澳大利亚以传统的农业、矿业等为主要产业，需要的多是体力劳动者，对高等教育的需求相对较低。等开始意识到高等教育的重要性时，两次世界大战又从经济、文化、生源等方面阻碍了私立高等教育的发展。因此，澳大利亚高等教育产生后，这一时期发展比较缓慢，几乎处于停滞状态。

二 澳大利亚私立高等教育的衰退

"二战"后到 20 世纪 80 年代，澳大利亚私立高等教育处于衰退时期，院校合并以及教育政策的变化，推动了私立高等教育的国家化和公立化，

[①] 王斌华：《澳大利亚教育》，华东师范大学出版社 1996 年版，第 57 页。
[②] 同上书，第 182 页。

高等教育机构所需经费都由联邦政府和州政府全权负责,全国几乎没有了一所纯粹意义上的私立高等教育机构。究其原因,一方面是"二战"后澳大利亚面临国家经济的重建以及秩序的恢复,需要高等教育培养大量的人才;复员军人的安置,也使澳大利亚高等教育需求急剧增加。另一方面,随着经济的发展、经济理论特别是人力资本理论的传播,澳大利亚联邦政府越来越认识到高等教育的重要性,更有意识地通过财政手段加强对高等教育的控制和领导。另一方面,20世纪70年代,一些大学受经济衰退影响,出现办学经费困难的局面,也为政府介入提供了契机。

政府主导和国有化、公有化是这一时期澳大利亚私立高等教育发展的重要时代特征。地方政府尤其是联邦政府,通过对私立高等教育的资助逐渐掌握了私立高等教育的控制权与领导权。1946年,联邦政府通过修正宪法正式获得了资助大学的立法权。1951年,联邦政府调查州立大学的经济状况,并根据调查情况调整了给各州的经常性拨款数额,以保证各州发展大学的基本经费。1951年11月,联邦政府又通过了国家拨款法案,设立多种特殊拨款项目,向大学拨付经费。1957年9月,《默里报告》(Murray Report)指出,新南威尔士州仅有4.4%的适龄青年能够进入大学学习,这与理论上至少有16%的适龄青年在智力上能够胜任大学学习差距甚远,因此,大学必须继续扩大规模。但当时大学的办学经费严重不足,经费来源主要是州政府拨款、私人捐赠和学杂费。根据默里委员会的调查,州政府拨款占学校收入的50.3%,学杂费收入占大学收入的15.6%,还有较大的经费缺口。[1] 鉴于大学发展的实际需求,联邦政府大幅度提高了对高等教育的支持力度,随后拟定了1958—1960年共3年的拨款计划。1963年,政府实施了自然科学大额基金和辅助奖学金,这两种措施都给私立学校提供了"多得不成比例"的好处。[2] 1973年的《卡梅尔报告》明确了联邦政府在学校教育中的角色和作用,并规定了如何对私立学校进行分类和拨款的制度和标准(该标准远远高于当时在公立学校和天主教学校体系中较普

---

[1] 王斌华:《澳大利亚教育》,华东师范大学出版社1996年版,第182页。
[2] [澳]西蒙·马金森:《澳大利亚教育与公共政策》,严慧仙、洪森译,浙江大学出版社2007年版,第149页。

遍的投入水平)。按照该报告的提议,联邦政府之后两年对技术和培训学校的投入大幅提升,由3.64亿澳元提高到10.91亿澳元,显著改善了私立技术学校的物质条件。[①] 联邦政府向各大学划拨经费占大学总收入的比重逐步提高,1951年为20.5%,1961年增加到43.9%,增长了23.4%。1974年,惠特兰政府宣布取消学费,以往由各州教育局控制的师范学院改制为高等教育学院,以获得联邦经费。联邦政府将负责高等教育的所有经费。截止到1981年,联邦政府对大学的投入已达到89.3%,联邦政府牢牢把握了对高等教育的控制与领导权(具体请见表6-1),澳大利亚私立高等教育比例大幅下降。

表6-1　　　　　　　　澳大利亚大学经费来源比例[②]　　　　　　单位:%

	1939	1951	1961	1971	1981
学费	31.7	16.7	8.6	10.4	0
联邦资助	0	20.5	43.9	43	89.3
州政府资助	44.9	43.7	36.3	35.7	0.8
其他	23.3	19	11.2	10.8	9.9

注:"其他"包括捐赠、遗赠、投资收入、研究资助。

三　澳大利亚私立高等教育的复兴

20世纪80年代末到2003年是澳大利亚私立高等教育的恢复发展期。早在20世纪70年代中后期,澳大利亚因经济发展速度显著放缓,靠联邦政府的财力支撑全民免费高等教育日显力不从心。20世纪80年代末,澳大利亚高等教育进入大众化阶段,1987年12月,约翰·道金斯(John Dawkins)实施一体化改革,对澳大利亚的高等院校进行调整合并,同时扩大大学的招生规模。大学规模的扩张,在学人数的剧增,对政府的资助能力提出严峻挑战。单纯依靠政府投入已经不能满足澳大利亚民众接受高等教育的强烈需求。为了扩充高等教育经费来源,澳大利亚政府开始鼓励私立大学的创办。1987年邦德大学的建立打破了公立大学一统天下的局面。

---

① 范立民:《外国高等教育政策研究》,天津人民出版社2013年版,第87页。
② 吴慧平:《澳大利亚高等教育成本分担计划概述》,《外国教育研究》2007年第7期。

1988年的《高等教育资助法案》明确了私立高等教育机构的合法地位，从国家层面的法律上赋予私立高等教育机构自主管理的权利。该法案将私立高校纳入国家统一的教育体制，并通过统一的法规体系规范私立高校的发展。2003年，澳大利亚颁布《我们的大学——支撑澳大利亚的未来》的报告，进一步放宽创建大学的准入制度，允许符合条件的私人机构和海外机构在澳大利亚开办大学和相应的教育机构，澳大利亚私立高等教育得以恢复发展。

20世纪80年代，澳大利亚高等教育进入大众化发展阶段，要求引入市场化的教育机制进行教育改革。同一时期，新自由主义与新公共管理主义盛行。新自由主义围绕自由化、私有化以及否定国家干预，要求政府放松对教育的管制，引入市场竞争机制，发挥私有的作用，建立私立高等教育机构或改造公立高等教育机构。而新公共主义则是为实现"经济"、"效率"和"效果"作出努力[1]。这些都促使澳大利亚政府进行一系列的改革，增强教育制度的自由性，开放私立高等教育市场，使私立高等教育发展在国家政策层面上获得良好的契机。

1999年，澳大利亚私立高等教育机构注册生数占到高校学生总数的3.4%，并显现出进一步扩大的趋势。在私立高等教育机构的学生中，硕士研究生要多于攻读学士学位的学生。根据1999年的数据，私立高等教育机构的学生中，有47%攻读硕士研究生课程；44%攻读学士学位。[2]

这一时期的澳大利亚私立高等教育机构，有许多都开展多样化教育，既提供职业教育课程，也提供培训和高等教育课程。这些私立高等教育机构大致可以分为四类：①属于专门工业行业协会的，约占33%；②满足特殊市场需求的机构，约占28%；③私立大学以及有私人参与的大学，约占22%；④神学院占17%。其中满足特殊市场需求的教育机构，包括可供选择的商科学院、健康疗法学院、提供视觉艺术与表演艺术的学校以及独立

---

[1] ［澳］欧文·E.休斯：《公共管理导论》，彭和平等译，中国人民大学出版社2001年版，第2页。

[2] 驻澳大利亚使馆教育处：《澳大利亚私立高等教育一瞥》，《世界教育信息》2002年第7期。

的基督教学院。① 由于市场竞争机制的引进，私立高等教育机构中最受欢迎的学科为银行学、金融、商业、管理等与市场紧密联系的学科；法律、视觉艺术与表演艺术等学科的注册人数也比较多。总之，适应市场需求的私立高等教育机构在吸纳学生方面具有更大的优势。

随着高等教育的大众化，高等教育规模显著扩张，联邦政府已经没有能力全权负责高等教育发展所需的经费，高等教育的经费筹集开始多元化。

首先是逐步恢复高等教育收费机制。1986年，联邦政府经济计划咨询委员会提出了支持高等教育收费的观点，随后，澳大利亚政府组建"高等教育行政收费（HEAC）"机构，尝试恢复收费制度，规定自1987年起，澳大利亚所有大学向每生统一征收250澳元作为管理费。1987年12月，澳大利亚政府又相继发表高等教育绿皮书与白皮书，支持大学收费制度。1988年，澳大利亚政府接受了由高等教育资助委员会提出的高等教育成本分担计划：由学生或者家长分担20%的高等教育成本，剩下的80%由政府和企业界负担。该项计划随后在《高等教育资助法案》中被正式实施。1989年，高等教育成本分担计划以可以毕业后付费的形式，开始对每个全日制学生收取每年1800澳元的学费。从1987年开始商榷，到1989年确定收费，学费在澳大利亚高等教育经费收入中的比重逐年攀升，1991年为9.8%，1994年为10.8%，1996年为13.4%，1998年为16%，到2001年占到了19.8%（见表6-2）。

表6-2　　　　　　　　澳大利亚高等教育经费收入比例②　　　　　　单位：%

	1981	1987	1991	1994	1996	1998	2001
hecs			11.7	12.8	11.6	17.2	17.4
学费	0	2.3	9.8	10.8	13.4	16	19.8
联邦资助	89.3	82.9	61.7	60.1	56.7	50.8	43.3
州政府资助	0.8	1	5.1	1.9	1.4	1.1	1.7
其他	9.9	13.7	11.7	14.4	16.9	14.9	17.5

注："其他"包括捐赠、遗赠、投资收入、研究资助。

---

① 驻澳大利亚使馆教育处：《澳大利亚私立高等教育一瞥》，《世界教育信息》2002年第7期。
② 吴慧平：《澳大利亚高等教育成本分担计划概述》，《外国教育研究》2007年第7期。

其次是提倡社会及个人以捐赠、遗赠、研究资助等方式加大对高等教育的投入。1996年，联邦政府做出了重大政策变革，颁布《高等教育支持计划》，重新强调院校应该把重点放在吸引非联邦政府收入方面。当然，澳大利亚政府的资助仍是高等教育经费中不可或缺的一部分。虽然澳大利亚政府不断减少对高等教育的投入，但政府投资仍占最大比重。2003年12月，澳大利亚议会通过了《高等教育支持法案》。该《法案》详细规定了高等教育机构的分类，以及政府多样化的拨款方式，确立了联邦拨款、其他项目拨款以及联邦奖学金拨款等基本资助形式。该法案的出台，加快了澳大利亚高等教育经费政策的改革，一方面降低联邦政府应承担的高等教育经费投入比例，另一方面也试图保障具有不同经济背景的学生都能接受高等教育。

这一时期，澳大利亚私立高等教育面临的主要问题，依然是经费不足。虽然私立高等教育机构的办学经费来源趋于多元化，然而，联邦政府的资助急剧减少，其他方面的投入又明显不足。此外，因高等教育大众化带来的私立高等教育规模的扩张，更加剧了私立高等教育的经费危机。

规模的扩张还带来私立高等教育质量的相对下降。规模扩张的同时，办学经费却没有相应的增长，造成质量的相对下降。1991年10月联邦政府发布了《高等教育：90年代的质量与多样化》，要求建立高等教育质量保障机制；促进高校教学水平的提高；促进高等教育参与的公平性，同时建立高教机构之间的学分转移系统；保障高教机构的多样性，为建立高等教育质量保障机构打下了政策和理论基础。1998年初，澳大利亚建立了一套质量保证机制，由联邦政府、州与地方政府、大学、大学质量保证署、澳大利亚大学学历资格评定框架署（Australian Qualification Framework）等五方组成，各方职能明确，既分工又合作。

四　澳大利亚私立高等教育的快速发展

2003年《高等教育支持法案》的出台，加快了澳大利亚高等教育经费改革的进程，明确了政府对私立高等教育机构学生给予资助的基本政策，2005年，澳大利亚联邦政府实施学费救助计划（FEE-HELP），经过认证的私立高等教育机构全额自费学习课程的本科生和研究生可获得学费资助贷款。这项措施有力地促进了私立高等教育机构的发展，使联邦政府成为私立高等教育经费投入的一个重要来源渠道。另外，澳大利亚政府推行教育市场化运作，鼓励高校开拓留学教育市场，扩充经费投入渠道，私立高等教育机构中有一半以上的机构获准向海外学生开设课程，招收国际学生，收取较高留学费用，以自主筹措更多经费。澳大利亚私立高等教育开始进入多元发展的繁荣时期。

第二节 澳大利亚私立高等教育经费政策的发展演变、主要内容及特点

澳大利亚以学校分类为基础，确立了系统的高等教育经费政策，私立大学和其他私立高等教育机构作为澳大利亚高等教育体系的组成部分，享有平等的权利。澳大利亚私立高等教育经费政策包括投入政策、分配与使用政策、管理政策等内容，政策体系规范系统且具有鲜明特点。

一 澳大利亚私立高等教育经费政策的发展演变

20世纪之前，澳大利亚政府对私立高等教育介入较少，但随着澳大利亚社会经济的发展，尤其是1929—1933年资本主义经济危机之后，澳大利亚政府越来越意识到高等教育发展的重要作用，逐渐采取财政措施介入高等教育领域，使早期以教会投入和捐赠为主要经费来源的大学逐步转变为国家所有的公立大学。第二次世界大战之后，澳大利亚政府投资高等教育的政策取向一直在加强。1974年澳大利亚确立了联邦政府完全负担高等教育经费的制度，此时联邦负担经费部分已接近90%。[1] 1973年5月，澳大利亚教育临时委员会对澳高等教育进行调查，出台题为《澳大利亚的学校》的报告（又称《卡梅尔报告》），也规定了联邦政府对私立学校进行分类和拨款的制度与标准。[2]

---

① 祝怀新：《面向现代化：澳大利亚高等教育研究》，浙江大学出版社2009年版，第4页。
② 范立民：《外国高等教育政策研究》，天津人民出版社2013年版，第87页。

20世纪80年代，受人力资本理论和教育市场理论的影响，澳大利亚高等教育经费政策产生了深刻变化。这一时期，人力资本理论确信政府和个人在教育上的投资可以促进科技进步和经济增长，而个体接受高等教育将获得更为显著和直接的利益。基于这些理论，以及受到经济合作与发展组织 OECD 有关教育和经济政策研究的影响，澳大利亚一些经济学家提出了有关政府经费支出的新观点，认为高等教育的收益主要是私人的，政府没有义务承担过多经费。澳大利亚政府开始改变高等教育经费由国家财政单独支付的政策现状，制定并出台由高等教育受益人分担高等教育成本的政策。1988年，澳大利亚兰恩委员会向联邦政府提交报告，建议实施向学生收取学费制度。1989年，澳政府即施行了高等教育捐献计划（HECS, Higher Education Contribution Scheme）。[①] 尽管这项经费政策只涉及澳大利亚公立高校，但却因此改变了澳大利亚民众长期以来接受免费高等教育的传统观念，个体需付费上学的思想逐渐被认可、推广。HECS 计划的实施，也成为影响澳大利亚私立高等教育经费政策的转折点。因为政府在实施 HECS 计划的同时，明确表明对私立高校可实行补助。《高等教育支持法案2003》的出台及其之后的系列修订，成为影响澳大利亚高等教育经费投入的重要政策。

二 澳大利亚私立高等教育经费政策主要内容及特点

澳大利亚私立高等教育经费政策的内容及特点主要表现为确立竞争性拨款政策、经费投入政策体系化、学生贷款政策惠及本国所有学生、教育捐赠和税收优惠政策相辅相成等四个方面。

（一）确立竞争性拨款政策

1987—1988年，澳大利亚联邦政府就业、教育与培训部（Department of Employment, Education and Training, DEET）部长约翰·道金森连续发布高等教育绿皮书和高等教育白皮书（《高等教育：一份政策声明》，Higher Education: A Policy Statement），开启了澳大利亚新一轮高等教育改革。除

---

① ［澳］西蒙·马金森：《澳大利亚教育与公共政策》，严慧仙、洪淼译，浙江大学出版社2007年版，第35页。

了一些机构的变更,此次改革的重要成果是通过新政策的实施,将竞争机制引入澳大利亚高等教育拨款体制中。负责拨款事务的澳大利亚研究委员会（Australian Research Council,ARC）将按照道金森政策的指导实行新的拨款机制。白皮书指出,联邦政府不再增加经常性拨款,而是建立研究性拨款,并且研究性拨款的分配原则是根据高校（包括大学和学院）各自的教育状况和绩效水平,由各校竞争获得,而不是均等分配。[①] 这一拨款政策的实施确立了澳大利亚研究性拨款的竞争机制,并与原来的经常性拨款、基建拨款等共同构成丰富多样的拨款体系。大学为了获取更多的竞争性资金,积极关注自身的教学和研究成果,政府获得更多管理、引导高校发展的主动权。这一竞争性拨款的政策自实施以来,迅速成为澳大利亚研究委员会研究性拨款的主导政策,发挥着重要的引导作用。时至今日,澳大利亚联邦政府资助的高校范围正逐渐扩展到所有高等教育机构,但在研究性资金的拨款方式上,依然秉持着以绩效为基础的竞争性机制。

（二）经费投入政策体系化

澳大利亚私立高等教育的经费投入政策包含一揽子的联邦资助政策、学生贷款政策、私人捐赠政策、税收优惠政策以及科研成果商业化政策等,已经形成相辅相成的政策体系,为私立高等教育的经费投入创造了良好的政策环境。

早期澳大利亚大学的发展主要靠地方州政府、学生学费和私人捐款支持,直至20世纪30、40年代,联邦政府才逐渐参与到澳大利亚高等教育的发展中,并扮演重要的角色。在很长一段时期内,澳大利亚政府推行免费高等教育政策,使其公立大学占有绝对比重,不仅形成了浓厚的高等教育公立化特征,也使得联邦和州政府的财政负担愈加繁重。20世纪80年代末,随着澳大利亚高等教育大众化的发展,澳大利亚高等教育经费政策发生重大改变,政府资助额度下降,开始向学生收取学费。同时,高等教育国际化的发展,以及国际科技竞争的加剧,促使政府采取措施保障、提升高等教育质量。私立高等教育机构也开始受到政府的关注和支持。

[①] 杜海燕：《澳大利亚大学发展史研究》,天津教育出版社2012年版,第121页。

2013 年修订的《高等教育支持法案 2003》(Higher Education Support Act 2003) 是目前影响澳大利亚联邦政府资助的最重要法案。该法案制定和实施主要有四大目标：第一，支持高等教育系统，使之形成质量优异、多样化和机会公平的特征，以发展澳大利亚文化性和知识性的生活，适应澳大利亚社会和经济发展对高层次人才和熟练技术人才的需求，促进和保护教学研究过程中对知识的自由探索；第二，支持大学的具体目标，如培养人才，在社区文化、经济和社会发展中承担引领角色，创新、发展知识，以及应用知识和成果使国家和社会更加美好；第三，加强澳大利亚的知识基础，提升澳大利亚的研究能力，增进其对国家经济发展、国际竞争力提升和社会目标实现的贡献；第四，支持学生接受高等教育、特定职业教育和训练。[1]

联邦政府的资助对象包括高等教育机构（Higher Education Providers）和学生。针对高等教育机构的资助包括联邦拨款计划（Commonwealth Grant Scheme）下的拨款、其他专项拨款和通过学校直接支付给学生的联邦奖学金拨款（Grants for Commonwealth Scholarships）；针对学生的资助通常以贷款形式实施，包括高等教育成本分担救助（HECS-HELP Assistance for Student Contribution Amounts）、学费资助（FEE-HELP Assistance for Tuition Fees）、海外学习援助（OS-HELP Assistance for Overseas Study）、学生服务与设备费用补助（SA-HELP Assistance for Meeting Student Services and Amenities Fees Imposed by Higher Education Providers），以及职业教育与培训费用资助（VET FEE-HELP Financial Assistance to Students Undertaking Certain Accredited Vocational Education and Training Courses）等项目。[2]

澳大利亚政府还向高等教育机构提供用于特定目的的多种资助项目，主要包括残障资助项目（the Disability Support Program，DSP）、原住民资助项目（the Indigenous Support Program）、机构调适基金（Structural Adjust-

---

[1] *Higher Education Support Act* 2003, 2015 – 04 – 20, p. 3, (http://www.comlaw.gov.au/Details/C2013C00472/Download).

[2] *Higher Education Support Act* 2003, 2014 – 05 – 20, p. 4 – 5, (http://www.comlaw.gov.au/Details/C2013C00472/Download).

ment Fund)、高等教育参与与合作项目（the Higher Education Participation and Partnership Program, HEPPP)、高等教育优质学习与教学提升项目（the Promotion of Excellence in Learning and Teaching in Higher Education)、养老金计划（the Superannuation Program)、澳大利亚数学和科学合作计划（the Australian Maths and Science Partnerships Program, AMSPP)，以及其他高等教育项目主要包括由教育投资基金（the Education Investment Fund, EIF）提供的重大战略性基础设施投资项目等。[1]

联邦政府将依据高等教育机构所提供的课程情况、各专业的社会需求状况以及地区经济发展水平等因素，进行综合考虑，确定对各高等教育机构的资助金额。以专业为例，联邦政府对各专业的资助金额表现出很大的差异，主要表现为对医学、科学、农业等专业的资助金额较大，而对法律、经济、管理等薪酬水平高、回报率高的专业资助较少。2014年，澳大利亚政府计划为高等教育提供140亿澳元的资助，大部分资助通过一系列项目直接投向高校教学领域，这些项目包括设施建设、学生资助、提升公平、改进质量等。[2] 资金的管理都是基于《高等教育支持法案2003》。这些资助对公私立高等教育机构的性质并没有严格限定，大多是按照高等教育机构的分类。目前，像奖学金政策，原来是局限于公立高等教育机构和私立大学的某些专业，现在已经扩展至所有的其他私立高等教育机构。

除了联邦政府的经费投入计划之外，澳大利亚还制定出台了一系列促进高等教育经费投入的相关政策，如捐赠政策、税收政策、知识产权政策、科研成果商业化政策、高等教育市场化政策、高等教育国际化政策，等等。这些政策共同构成了相辅相成的政策系统，形成促进私立高等教育机构经费投入的稳定推动力，保障了澳大利亚私立高等教育的发展和提升。

（三）学生贷款政策惠及本国所有学生

澳大利亚政府为本国或在学期间持有永久居留签证的学生提供了四种贷款项目，分别是高等教育分担救助计划（HECS-HELP)、学费资助计划

---

[1] Funding, *Department of Education and Training*, 2015-05-02, (http://education.gov.au/funding).

[2] Ibid.

(FEE-HELP)、海外学习援助计划（OS-HELP）和学生服务与设备费用补助计划（SA-HELP）等。对于接受职业教育与培训的学生，则可以向联邦政府申请职业教育与培训费用资助（VET FEE-HELP Assistance）。值得注意的是，这些资助项目都是以贷款的形式由联邦政府向学生提供。

1. 高等教育成本分担救助计划（HECS-HELP）

在高等教育成本分担救助计划（HECS-HELP）方面，学生可以根据自己的实际情况选择提前支付部分款项或者直接申请联邦贷款。凡是提前支付超过500澳元的学生，都可以享受预付款1/9的优惠；全额缴纳费用的学生可以得到学生承担部分10%的优惠；其他学生可根据需要向联邦申请贷款支付自己无力承担的那部分费用。举例说明，如果某学生需要分担的教育成本总额为2745澳元，他自己有能力提前支付900澳元，由于900澳元达到了政府规定的可享受优惠的500澳元标准，因此该生可享受预付款（900澳元）1/9的优惠，即100澳元。那么，他只需要再向联邦政府申请1745澳元的贷款支付给所入读的高校即可。对于不同专业来讲，政府也规定了学生每年应承担的最高费用额度。具体请见表6-3。

表6-3　　　　各专业学生分年承担的最高学费额度一览表

序号	专业领域	学生分担最高额度（澳元）
1	法律、会计、行政、经济、商科	8859
2	人文	5310
3	数学、统计、行为科学、社会研究、计算机、建筑环境、其他健康专业	数学、统计、计算机、建筑环境、其他健康专业　7567
		行为科学、社会研究　5310
4	教育	5310
5	临床心理学、综合健康（Allied Health）、外语、视觉表演艺术	临床心理学、外语、视觉表演艺术　5310
		综合健康　7567
7	工程、理学、测量	7567
8	牙科、医药、兽医、农学	牙科、医药、兽医　8859
		农学　7567

数据来源：Higher Education Support Act 2003，2014-05-20，（http://www.comlaw.gov.au/Details/C2013C00472/Download）.

2. 学费救助计划（FEE-HELP）

联邦政府的学费救助计划主要是指为全额付费的本科生与研究生提供的学生贷款。这里的"FEE"涵盖学费、考试费以及其他有关学习的费用，不包含住宿费、非学术性质的学生服务及器材费用等。根据澳大利亚教育经费资助法案，贷款金额取决于学生主修的专业。如果学生同时选修其他专业的课程，那么该生学费贷款总额不允许超过注册时所选专业的最高学费额度。由于澳大利亚实行完全的学分制，学生每年按选修的课程学分交纳学费，学生若跨专业选修课程，则学费总额取决于学生所修的所有课程学分，但学生能贷款的额度受主修专业限制，因此，此项贷款额度可能低于学生需交的学费总额。

3. 海外学习援助计划（OS-HELP）

针对学习亚洲语言以及留学海外的澳大利亚学生，联邦政府提供了学习亚洲语言的额外补助和海外学习援助。但是，法案对申请学生的国籍、课程学习等都提出了明确的要求。例如，申请学生必须为澳大利亚国籍；申请者必须是自2005年1月1日以后开始进行全日制学习的学生；学生所修课程的 EFTSL[①] 值至少要达到1。

在海外学习资助金额方面，法案规定：在亚洲国家学习（除亚洲语言学习以外）的学生，6个月资助金额不得超出7500澳元；其他国家不得超过6250澳元；学习亚洲语言的6个月资助总金额不得超过10000澳元。[②]

4. 学生服务及设备费用补助计划（SA-HELP）

根据2011年10月澳大利亚议会通过的高等教育法修订案（the Higher Education Legislation Amendment（Student Services and Amenities）Bill, 2010），大学可以向学生收取263澳元（SA费用将随每年的物价变动而变化）的学生服务与设备费用（SA-fee）。SA-FEE 将按照全日制与非全日制

[①] EFTSL：Equivalent Full Time Student Load，相当于全日制学生学习负担，是衡量全日制学生每门课程学习量的值。就全日制本科生而言，1学年80个单位的学习量，为1标准EFTSL值，如果某课程1学年的学习量是10个单位，则该课程的EFTSL值为10/80 = 0.125，那么学生一学年修8门课程的总 EFTSL 值 = 8 * 0.125 = 1。

[②] Office of Parliamentary Counsel, *Higher Education Support Act* 2003, 2014 - 05 - 20, p. 146, (http://www.comlaw.gov.au/Details/C2013C00472/Download).

学生分类收取。当然，像 HECS-HELP，FEE-HELP 一样，学生可以向联邦政府申请 SA-HELP，延期支付这部分的费用。

5. 职业教育与培训资助计划（VET-FEE HELP）

对于职业教育与培训，澳大利亚联邦政府向学生提供 VET 贷款（VET FEE-HELP），以资助学生接受职业教育与培训课程。贷款将直接拨付给 VET 提供者，要求他们必须满足 VET 质量与责任需求和学费保证要求（Tuition Assurance Requirements），关于 VET 资助的其他规定与联邦政府的其他资助计划大体相同。

（四）教育捐赠和税收优惠政策相辅相成

澳大利亚联邦实行分税制，即税收收入由中央税收收入和地方税收收入构成。联邦政府征收的税种主要有公司所得税、个人所得税、消费税、货物劳务税（Goods and Service Tax）和附加福利税等；州政府主要征收土地税、印花税、工资税、债务税等。在联邦政府的税收收入中，个人所得税占整个联邦税收收入的 60%[①]，因此，澳大利亚联邦是一个高福利、高税负的国家。

澳大利亚联邦对注册为可接受捐赠的机构（DRG）实行税收优惠或减免。目前，澳大利亚政府将 DRG 机构划分为 47 种，11 组；涉及健康、教育、研究、福利和权利、防御、环境、家庭、国际事务、运动娱乐、文化组织和附属基金等组织机构。作为一种 DRG 机构，私立高等教育机构所享受的联邦给予的税收优惠政策主要有两种：一是举办以慈善为目的的筹资活动时，如慈善晚会等，捐赠者捐助超过两澳元或者参与慈善义卖，并且商品价值超过 150 澳元都可以申请税收减免；二是对于接受捐赠的机构，再转卖捐赠的二手产品时，可以免缴货物劳务税。此外，符合相关条件，私立高等教育机构还可以享受附加福利税的优惠。

捐赠减免税政策的配套实施为澳大利亚私立高等教育机构获得广泛的社会捐赠资金提供了完善的政策制度保障。注册为非营利组织的私立高等教育机构不但本身可免除税收，还可因为自身是可接受捐赠的机构而获得

---

① 《澳大利亚税收制度及其借鉴》，2014 年 4 月 13 日，（http://www.chinaacc.com/new/253/263/2006/1/ad48852131451716002172 67.htm）。

诸多社会捐赠。与此同时，社会企业组织或个人向注册为非营利组织的高等教育机构捐赠，也会享有税收减免优惠政策。这为私立高等教育机构获得社会资金的投入开辟了畅通的渠道。

表6-4　澳大利亚联邦政府对非营利组织的税收优惠政策①

征收税种	优惠政策	享受优惠的组织类别
公司所得税	免税，无须提交所得税申报表	体育俱乐部和社区服务组织
个人所得税	免税	志愿者
捐赠扣除	全额扣除	DRG（接受捐赠的机构）
货物劳务税	供应澳大利亚的10%优惠，出售捐赠的二手产品免税；	慈善组织
免缴附加福利税（FBT）	免税或部分优惠，但有最高额度限制	公共慈善组织（PBI）和健康促进慈善组织（HPC）免税，慈善组织退税48%（慈善基金组织除外）

若要享受减税待遇，捐赠必须符合以下条件：（1）澳大利亚法律将捐赠视为赠予。赠予的物品是捐赠者已经自愿进行支付了的。而且，捐赠者在赠予之后，不得接受任何物质好处作为对赠予支付的交换；（2）捐赠的对象必须是一个减税免税捐赠接收组织；（3）捐赠的物品必须是货币或者某种类型的实物。例如：股份、家具和土地等。

（五）经费分配、使用、管理和监督政策系统化

澳大利亚政府对私立高等教育机构的各类经费，尤其是联邦政府对私立高等教育机构投入的经费，有系统完善的经费分配、使用、管理和监督政策，以保障经费使用效率，达到投资回报的最大化和最优化。

1. 经费分配政策

澳大利亚政府的资助项目种类繁多、目的多元，诸如促进公平、提升质量、支持科研等，其实质是政府通过购买大学服务，实现社会经济发展的目标。经费的分配有着严格的条件限制，对不同资助项目确立不同的申请资格和申请类型，对申请机构的资质进行明确的限定，如举办者所提供的课程必须是认证课程（Accrediting Course）；若申请机构是高等教育举办者，还要求其必须达到质量和责任要求（Quality and Responsibility Requirements），等等。《高等教育支持法案2003》中曾详细列明私立大学能申

---

① 《澳大利亚税收制度及其借鉴》，2014年4月13日，（http://www.chinaacc.com/new/253/263/2006/1/ad48852131451716002177267.htm）。

请的资助项目，包括科研项目及提升科研能力的资助、研究生培养资助项目、多样化和体制改革资助、结构调整资助项目等等。

2. 经费管理政策

《高等教育支持法案2003》中关于学校资助的管理政策，对接受资助的高等教育举办者提出了明确的要求，包括质量与责任要求、学费保证要求等。如果高等教育举办者未能满足相关要求，联邦教育部将有权视情况削减甚至追回资助款项。关于资助数额，法案对每一年度的资助数额都进行了详细的规定：联邦教育部将依照相关的法律文件，确定资助项目的数额；若法律文件未明确指定资助数额，将依照高等教育资助法案中规定的资助数额确定拨款金额。此外，法案还规定，本年度资助的结余部分将留作下一个年度继续使用，并要求结余部分要用于同一目的，不得挪作他用。对联邦政府提供给学校，用于资助学生的奖学金项目，法案也有明确的管理要求，要求该高校必须符合质量和责任需求（Quality and Responsibility），否则联邦政府将有权削减甚至是追回拨款。实际上，这一条款适用于联邦政府对高等教育提供者的所有资助项目，其目的在于激励高等教育提供者提高办学质量，提高教育经费的使用效率。

《高等教育支持法案2003》除了对教育资助的申请和发放提出明确的要求外，还对教育资助的削减与追回也做出了明确的规定。值得一提的是，法案要求联邦教育部在做出削减或追回资助的决定前，要充分考虑削减或追回资助对澳大利亚高等教育声誉、对正在受惩罚高校就读的学生以及高等教育本身的影响。决定做出后，高等教育举办者要在规定的时间内向教育部书面回复，否则在截止日期结束以后，决定立即生效。

对学生贷款项目的管理，法案规定了两种学生贷款偿还形式：一种是自愿偿还，可以享受偿还优惠；一种是强制偿还，是指通过基于收入的所得税缴纳系统偿还贷款。在偿还金额方面，除了学费资助和职业教育学费资助，其他只需要等额偿还即可。法案要求申请学费资助的本科学生，要多缴纳相当于学费25%的费用；接受职业教育与培训的学生则需要多缴纳相当于学费20%的费用。

联邦政府对于自愿偿还贷款的规定：债务人一次性全部偿还贷款，只需偿还贷款金额除以 1.05 之后的数额。提前还款超过 500 澳元的债务人，可以享受还款金额 5% 的优惠。偿还贷款举例见表 6-5。

表 6-5　　　　　　　　　高校学生偿还贷款的具体规定

缴纳学费时	全额支付	享受 10% 的优惠
	预付款超过 500 澳元	享受预付款 1/9 的优惠
自愿偿还贷款	一次还清	只需偿还（贷款金额/1.05）部分
	还款金额超过 500 澳元	享受还款金额 5% 的优惠
强制偿还贷款	收入区间（2005 年 6 月）	还款金额（占个人的比重）
	$36184—$40307	4%
	$40307—$44428	4.5%
	$44428—$46763	5%
	$46763—$50267	5.5%
	$50267—$54440	6%
	$54440—$57305	6.5%
	$57305—$63063	7%
	$63063—$67200	7.5%
	>$67200	8%

（债务偿还指数随着 CPI 变动而变动）

2007 年，澳大利亚联邦政府颁布了《高等教育捐赠基金法》（Higher Education Endowment Fund Act 2007），成立了高等教育捐赠基金会（HEEF），其投资收益将用于资助大学购买教学与研究设备或用于其他用途。该法案中对经费的管理也有明确规定：如联邦政府负责审批资助的金额，联邦政府通过与高等教育举办者签订书面协议，确定资助的条件与具体条款等；建立高等教育捐赠基金咨询委员会，赋予其对高等教育机构资助事项的咨询建议权，其职能在于向教育部提供对高等教育机构的资助建议。对高等教育机构的拨款数额将依据最大资助规则（the Maximum Grants Rules）对资助金额的规定。联邦教育部依据中长期目标和最大资助规则，调整对高等教育机构的资助款项。

3. 经费使用监督政策

对接受政府资助的私立高等教育教育机构，政府会要求其公开财务与办学成效信息，政府要与之签订任务书，以有效监督经费的使用方式和预期成效，保证经费使用效率。澳大利亚 2014—2015 预算案规定，私立高等教育机构想为本校学生提供联邦政府资助项目的条件之一便是要公开学校的财务和办学成效信息。①

政府与私立大学之间签订任务书是明晰私立大学经费分配和使用职责的重要依据，也是政府监督和评估经费使用效率的重要途径，是政府投资成效最大化的基础和保障。

（1）任务书的政策背景

澳大利亚政府认为，所有澳大利亚人都有权拥有富有成效的、公平和繁荣的生活，而高等教育体系是实现这一目标的关键。大学传授给民众技能和知识，使他们意识到自己的个人和职业抱负，有助于扩展社会的经济和知识基础，包括文化、健康和社区公民福祉。②

在任务书的协议期限内，澳大利亚大学将面临一系列的机遇和挑战，以履行他们的社会和经济职责。这些机遇和挑战包括（但不限于）：改变国内和国际教育市场；动态的全球金融安排，包括亚洲世纪的崛起；新的教学方法；快速变化的信息技术；以及不断发展变化的研究和创新重点。任务书则是澳大利亚大学在这一进程中的具体见证，其内容包括：对国家主要政策目标的阐述、大学在任务书中为实现战略目标而许下的承诺和将采取的多样化的方法。

（2）任务书的目的与影响

按照《高等教育支持法案2003》的规定，达到质量和责任要求是高等教育机构接受资助的条件之一。政府与大学间签订的任务书表明，联邦政府和大学共同承诺，为学生提供高品质的教育体验和教育成果，培养学生的研究、创新能力和国际竞争力。任务书明确了大学的角色：是在一个国家或地区、国内或国际高等教育环境中运作的，具有独特使命的自治机构。签订任务书的目的是为联邦政府与大学的关系提供战略性框架，致力于如何使大学的使命与联邦政府的目标相一致，包括高等教育、研究、创新、技能发展、雇用，以及土著和托雷斯海峡岛民受教育途径和成效。

---

① Other higher education institutions, *Department of Education and Training*, 2015 - 03 - 04, (http://www.education.gov.au/other-higher-education-institutions).

② 2014 - 16 Mission-based Compact between the Commonwealth of Australia and Bond University.

（3）联邦政府财政支持的原则

澳大利亚政府对大学进行财政支持目的是寻求推进大学学术自由和大学自治；促进高等教育的多样化和可持续发展；增加全民受教育的机会；增进大学的价值；促进世界水平的教学，提升澳大利亚教育的国际地位；促进世界水平的研究和研究训练，提升知识、批判性思维和澳大利亚的国际地位；通过相互协作满足社会、地区、国家、民族和国际社会的经济、社会和环境发展需求。

为确保澳大利亚高等教育体系在全球化和竞争性的世界舞台上保持活力和高质量，澳大利亚政府已经采取应用了一系列覆盖整个高等教育体系的质量保障措施，包括建立高等教育标准框架（Higher Education Standards Framework）和高等教育质量标准署（the Tertiary Education Quality and Standards Agency，TEQSA）。

（4）大学的具体策略

对政府资助大学的相关主题，大学都需要在任务书中列明具体的发展策略，如改善原住民教育的改革策略，与创新、产业、技能和协作等主题相关的改革策略，大学招生、提升质量、推进公平的改进策略，以及大学研究和研究培训的策略等。在这些具体策略中，大学要提出具有可操作性的明确措施，并列出具体的量化评价指标。

第三节　澳大利亚私立高等教育经费政策新动向及评析

澳大利亚并未出台独立的私立高等教育经费政策，但有关私立高等教育的经费政策已经形成较为系统的内容，有其自身的特点和优势。2014年5月，澳大利亚联邦政府教育部公布了新的澳大利亚教育投资预算案（"2014－2015 Education Budget"），其中多项内容涉及未来几年澳大利亚高等教育、科研预算变化对学生、公私立大学、科研人员和其他高等教育机构的影响，这是澳大利亚有关高等教育经费政策的最新方案，其中也充分体现出澳大利亚有关私立高等教育经费政策的最新动向。

一 澳大利亚私立高等教育经费政策新动向

(一) 私立高校竞争优势增加

新的预算案指出,自 2016 年起,联邦政府的教育经费预算将消减 20%,政府的助学贷款利率将调高。同时,政府将放松对高校学生应承担的最高学费额度的控制,给予高校更大权利自主决定学费额度。

在 2014 年 7 月澳大利亚全国高等教育联盟对世界排名前 500 名的大学学费的比较中,澳大利亚的学费以平均每年 7500 澳元居第 5 位。[①] 这些政策的出台初衷是为了借助市场力量促进澳大利亚高水平大学的发展,提升澳大利亚高等教育的国际竞争力。

放开学费管控,减少政府拨款,受其影响最为显著的是普通公立高校。对私立高等教育机构而言,却不失为一种优势。因为私立高校原本由于学费高昂处于竞争的不利局面,一旦政府缩减预算,公立高校必定会受到经费不足的困扰,公立高校需要调整办学思维,筹集教育经费;而政府同时放松学费管制,自然使提高学费成为弥补经费不足的有效途径。由此,学生无论入读公立高校还是私立高校都要承担高学费,公立高校相比私立高校收费低的竞争优势不再明显,私立高校与公立高校在招生方面将享有比以往更平等的机会,其发展空间因此显著增加。一项针对全澳大利亚 60 万学生的调查发现,有近 60% 的学生会因大学学费的大幅上涨而选择去技术院校或一些较为便宜的私立学校进修。[②]

(二) 新的联邦资助体系将涵盖所有被认可的私立高等教育机构,学生直接获得联邦资助的机会显著增加

澳大利亚现行的政府资助是在联邦拨款计划(Commonwealth Grant Scheme, CGS)框架下实施的。长期以来,联邦拨款计划都被严格局限于公立大学和极少数其他高等教育机构。许多在职业技术教育学院(TAFE, Technical and Further Education)、私立大学和私立学院攻读高等教育课程

[①] 澳大利亚涨学费加重学生负担,2014 年 8 月 28 日—2015 年 4 月 5 日,(http://news.ifeng.com/a/20140828/41772779_0.shtml)。

[②] 同上。

的学生都被排除在联邦政府的资助之外,尽管他们可以通过 HECS 计划延迟支付学费,但需要承担与联邦资助学生不同的贷款费用和限制。不过,澳大利亚政府正在通过更公正的制度体系支持这些学生。为学生提供财政支持,扩大学生受教育机会,是澳大利亚政府借助 2014—2015 预算案实施高等教育改革的重要目标。澳大利亚是有史以来第一次,对所有在经过认可的高等教育机构学习的学生提供直接的财政支持。可接受资助的学生既涵盖攻读学士学位(Bachelor Degrees)、副学士学位课程(Associate Degree Courses)的学生,也涵盖攻读高等教育文凭(Higher Education Diplomas)课程和高级文凭(Advanced Diplomas)课程的学生。[①] 这一新举措与以往联邦资助政策的显著差异表现为如下两个方面。

一是联邦财政支持的高等教育机构范围大大扩展,从原来主要局限于公立高校扩展至所有经认可的高等教育机构,包括公立大学,私立大学、TAFE 和其他高等教育机构。这意味着所有经认可的私立大学、私立职业技术教育学院和其他提供高等教育课程的私立教育机构的在学学生均有资格申请联邦财政支持。教育预算案从 2016 年 1 月 1 日起开始实施,所有经高等教育质量标准署(Tertiary Education Quality and Standards Agency,TEQSA)认定的高等教育机构均能选择一些联邦支持项目提供给他们的学生。由此,学生可以自由选择适宜的学习机构,而不必受资助政策的制约。

二是联邦财政支持的课程学习类型更加完善。新预算案中,所有攻读文凭、高级文凭或副学士学位课程的澳大利亚本土学生将与在公立大学攻读学士学位课程的学生一样获得同等的接受联邦资助的机会。而以往的联邦财政支持项目中,绝大多数倾向于攻读学士学位课程的学生,只有极少数的联邦支持项目能惠及攻读文凭课程、高级文凭课程和副学士学位课程的学生。[②] 自 2016 年 1 月 1 日起,政府扩展了需求主导型资助体系的资助类型,涵盖所有文凭、高级文凭或副学士学位课程。这些课程有些是短期

[①] *Building a world class higher education system*,2014 年 7 月 17 日,(http://budget.gov.au/2014-15/content/glossy/education/html/education-03.htm).

[②] *Building a world class higher education system*,2014 年 7 月 18 日,(http://budget.gov.au/2014-15/content/glossy/education/html/education-03.htm).

的,能够快速提供当地劳动力市场所需的技能培训;另外,此类课程还为那些希望接受高等教育但缺少足够准备的学生提供了重要的就学途径。从这个意义上讲,新预算方案虽然立足于为学生自由选择适宜的学习途径和方式提供更多的机会和更大的便利,但方案一经实施,众多提供此类课程的私立高等教育机构无疑都受益良多,由此获得更好的发展。

这些改革方案的出台意味着,澳大利亚所有经认可的私立高等教育机构均被纳入政府拨款计划,在私立高等教育机构就读的本科层次的学生与公立大学的学生一样可通过学校申请联邦资助。但私立高等教育机构若想将众多联邦资助项目引入校内,提供给本校学生,还需要满足以下条件:第一,与联邦政府签订资助协议;第二,参与调查,提供教学质量指标数据(Quality Indicators for Teaching and Learning, QILT);第三,公开财务和办学成效信息;第四,500人以上规模的学院或有更多联邦资助项目的学院应同意建立联邦奖学金基金,并确保本校所有学生在此的收益超过按当前对公立大学资助条件下的收益。[1]

(三)私立高等教育机构接受科研资助机会进一步加大

澳大利亚政府把建设世界一流的教育与教育研究作为国家更加强大、富有创造、更加繁荣的五大支柱之一。在新预算案中,澳大利亚政府将对大学的研究持续投资4年以上,总额达110亿元,以吸引和留住一些世界顶尖的研究者。正如澳大利亚国家审计署所强调的,不同研究部门的合作和高质量研究设施的提供是研究者成功的关键因素,而预算案会持续提供资助的项目恰好在这些方面有突出的贡献。[2]

此外,澳大利亚还有其他多项旨在促进研究的资助方案,如:国家合作研究基础设施战略(National Collaborative Research Infrastructure Strategy, NCRIS)、未来团队计划(Future Fellowship Scheme),以及其他研究协会资助等。国家合作研究基础设施战略的实施是基于一种共识,即世界一流研究成果的取得,不是仅靠某一个研究机构的单独行动就可以的,必须鼓

---

[1] Other higher education institutions, Department of Education and Training, 2015 – 03 – 04, (http://www.education.gov.au/other-higher-education-institutions).

[2] Researchers, 2014年7月18日, (http://www.education.gov.au/researchers).

励、倡导合作，通过某种平台，汇集稀缺的研究资源，联合大学、政府和研究机构共同开发，而高质量的研究设施又是这一研究开发系统的重要组成部分。为此，政府承诺提供 1500 万元的额外资金实施 2015—2016 国家合作研究基础设施战略，而目前 NCRIS 已吸引了来自政府、大学、研究机构和行业超过 10 亿元的联合投资；支持 30000 多名研究者、1500 名熟练技术人员和专家在 222 个机构开展研发，并带动澳大利亚参与全球产业合作研究。该项目的资金分配，是由总理任命独立专家咨询委员会进行项目审查和能力评估，运作的基础不是竞争，而是合作，以实现对现有资源的最佳应用。① 未来团队计划则在澳大利亚研究理事会现行计划的基础上，由政府再额外投资 13950 万元用于奖励未来 4 年中新的研究团队，确保处于职业生涯中期的高素质研究人员取得有价值的研究成果，并促进澳大利亚未来研究队伍的更新。②

政府的这些投资计划对具有研究实力和拟开展研究的私立高等教育机构而言，意味着将拥有更多获得科研资源的机会。事实上，政府对研究和研究团队的重视程度和资助力度的加强和加大，确实使私立高等教育机构获得资助，开展合作研究的机会明显增加。

二 澳大利亚私立高等教育经费政策评析

一国的高等教育经费政策不仅是该国高等教育经费投入的方向标，也体现着国家发展高等教育的基本价值取向。③ 澳大利亚私立高等教育经费政策主导着政府与私立高等教育机构之间的关系，影响着私立高等教育的改革与发展。澳大利亚新的教育预算案传递出明显的信息，即私立高等教育机构应该在政策上享有平等的权利，因为私立高等教育机构在提供受教育机会、推进教育公平以及创新科学研究等方面都有积极的贡献。

---

① National Collaborative Research Infrastructure Strategy (NCRIS) – additional funding and review, 2015 年 3 月 3 日, (http://www.education.gov.au/researchers-faqs).

② Australian Research Council (ARC) Future Fellowships Scheme-continuation, 2015 年 3 月 3 日, (http://www.education.gov.au/researchers-faqs).

③ 虞宁宁：《澳大利亚高等教育经费政策体系解析》，《济南大学学报》（社会科学版）2017 年第 4 期。

(一) 政策凸显公平性

澳大利亚《高等教育资助法案 2003》将高等教育机构分为三大类：公立大学 (Table A)、私立大学 (Table B) 和其他高等教育机构 (Table C)。一般情况下，Table B&C 所包含的众多高等教育机构都属于私立高等教育机构，但其中却涉及多种不同情况。私立大学包括由私人教育集团投资所办的大学，如，邦德大学和托伦斯大学。还包括海外大学在澳大利亚所设分校，如，美国卡耐基梅隆大学 (Carnegie Mellon University) 2006 年在南澳洲阿德莱德设立的分校，也属于澳大利亚的私立大学，在澳开展信息技术和公共政策与管理两个专业的研究生教育。非大学私立高等教育则包含更复杂多元的结构，既有政府所持有的技术和继续学院、大学附设的高级学院，还包括教会所办的各类学院，以及教育公司或私人所办高等教育机构。这些非大学高等教育机构被视为私立的关键原因在于这些机构中的绝大多数都没有接受政府提供的旨在资助高等教育的经常性公共资金（除了土著学院和澳大利亚影视广播学校）。[①]

机构类型的多样性以及设立主体的多元化决定了澳大利亚私立高等教育经费投入的多元渠道，联邦政府、地方政府、教会组织、教育集团公司、私人、企业共同构成了私立高等教育机构的投资主体。2005 年，澳大利亚联邦政府在实施高等教育成本分担计划的同时，引入多项贷款计划，其中学费救助贷款计划 (FEE-HELP) 为在公立大学和经过认证的私立高等教育机构全额自费学习课程的本科生和研究生提供学费资助贷款。2005 至 2011 年，非大学高等教育机构获得的 FEE-HELP 资助从 2005 年的 9% 稳定上升到 2011 年的 29%。[②] 这项措施有力地促进了私立高等教育机构的发展，使联邦政府成为私立高等教育经费投入的一个重要来源渠道。另外，澳大利亚政府推行教育市场化运作，鼓励高校开拓留学教育市场，扩充经费投入渠道，私立高等教育机构中有一半以上的机构获准向海外学生开设课程，招收国际学生，收取较高留学费用成为澳私立高等教育发展的又一

[①] Peter J. Ryan & Associates, *Growth and Consolidation of the Australian Private Higher Education Sector*, The ACPET Journal of Private Higher Education, Volume1, Issue 1, 2012 (6), p.6.

[②] Ibid., p.7.

重要经费来源。

(二) 鼓励私立高等教育发展的倾向显著

对市场自由主义者来说，理想社会的市场秩序是以自私、竞争和不平等为特征的。[①] 对澳大利亚高等教育投入而言，政府在高等教育上投入越多的财力，就越需要保证教育机会的平等，而教育机会的平等甚至均等，在某种意义上，与自由市场经济的竞争和不平等特征是相违背的。当政府缺乏支撑更多投入的财政基础时，更适宜的选择就是基于高等教育私人收益率的特性，降低政府承担的投入比例，由高等教育受益者分担高等教育成本。

澳大利亚新预算案的出台，表明政府旨在通过进一步调整经费投入的比例和方式，使教育市场遵循自由经济的竞争性，允许更多的私人资本进入市场，成为高等教育提供者，并提高教育经济效率。一方面，政府对高校日常经费和科研经费投入的分置机制显著提升了政府投入的教育经济效率。公私立高校的性质归属对政府资助的影响进一步淡化，政府对公立高校的法定资助义务主要体现在对公立高校日常经费的保障方面。科研、创新、促进教育机会等资助的日渐开放性和市场化，使高等教育服务成为政府可向任何高校购买的服务产品，不分公、私立性质，即公、私立高校均有机会申请联邦政府的科研资助，这将显著提升私立高校不断提升教学、科研质量的热情，同时也促进公立高校提升水平。另一方面，政府将原本针对高等教育机构的资助模式转变为针对学习者自身的直接资助模式——原有资助模式主要是针对公立高等教育机构，新的资助对象却扩展至所有经过认可的公私立高等教育机构的学生，有效实现了学生受教育机会的平等。私立高等教育机构的社会地位获得显著提升。

澳大利亚政府鼓励私立高等教育发展的政策倾向，使私立高校开发出更广大的教育市场，并提供了市场所需要的各种教育服务。同时，澳政府还推动公立高等教育机构开展市场化运作，以进一步适应市场需求，改革教育、教学与经营管理。这些改革的结果是"公共机构更加相似于私人机

---

① ［澳］西蒙·马金森：《澳大利亚教育与公共政策》，严慧仙、洪森译，浙江大学出版社2007年版，第49页。

构，而且在拨款问题上，私人机构和公共机构被同等对待"。①

（三）重视政策的实施效益

高等教育经费政策作为公共政策，自然被寄予一个明确的目标，即以更少的投入取得更多的产出，但这一目标常被希望在短期内实现。事实上，教育产出的衡量和计算极其复杂多样，很难能够以精确的算式计算。澳大利亚政府采用了与被资助高等教育机构签订任务书的方式，明晰受资助方的权责，保证经费资助的实施效益。在任务书中详细列明受资助的大学在协议期限内应达到的即期目标，既包括大学在招收学生，促进教育公平方面达到的目标，也包括大学在科学研究、技术创新等方面的具体目标。这些目标的设立既是对大学接受政府经费支持的产出的考量，也是为了保障政府政策目标的实现。需要指出的是，这些即期目标的设定与学校和国家高等教育的长期战略目标有着内在的一致性，使短期目标可以服务于长期发展规划。如果经费政策的制定，过多关注于减少财政压力，提高短期效率，而较少考虑长期的发展规划，无疑是不可取的。

（四）有关私立高等教育的经费政策渐成体系

除了上述的优点之外，澳大利亚的私立高等教育经费政策也存在着明显的不足，有关私立高等教育机构的经费政策近年来才逐渐完善，形成体系。"二战"后，澳大利亚联邦政府对高等教育的参与和支持力度与日俱增。1965年出台的《马丁报告》②，开启了澳大利亚免费高等教育的历史，直至1989年高等教育成本分担计划的实施。正是由于免费高等教育政策的实施，使澳大利亚政府对私立高等教育形成了相对忽视——澳全国36所公立大学加2所教会大学的招生数始终占全国招生总数的90%以上。私立高等教育机构90%以上是从事职业和技术教育的非大学高等教育机构，而澳大利亚传统的教育理念中把职业培训、技术和继续教育作为与高等教育相区别的另一体系。所以，不难想象，私立高等教育受到的政策忽视。在澳

---

① ［澳］西蒙·马金森：《澳大利亚教育与公共政策》，严慧仙、洪森译，浙江大学出版社2007年版，第52页。

② 这份有关高等教育的重要报告，全称是《澳大利亚第三级教育的未来》（Tertiary Education in Australia: Report of the Committee on the Funding of Tertiary Education in Australia）出台，简称《马丁报告》（Martin Report）。

大利亚之前的经费政策中，一直很少涉及私立高等教育机构，1988年的高等教育资助法案，虽确定了私立高等教育机构可获得资助的合法地位，但在实际的政策执行中，私立高等教育机构获得资助的机会少之又少。这种情况随着2003年高等教育支持法案出台，以及私立高等教育机构表现日益良好而有所改变，联邦政府的资助政策越来越多地将私立高等教育纳入其中，直至新的预算案将联邦资助扩展至所有私立高等教育机构。有关私立高等教育的经费投入、分配、使用、管理和监督的各项政策逐渐得到完善，渐成体系。

（五）过度商业化的教育投资可能带来负影响

澳大利亚高等教育市场化改革政策对私立高等教育发展产生了深刻影响，公私立高等教育机构之间的竞争环境渐趋公平；高等教育体系重新整合统一，私立高等教育机构主要开展的职业和技术教育与普通高等教育间的课程和学分转换体系日益完善；众多私立高等教育机构获准招收海外学生等等。可以说，市场化改革为澳大利亚高等教育，当然也包括私立高等教育带来新的生机和活力；但应当注意的是，私立高等教育市场近年来出现的过度市场化的商业运作也会带来潜在的负面影响。营利性作为教育市场化的伴生特点，自然也是私立高等教育机构市场运作的目标之一。澳大利亚私立高等教育市场正在进行并且可能持续发展的并购、风投活动，一方面会形成越来越大的私立教育集团企业，降低市场竞争的激烈性；另一方面，这些教育企业在投资、发展、并购过程中，必然会以盈利为原则调整旗下教育实体的教学与管理，这些变化会对教育实体的经费投入、课程设置、师资队伍建设和学生学习体验产生不安定的影响，破坏人才培养所需要的稳定空间。

第四节　澳私立高等教育经费政策对我国的启示

我国民办高等教育的发展现状与澳大利亚私立高等教育有一些共同之处，都是在公立高校占有绝对比重的环境下逐渐发展起来，且学校的办学特色也多是集中于职业和技术教育。澳大利亚私立高等教育经费政策已经完成和正在进行的改革，对我国民办高等教育经费政策的改革具有诸多启示意义。

一 加强民办高等教育经费政策体系化建设

公共财政对民办高校资助的法律规定，在《民办教育促进法》及《民办教育促进法实施条例》中都有所涉及，但只是规定了资金的管理由财政部门负责，教育行政部门或劳动和社会保障部门向财政部门报批使用。对如何促进社会、民间资本对民办高等教育的投入；如何分配、使用办学经费；如何评估资金使用绩效，采取哪些具体评价指标；以及如何监督经费使用过程，我国都缺乏相应的专门政策。加之我国民办高校的现代管理体制还未完善，一部分民办高校还是家族式管理，财务管理不规范，这在一定程度上增加了公共财政的投入风险。澳大利亚有关私立高等教育成体系的资助、捐赠、税收、评估等政策为私立高等教育的融资提供了完善的政策环境。当然，我国部分省市也进行了一些有益的探索，如温州市、重庆市等地率先试点出台的地方性政策文件，如《温州市关于实施国家民办教育综合改革试点 加快教育改革与发展的若干意见》，对民办学校的分类登记、社会保险制度、公共财政补助、非营利性民办学校法人财产权与财务管理制度、优惠政策落实等内容也有专门设计，并附有具体实施方案。但从我国民办高等教育发展整体环境来讲，仍需要从国家层面加强对相关经费政策的体系化建设。

二 完善资助政策及规章设计，以资助引导发展

澳大利亚政府对私立高校的经费补助虽属竞争性的，但却是普遍存在的，且资助力度较大，并具有多种项目可供私立高等教育机构申请。而我国虽有地方政府对民办高校进行资助的规定，却缺乏具体的资助政策，以明晰政府、高校、社会以及个人对非营利性民办高校的义务和责任。我国应尽快建立科学完善的民办高校教育经费资助体系，保障民办高校的生存和健康发展。程序上，在确立民办高校营利与否的性质后，再进行分类资

助。要鼓励营利性民办高校的存在与发展,并从政府补助、社会捐赠、税收减免等多方面出台政策给予支持。同时,加大财政支持力度,保障非营利性民办高校的可持续与跨越式发展。经费分配上,应确立竞争性或奖励性资助政策,通过对民办高校办学绩效的评估确立资助力度,激发民办院校注重提升办学质量、科研水平,引导民办院校将学校发展与我国高等教育的整体发展,以及社会、经济的发展目标有机结合。经费管理上,应通过具体的政策法规确立严格规范的信息公开、经费审计、绩效评估等管理制度,对民办高校的经费使用情况进行约束。

三 明晰并推广政府向民办高校购买教育服务的理念

充分发挥市场机制,提高经费投入与产出的效率。把经济、社会发展目标,按照一定的方式和程序,交由具备条件的民办高等教育机构承担,政府根据服务数量和质量向其支付费用。但政府与民办高校之间应就购买服务事宜签订具有法律效力的合同书,明确民办高校对公民培育,对维护教育公平、公正理念,以及引领国家创新发展等事项的社会责任与意识。在经费管理上,通过具体的政策法规确立严格规范的信息公开、经费审计、绩效评估等管理制度,对民办高校经费使用情况进行监督和约束。通过政府向民办高校购买服务的行为,一方面为民办高校发展提供竞争性的资助;另一方面,引导和促进民办高校加强自我建设,提升教育质量,增强社会责任意识。

四 落实捐赠税收减免政策,为民办高校社会筹资提供助力

私立高校自身借助声誉、校友、基金会等进行融资,是国际上通行的做法。其中,募捐成为大学应对经费紧张的重要策略之一。而我国民办高校接受社会捐赠的金额微乎其微,其主要原因还在于缺乏规范的捐赠机制,且缺少对捐赠相应税收减免的政策,来鼓励企业和个人对非营利性的教育机构进行捐赠。《民办教育促进法》(2002年版)第47条规定"国家对向民办学校捐赠财产的公民、法人或者其他组织按照有关规定给予税收优惠……",但在《实施条例》中却没有明确的优惠规定,这在现实中形

成了虽有"法"可依，但不好执行的困境，影响了企业和民众捐资办学的积极性。未来我国民办高等教育经费政策改革，应着力于形成规范化、制度化的捐赠机制，尤其是具体的操作指南。同时，要同步改革税收政策，明确纳税人进行教育捐赠的渠道及可以免税的教育捐赠类型，根据捐赠物资的性质、捐赠的对象、捐赠物资的用途以及财产捐赠中财产的特点，对捐赠者可获得的税收减免优惠给予明确界定，以引导企业、个人积极参与民办高等教育建设等发展。

五　明确市场运作机制，同时预防过度市场化

目前我国法律将民办高校定性为营利性和非营利性两类机构，相比之前有了质的变化。在此之前，我国法律将民办高校定性为非营利性机构，不允许民办高校进行投资性融资，"私立营利性大学没有存在的法律基础，也没有进入资本市场的制度性根基，民办高校只能通过'海外上市'来实现曲线融资"。[①] 在新的法律框架下，两类不同的民办高校如何参与市场运作，亟需细致的可操作性规范。

澳大利亚政府极力提倡私立高等教育机构进行市场化运作，其国内已经通过投资、兼并、收购等形成一些规模较庞大的私立教育集团，其中也包括海外教育集团进入澳大利亚市场后建立的分支机构。我国要实现民办高等教育的发展，也应在新的法律框架下，根据民办高校的不同性质，制定相应的市场运作机制，使民办高校能够在法人产权清晰的基础上，参与市场化运作，促进民办高校借助资本市场进行融资。但与此同时，应对民办高校开展市场融资的原则、资金比例、途径、方式等有明确的规范，并设立相应的监督机制，以防止出现过度市场化的弊端。

---

① 吴卿艳：《民办高等教育介入资本市场的路径分析》，《清华大学教育评论》2009年第2期。

第七章 中国台湾私立高等教育的经费政策体系

台湾地区作为中国的一部分,其高等教育的发展根源于中国大陆。自1949年国民党政府迁移台湾后,台湾地区私立高等教育经历了不同中国大陆的发展。从完备的立法到多元的经费资助,台湾地区的私立高等教育治理模式对我国大陆地区具有很好的借鉴作用,值得我们进行研究学习。本章将从台湾地区私立高等教育的发展历史、教育经费分配政策、经费评估政策三个方面来做一下探讨。

第一节 台湾私立高等教育的发展历程

私立高校在台湾高等教育体系中,不论是学校数量,还是在校生数都超过了公办院校,在人才培养、科学研究、服务社会等方面也有着举足轻重的作用。台湾私立高等教育发展与台湾地区的政治、经济、社会文化发展密切相关,我们此处讨论的台湾私立高等教育是从日本战败投降,1949年国民党退到台湾后,私立高等教育的发展历史,其发展历程大致分为三个阶段。

一 初创萌芽阶段（1950—1959）

1949年,国民党政府退踞台湾,随着局势的稳定,加上岛内人口激增,特别是学龄人口的增加——在日本殖民统治时期,岛内青年学子的求学机会非常稀缺,岛内居民迫切需要接受高等教育——急需要增设一批高等教育机构来解决社会的教育需求,促进岛内居民的文化素质提升。1950 年,台湾第一所私立高校——淡江英语专科学校开始招生,拉开了台湾私立高等教育发展的序幕。1951 年,台湾第一所私立大学——私立东吴大学成立。这可以说是台湾地区高等教育发展的一个里程碑事件,在接下来的十年里,随着台湾当局对私人兴学的倡导,台湾私立高等教育发展速度非常快,在校生数从 1950 年的 11560 人,1958 年的 78777 人,迅速发展到 1959 年的 10 万人以上,增至 132638 人。在这个时期,私立高校在台湾全部高校中所占的比例也迅速提升,具体请见表 7-1。①

表 7-1　　　　　　　　1950—1959 年台湾地区高等教育规模

年份		总计校数	所占比例（%）	专科学校	独立学院	大学
1950	共计	7	100	3	3	1
	私立	1	14.29	1	—	—
1951	共计	8	100	4	3	1
	私立	1	12.50	1	—	—
1952	共计	8	100	4	3	1
	私立	1	12.50	1	—	—
1953	共计	9	100	5	3	1
	私立	1	11.11	1	—	—
1954	共计	14	100	7	5	2
	私立	3	21.43	1	2	
1955	共计	15	100	5	6	4
	私立	5	33.33	1	3	1
1956	共计	17	100	6	5	6
	私立	6	35.29	2	3	1
1957	共计	17	100	6	5	6
	私立	6	35.29	2	3	1
1958	共计	21	100	7	7	7
	私立	9	42.86	3	5	1

---

① 台湾"教育部"统计处,2014 年 3 月 13 日,(https://stats.moe.gov.tw)。

续表

年份		总计校数	所占比例（%）	专科学校	独立学院	大学
1959	共计	22	100	8	7	7
	私立	9	40.91	3	5	1

资料来源：台湾"教育部"统计处，2014年3月13日，(https://stats.moe.gov.tw)。

二 成长扩张阶段（1960—1972）

进入20世纪60年代，台湾开始大力发展以劳动密集型加工工业为特征的外向型经济，随着台湾经济的转型发展，经济大有起色，经济社会都开始进入快速发展阶段，亟须大量的人力支持，加上学龄人口激增，由此刺激起越来越强烈的人才需求，使发展高等教育日益紧迫，[①] 因此，台湾当局大力发展高等教育事业，全面放开专科层次的高等教育管理，鼓励私立学校的兴办与自由发展，这使得高校数量大幅增长，截止到1972年，台湾高校数量共有99所，其中，私立大专院校68所，公立院校31所。这个时期，台湾当局大力振兴技术职业教育，大量增设工业、农业、医药、商业管理、艺术、外语等各种类型的专科学校，用以培育经济建设所需要的中级技术人才和管理人才。[②] 从高校总量上来看，在这一阶段私立高校数量远远超过了公立高校数量，占台湾高校总数的68%之多，其中私立专科学校增长最为明显，从1959年的3所，增加到了56所。如表7-2所示。

表7-2　　　　　　1960—1972年台湾私立高校数统计一览表

年份		总计校数	所占比例（%）	专科学校	独立学院	大学
1960	共计	27	100	12	8	7
	私立	13	48.15	6	6	1
1961	共计	30	100	14	8	8
	私立	15	50.00	6	8	1
1962	共计	33	100	15	9	9
	私立	16	48.48	6	9	1

---

① 肖华茵、李跃林：《区域高等教育发展比较研究》，江西科学技术出版社2008年版，第167页。

② 夏正权：《台湾高等教育与科技》，宁波出版社1994年版，第3页。

续表

年份		总计校数	所占比例（%）	专科学校	独立学院	大学
1963	共计	35	100	15	10	10
	私立	16	45.71	4	10	2
1964	共计	41	100	20	11	10
	私立	20	48.78	8	10	2
1965	共计	56	100	35	11	10
	私立	32	57.14	20	10	2
1966	共计	69	100	48	11	10
	私立	44	63.77	32	10	2
1967	共计	79	100	57	13	9
	私立	51	64.56	39	10	2
1968	共计	85	100	63	14	8
	私立	55	64.71	43	10	2
1969	共计	91	100	69	13	9
	私立	61	67.03	49	9	3
1970	共计	92	100	70	13	9
	私立	62	67.39	50	9	3
1971	共计	96	100	73	14	9
	私立	65	67.71	53	9	3
1972	共计	99	100	76	14	9
	私立	68	68.69	56	9	3

资料来源：台湾"教育部"统计处，2014年3月13日，(https://stats.moe.gov.tw)。

台湾私立高校在高层次人才培养上也表现出强劲实力。从1961年开始，台湾私立高校招收硕士研究生，1967年开始招收博士研究生，这在一定程度上说明了私立高校的办学质量和科研水平达到了一定的高度，可以和公立高校媲美。1967年，在所有入学学生数中，私立高校首次超过了公立院校，达到了11万多人，此后不断迅猛增加，在1972年更是达到了27万多人，私立高校在校生占总在校生的比例，由1960年的25.13%增长至1972年的58.22%，12年间，增长了将近1倍。具体请见表7-3。

表7-3　　　　1960—1972年台湾私立高校在校人数统计表

学年度		总计人数	占比（%）	高职	专科	学士班	硕士班	博士班
1960	共计	79677	100	44617	7888	26735	426	11
	私立	20025	25.13	10564	2854	6607	—	—
1961	共计	84511	100	46108	8366	29524	501	12
	私立	21018	24.87	10319	3378	7313	8	—
1962	共计	93219	100	48905	11074	32532	694	14
	私立	24350	26.12	10878	4990	8392	90	—
1963	共计	106128	100	54421	12939	37951	801	16
	私立	30783	29.01	12584	5660	12367	172	—
1964	共计	128215	100	64205	17923	45203	866	18
	私立	44040	34.35	17140	8742	17981	177	—
1965	共计	159460	100	74114	29534	54819	974	19
	私立	66227	41.53	23208	18022	24838	159	—
1966	共计	196957	100	83102	47499	65245	1083	28
	私立	94,038	47.75	28,964	32,218	32,706	150	—
1967	共计	233160	100	94547	63411	73881	1271	50
	私立	119692	51.33	37114	43804	38586	175	13
1968	共计	277543	100	116206	79456	80255	1531	95
	私立	149837	53.99	50831	57092	41636	250	28
1969	共计	321857	100	137642	95988	86233	1856	138
	私立	179098	55.65	63702	70149	44883	321	43
1970	共计	379123	100	175650	108328	92850	2129	166
	私立	218093	57.53	89154	79882	48684	330	43
1971	共计	421474	100	198969	119146	100455	2697	207
	私立	245590	58.27	104859	87333	52931	411	56
1972	共计	467963	100	216905	138310	109827	2693	228
	私立	272431	58.22	116320	95943	59577	534	57

资料来源：台湾"教育部"统计处，2014年3月13日，(https://stats.moe.gov.tw)。

三　控制分流阶段（1973—1987）

随着20世纪70年代初在校生规模急剧增加，台湾私立高校的人才培养质量问题日益凸显出来——"由于私立高等教育迅速崛起,以致高等教育数量增长'过热',从而导致高等教育质量的下降,其外部表现不外乎是师资水准及教师积极性欠佳,学生的道德水平及知识水平不尽如人意,等等"。[①] 台湾当局意识到了私立高等教育发展过快所带来的这些弊端,于1973 年开始限制新设私立大专学校。受 1973 年世界经济危机的影响,台湾开始发展技术密集型产业,高科技人才缺口严重,而台湾当时的高等教育偏重人文社会学科的发展,技术人才供需极度失调,因此台湾当局开始调整高等教育发展结构,重视高层次的理工科研究型人才的培养。1973—1987 年间,相关研究所从 168 所发展到 301 所[②];而高校数量没有太大变化,私立高校总数只增加了 2 所。

这一阶段比较突出的特点是初步确定了技职教育分流发展的框架,使高等教育的发展趋向分化。针对当时产业升级对技术工人及技术人员的极大需求,台湾当局调整了高等教育发展的结构,决定发展本科层次的技职教育院校——技术学院,重点发展高新技术产业相关专业。随后,随着台湾社会、经济的发展,技术院校得到了进一步的快速发展,办学效果好的技术学院改为科技大学,由此,台湾地区形成了一般大学与职业技术教育双轨发展的高等教育体系。

此外,台湾当局还通过一系列改革促进各高校不断地提升办学质量。1975 年开始,台湾实施高等教育评鉴制度,由台湾教育主管部门组成评鉴委员会或委托学术团体或专业评鉴机构,对高校进行定期评鉴,评鉴结果作为财政教育经费补助及学校调整发展规模的参考。

四 多元自主发展阶段(1988—2009 年)

随着 1987 年底台湾宣布"解严"后,台湾当局放宽了对台湾地区社会的控制,台湾社会发生了极为剧烈的变革,蕴藏在社会中的民间力量开始发挥积极作用,推动台湾高等教育的发展。同时,台湾经济持续增长,居民收入和生活水平不断提升,对高等教育的需求也不断增加。这一时期,除

---

① 刘少林:《台湾私立高等教育发展趋势研究》,《比较教育研究》1999 年第 5 期。
② 蒋华林、王平等:《台湾高等教育评鉴研究》,重庆大学出版社 2012 年版,第 45 页。

各县市筹设的公立高等院校之外，私立独立学院的数量也由1988年的7所增加到1993年的15所；科技大学从1997年的5所发展到2009年的41所；技术学院从1994年的6所发展到2009年的30所。一般大学与职业技术教育的双轨体系得到进一步的发展，职业技术院校获得了更大的发展空间。

在私立高校管理上，台湾开始放松管制，鼓励各校发展自己的特色。特别是"大学法"的再次修订，重新回归到了大学自治、学术自由的基调。鼓励各私立高校根据自己的特色、发展战略进行质量提升，突出了对私立院校办学自主权的下放。同时，通过进一步完善和加强大学评估制度，构建了包括大学校务评估、系所评估和通识教育评估以及技专院校综合评估、专项评估、追踪评估等在内的评估体系。通过各项评估制度，台湾教育主管部门更加注重对私立高校整体特色发展的积极引导，而不再进行简单的奖补助经费分配。1995年，台湾开始推行大学校务发展基金，这为公立大学和私立大学扩大了办学经费来源，为大学财务提供了支持，同时也减轻了台湾教育主管部门的经费投入压力；同时在一定程度上，也使台湾私立高校的发展能够逐渐摆脱台湾教育行政主管部门的管理，获得了更多的办学自主权。

就台湾地区的私立高校现状来看，截至2017年5月，台湾158所普通类高校（含大学、学院、专科院校）中，私立高校共有107所（其中私立大学78所；独立学院18所；私立专科院校11所），私立高校占高校总数的67.7%。在师资方面，截至2017年5月，私立大学中具有博士学位的师资达到了36342人，占到私立大学教师总数的75.6%。[1]

总之，在台湾高等教育体系中，私立高校的数量远多于公立高校，而且无论在人才培养，还是在促进科技进步、社会发展方面都发挥着重要的作用。

第二节　台湾私立高等教育的经费投入政策

台湾的私立高等教育经费投入政策，大致经历了从最初的限制发展到

---

[1] 台湾"教育部"统计处，2014年12月16日，(https://stats.moe.gov.tw)。

象征性的奖补助，再到依法有计划、竞争性地进行奖补助三个主要的阶段。经费的投入主要有三大部分：经费补助、奖助以及竞争性项目经费。另外，由于台湾教育经费投入占总预算的比例较高——尽管台湾当局对高等教育的经费投入受到经济变化的影响，会时有波动，但由于台湾当局为确保教育经费的稳定来源，明确规定："教育、科学、文化之经费，在'中央'不得少于其预算总额百分之十五，在'省'不得少于其预算总额百分之二十五……"，因此从总体上来看，台湾当局对私立高校的经费投入一直保持较为稳定的增长态势。

一　台湾地区私立教育管理政策概览

台湾当局对私立高校的经费投入是建立在对其进行严格的、全面的控制与管理基础之上的，这突出地体现在相关法律法规的系统建设方面。台湾地区综合性的教育法规主要有《教育基本法》、《大学法》，有关私立学校的法规是《私立学校法》，该法总共有八章，分别从学校法人；私立学校之筹设、立案与招生；监督；奖励、补助及捐赠；教职员工退休抚恤及资遣；合并、改制、停办、解散及清算；罚则等方面进行了详细、明确的规定。并依据《私立学校法》制定了相关配套政策与法规，主要有《私立学校法施行细则》、《学校财团法人设立办法》、《财团法人私立学校申请变更组织作业办法》、《学校财团法人捐助章程订定准则》、《学校财团法人公益监察人指派办法》、《学校财团法人董事长董事监察人支领报酬及费用标准》、《私立学校咨询会组织及运作办法》、《宗教研修学院设立办法》、《私立高级中等以上学校奖励补助办法》、《私立学校剩余款投资及流用办法》、《学校财团法人及所设私立学校建立会计制度实施办法》、《学校财团法人及所设私立学校内部控制制度实施办法》、《私立学校投保履约保证保险实施办法》、《财团法人私立学校与兴学基金会组织运作及基金管理办法》，等等。此外，关于私立学校董事会董事的任命、兼任等管理办法的释例就有9个之多。对于私立学校贷款的法规有《"教育部"监督学校财团法人及所设私立学校融资作业要点》，这部法规为私立高校融资提供了法律保障。

二 对私立院校的补助政策

台湾当局对私立教育的经费投入政策始于20世纪50年代初,主要是为了鼓励民间资金进入教育领域,缓解当时台湾当局教育财政投入严重不足的问题。1955年,台湾当局公布了"私立学校奖助办法",开始推行公立与私立并举,以公立为主、私立放开的政策,把发展私立高等教育放在突出的位置上,并采取免税、低息贷款以及每年由教育主管部门拨付一定补助专款等支持政策。在1980年以前,台湾当局对私立高校的经费补助涵盖教师薪资、基建开支、对外交流、资助特困学生等多个方面,虽然经费额度不大,但也充分体现了台湾当局对私立高校发展的重视与支持。1980年以后,台湾当局对私立高校的经费补助变得更加多元,资助额度也大幅度提升。

(一) 教师薪资补助

台湾当局通过对引进高水平师资进行薪资资助,鼓励私立高校大力引进人才。如从1976年起先后出台了"扩大延揽旅外学人回台任教案"及"'教育部'奖助私立大专院校改善师资处理要点",对于私立高校招聘的留学归台任教师资,台湾主管教育行政机关将承担其前两年的薪资,以提高各私立高校的师资水平,加强教学与学术研究人才的引进。在这样的补助政策影响下私立高校的师资队伍建设水平逐步提升,如私立大专院校外籍专任教师人数2013年达到了670人,占专任教师总数的2.2%,外籍兼任教师2013年达到了444人,占兼任教师总数的1.5%。此外,2001年度,台湾当局为了吸引大陆科技人员赴台工作,对公私立专科及以上学校引进的科技人员进行补助,每年补助名额约计120名。

(二) 基建经费补助

为了从根本上解决私立大专院校的教学实验硬件设施不足问题,从1979年起,台湾当局颁布了《补助私立专科以上学校充实重要仪器设备配合款施行办法》,以帮助私立大专院校充实仪器设备。其中明确规定:由受补助的学校自筹半数以上经费,并且消费了其中一半以上后,凭有关文件可向当局申请其余款项。从1982年起,为改善各私立大专院校学生生活环境，并减轻学校财务负担，订立了《私立大专院校兴建学生宿舍餐厅厨房贷款利息补助作业实施要点》，对于各私立大专院校兴建学生宿舍、餐厅、厨房依据规定向银行贷款，其所支付的利息，除自行负担一定比例外，可以向教育部门申请补助其余部分的差额。[1]

（三）技术研发经费补助

台湾当局通过对技术研发中心的直接补助，来促进各私立高校科研实力的提升。于2005年颁布了《"教育部"对公私立技专院校申请设立技术研发中心的补助法案》，审查各校申请案件后择优给予补助。关于补助经费额度的规定是：公立高校以新台币一千五百万元为限，私立高院以新台币一千万元为限。各申请学校的配套经费要求：公立高校应为新台币五百万元以上；私立高校应为新台币一千万元以上。对已经核准设立的技术研发中心，台湾当局最多给予补助三年，第二年起补助经费额度以新台币八百万元为限，各校须提供配套款，要求公立高校须配套补助额度百分之二十五以上，私立高校须配套补助额度百分之五十以上。

（四）特困、特殊学生补助

台湾当局对私立高校的部分学生实行补助，使其公费就读。如对需特殊照顾者子女就读私立大专院校，除学费全免外，还补助主食费、副食费、制服费、书籍费、旅行参观费。就读私立医学院医学系的学生全部实行公费。为加强对私立大学弱势学生之照顾，自2008年起，将原来对私校的奖补助经费提升部分额度后改为直接补助学生学杂费用，订立了《大专校院弱势学生助学计划》。

（五）训辅工作计划补助

2004年12月，台湾当局颁布了《奖补助私立大专院校训辅工作经费管理办法》，协助私立大专院校（以下简称各校）推动训辅活动，落实学校训辅工作；并择优奖助各校积极发展学校训辅工作特色，全面提升学校训辅功能，以促进校园安定与和谐。补助款每年度每校基本额为新台币一百万元，另以每校学生人数为依据（以本部调查各校之在学学生人数为基

---

[1] 姚志华：《台湾教育管理》，山西教育出版社1999年版，第35页。

准），日间学制每生补助新台币一百五十元，夜间学制每生补助新台币七十五元。当年度新设或职校改制专科之大专院校，配合年度经费使用之期限，每校基本额为新台币三十五万元；另以每校学生人数为依据（以本部核准招生之学生人数为基准），日间学制每生补助新台币七十五元，夜间学制每生补助新台币三十七点五元。

（六）学校中长期发展计划经费补助

1990年，台湾"教育部"实行"私立大学中程校务发展计划"，该计划要求各私立高校每年度就其发展重点、特色、资源使用等内容呈送发展规划书，台湾"教育部"据此核给奖补助经费，该中程计划执行到1997年。从1996学年度起，台湾"教育部"将各项私立大学的奖助措施与私立大学中程校务发展计划整合，并配合《私立学校法》的修订，将改善师资补助、重要仪器设备补助、私立大学中程校务发展计划等项目经费补助合并调整，推出了"私立大学整体发展奖补助计划"。后又通过修订《私立学校奖助办法》（1997年）、订定《教育基本法》（1999年）、制定《教育经费编列与管理法》（2000年），逐步构建起较为成熟、规范的补助政策体系，并设有"奖励"与"补助"专章对奖补助的实施进行了规范，更加明确地将经费分为奖助、补助两大部分。

此外，从经费配置比例来看，随着在1995年2月制定的《迈向21世纪的教育远景》中提出："缩短公私立大学的资源差距，提供私校合理发展的空间"。台湾当局对私立大专院校的奖助经费逐年提高，使该项经费占学校经常性支出的比例提高。在报告书中，确立了2000年政府奖补助经费占私立大专院校经常收入20%的目标，并于1997学年度起提高奖助经费的比例，使奖助与补助经费在总奖补助经费中各占50%。

三 对私立大学的竞争性项目经费政策

随着台湾教育主管行政机关对经费投入政策的反思与调整，2000年以后，台湾当局开始以私立院校的办学绩效作为奖补助经费的核配依据，并逐年提高奖助经费的所占比率，减少补助经费所占比率，强调竞争性奖补助，激发私立院校提升整体办学绩效的动力，主要推行了私立高校校务发展计划、五年五百亿"迈向顶尖大学计划"和"奖励大学教学卓越计划"。

（一）实施私立高校校务发展计划

为引导私立高校健康发展，平衡公私立高校教育资源，台湾当局每年编列奖励私立高校校务发展计划经费，以提升教育质量与竞争力，协助学校健全特色发展。2013 年度"教育部"奖励私立高校校务发展计划总经费为新台币 31 亿 5274 万 3000 元（含「大专校院弱势学生助学计划」经费 4 亿 1553 万 2853 元），依奖励私立高校校务发展计划要点规定分成补助及奖励两项，补助占 17%，奖励占 83%，具体被奖励学校的情况见表 7-4。

本计划经费系以协助学校整体特色发展，全面提升教育质量与竞争力为目的。为了解各校校务发展计划现况、目标、研究发展重点与特色、规划等相关事宜，且为求严谨客观，除审查各校申请计划书外，还透过量化指标，核配各校奖励经费，其中部分量化指标与学校之学生数及教师数等规模大小有关。

表 7-4　　　奖励私立大学校务发展计划经费一览表

学校名称	计划核定总金额（台币）	学校名称	计划核定总金额（台币）
淡江大学	1 亿 3298 万 4203	明道大学	4483 万 6971
中国文化大学	8428 万 3633	玄奘大学	4560 万 9688
辅仁大学	1 亿 1096 万 2420	南华大学	5401 万 6391
逢甲大学	1 亿 3622 万 6884	台湾首府大学	3517 万 9715
铭传大学	1 亿 1020 万 5159	大同大学	6639 万 1736
东海大学	1 亿 0239 万 7076	康宁大学	2536 万 3279
实践大学	5873 万 1688	华梵大学	5712 万 3927
中原大学	1 亿 3275 万 2566	佛光大学	6410 万 2727
义守大学	1 亿 0405 万 7876	稻江科技暨管理学院	2848 万 5734
东吴大学	8885 万 9273	兴国管理学院	1852 万 9483
静宜大学	9540 万 9925	高雄医学大学	1 亿 1071 万 6220
亚洲大学	9720 万 9288	中国医药大学	1 亿 1111 万 8887
世新大学	8928 万 4374	台北医学大学	1 亿 1121 万 0932
真理大学	1943 万 4347	中山医学大学	5398 万 5212
大叶大学	7112 万 8422	长庚大学	1 亿 2965 万 0698

续表

学校名称	计划核定总金额（台币）	学校名称	计划核定总金额（台币）
元智大学	1 亿 1543 万 6410	慈济大学	7661 万 6892
长荣大学	5614 万 9805	马偕医学院	1463 万 7178
开南大学	1494 万 5825	法鼓佛教学院	50 万
中华大学	6817 万 5303	基督教台湾浸会神学院	50 万
		总计	27 亿 3721 万 0147

资料来源：台湾"教育部"奖励私立大学校院校务发展计划信息网，2014 年 3 月 12 日，（http://dhe-fund.yuntech.edu.tw）。

（二）推行五年五百亿"迈向顶尖大学计划"

2006 年以来，在学校和学生数快速扩张，教育资源却无法相对扩充的情况下，各校获得的补助经费愈来愈少，整体教育资源被稀释，严重影响大学的教育品质。因此，台湾当局在固定的经费分配公式和均等的目标之外，开始采取额外竞争性经费的补助方式。在私立高校的补助方面，特别预算奖励办学质量优秀者，相对降低依学校规模所给予的补助经费比例。在特别预算的补助方面，最受瞩目的两个计划为五年五百亿"迈向顶尖大学计划"和"奖励大学教学卓越计划"。[①]

"五年五百亿计划"也称为"发展国际一流大学与顶尖研究中心计划"，是台湾地区教育主管部门为了提升大学的国际学术研究水准，发展台湾的国际一流大学，以五年为一期，第一期从 2006 年至 2011 年，第二期从 2011 年至 2015 年止，每一期每年一百亿元，以五年五百亿的特别预算，用专案经费的方式来补助研究型大学设置顶尖研究中心。私立长庚大学、元智大学 2005 年被列入"五年五百亿计划"重点建设高校（共 12 所），获得了每年 3 亿到 10 亿不等的补助。

（三）奖励大学教学卓越计划

2004 年，台湾当局制定了"奖励大学教学卓越计划"，该计划是补助大专院校的计划之一，属于大学校际之间的竞争性奖励机制。在私立高校的奖补助方面，逐年提高依办学绩效所给予的奖助经费所占比率，降低依

[①] 陈启昌、于嘉玲：《预约百年卓越——台湾高等教育论坛谈大学之分类》，台湾"国立中央"大学出版中心 2008 年版，第 95 页。

学校规模所给予的补助经费所占的比例。这项计划也引导了一些台湾的大学将自身定位为教学型大学，其中主要是私立大学。其主旨在于希望透过竞争性的奖励机制，鼓励大学提升教学品质，逐步建立教学绩效的指标及国内教学卓越大学的典范。2005年该计划编列竞争性经费10亿元，2006年至2008年增加到每年50亿元。最终有12所学校于2005年获得奖励大学教学卓越计划补助，其中有8所学校是私立大学。后来，台湾当局将奖励大学教学卓越计划细分为奖励大学教学卓越计划、区域教学中心计划、重要特色领域人才改进计划等，逐年扩大补助对象，2005—2013年，就有8所私立高校连续受到了资助。具体资助私立高校数量如表7-5、表7-6所示。

表7-5　　　　　　　　奖励大学教学卓越计划

奖励年份	公立院校（所）	私立院校（所）
2005年	4	8
2006年	13	15
2007年	14	16
2008年	12	17
2009—2010年	11	20
2011年	11	20
2012年	11	20
2013年	11	22

数据来源：台湾"教育部"奖励私立大学校院校务发展计划信息网，2014年3月12日，(http://dhe-fund.yuntech.edu.tw)。

从表7-5中，我们可以看出，台湾当局对私立高校的资助数量呈逐年增长趋势。由2005年的8所增加到2013年的22所，增长了近3倍。从奖励设置的2005年，私立高校的受助数量就是公立高校的2倍；2009—2013年，受奖励的私立高校数量一直都是公立高校数量的2倍以上。可见，台湾当局对私立高校采取了平等、公正的原则，将教学工作做得好的私立高校作为教育经费投入的主要对象。

表 7-6　　　　　　　　技职院校奖励大学教学卓越计划

奖励年份	公立院校（所）	私立院校（所）
2006 年	9	21
2007 年	9	21
2008 年	9	22
2009—2010 年	8	24
2011—2012 年	9	25

数据来源：台湾"教育部"奖励私立大学校院校务发展计划信息网，2014 年 3 月 12 日，(http://dhe-fund.yuntech.edu.tw)。

随着社会对技职人才需求的增大，特别是对高素质技师人才的需求增加，台湾当局加大了对教学质量水平高的技职院校的奖励，如 2012 年，私立高校中的 34 所科技大学、27 所技术学院中的 25 所受到了大学教学卓越计划奖励，占私立高校总数的 40.98%。其他年度的私立技职院校受资助情况见表 7-6。

同时，为鼓励技职院校营造国际化教学环境，招收国际留学生，聘用国际高科技师资，以提升师生英语能力及专业竞争力，台湾当局对推动国际化整合方案绩效良好的公私立技职院校进行奖助。本奖助分绩优型和进步型二种：绩优型奖助金额占总奖助经费的 60%，以当年度各校推动国际化之绩效为主要考量，绩效愈高奖助愈多；进步型奖助金额占总奖助经费 40%，以当年度各校推动国际化之绩效与前一年之相对绩效作比较，进步愈多奖助愈多。①

四　税收减免、土地优惠等政策扶持私立高校发展

台湾规定私立学校捐赠者免缴所得税、遗产税与赠予税，私立学校的土地税及房屋税免征，私立学校为教学研究用的图书、仪器、设备免关税，并对于捐资达到一定金额或以上者颁发奖状、奖牌、匾额等。在私人或企业捐资补助学校方面，捐款给公立学校可以 100% 免税，个人捐给私

---

① "教育部"技专校院国际化奖助要点，1994 年 1 月 17 日，(http://www.chinalawedu.com/falvfagui/fg23155/180562.shtml)。

立学校可抵扣 20%，捐给营利事业单位最高抵扣 10%；通过"财团法人私立学校兴学基金会"捐款给私立学校，个人抵扣可提高到 50%，营利事业单位抵扣提高到 25%。[1]

按照历年来的惯例，对私立学校的校舍、校地一律予以免税优待，并尽量拨出公地，供私立学校使用，以及协助私立学校免税进口各项教学器材，减轻其财政负担，以充实其教学设备，提高教学效果。[2]《私立学校法》规定私立学校租用的捐赠土地或租用公有、公营事业、财团法人土地，自学校立案起，应至少承租二十年，不受民法、国有财产法及地方公有财产管理法规关于租期之限制。

五 私立大学设校经费和基金管理政策

台湾当局对私立大学的建校经费和基金都有明确的规定。《大学法》第 9 条第五款规定：（1）应有充足的设校经费（包括购地、租地、建筑、设备等经费）及维持学校基本运作所需之每年经费，且应提供明确之设校财源证明。（2）应依学校类型筹足设校基金，存入银行专户。大学为新台币十四亿元；独立学院为医学类新台币十亿元、工学类新台币六亿元、其他类新台币四亿元。对私立专科学校设校经费及基金的规定除了满足上面第（1）条规定外，还特别强调配合学校筹设计划规划未来五年内所需购地、租地、建筑、设备等各类经费支出，预计筹募的经费并应提出相关证明文件。另外，应筹足设校基金新台币二亿元，存入银行专户。这些关于设校经费的规定有效地保障了私立高校的财政稳定性与可持续性。

为了促进私立学校发展，台湾当局还成立了财团法人私立学校兴学基金会，对个人或营利事业捐赠私立学校的事宜进行统一管理。基金会筹集了新台币三千零五十万元，其中逾半数金额由主管机关捐助，其余由各级各类私立学校及相关团体筹募。基金的平时收入来源主要有台湾工商界、公私立机构、团体或个人的捐赠，基金的利息收入，等等。基金会

---

[1] 毛勇：《中国公办、民办高校公平竞争研究》，厦门大学出版社 2009 年版，第 103 页。
[2] 姚志华：《台湾教育管理》，山西教育出版社 1999 年版，第 34 页。

的主要用途是补助学校财团法人或私立学校发展校务的支出，每年办理一次分配。

此外，台湾教育主管当局还会同行政院有关部门，成立了私校退抚基金管理委员会，由学校法人、私立学校教职员工及相关教育团体代表组成，向法院登记为财团法人，统筹办理基金之设立、收取、提拨、管理、运用等事宜，并受"教育部"之监督。私校退抚基金为解决私立院校的教职工退休养老问题提供了保障。

六　私立高校的盈利资金投资管理政策

私立高校的经费收入中，除绝大部分的学费收入、捐赠收入及政府补助外，往往在发展中面临着急需资金进行一次性建设投入的情况，这个时候就需要通过借债、贷款来解决。针对私立学校贷款的法规有《"教育部"监督学校财团法人及所设私立学校融资作业要点》。台湾"教育部"为健全私立学校财务，依据2001年5月3日私立学校举债管理会议决议，规定专科以上私立学校"举债指数"[①] 低于上限者，采取事后报告方式，学校应于举债银行借款后一个月内，将借款年度前一年之现金收支概况表、借款金额、资金用途、借款偿还计划、年度预算等报送"教育部"备案。"举债指数"超过上限或扣减不动产支出前余额低于零者，采取事前核准方式，学校应于事前将借款年度前一年的现金收支概况表、借款年度起十年内每年的现金收支概况预计表、借贷金额、资金用途、借款偿还计划、年度预算等资料专函送"教育部"核定。

而在私立高校的剩余资金使用上，台湾当局在《私立学校剩余款投资及流用办法》中规定，私立学校剩余款进行投资前，要先计算可投资额度上限，经学校法人董事会通过，并报法人主管机构同意后，始得办理。对投资项目的要求比较严格，规定私立学校剩余款的投资，以购买国内上市、上柜公司的股票及公司债、国内证券投资信托公司发行的受益凭证，或运用于其他经学校法人主管机关核准的投资项目为限。此外，为了防范

[①] 所谓"举债指数"是指学校"银行借贷净额"除以"扣减不动产支出前现金余绌"所得的商数，上限为5。私立学校应依据借款年度的前一年决算资料，计算举债商数。

私立高校的投资风险，又对投资额度进行了明确限定。规定私立高校投资同一公司发行的股票及公司债、同一证券投资信托公司发行的受益凭证，其额度合计不得逾可投资额度上限的百分之十，亦不得逾同一被投资公司发行在外股份总数的百分之十。

为了保证私立学校剩余款的流用能发挥促进学校发展作用，对其使用的项目、额度进行了规定。台湾当局规定剩余款用于学校办学，要以用于行政管理支出、教学研究及学生事务与辅导支出、奖助学金支出、偿还借款、建校舍与购置不动产及教学设施设备为限；其中用于教学研究支出及购置教学设施设备合计并不得少于使用金额的二分之一。

第三节 经费分配及使用绩效评估政策

在 1977 年前后，台湾当局对私立高校的奖助一直缺乏整体性计划，多半以专案形式提供有限的补助。从 1980 年至 1995 年，台湾"教育部"推动"私立大学中程校务发展计划奖助"，引导各校重视整体校务发展规划。同时结合评估制度，聘请专家学者、行政机关代表组成审查委员会进行实地评核，审核私立大学中程校务发展计划及其执行成效，并逐步以绩效评价结果为主要依据，来分配私校奖补助经费。其中，补助经费根据私立高校的规模进行核配，具体评估指标见表 7-7。

表 7-7 技术学院、科技大学、一般大学补助经费审查事项评估指标

审查事项	高级中学、职业学校评估指标	专科学校、技术学院、科技大学评估指标	一般大学评估指标
现有规模	（一）学生数或班级数。 （二）教师数。 （三）教师合格数。 （四）楼地板面积。	（一）学生数。 （二）教师数。 （三）职员人数。	（一）学生数。 （二）教师数。 （三）职员人数。 （四）专任助理教授以上教师占所有教师比率。

资料来源：台湾"教育部"奖励私立大学校院校务发展计划信息网，2014 年 3 月 12 日，（http://dhe-fund.yuntech.edu.tw/）。

此外，台湾当局还将申请奖励的学校限定为"经核准立案，且招生达二年以上，学校招生、学籍、课程、人事、会计、财务及行政信息化等校

务运作正常,并建立内部控制制度,学校财团法人组织及董事会运作正常"。对私立高校的经费资助还考虑到地区、专业设置的差异。规定满足下列条件的学校、分校或分部,根据其学生数,增加其奖励、补助经费:一是设立地点位于教学资源不足的地区;二是设立的学科、系、所具有稀少性及社会发展所需,并且公立学校未能充分设立。

依据评估结果对私立高校进行奖助经费分配是台湾的典型做法。随着奖助经费的增多,教育主管部门考虑从促进私立高校整体发展的角度出发进行竞争性奖助。1989 年,实施了"特色系所之奖助"审核,首次将评估结果与奖助经费挂钩,以鼓励各私立大学形成办学特色。[1] 这从宏观上对私立院校的发展进行了政策引导。目前,台湾当局主要依据私立高校评估指标进行奖补助经费的公式核配。在《2015 年度"教育部"奖励补助私立技专院校整体发展经费核配要点(草案)》核配表中,规定了财政预算的奖补助经费比例:奖励经费占到总经费的 65%,补助经费占到总经费的 35%。

一 私立高校的补助经费分配

补助经费的核配基准是以私立高校的规模(学生数、教师数、职员人数)、政策推动绩效(学校知识产权保护推动绩效、学生事务推动绩效、校园环境安全及卫生推动绩效)、助学措施成效(助学金及生活助学金总额、补助弱势学生)等三个方面,依据不同的比重进行核配。

(一)现有规模(占补助经费 63%)[2]

1. 学生数(占现有规模 71%)

$$学生数 = \frac{各校加权学生数}{\sum 所有学校该项人数总和}$$

其中,农林渔牧及工业领域产业类学生数加权值以 5 倍计算。对于各类学校学生数及教师数采用加权计算方式,具体权重设定如下:

---

[1] 蒋华林、王平等:《台湾高等教育评鉴研究》,重庆大学出版社 2012 年版,第 163 页。
[2] 私立技专校院奖励补助信息网,2015 年 3 月 3 日,(http://tvc-fund.yuntech.edu.tw)。

学生类别	权重分值（分）
研究所日间学制、在职专班及大学部四技日间学制每生	1
大学部二技及专科部二专的日间学制每生	1.5
专科部五专日间学制每生	2
大学部及专科部的进修学制每生	0.5

2. 教师数（占现有规模22%）

$$教师数 = \frac{各校教师职级加权总数}{\sum 所有学校该项人数总和}$$

合格专任教师的职级权重赋值方式如下：

教师类别	权重分值（分）
教授每名	1.4
副教授每名	1.3
助理教授每名	1.2
讲师每名	1

3. 职员人数（占现有规模7%）

$$职员人数 = \frac{各校职员人数}{\sum 所有学校该项人数总和}$$

（二）政策推动绩效（占补助经费11%）[①]

1. 学校知识产权保护推动绩效（占政策推动绩效23%）

$$\frac{各校保护知识产权保护行动方案执行自评表审查成绩}{\sum 所有学校该项审查成绩总和}$$

2. 学生事务推动绩效（占政策推动绩效34%）

（1）整体学生事务及辅导工作成效（占学生事务推动绩效20%）

$$\frac{本部奖补助私立大专院校学生事务与辅导工作访视总成绩之级分}{\sum 所有合格学校访视总成绩之级分总和}$$

（2）品德教育（占学生事务推动绩效16%）

---

① 私立技专校院奖励补助信息网，2015年3月3日，(http://tvc-fund.yuntech.edu.tw)。

$$\frac{各校品德教育四项达成比率^①}{\sum 所有学校四项达成比率总和}$$

(3) 生命教育（占学生事务推动绩效 16%）

$$\frac{各校生命教育四项达成比率^②}{\sum 所有学校四项达成比率总和}$$

(4) 性别平等教育（占学生事务推动绩效 16%）

$$\frac{各校性别平等教育四项达成比率^③}{\sum 所有学校四项达成比率总和}$$

(5) 服务学习（占学生事务推动绩效 16%）

$$\frac{各校服务学习九项达成比率^④}{\sum 所有学校九项达成比率总和}$$

(6) 防止学生药物滥用措施（占学生事务推动绩效 16%）

$$\frac{各校防止学生药物滥用措施六项达成比率^⑤}{\sum 所有学校六项达成比率总和}$$

---

① 品德教育四项是指"品德教育列入学校整体校务发展与各单位年度施政计划中，并于推动时整合与运用校内外资源"、"办理或参加品德教育相关研习与进修，提升教师及行政人员品德教育专业知能"、"开设品德教育相关课程、结合服务学习开设相关课程、以多元创新方式将品德教育纳入非正式课程或活动"、"品德教育之定期自我检核与改善机制"。

② 生命教育四项是指"已由单一学校或跨校合作办理校园生命教育多元活动，提供学生生活化的生命体验"、"已办理教师、行政人员及家长生命教育相关议题之知能研习、工作坊、成长团体或读书会"、"已开设生命教育相关通识课程，或已设立生命教育学程或生命教育硕士班"、"补助师生赴国内外出席生命教育国际学术研讨会或参访活动"。

③ 性别平等教育四项是指性别平等教育委员会主任委员上年度主持性别平等教育委员会议之次数比例（主持场次/会议场次×100%）达成后；上年度校安通报校园性侵害、性骚扰及性霸凌事件，于通报后 4 个月内完成在线陈报至主管机关之件数；上年度办理教职员及学生之性别平等教育课程或活动情况；编列上年度性别平等教育经费预算，以及进行上年度成果报告与检讨情况。

④ 服务学习九项是指已成立服务学习中心或纳入学校现有单位专责办理规划服务学习相关课程及活动、已规划学生校外服务学习之安全保障措施（如专人辅导、加保意外事故保险等）、已开设具服务学习内涵之全校性共同必修课程、已开设具服务学习内涵课程之系科所比例占全校系科所 20% 以上、已将服务学习表现优异学生，列为申请相关奖助学金之审查条件之一、已办理校内服务学习相关研讨会或活动，分享推动服务学习成效优良系所之办理经验，增加各系所交流与观摩机会、学生会及学生社团参与服务学习活动比例占整体数量 30% 以上、已结合民间团体资源推动服务学习及最近二年曾获得服务学习相关奖励 9 项。

⑤ 依各校制定的推动防止学生药物滥用实施计划，并呈报校园反毒成果报告情况；举办预防教职员及学生药物滥用技能训练；每年至少举办 1 场主题竞赛活动，并设置防止学生药物滥用教育专题活动；执行拒毒萌芽服务学习，进行反毒教育倡议；落实建立特定人员名册；药物滥用个案辅导机制等 6 项达标率为计算基准。

3. 校园环境安全及卫生推动绩效（占政策推动绩效 24%）

（1）校园灾害防救管理（占校园环境安全及卫生推动绩效 20%）

依最近一次"技专校院校园环境管理及现况调查暨绩效评估计划"成绩核算，成绩达七十分者，可以参与经费核配。具体的校园灾害防救管理绩效的计算公式如下：

$$校园灾害防救管理绩效 = \frac{各校各项成绩总评分之级分}{\sum 所有学校该项级分总和}$$

（2）校园节能绩效（占校园环境安全及卫生推动绩效 20%）

各校 EUI① 的分级依据学校 EUI 相较前一年度或与基准年的负增长情形进行评定，以各校级分占所有学校该项级分总分的比率核配，具体计算公式如下：

$$校园节能绩效 = \frac{各校 EUI 之级分}{\sum 所有学校该项级分总和}$$

（3）校园环境保护管理（占校园环境安全及卫生推动绩效 20%）

依最近一次"技专校院校园环境管理及现况调查暨绩效评估计划"成绩核算，成绩达七十分者，可以参与经费核配。具体的校园环境保护管理绩效计算公式如下：

$$校园环境保护管理绩效 = \frac{各校各项成绩总评分的级分}{\sum 所有学校该项级分总和}$$

（4）实验场所安全卫生管理（占校园环境安全及卫生推动绩效 20%）

依最近一次"技专校院校园环境管理及现况调查暨绩效评估计划"成绩分配核算，成绩达七十分者，可以参与经费核配。具体的实验场所安全卫生管理绩效计算公式如下：

$$实验场所安全卫生管理 = \frac{各校各项成绩总评分的级分}{\sum 所有学校该项级分总和}$$

（5）校园无障碍环境推动绩效（占校园环境安全及卫生推动绩效 20%）

---

① 用电指标（Energy Use Index，EUI）定义为建筑物总楼地板面积之年度用电度数，单位：$kWh/m^2/year$。

依学校前一年度填报无障碍设施清查系统之完整正确程度分配核算，经本部查核，填报完整正确率达 50% 者，可以参与经费核配。具体的校园无障碍环境推动绩效计算公式如下：

$$校园无障碍环境推动绩效 = \frac{各校填报无障碍设施清查系统完整正确程度的级分}{\sum 所有学校该项级分总和}$$

4. 教师升等成效（占政策推动绩效 19%）

依各校前一学年度合格专任教师升等后之职级加权配分后核配。教师需以著作、技术报告、展演等作品申请升等；不能以学位（论文）、体育成就证明申请升等。以技术报告升等者，其加权值以八倍计算。新聘专任教师于前一学年度任职他校期间通过升等者，得认列原学校通过升等人数。具体教师升等成效计算公式如下：

$$教师升等成效 = \frac{各校教师升等职级加权总分}{\sum 所有学校该项分数总和}$$

（三）助学措施成效（占补助经费 26%）①

私立高校的助学措施主要有弱势学生助学计划、生活助学金、住宿优惠、工读助学金和研究生奖助学金等几个方面。各校的助学措施成效主要通过这五项措施中的经费支出与所有高校相对应项目的支出总和之比来衡量。具体的计算公式如下：

1. 助学金及生活助学金总额（占助学措施成效 60%）

$$助学金及生活助学金总额 = \frac{(总经费 \times 40\% \times 26\% \times 60\% - \sum 优先补助逾学杂费收入 3\% 以上的差额经费) \times \left[\begin{array}{l}\left(大专院校弱势学生助学计划中的助学金 \times \frac{70}{100}\right) \\ + \left(生活助学金 \times \frac{9}{100}\right) + \left(住宿优惠 \times \frac{3}{100}\right) \\ + \left(工读助学金 \times \frac{9}{100}\right) + \left(研究生奖助学金 \times \frac{9}{100}\right)\end{array}\right]}{\sum 所有学校该项金额总和}$$

公式中的总经费 × (40% × 26% × 60%) 是指台湾教育主管部门给予

---

① 私立技专校院奖励补助信息网，2015 年 3 月 3 日，(http://tvc-fund.yuntech.edu.tw)。

私立高校的经费补助占总经费的40%（奖励经费占到了60%），其中，补助经费总额的26%是助学措施成效的经费核配数，学生助学金及生活助学金总额占到了全部助学措施成效拨款的60%。

台湾教育主管部门将"各校核发助学金"与"各校学杂费收入"之比大于3%的学校确定为优先补助学校，并且对于优先补助学校，先补助超过学杂费收入3%以上的差额经费，经费额度为核发给学校的助学金总额减去该校学杂费收入的3%。

2. 补助弱势学生（占助学措施成效40%）

弱势学生主要是指台湾原住民学生、身体残障学生、特困学生，这部分补助经费占到助学措施成效核配补助总额的40%，体现了台湾教育主管部门对私立院校学生与公立院校学生的平等对待。

二 奖励经费的分配

获得奖励经费的资格条件主要包括四个方面：全校生师比、应有校舍建筑面积、专任助理教授以上师资结构、前二学年全校新生注册率皆应达40%以上。只有满足这四个方面的最低要求，才能有资格申报奖励经费。奖励指标由两个指标组成，即办学特色（74%）和行政运作（26%）。

台湾特别注重私立高校的特色化发展，因此将办学特色作为奖励经费分配的主要指标，以激发私立高校致力于发展特色。办学特色主要包括校务发展计划及四项核心指标。校务发展计划由学校基础工作、特色工作两方面组成，依据学校自我定位以及在教学、科研、社会服务等方面的情况进行综合评估，由学校自定义绩效指标，这部分得分占办学特色总分的42%。四项核心指标评估占办学特色总分的58%，具体评估指标为提升实务经验或证照师资的成效、学生就业的成效、学生职业证书考取的成效、学生参与业界实习的成效。

学校行政运作评估成绩占奖励指标的26%，主要由前一年度经费及财务执行情况（占行政运作评估的50%）和整体资源投入情况（占行政运作评估的50%）两部分组成。财务执行情况是经费核配评估的重点，包括落实学校财务及校务信息公开化（占前一年度经费及财务执行情况35%）、整体发展经费支用计划书（占前一年度经费及财务执行情况65%）[①] 两部分组成。整体资源投入情况主要是评估学校教学资源的投入情况以及学校办学经费的筹措情况，主要包括捐赠收入、产学合作收入、继续教育收入、学校附属机构的收入等学校财政来源的几个主要方面。

从以上的补助经费与奖励经费的分配方式中可以看到，绩效评估是经费分配的重要依据，绩优者多得以成为台湾对私立高校实施财政支援的基本做法。这种做法有效地激发了私立高校改善、提升相关绩效的积极性与主动性。

三 经费使用绩效评估政策

对于奖补助经费使用绩效，台湾教育主管部门也有着严格的考核管理办法。台湾要求私立高校对获得的每笔奖补助金都要制定经费使用计划、建立相应的会计制度。同时，采用委托第三方组织访视等形式，使奖补助经费使用得到全过程的监督与管理，确保其使用绩效。

我们可以从台湾当局对公私立技专院校设置技术研发中心进行的补助经费绩效考核规定上获得一些感性认识。台湾"教育部"要求各校在申请获得设置技术研发中心后，应依计划确实执行及充分运用，以发挥产学合作的效益，并应有助于提升学校教学成效及研究水平。各校在申请获得技术研发中心项目补助后，每半年至少须办理该领域产学论坛一次，并须于当年度12月31日前办理发表会展示具体成果，所需费用由各校年度经费预算开支。台湾"教育部"对技术研发中心项目补助成效考核重点包括：计划工作执行进度、计划经费运用情形、计划执行内容与产学合作密切情形、计划查核点达成情形、计划投入与产出效益及业界参与共同配合情形。"教育部"将把绩效评估结果作为下一年度办理后续补助的参考，绩效不好的中心，除停止补助外，不再列入"教育部"核定的技术研发中心。

针对奖励经费，台湾教育主管部门还要求申请学校提交使用奖励经费的计划书，并规定了奖励经费审查事项评估指标，主要包括学校的评估成绩、办学成效、行政运作、奖励补助经费执行绩效、其他配合上级教育主

---

① 该项是由评鉴委员会进行评分。

管部门的重要政策推动绩效及整体资源投入情况等 6 大项指标核配。具体指标见表 7-8 所示。

表 7-8　专科学校、技术学院、科技大学、一般大学奖励经费审查事项评估指标

审查事项	专科学校、技术学院、科技大学评估指标	一般大学评估指标
一、评估成绩	（一）专科学校 综合评估（包括行政类及专业类） （二）技术学院、科技大学 1. 校务（行政类）评估 2. 系所（专业类）评估	（一）校务评估 （二）系所评估
二、办学成效	（一）教学指标 1. 提升实务经验或证照师资成效 2. 推动国际化成效 3. 提升学生就业成效 4. 业界专家协同教学成效 5. 学生英语及技能检定证照成效 6. 学校、教师及学生校外得奖成效 7. 学生参与业界实习成效 8. 产业专班培育成效 （二）研究指标 1. 教师进修研习成效 2. 教师升等成效 3. 产学合作技术研发成效 （三）服务指标 1. 整体学生事务及辅导工作成效 2. 专任教师至业界服务成效 3. 劳作教育与服务学习课程成效	（一）教学指标 1. 强化辅导教师专业成长机制、措施及成效 2. 降低教师授课负担及授课时数 3. 落实教学助理、教师评估与教学评估制度及结果追踪辅导机制 4. 推动学生学习、实习与就业成效之考核及辅导 5. 建立毕业生就业追踪机制、企业对毕业生工作表现满意度调查及毕业生生涯发展规划成效 6. 健全课程规划与检讨机制，提升教师授课大纲与教材内容上网率，及提升教学品质 7. 加强整合跨领域课程知识 8. 推动国际化，招收外国学生、交换学生与侨生人数，办理外语授课等相关配套措施与成效 9. 订定学生基本能力指标及检定机制 10. 鼓励学校缔结姊妹校之情形及互动结果 11. 鼓励教师赴国外讲学交流、参与重要国际学术活动、研讨会、实务研习及产业界服务等情形 12. 鼓励学生参与各项竞赛成效 13. 充实教学仪器与空间、图书期刊、网络资源使用及其互相支持情况 14. 其他教学相关指标 （二）研究指标 1. 鼓励学生、教师参与学术研究计划之措施及成效 2. 鼓励教师研究、升等、进修及取得实务经验之成效 3. 鼓励学校与产业界交流及产学合作，发展产学合作绩效、件数、金额之情形 4. 协助学校提升研究成果并对学校、社会具有贡献 （三）服务指标 1. 整体学生事务及辅导工作绩效 2. 服务学习课程成效

续表

审查事项	专科学校、技术学院、科技大学评估指标	一般大学评估指标
三、行政运作	（一）落实学校财务及校务资讯公开化与电脑化 （二）建立及落实学校财务审查机制、内部控制制度及会计制度 （三）健全人事制度，推动行政人员之训谏、考核、奖惩、管控措施与机制	（一）落实学校财务及校务资讯公开化与电脑化 （二）建立及落实学校财务审查机制、内部控制制度及会计制度 （三）健全人事制度，推动行政人员之训谏、考核、奖惩、管控措施与机制
四、奖励辅助经费执行绩效	（一）前一年度奖励、辅助经费执行成果及访视结果 （二）当年度支用计划书之规划成效	（一）前一年度奖励、辅助经费执行成果及访视结果 （二）当年度支用计划书之规划成效
五、其他配合本部重要政策推动绩效	（一）学校智慧财产权保护推动绩效 （二）学校体育推动绩效 （三）学生事务推动绩效 （四）校园环境安全及卫生推动绩效 （五）校园无障碍环境推动绩效	（一）助学措施 （二）升等授权自审 （三）学校智慧财产权保护推动绩效 （四）体育专案评估计划 （五）学生事务推动绩效 （六）校园环境安全及卫生推动绩效 （七）校园无障碍环境推动绩效
六、整体资源投入	（一）整体教学资源投入 （二）助学措施成效 （三）校务发展经费筹措成效	（一）整体教学资源投入 （二）校务发展经费筹措成效

此外，我们通过与台湾地区的几所私立高校财务主管进行座谈获知，台湾"教育部"非常重视私立高校的财务公开制度，"教育部"对其聘请的有会计师资格的专家在网站上进行公示，要求各私立院校要将前一学年度的财务状况，必须经由"教育部"认定的会计师进行查核撰写财务报告（包括平衡表、收支结余表、现金流量表及财务报表附注），并呈报奖励补助经费执行清册、会议记录（包括专责小组会议记录及签到单、公开招标记录及签到单）、稽核报告（包括期中稽核会议记录）及核定版支用计划等资料，以便台湾教育主管行政部门进行考核奖补助经费的运用成效。并要求学校将奖励、补助经费支用情况、执行成效及采购情况等资料对社会进行公开；学校经会计师查核签字的决算以及年度财务报表，要根据教育经费编列与管理法相关规定对社会进行公示。对未公告上网的学校，"教育部"将不予核配奖励补助经费。这种财务公开制度为台湾教育主管部门客观、及时地对私立高校进行绩效评估提供了基础。

第四节 台湾私立高等教育经费政策体系评析

台湾较为系统、完备的私立高等教育经费政策体系在促进私立高等教育发展方面起到了重要的作用。其相关建设经验对我国大陆地区完善民办高等教育经费政策体系具有重要的参考价值。概括来讲，台湾私立高等教育经费政策体系具有各项法规完备、以竞争引导私立高校提高办学质量、构建了多元融资渠道、重视经费使用绩效评估等主要特征。

一 各项法规完备，管理流程严格规范

台湾地区着眼于规范、扶持私立高校发展，始终高度重视有关私立教育的基本法律和配套法规的建立和完善工作，不仅从法律上明确了私立高校具有与公立高校同等的地位，充分尊重和保障私立高校的自治权利，而且对私立高校运作过程中的有关细节问题，涉及教育宗旨、立案准入、教学设施、教学质量、限制条件、财政资助、专业设置、董事会设立、校长任命、教师资格认可、学生管理、监督检查、税收优惠等都有相应法律规定。这些规定，既对私立高校运行行为做出了细致规范，也对教育主管部门在私立高等教育上的宏观管理权限进行了明确界定。这些都为台湾私立高校发展真正做到有法可依、有章可循提供了保障，同时为私立高等教育的健康有序发展创设了一个良好的法制和政策环境。

另外，台湾地区对私立院校的奖补助金实施过程的管理也十分严格，从申请、使用到绩效评估都有专门的法律进行规范。申请奖补助金要满足一定的条件，使用过程要建立专门的使用计划，通过审批之后才可以使用，有相应的会计制度、专门的账册待检查。对于资金的使用情况，也有相应评估，评估结果直接影响到下一年度奖助金额度的核配。这种精细化、规范化的管理制度建设，不仅使得政府的奖补助金计划得到有效落实，同时也保障了奖补助金的使用效率。

当然不能忽视的是，台湾这种细致化的法规体系也在一定程度上限制了私立高校的办学自主权。在学费标准、专业设置、招生计划、发展规划

等方面都不可避免地受到政府和法律的限制，不能根据市场变化及时做出调整，这不能不说是台湾地区私立教育完备法律规范的一个副产品。

二 以竞争引导私立高校提高办学质量

台湾地区的奖补助范围涵盖了私立高校的基础设施建设、国际交流、师资补助、科研补贴、留学生费用、学生奖学金、教师退休补助、贷款补贴等众多方面，几乎涵盖了私立高校所有主要工作环节。完善的奖补助体系，使得台湾私立高校取得了与公立高校同等的法律地位，也让台湾民众对私立高校具有相当的信任感。而在促进私立高等教育质量提升方面，竞争性的奖补助政策起到了至关重要的作用。

台湾地区的奖补助政策是以奖励优秀，引导整体发展为主要目的。如通过"大学教学卓越计划"和"五年五百亿计划"，奖励教学质量优异者，培育冲击世界一流大学的高校。台湾8所私立高校连续几年都受到了"大学教学卓越计划"奖助，但由于缺乏冲击世界一流大学的实力，"五年五百亿计划"基本上都拨给了公立大学。这种竞争性的奖补助计划，有效地发挥了经费政策的杠杆作用，起到了引导私立大学完善自身发展规划，全面提升自身教育质量的作用。当然，不能否认的是在这种竞争性的奖补助计划影响下，各私立高校间加剧了对资源的争夺，最终在客观上形成了"优者更优"的马太效应。

三 构建了更为多元的融资渠道

由于台湾地区将私立高校界定为非营利性教育机构，只鼓励私人捐资办学，因而采取的是学校财团法人制度。财团法人是财产的集合体，成立基础在于财产，原则上是以捐助资产为基础，不能进行收入盈余的分配。财团法人的形态是无成员的，表现为独立的特别财产，是一定目的的财产的集合体，财团的设立人在完成财团设立后，则与财团不再有任何联系。台湾地区就财团法人制定了专门的法律进行规范。这种明确的非营利性属性，便于理顺私立高校的资产管理关系，明晰其法人属性，也有助于确保私立高校的规范性和可持续性。

私立高校在财团法人基础上,又成立了校务发展基金会、兴学基金会、私校退抚基金等,这些基金会为台湾私立高校的资金筹集发挥了重要作用,确保了经费来源的多元化。此外,与我国大陆民办高校管理不同的是,台湾私立高校的剩余款是可以用来投资的。台湾当局制定了《私立学校剩余款投资及流用办法》,允许私立学校使用剩余款进行投资,但对投资项目做了要求,规定可以购买国内上市、上柜公司的股票及公司债、国内证券投资信托公司发行的受益凭证,或运用于其他经学校法人主管机关核准的投资项目为限。

四 重视经费使用绩效评估

台湾地区非常重视教育经费投入的绩效评估,评估的目的不仅是改善学校教育质量,而且具有择优汰劣、追求卓越、保证高等教育机构投资成果与绩效责任等功能。当然,评估结果除了会影响受评私立大学所获政府的奖补助金外,也会影响学校今后的发展,例如评估差的学校将被处以减招、停招或停止增加系所的处分。这些措施都保证了私立高校以教育质量自我评估促进自身发展,力争在众多私立高校中发展优势,办出特色,追求卓越。这种院校评估不仅包括奖补助金的使用绩效评估,而且还包括系所评估、专业评估、追踪评估等多项评估项目,以督促私立高校全面提升办学质量,保持可持续发展的能力。

总之,我国台湾地区的私立高等教育经费政策相对完备,这为私立高校的发展创造了良好的政策环境。其中,通过财团法人形式确保私立高校的非营利性属性;通过社会中介机构对私立高校进行专业评估;并根据评估结果进行奖补助核配,促进教育经费的使用绩效,这些措施都有效地提升了私立高校的社会认可度与办学质量。

第八章 我国民办高等教育经费政策体系的历史演变

我国民办高等教育发端于1978年开始的"改革开庭"。经过近四十年的建设发展，民办高等教育从小到大，从弱到强，为我国高等教育发展和高等教育大众化作出了重大贡献。在这一发展历程中，我国也逐步形成了由经费筹集政策、经费使用政策和经费管理政策等构成的较为系统的民办高等教育经费政策体系，为民办高等教育事业的健康发展提供了强有力的政策支持。具体来说，在经费筹集方面，形成了涵盖学费收取、政府资助、社会捐赠、税收优惠、校办产业、信贷融资等多方面的政策，为民办高校不断拓宽办学经费来源渠道提供了相应的法律依据；在经费使用和管理政策方面，制定了财务会计制度、经费审计制度等政策，为规范和引导民办高校健康发展提供了政策支持。伴随着2010年《国家中长期教育改革和发展规划纲要（2010—2020年）》的颁布，我国民办高等教育经费政策日益朝着法制化、科学化的方向深入发展，为我国民办高等教育事业的特色化、品牌化、高水平发展提供了坚实的政策保障。纵观我国民办高等教育经费政策体系的建设历程，大致可划分为1978—1993年的初建阶段、1994—2001年的发展阶段、2002—2010年的完善阶段和2011年至今的变革发展阶段。

第一节 民办高等教育经费政策的初建阶段（1978—1993年）

我国开启改革开放之后，全国教育事业陆续得到恢复，民办教育事业也迎来了一个蓬勃发展的新时期。1982年11月，彭真委员长在第五届全国人大第五次会议上所做的《关于中华人民共和国宪法修改草案的报告》中提出"两条腿"办教育的方针，拉开了我国民办高等教育发展的序幕。从1982年我国第一所民办高校——中华社会大学[①]创办开始，截止到1991年，全国民办高校已有450余所[②]。1992年邓小平"南行讲话"和1993年中共十四届三中全会的召开，为民办高等教育发展创造了良好的社会环境，此后，民办高校如雨后春笋般涌现。据统计，1991—1993年，民办高校（多为社会助学机构）从450余所增加到816所，数量增长了近一倍。这一时期，民办高校在获得前所未有的大发展的同时，也出现了乱收费、买卖文凭、以办学为名谋取私利等问题。

为了规范民办高校的发展，原国家教委于1987年之后先后出台了《关于社会力量办学的若干暂行规定》和《社会力量办学财务管理暂行规定》等教育行政法规。随后，各级地方政府也先后出台了"社会力量办学管理办法"，以加强对民办高校的管理。这些法规对当时民办高校的经费筹集、经费使用与管理都做出了规定，对民办高等教育的发展起到了一定的规范作用。

一　经费筹集政策

经费筹集政策是指教育行政部门针对民办高等教育经费来源问题而制定的教育法规条例。1987年，原国家教委颁布的《关于社会力量办学的若干暂行规定》第15条规定："社会力量办学的经费自行筹集"。由此，确

[①] 邬大光：《机遇、挑战、危机与使命——21世纪中国民办高等教育面临的四大课题》，《广西大学学报》（哲学社会科学版）1995年第5期。
[②] 张随刚：《民办高等教育政策研究》，博士学位论文，厦门大学，2001年，第19页。

定了社会力量办学经费来源的基本原则,即自行筹集。而对于民办高校如何自筹经费或者可以通过哪些渠道进行经费筹集,我国教育行政部门也做了相应的规定。

(一)学费政策

1987年的《关于社会力量办学的若干暂行规定》第15条规定:"学校可向学员收取合理金额的学杂费,但不得以办学为名非法牟利。收费标准和办法由省、自治区、直辖市教育行政部门会同有关部门共同制定"。为了规范民办高校的收费问题,1987年的《社会力量办学财务管理暂行规定》要求"民办学校收取学杂费使用的凭证,应是当地教育行政部门征得有关部门同意后印制的具有统一编号的三联收据"。同时,《暂行规定》明令禁止民办高校滥收费和进行强行募捐。可见,对于这一阶段的民办高校的学费问题,我国政府并没有完全放开,任其由市场调节,而是采取了强有力的监管措施,其主要目的在于防止民办高校以办学为名谋取不正当的利益。

(二)政府资助政策

为鼓励社会力量办学,原国家教委于1987年《关于社会力量办学的若干暂行规定》第3条规定:"各级人民政府及教育行政部门应鼓励和支持社会力量举办各种教育事业,维护学校正当权益,保护办学积极性,在条件允许的情况下,尽力帮助解决办学中存在的困难,对办学成绩卓著者给予表彰和奖励"。但在具体执行上国家层面并没有做出具体、明确的规定,因而各地政府对此规定反应不一。

1987年《普通高等学校函授教育暂行工作条例》的颁布使得一部分民办高校获得了政府资助。《普通高等学校函授教育暂行工作条例》第34条规定:"函授教育的经费,由主管学校的各级政府拨款"。而在当时,除公办高校提供函授教育之外,一些民办高校也会提供函授教育服务。以湖南中山进修大学为例,1987年开始承办中央党校函授辅导,先后增设大专、本科,并成立专门的函授站。因此,当时提供函授教育的民办高校也享受了政府的直接资助。

(三)社会捐赠政策

在社会捐助方面,1987年的《社会力量办学财务管理暂行规定》明确规定:"民办高校可以接受有关部门、单位或个人的捐助"。"地方社会力量办学管理办法"则做出更为明确的规定,要求专款专用,妥善保管。由于一些民办高校是由社会知名人士发起创办,得到了社会各界人士的响应,所以能够获得一些社会捐赠。但这种现象仅限于一小部分民办高校,并且捐赠数额各学校也存在很大的差异。

(四) 税收政策

在营业税方面,依据1984年《中华人民共和国营业税条例(草案)实施细则》第八条规定,"单位和个人举办文化技术培训班、学习班收取的培训费","学生从事勤工俭学取得的劳务、服务收入",免征营业税。也就是说,无论是学历教育还是非学历教育,民办学校都无须缴纳营业税。在契税方面,国家对用于教学、科研的土地、房产等免征契税。可以说,这为民办学校发展节省了一大笔费用,也体现了政府对民办学校发展的鼓励与支持。

(五) 校办产业政策

在校办产业方面,国家允许民办高校在不影响正常的教育教学活动的情况下,经营小型校办企业。1989年《黑龙江省社会力量办学管理暂行规定》第18条规定,学校在保证完成教学计划的前提下,可根据教学需要举办小型实习工厂、商店、服务部等校办企业。属于文化教育性质的学校举办的企业,按照普通中小学校校办企业的有关规定执行,给予了免税等优惠支持。进入90年代以后,随着国家对市场经济的逐渐重视,越来越多的民办高校开始举办校办企业来解决办学经费的匮乏问题,为民办高校的后续发展提供了强而有力的经济支撑。

二 经费使用与管理政策

经费使用与管理政策是指教育行政部门对教育经费的使用或分配做出的政策性规定。在民办高等教育经费政策的初建时期,教育行政部门对于民办高校该如何使用经费问题的关注较多,不仅提出了民办高校经费使用的总原则,而且还明确了民办高校设置的条件标准、民办高校应缴纳给教育行政部门的费用、民办高校应遵守的财务制度等。

（一）明确了"取之于学、用之于学"的经费使用总原则

1987年12月的《社会力量办学财务管理暂行规定》提出："社会力量举办的学校应贯彻勤俭办学的方针，严格执行国家财经制度。应本着取之于学员、用之于学员的原则，妥善安排使用学杂费。学校各项行政管理经费的开支，可参照国家行政事业单位的开支标准执行。严禁巧立名目侵占、挪用和私分学杂费。学校主办单位也不得从学校的收入中提成"。可见，对于民办高校经费的使用问题，国家确立的基本原则是："取之于学，用之于学"。这一原则在一定程度上保障了民办高校经费的"专款专用"，对于打击侵占、挪用民办高校经费行为起到了一定的遏制作用。但与此同时，对于投资者无权从民办高校经费中提成的规定，也在一定程度上影响了投资者的投资积极性；而后期民办高校的发展实践也告诉我们，这一规定并没有被很好地执行，有些投资者"挂羊头卖狗肉"，打着兴办教育事业的旗号非法牟取不当利益，严重侵犯了教师、学生的合法权益，扰乱了民办高校的健康发展。

（二）明确了民办高校设置条件和标准

1993年，国家出台的《民办高等学校设置暂行规定》进一步明确了民办高等教育事业是我国高等教育事业的重要组成部分，同时对申请设立民办高校的基本条件做出了较为明确的规定，要求民办高校在专业设置、行政人员配备、教师队伍建设、学生规模、校舍和土地购置等方面须满足民办高校发展的基本条件。规定民办高校必须配备专职校长、副校长以及副教授以上职称的专业或学科负责人；在教师队伍建设上，学校须配有专业的、稳定的教师队伍，每门公共必修课程、专业必修课程和专业基础课程需有至少1名讲师或以上职称的教师等；民办高校需设置三个以上专业，在校生规模至少在500人以上，其中高等学历教育在校生规模不得少于300人；学校需要有固定、独立、相对集中的土地和校舍，校舍面积文法财经类学校每生不少于10平方米，理工农医类学校每生不少于16平方米；学校要按所设专业和学生人数配备必要的教学仪器设备和适用图书，满足学生学习和教师教学的基本需求；学校要有与建校相应的建设资金和稳定的经费来源等。这些规定提高了民办高校的办学门槛，对保证民办高校的

办学质量起到了重要的作用，但由于投资者自身实力的不足和政府扶持力度的有限，给投资者举办民办高校带来了不小的困难，一定程度上也限制了我国民办高校规模的进一步扩张。

（三）民办高校须接受当地教育行政部门的监督，并缴纳督导费

民办高校必须要接受当地教育行政部门的监督，并向当地教育行政部门缴纳督导费或管理费。所谓督导费或管理费是指各地政府为了加强对民办高校的管理向其收取一定的管理或督导费用，用于支付教育行政部门针对社会力量办学进行监督、检查、评比表彰等专项业务活动的日常开支。但由于各地政府对民办学校所持态度不一，管理费用的征收存在差异。如，1988年吉林省政府颁布的《吉林省社会力量办学管理办法》规定，民办高校要向教育行政部门缴纳学费收入的3%作为管理费用；而1989年河北省政府颁布的《河北省社会力量办学管理暂行办法》则要求缴纳学费收入的5%。

（四）制定民办高校应遵守的财务会计制度

1987年国家教委出台的《关于社会力量办学的若干暂行规定》和《社会力量办学财务管理规定》都对民办高校的财务会计制度做出了明确规定，要求民办高校要设置专门的财会人员与财会机构，建立健全财务管理制度，对高校财务开支进行严格的会计核算，杜绝以领代报、白条报账、私分公款等违反财务制度的现象。同时，民办高校要定期向教育主管部门报送财务报告，接受审计、教育等主管部门的监督与检查。

在会计核算原则与制度方面，1987年的《社会力量办学财务管理暂行规定》要求社会力量举办的学校应当本着"统一领导、分级负责、独立核算、量入为出、略有结余"的会计核算原则，参照国家事业单位的会计制度和财务管理办法对学校的财务收支情况，进行独立的会计核算。

（五）民办高校对学校财产实行分类登记，依法管理

1987年原国家教委颁布的《关于社会力量办学的若干暂行规定》第16条规定"社会力量举办学校的全部收入以及固定资产归学校所有"；《社会力量办学财务管理规定》规定"学校应建立健全财产、物资管理制度。可参照事业单位的标准，明确划分固定资产和低值易耗品的界限。要

设置固定资产账卡,加强管理,防止丢失损毁。学校的财产任何人不得借故侵占或挪用"。该规定明确提出将学校资产划分为固定资产和低值易耗品,实行分类登记和管理,并且着重加强了对固定资产的管理,以防止学校资产的流失与损毁。

另外,对民办高校停办后的学校资产的处置问题,我国教育法规也都做出了较为明确的规定,除将属于个人或单位的资产归还原主以外,其余资产将由当地教育行政部门处置,但必须用于发展教育事业,不得挪作他用。总之,我国法律法规对民办高校财产的归属、登记、管理等问题做出了较为明确的规定,要求民办高校依法加强管理,这对民办高校资产管理起到了规范作用。

概而言之,1978—1993 年是我国民办高等教育的初步发展时期,同时也是我国民办高等教育经费政策的初建时期。从这一阶段形成的经费政策体系来看,主要关注的是民办高校的经费筹集、经费使用与管理两个方面,并且所出台的政策多以提倡社会力量捐资办学为主旨,缺少以促进和鼓励民办高校长远发展为目的的前瞻性政策,在如何办学以及如何支持民办高校发展等具体问题上较少涉及,也不允许举办者通过兴办民办学校获取回报。

第二节 民办高等教育经费政策的发展阶段(1994—2001 年)

随着我国改革开放和现代化建设事业的快速推进,建设社会主义市场经济的步伐逐渐加快,国家对高素质人才的需求越来越迫切,为此,国家提出要"把教育摆在优先发展的战略地位"。这为我国各类教育的发展创造了良好的政治环境。1993 年《中国教育改革和发展纲要》的出台,更是对我国未来教育事业发展的谋篇布局,不仅掀起了我国教育改革与发展的新浪潮,同时也开启了民办高等教育发展的新时期。

1993 年《中国教育改革和发展纲要》提出对民办教育采取"积极鼓励、大力支持、正确引导、加强管理"的方针。此后,国家先后出台了

《中华人民共和国教育法》、《国家教委关于社会力量办学管理经费问题的意见》、《国家教委关于加强社会力量办学管理工作的通知》、《社会力量办学条例》、《高等教育法》等一系列教育行政法规,引导和规范民办高等教育的发展,其中多处涉及了民办高校的经费筹集、经费使用与管理问题,促进了民办高等教育经费政策的进一步发展。

一 经费筹集政策方面的发展

1995年,我国制定、颁布了第一部专门的教育法《中华人民共和国教育法》(以下简称为《教育法》)。《教育法》的颁布对于我国教育发展来说具有里程碑的意义,它标志着我国教育发展与管理逐步走向法制化,为实现依法办学、依法治校奠定了法律基础。1997年,国家针对社会力量办学出台了专门的行政法规——《社会力量办学条例》(以下简称《办学条例》)。《办学条例》对民办教育的法律地位、经费筹集等问题做了原则性的规定。例如,在法律地位方面,《办学条例》规定:"社会力量办学事业是社会主义教育事业的组成部分。社会力量举办的教育机构及其教师和学生依法享有与国家举办的教育机构及其教师和学生平等的法律地位。"这一规定将民办高校的法律地位进一步提升到与公办高校相一致的水平,并以立法的形式确立了下来。关于政府对民办高校的管理,《办学条例》提出国家对社会力量办学实行积极鼓励、大力支持、正确引导、加强管理的方针。这些规定不仅为民办高等教育的发展提供了法律依据,同时也促进了民办高等教育经费筹集政策的进一步发展。

(一) 政府对民办高校的支持力度加大

1994—2001年这一时期,政府对民办高校的支持逐渐增多,这主要得益于1998年《中华人民共和国高等教育法》(以下简称为《高等教育法》)中对社会力量举办高等教育机构的法律许可,突破了过去政府对民办高等教育事业发展的限制。《高等教育法》规定:"国家鼓励企业事业组织、社会团体及其他社会组织及公民等社会力量依法举办高等学校,参与与支持高等教育事业的改革与发展"。

1994年6月14—17日,第二次全国教育工作会议在北京召开,会议要求全党全社会要认真实施已经发布的《中国教育改革和发展纲要》。该《纲要》就改革办学体制问题,指出要"改变政府包揽办学的格局,逐步建立以政府办学为主体、社会各界共同办学的体制","高等教育要逐步形成以中央、省(自治区、直辖市)两级政府办学为主、社会各界参与办学的新格局"。在这一思想的指导下我国政府逐步加大了对民办高校的支持力度。如1996年,我国开始出现了介于"公办学校"与"民办学校"之间的学校——"公办民助"或"民办公助"学校,在此后较长一段时间内,为扶持民办高校发展,各地政府纷纷通过创新办学模式,与民办高校签署了"民办公助"协议。所谓"民办公助"是指由社会力量投资创办学校为主,同时接受政府、国有企事业单位、集体经济组织等的资助。"公助"形式包括:一是捐助;二是政策扶助,包括无偿提供土地的使用权,以优惠价格向民办学校批租土地、提供物资等,以优惠政策向民办学校提供银行贷款,建立有效机制允许公办教师去民办学校任教,制定减免有关税费的政策等;三是投资,包括有形资产和无形资产的投资。此类学校除具有民办学校的一般特点、积极意义和若干共性问题外,还对"公助"方承担适当的义务[①]。

(二) 进一步规范民办高校收费行为

随着市场经济的深入开展,民办高校逐步面向市场办学。民办高校筹集办学经费的渠道越来越多元化,除了收取正常学费之外,有些民办高校开始使用融资或集资的手段来筹集办学经费。但由于缺乏相应的监督与管理机制,这种以集资方式筹集办学经费的方式引起了不少的纠纷,因为并不是所有的民办高校都把集资来的钱用在了改善教育、教学条件上。为了遏制投资者打着办学的幌子进行非法集资的行为,1994年原国家教委下发了《国家教委办公厅关于民办学校向社会筹集资金问题的通知》,对民办高校面向社会筹集资金问题进行了规范。该通知规定"学校不得以营利为目的,也不得通过办学为企业或其他部门集资或变相集资","对那些以办学为名而牟取高利的行为不能容忍"。1997年,国务院颁布的《社会力量

[①] 袁运开:《简明中小学教育词典》,华东师范大学出版社2000年版,第691页。

办学条例》对民办高校收费管理做出更为细致的规定:"教育机构按照国家有关规定收取费用。教育机构的收费项目和标准,由该教育机构提出,经审批机关审核提出意见,由财政部门、价格管理部门按照职责分工,根据该教育机构的教育、教学成本和接受资助的实际情况核定"。

(三) 给予民办高校校办企业以更多优惠政策

在校办企业政策方面,1995年《教育法》第五十八条规定:"国家采取优惠措施,鼓励和扶持学校在不影响正常教育教学的前提下开展勤工俭学和社会服务,兴办校办产业。"在税收优惠方面,1994年《国家税务总局关于学校办企业征收流转税问题的通知》规定:"凡用于本校教学和科研的应税货物或为本校教学科研服务的应税劳务收入免征流转税(营业税和增值税)。"但是享受税收优惠的校办企业范围仅限于1994年1月1日以前由教育部门所属的普教性学校举办的校办企业(不包括私人办职工学校和各类成人学校举办的校办企业)和1994年1月1日以后经主管部门批准,准予享受税收优惠的新办校办企业。可见,1994年1月1日以后符合政策规定的民办高校校办企业也能享受到政府给予其校办企业的税收优惠政策,但是这远远不能与公办高校的优惠待遇相提并论。例如在企业所得税优惠方面,财政部、国家税务总局于1994年发布的《关于企业所得税若干优惠政策的通知》和1995年发布的《关于校办工厂免征所得税的补充通知》,都明确地将民办高校的校办企业排除在企业所得税优惠范围之外,而公办高校则可以享受这一税收优惠政策。

这一时期,在政府税收优惠政策的影响下有越来越多的民办高校开始举办校办企业来缓解办学经费不足问题。以西安培华女子大学为例,校长姜维之创办了西安培华城市信用社、西安通达房地产开发公司和西安培华科工贸公司等三个经济实体,初步形成了"以产养教,产教结合"的办学格局,为学校发展提供了重要的经费保障。

(四) 鼓励民办高校利用金融、信贷等手段进行融资

除政府直接资助民办高校的发展以外,国家还鼓励民办高校运用金融、信贷手段来发展民办教育事业。1995年国家颁布的《教育法》第六十二条明确规定:"国家鼓励运用金融、信贷手段,支持教育事业的发展"。

但是国家在此后较长的一段时间内并没有出台具体办法将这一政策落实。相反,由于现实中诸多法律政策的限制,民办高校的融资环境不容乐观。我国于 1995 年颁布的《担保法》第三十七条规定:"学校、幼儿园、医院等以公益为目的的事业单位、社会团体的教育设施、医疗卫生设施和其他社会公益设施,不得抵押。"这一规定实际上限制了民办高校通过金融、信贷等手段来筹集办学经费。

(五) 税收优惠政策有了新的发展

自 1994 年起,我国开始实施新的税收政策,其中包括企业所得税、个人所得税的开征,新的营业税征收方案的实施等。在新的税收政策中,民办高校的税收优惠政策也有了新的发展。

在营业税方面,1993 年国家出台了《营业税暂行条例实施细则》。依据这一新规定,自 1994 年起,从事学历教育的教育机构可以免征营业税,因此我国实施学历教育的民办高校可以免征营业税。但需要指出的是,可以享受免征营业税待遇的民办高校仅有一小部分,我国绝大多数的民办高等教育机构是需要缴纳营业税的。因为据有关资料统计,从 1994 年我国出现第一批能够独立颁发学历文凭的民办高校开始,截止到 2000 年,我国能够提供学历教育的民办高校仅 43 所[①],占民办高校总数的 3.35%。其他民办高等教育机构因不是"从事学历教育",而不能享受此改革。

在契税政策上,1997 年国务院颁布的《中华人民共和国契税暂行条例》规定:"用于教学的土地、房产等免征契税。"但是有些地方政府仍然对民办高校征收契税。对此,2001 年《财政部、国家税务总局关于社会力量办学契税政策问题的通知》再次重申,"社会力量举办的教育机构依法享有与国家举办的教育机构平等的法律地位","其承受的土地、房屋权属用于教学的,免征契税"。

在企业所得税政策上,我国于 1994 年开始对企业、事业等单位征收企业所得税。依据 1994 年《企业所得税暂行条例实施细则》和《财政部、国家税务总局〈关于企业所得税若干优惠政策的通知〉》的规定,对科研

---

① 邬大光:《中国民办高等教育发展状况分析——兼论民办高等教育政策》,《教育发展研究》2001 年第 8 期。

单位和大专院校服务于各行业的技术成果转让、技术培训等所取得的技术性服务收入暂免征收所得税。也就是说，提供大专文凭以上的民办高校所获得的技术性服务收入部分可以免征所得税。

1998年，国家出台了《民办非企业单位登记管理暂行条例》，将民办高校定义为民办非企业单位。1999年颁布的《事业单位、社会团体、民办非企业单位企业所得税征收管理办法》规定："免征企业所得税的收入具体项目是：（1）财政拨款；（2）经国务院及财政部批准设立和收取，并纳入财政预算管理或财政预算外资金专户管理的政府性基金、资金、附加收入等；（3）经国务院、省级人民政府（不包括计划单列市）批准，并纳入财政预算管理或财政预算外资金专户管理的行政事业性收费；（4）经财政部核准不上缴财政专户管理的预算外资金；（5）事业单位从主管部门和上级单位取得的用于事业发展的专项补助收入；（6）事业单位从其所属独立核算经营单位的税后利润中取得的收入；（7）社会团体取得的各级政府资助；（8）社会团体按照省级以上民政、财政部门规定收取的会费；（9）社会各界的捐赠收入。"由此可见，纳入财政预算资金专户管理以及符合其他相关规定的民办高校可以享受企业所得税的优惠政策。而现实中，只有一小部分民办高校符合该政策的规定，绝大部分高校被排除在外，不能享受政府的税收优惠政策。

总之，在1994—2000年间，我国对民办高校的税收优惠政策有了新的发展，主要表现在：一方面在增加新的税种如所得税的同时，扩大了对民办高校的税收优惠范围，另一方面，对民办高校的税收征收与管理更加精细化，加强了对民办高校的税收管理。当然，也有一些税收优惠政策将民办高校排除在外，人为地加剧了民办高校与公办高校的不平等，导致税收优惠政策没能发挥应有的作用，其实际效果大打折扣。

（六）提出民办高校与公办高校同等待遇

1997年《办学条例》明确提出，各级政府应当同等对待民办高校与国家举办的教育机构，并且在土地使用、教职工工资、福利待遇以及学生升学就业等方面都做出了更为细致的规定。在土地使用方面，规定各级人民政府应当根据国家有关规定和实际情况，纳入规划，按照公益事业用地办理，并可以优先安排；在教职工工资方面，民办高校教职工的工资、社会保险和福利，由教育机构依法予以保障，专任教师在教育机构工作期间，应当连续计算教龄；民办高校学生在升学、就业、参加考试和社会活动等方面，依法享有与国家举办的教育机构的学生平等的权利；民办高校学生就业时，实行面向社会、平等竞争、择优录用的原则，用人单位不得歧视。这些政策的目的都在于落实民办高校与公办高校的平等地位，优化民办高校的发展环境，进而为其提升社会声誉、扩展经费来源奠定基础。

然而不能否认的是，由于实际情况不同，各级地方政府在对以上政策的落实上存在很大的差异。一般来说，经济越发达的地区，政府给予民办高校的优惠政策往往越多越具体；相反，经济越落后的地区，由于财政状况较为困难，政府给予民办高校的优惠政策往往很少，甚至反过来向民办高校征收税费。例如，2000年《北京市社会力量办学若干规定》规定，社会力量举办的教育机构在引进资金、教学设备和兴办校办产业、教师职称评定、评优奖励等方面，享受国家举办的同级同类教育机构的同等待遇。而2001年《山东省实施〈社会力量办学条例〉办法》则做出更加详细的规定，"实施学历教育的民办教育机构和民办非学历高等教育机构征地建设教学基础设施的，报经同级人民政府批准，可以免征有关费用"；"鼓励企业事业组织、社会团体、其他社会组织和公民个人以及国办学校，将闲置的房产、设施、设备等，优先、优惠转让给民办教育机构"；"国家高等教育学历文凭考试试点民办高校的学生，可以享受政府提供的奖学金和贷学金待遇"；"各级教育行政部门及其他有关部门，对民办教育机构在业务指导、教研活动、文件发放、表彰奖励、人员培训、信息服务等方面，与国家举办的教育机构同等对待"。与山东、北京等地区不同，河南省政府1994—2000年间对社会力量办学的管理依然按照1989年颁布的《河南省社会力量办学管理办法》，该法案直到2007年7月7日才被废止。在该法案中，只字未提民办高校与公办高校同等对待。

二 经费使用与管理政策方面的发展

1994—2001年期间，民办高等教育的经费使用与管理政策也有了进一步的发展，主要表现在教育发展基金会的建立与发展、加强了对民办高校教职工待遇的关注、建立了以质量监控引导民办高校经费使用与管理的机制、规范了教育部门征收管理费或督导费的行为等几个方面。

（一）建立教育发展基金会

1997年原国家教委下发的《国家教委办公厅关于民办学校向社会筹集资金问题的通知》要求各地政府或学校成立教育发展基金对办学资金进行管理。要求"学校教育基金所筹集的资金必须全部用于学校的建设和发展，任何组织和个人不得截留、挪用或侵占，学校应定期向基金管理机构报告基金及收益的使用情况，必要时向社会或学校师生公布"。

1997年，财政部、国家教委还下发了《关于印发〈高等学校财务制度〉的通知》。该《通知》规定，高等学校应根据事业发展的需要，提取和设置一定比例用于专门用途的资金，设立专用基金。专用基金包括修购基金、职工福利基金、学生奖贷基金、勤工助学基金等，各基金的提取资金比例和管理办法由国家统一规定，任何组织和个人不得挪用、截留或侵占。各类专用基金列举如下：修购基金是按照事业收入和经营收入的一定比例提取，在修缮费和设备购置费中列支，以及按照其他规定转入，用于固定资产维修和购置的资金。职工福利基金是按照结余的一定比例提取以及按照其他规定提取转入，用于职工集体福利设施、集体福利待遇等的资金。学生奖贷基金是按照规定提取用于发放学生奖学金和贷款的资金。勤工助学基金是按照规定从教育事业费和事业收入中提取的，用于支持学生开展勤工助学活动报酬以及困难学生补助的资金。

可见，国家通过设立专用基金的方式，对民办高校办学资金的使用产生了重要的影响，在一定程度上能够遏制民办高校违规乱用经费等问题，引导民办高校朝着健康、可持续的方向发展。

（二）加强了对民办高校教职工待遇的关注

1994—2001年，国家加强了对民办高校教职员工的工资、福利待遇的关注。1997年颁布的《办学条例》规定，民办高校教职工的工资、社会保险和福利待遇等，由教育机构依法予以保障；专任教师在教育机构工作期间，其工龄应当连续计算；民办高校应当确定学校各类人员的工资福利开支占日常办学费用的比例，上报教育主管部门备案。1997年财政部、国家教委关于印发《高等学校财务制度》的通知要求，高等学校应当从学校办学结余中提取一定比例的资金，设立教职工福利基金，用于发放教职工工资、福利待遇等，依法保障高校教职工的合法权益。

（三）以质量监督引导民办高校经费使用与分配

1996年，要求"学校都必须全面贯彻党和国家的教育方针，保证教育质量。学校应按照国家有关规定建立并严格执行教学和学籍管理制度"，"各级教育行政部门要重视学生、家长和社会对学校教育质量的反映，经常深入学校了解教学情况，检查教育质量，并定期开展教育质量评估"。同时建立严格的社会力量办学审批制度，完善和健全社会力量办学许可证制度，各级政府和教育部门要严格依法对民办高校实行登记、注册，发放或吊销办学许可证。对管理混乱、教育教学质量低下的教育机构，将限期整顿并给予警告，情节严重的或限期整顿仍达不到要求的将吊销办学许可证。这些政策加强了教育主管部门对民办高校的质量监督与检查，通过办学许可证制度和质量审批制度严把教育教学质量关，保障了民办高校师生的合法权益。总之，国家除了从规范的角度出发改进民办高校经费使用管理制度之外，也开始重视对民办高校办学质量的监督与检查，以引导民办高校的经费使用与分配。

（四）进一步规范收取管理费或督导费的行为

1996年，国家教委发布的《关于社会力量办学管理经费问题的意见》，进一步规范了向民办学校收取管理费或督导费的行为。该《意见》指出民办教育事业是社会主义教育事业的重要组成部分，各级教育行政部门应当将民办教育事业纳入本地区或本部门教育管理工作范围内，设置专门的管理机构和人员，力争通过行政事业费来解决管理经费问题；对于不能通过行政事业费来解决民办教育管理经费的地区，可由当地政府或地方人大通过法规、章程做出规定，通过适当收费的方式解决民办教育管理经费的问题，但是教育行政部门不能自行出台收取社会力量办学发展督导费的政策。

1997年《办学条例》规定，"行政部门在对教育机构实施监督管理中收取费用的,退回所收费用;对负有直接责任的主管人员和其他责任人员依法给予行政处分"。这在很大程度上遏制了教育行政部门对民办高校违规收取管理费或督导费的行为,对改变教育行政部门对民办教育的态度起到了重要的作用,同时保障了民办高校的合法权益。

(五)进一步完善了民办高校财务管理制度

1997年《办学条例》进一步完善了民办高校的财务管理制度。《办学条例》再次重申民办高校"应依法建立财务、会计和财产管理制度,并按照行政事业单位会计制度规定设置会计账簿",以及"教育机构应当在每一个会计年度终了时制作财务会计报告,并根据审批机关的要求委托社会审计机构对其财会状况进行审计,报审批机关审查"。同时,对民办高校的财产清查与财务结算做出了明确的规定:"民办高校合并或停办以后,应当依法进行财产清查和财务结算;财产清算时应当首先支付所欠教职员工的工资及社会保险费用,教育机构清算后的剩余财产,返还或者折价返还举办者的投入后,其余部分由审批机关统筹安排,用于发展社会力量办学事业"。

第三节 民办高等教育经费政策的补充完善阶段(2002—2010年)

进入21世纪以后,我国社会主义市场经济体制逐步完善,人民生活总体水平不断上升,教育在我国社会经济发展当中的作用也日益凸显。在这样的时代背景下,我国民办高等教育事业也迎来新的发展。截止到2010年,我国有民办高校1512所,其中民办普通高校(不含独立学院)有353所,民办普通高校在校生规模由2002年的31.6万人增长到216万人,占全国普通高校在校生总数的9.67%。而在办学质量方面,我国能够独立颁发学历文凭的民办普通高校从2000年仅有的43所猛增到2010年的353所,办学质量不断提高。总之,无论是从数量还是质量,这一时期我国民办高等教育事业的发展都取得了辉煌的成就。

2002—2010年也是我国民办高等教育立法得到进一步完善的时期。

2002年我国颁布了《中华人民共和国民办教育促进法》（下文简称《民办教育促进法》），首次以国家法律的形式对民办教育发展问题做出了规定。此后，我国又陆续出台了《中华人民共和国民办教育促进法实施条例》（下文简称《民办教育促进法实施条例》）、《民办高等学校办学管理若干规定》、《民办教育收费管理暂行办法》、《关于进一步促进民办教育发展的若干意见》，这些法律法规的出台不仅反映了时代发展对民办教育的新要求，而且明确地表达了国家对民办教育发展的基本立场与态度是促进，而不是限制或不干预。这种立场与态度引发了民办高等教育经费政策的一系列变化，促进了民办高等教育的健康发展。

一 经费筹集政策方面的主要变化

（一）注重激发举办者的投资积极性

1. 出资形式更加多元化

2002—2010年，国家出台了一系列法律法规放宽了对民办高校投资者的限制。在出资形式上，民办高校的投资者以往主要以资金、实物形式为主，而这一时期投资者的出资形式更加趋向多元化。2002年《民办教育促进法》对民办学校的举办者的出资形式做出规定，"民办学校的举办者可以用资金、实物、土地使用权、知识产权以及其他财产作为办学出资"；"国家的资助、向学生收取的费用和民办学校的借款、接受的捐赠财产，不属于民办学校举办者的出资"。这些规定无疑为热心民办教育事业的投资者提供了更多的出资选择，拓宽了民办高校筹集办学经费的渠道，激发了民办高校投资者的投资热情和举办者的办学积极性。

2. 出资者可以取得合理回报

在出资者是否可以取得回报问题上，由于我国奉行民办教育的公益性原则，因此一直以来是禁止民办高校出资者从办学结余中提成或获取回报的。而2002年《民办教育促进法》则明确提出，"民办学校在扣除办学成本、预留发展基金以及按照国家有关规定提取其他的必需的费用后，出资人可以从办学结余中取得合理回报"。虽然国家并没有具体指出民办高校的出资者可以取得合理回报的比例，但相比以往，我国民办教育政策在出资者是否能够取得回报问题上已经迈出了由无到有的一大步,进一步调动了社会力量投资兴办民办教育事业的积极性。另外,"合理回报"政策的出台不仅显示了我国政府促进民办教育发展的积极态度,而且也凸显出我国政府在制定民办高等教育政策时更加贴近民办高等教育的发展实际。

(二) 学费政策更符合民办高等教育发展实际

1. "合理回报"成为制定学历教育学费标准的一个影响因素

以往,我国法律不允许民办学校投资者从办学中牟取利益,因此学费标准的制定往往不考虑投资者的合理回报,更多的是由教育主管部门根据各地的情况制定民办学校的学费标准。

2005 年,国家发改委联合教育部、劳动和社会保障部下发了《关于印发〈民办教育收费管理暂行办法〉的通知》。该《通知》指出,"民办学校学历教育学费标准按照补偿教育成本的原则并适当考虑合理回报的因素制定。教育成本包括人员经费、公务费、业务费、修缮费、固定资产折旧费等学校教育和管理的正常支出,不包括灾害损失、事故等非正常费用支出和校办产业及经营性费用支出"。可见,这一时期我国民办高校在制定学费标准时将投资者的合理回报因素考虑在内,更加符合民办高等教育发展的实际情况。

2. 逐步扩大民办高校的学费制定自主权

在改革开放初期,我国民办高校的学费标准奉行政府主导、统一定价的原则,民办高校的学费自主权基本名存实亡。伴随着我国市场经济建设逐步展开和高等教育收费制度改革的深入,民办高校的学费自主权也逐渐得到扩大。2005 年《民办教育收费管理暂行办法》规定,民办学校可以向受教育者收取学费(或培训费),向在校住宿的学生可以收取住宿费;"民办学校学历教育学费标准按照补偿教育成本的原则并适当考虑合理回报的因素制定,民办学校学历教育住宿费标准按实际成本确定";民办高校学费标准的制定,由学校根据自身发展的实际情况自主确定并上报给主管部门,由教育主管部门或劳动和社会保障部门报价格主管部门批准,而民办非学历教育机构的学费、住宿费等费用标准,由学校自行确定,报价格主管部门备案。可见,政府对民办学历教育机构和非学历教育机构的学费自主权都不同程度地扩大,考虑到了学历教育与非学历教育的差异,更加注重市场的调节作用。

(三) 对民办高校的优惠政策更加合理、务实

2004年《民办教育促进法实施条例》第38条规定,"捐资举办的民办学校和出资人不要求取得合理回报的民办学校,依法享受与公办学校同等的税收及其他优惠政策。出资人要求取得合理回报的民办学校享受的税收优惠政策,由国务院财政部门、税务主管部门会同国务院有关行政部门制定"。对于不要求取得合理回报的民办高校,可以同公办高校一样,在税收、土地安排、房产使用、公共服务设施使用等方面享受政府的优惠政策。而要求取得合理回报的民办高校,也可以享受政府提供的部分优惠政策。可见,政府对要求取得合理回报的民办高校和不要求取得合理回报的民办高校采取不同额度的优惠政策,既能充分调动社会力量投资办学的积极性,又能起到扶持非营利性民办高校发展的作用,使得政府对民办教育的优惠政策更加合理、务实。

此外,政府逐步加大了对民办高校的扶持力度,对民办教育的支持政策更加合理、务实。主要表现在:第一,要求各地政府成立民办教育发展专项基金,用于资助民办教育事业的发展,并且对民办高等教育事业发展做出突出贡献的个人或集体给予表彰或奖励;第二,政府可以采取转让或出租闲置国有资产等措施扶持民办高校发展;第三,从2007年开始,国家将民办高校在校生纳入国家资助政策体系,即民办高校学生也可以享受国家提供的奖助学金、助学贷款等资助政策。

(四) 加大了捐赠税收优惠力度

这一时期,我国加大了对企业或个人捐赠的税收优惠力度。依据2007年国家出台的《所得税法》和《所得税法实施条例》的规定,自2008年1月1日起,企业发生的公益性捐赠支出,准予扣除应纳税所得额的比例由2008年以前的3%提高到12%;而个人捐赠则准予在应纳税所得额30%以内扣除。此外,各级地方政府还根据自身实际情况出台了一些奖励或优惠政策。以天津市为例,规定"企业用税后利润在本市投资办学的,与其投资额相对应的企业所得税地方所得部分,由财政部门奖励给企业,全额

用于办学"。这些优惠措施极大地调动了企业或个人捐赠的积极性，为民办高校的发展注入了更多的资源，对民办高等教育事业的发展起到了重要的作用。

（五）进一步完善了信贷融资政策

2002年《民办教育促进法》规定，"国家鼓励金融机构运用信贷手段，支持民办教育事业的发展"，对"在西部地区、边远贫困地区和少数民族地区举办的民办学校申请贷款用于学校自身发展的，享受国家相关的信贷优惠政策"。当然，民办学校贷款仍然受到一些政策的限制，依据2005年《担保法》的规定，民办高校只能以教育设施以外的财产向银行等金融机构申请贷款。由于这一限制，民办高校在很大程度上不能向金融机构申请大额度的抵押贷款，只能通过质押贷款、担保贷款等方式获取办学经费。

虽然有诸多政策限制，但是相比过去民办高校的信贷融资环境已经有所改善。这一时期，我国各地方政府还出台了一系列法律法规来完善民办高校的信贷融资环境。如依据《民办教育促进法》，金融机构可以按照国家有关规定，为民办学校发展提供低息或者贴息贷款，支持民办学校的建设和发展；又如天津市出台的《天津市民办教育促进条例》，鼓励各种担保机构为民办学校提供信用担保等。

二 经费使用与管理政策方面的主要变化

（一）提出了出资人取得合理回报的方式

2004年《民办教育促进法实施条例》进一步明确了要求取得合理回报的民办高校出资人可以在每个会计年度结束时，从办学结余中提取一定比例的资金作为合理回报。同时，《民办教育促进法》还对办学结余进行了明确的界定：办学结余是指民办学校扣除办学成本等形成的年度净收益，扣除社会捐助、国家资助的资产，并依照本条例的规定预留发展基金以及按照国家有关规定提取其他必需的费用后的余额。

此外，《民办教育促进法》还对取得回报的比例做出如下规定，民办学校应当根据以下因素确定出资人从办学结余中取得回报的比例：1. 收取费用的项目和标准；2. 用于教育教学活动和改善办学条件的支出占收取费用的比例；3. 办学水平和教育质量。也就是说，出资人取得合理回报的比例，要综合考虑学校的办学类型、教育教学质量以及收费标准等因素。一般而言，办学水平差，收费高且用于教育教学活动的支出比例低的民办高校，其出资人所能取得合理回报的比例要低于同类其他民办高校的比例。

当然，《民办教育促进法》还规定，对于违规办学的民办高校，其出资人不能获取合理回报。这些违规行为包括：1. 发布虚假招生简章或者招生广告，骗取钱财的；2. 擅自增加收取费用的项目、提高收取费用的标准，情节严重的；3. 非法颁发或者伪造学历证书、职业资格证书的；4. 骗取办学许可证或者伪造、变造、买卖、出租、出借办学许可证的；5. 未依照《中华人民共和国会计法》和国家统一的会计制度进行会计核算、编制财务会计报告，财务、资产管理混乱的；6. 违反国家税收征管法律、行政法规的规定，受到税务机关处罚的；7. 校舍或者其他教育教学设施、设备存在重大安全隐患，未及时采取措施，致使发生重大伤亡事故的；8. 教育教学质量低下，产生恶劣社会影响的；9. 出资人抽逃资金或者挪用办学经费的。

（二）要求民办高校内部设立发展基金

2004年《民办教育促进法实施条例》要求民办高校设立学校发展基金。无论是要求取得合理回报的民办高校还是不要求取得合理回报的民办高校，在每个会计年度结束时，举办者必须提取一定比例的资金作为发展基金，用于学校的建设、维护和教学设备的添置、更新等。但是，对要求取得合理回报的民办高校与不要求取得合理回报的民办高校的规定有所差异：要求取得合理回报的民办高校从年度净资产增加额[①]中提取25%作为发展基金；不要求取得合理回报的民办高校从年度净收益[②]中提取25%作为发展基金。这些规定进一步明确了民办高校资金的去向，避免出资者挪用办学经费或抽逃办学资金，加强了民办高校经费投入的稳定性，对保证民办高校的教育教学质量起到了重要的作用。

---

① 年度净资产增加额 = 年末资产总值 – 年初资产总值。
② 年度净收益或称年度净利润 = 本年度总收入 – 本年度总支出。

（三）要求依法保障民办高校教师福利待遇

我国 2002 年的《民办教育促进法》规定，民办学校的教师、受教育者与公办学校的教师、受教育者具有同等的法律地位；民办学校应当依法保障教职工的工资、福利待遇，并为教职工缴纳社会保险费；民办学校教职工在业务培训、职务聘任、教龄和工龄计算、表彰奖励、社会活动等方面依法享有与公办学校教职工同等权利。可见，民办高校要加大教育经费投入，依法保障民办高校教师的工资福利待遇，使其享有公办高校教师同等待遇。但是在现实中，民办高校教师在社会保险等方面与公办高校教师的福利待遇仍然有很大的差距，降低了民办高校对教师的吸引力，制约着民办高校的长远发展。

（四）教育评估机制对民办高校经费使用与分配的影响

从 2003 年秋季起，在全国 500 多所本科院校范围内我国开始实施了第一轮为期五年的本科教学评估工作，标志着我国周期性的教学工作水平评估制度正式确立。虽然这次评估工作仅仅限于 500 多所本科院校，但对民办高校的教学评估工作起到了重要的引导作用。之后，国家出台了多项政策与法规来加强民办高校的评估工作。国家要求教育行政部门要定期组织或委托中介机构对民办高校办学情况进行评估，同时将评估结果向社会公布，以规范民办高校，促进其健康发展，并不断提升教育教学质量。如果民办高校评估结果过差，不仅会影响民办高校办学经费的筹集，而且还会遭到教育行政部门的警告，甚至吊销办学许可证。因此，从自身利益出发，民办高校会不断地增加教育经费投入，改善办学条件，提高教育质量，以争取到较好地评估结果。这样，民办高校评估机制对民办高校内部的经费使用与分配的影响越来越大。

（五）财务管理制度方面的变化

1. 明确了民办高校享有法人财产权

在以往我国出台的教育法律法规中，并没有明确提出民办学校的法人财产权，只是强调任何组织或个人都不得侵占民办学校财产。而 2002 年《民办教育促进法》第 35 条就明确规定：民办学校对举办者投入民办学校的资产、国有资产，受赠的财产以及办学积累，享有法人财产权。就是说，民办学校有权对学校财产进行自主管理和使用，任何组织和个人都不得干涉其使用或侵占学校财产。这一规定对那些意图影响或干预民办高校办学活动的出资人或投资者起到了有效制约作用，保障了民办高校的办学自主权。

虽然民办学校依法享有法人财产权，但是民办高校也不能随意处置学校财产，其资金的使用和财产的处置须遵循"取之于学，用之于学"的原则，依法使用：一是用于教学活动和改善办学条件；二是按照公益事业优惠政策获得的土地、建筑等资产，不得用于从事与教育无关的活动；三是通过捐赠方式获得的财产，须按照与捐赠者签订的协议或相关法律法规的规定使用。

2. 进一步完善了民办高校财产的清算程序

2002—2010年，我国出台了一些法律法规对民办高校财产的清算程序进行完善，保障了民办高校举办者、教师、学生等利益相关者的合法权益。2002年《民办教育促进法》规定，当民办高校因经营不善等原因停办或合并时，民办高校应当会同有关部门依法进行财产清算，其财产清算应当遵循以下顺序：首先，应退还受教育者学费、杂费和其他费用；其次，应发教职工的工资及应缴纳的社会保险费用；再次，偿还其他债务；最后，剩余财产由教育主管部门负责管理和使用，用于民办教育事业的发展，不得挪作他用。

此外，还对已经停办的民办学校资产也做出了明确的规定：若民办高校出资者选择退出时，举办者有权依法转让其办学资产。其他民办高校举办者同等条件下可优先接受，所接受资产将计入受让人的出资额。这样既能够保障民办高校出资人的合法权益，又能够"物尽其用"，避免造成学校资源的浪费。

第四节　我国民办高等教育经费政策的变革发展（2011年以来）

随着我国2002年《民办教育促进法》的出台以及各地民办教育政策

的逐步落实,我国民办教育事业取得了长足的发展。截止到2012年,我国民办普通高校共有404所(不含独立学院),与2002年相比,增长了208%;民办普通高校本专科在校生人数达到254.78万人,是2002年的八倍。2010年7月,为落实党中央提出的"建设人力资源强国"的战略部署,促进教育事业的科学发展,国家下发了《国家中长期教育改革和发展规划纲要(2010—2020年)》(下文简称《规划纲要》),对我国未来十年的教育发展做出了长远规划。在民办教育方面,《规划纲要》指出,民办教育是教育事业发展的重要增长点和促进教育改革的重要力量,各级政府要把发展民办教育作为重要工作职责。这无疑又为我国民办高等教育的发展注入了新动力,预示着民办高等教育将迎来更好的发展时机。2013年,党的十八届三中全会召开以后,民办高等教育发展的政策环境越来越优化,这一点在民办高等教育经费政策方面表现得尤为明显。2015—2016年间,随着《教育法》、《高等教育法》、《民办教育促进法》等一系列法律修订的完成,民办高等教育经费政策又出现了显著的变化。

一 经费筹集政策环境日趋优化

随着我国非公有制经济的不断发展壮大,民间社会资本总量越来越庞大。引导民间资本投入到教育领域,可以有效解决我国民办高校的经费匮乏问题,推动民办高等教育事业的长远发展。

(一)重视引入民间资本

2008年,重庆市政府下发的《重庆市人民政府关于促进民办教育发展的意见》指出,鼓励和支持有条件的民办学校组建集团式的办学实体;支持民办教育举办者进行资本运作;支持民间投资办学主体通过合资、合作、参股的方式投资办学,实现产权结构和办学形式的多样化;民办学校的举办者可以用资金、实物、土地使用权、知识产权以及其他财产作为办学出资。这种以多元形式促进民间资本进入教育领域内的做法得到了较为广泛的认可,逐渐成为国家层面的一种发展策略。如2010年的《规划纲要》指出"鼓励出资、捐资办学,促进社会力量以独立举办、共同举办等多种形式兴办教育"。2012年国家出台了《教育部关于鼓励和引导民间资

金进入教育领域 促进民办教育健康发展的实施意见》。该《实施意见》指出，要鼓励和引导民间资金以多种方式进入教育领域，以独立举办、合作举办等多种形式兴办民办学校，拓宽民间资金进入教育领域，参与教育事业改革和发展的渠道。2015—2016年间，修订的《教育法》和《民办教育促进法》更是在法律层面上将民办学校区分为营利性和非营利性两类，为营利性民办高校发展提供了法律依据。可见，引入民间资本多种形式参与民办高等教育事业发展，利用社会资本激活高等教育发展的活力，将是我国未来民办高等教育发展的一个趋势。

（二）为民办高校的金融、信贷等筹资途径松绑

在过去，依据我国《担保法》和《民办教育促进法》的规定，民办高校很少能够从银行等金融机构取得贷款，减弱了民办高校的筹资能力。对此，2012年的《教育部关于鼓励和引导民间资金进入教育领域促进民办教育健康发展的实施意见》提出，一是要鼓励金融机构创新金融产品，改进金融服务，积极为民办学校提供金融支持；二是积极探索民办学校非教学资产抵押贷款、学费收费权和知识产权质押贷款，对产权明晰、办学行为规范、诚信度高、具备偿还能力的民办学校，金融机构在风险可控的前提下发放信用贷款；三是鼓励金融机构开展信托、租赁、担保和基金等教育金融服务；四是允许民办学校利用接受捐赠资金和未分配办学结余按国家相关规定设立基金，通过基金营运增加办学经费。可见，国家出台了一系列政策为民办高校金融、信贷等筹资途径"松绑"，进一步拓宽了民办高校的经费筹集渠道。

（三）政府支持力度持续增强

2010年以来，国家出台了一系列教育政策法规，加强了对民办高校的支持力度，以进一步落实民办高校与公办高校同等的待遇，为民办高校发展营造良好的办学环境。2010年国家多部委联合发布的《关于进一步促进民办教育发展的若干意见》指出，保障民办高校、学生、教师与公办高校、学生、教师平等的法律地位。对此，《关于进一步促进民办教育发民展的若干意见》提出了以下几条建议：第一，政府要对民办高校提供的教育服务实行有偿购买；第二，地方政府采取经费资助、出租、转让

闲置的国有资产等措施对民办高校予以扶持;第三,地方政府设立专项资金,用于资助民办高校发展,奖励和表彰有突出贡献的集体和个人;第四,保障民办高校教师在职称评审、进修培训、课题申请等方面与公办高校教师享受同等待遇;在户籍迁移、住房、子女就学等方面享受与当地公办高校教师同等的人才引进政策;第五,支持地方政府采取设立民办高校教师养老保险专项补贴等办法,探索建立民办高校教师年金制度,提高民办高校教师的退休待遇;第六,民办高校学生享受与公办高校学生同等的助学政策。

此外,《关于进一步促进民办教育发展的若干意见》还要求自2011年起,国家要设立民办教育专项资金,用于支持高水平民办高校建设,实施民办教育人才鼓励政策,建设民办教育公共服务和信息公开平台,支持民办学校开展改革创新,资助农村贫困地区、民族地区、革命老区发展公益性民办教育,实施国家民办教育的表彰奖励,组织民办教育重大项目等。

(四) 税费优惠范围更广

《关于进一步促进民办教育发展的若干意见》要求各级政府要进一步落实民办高校与公办高校的同等待遇,完善民办高校税费政策,扩大民办高校的税费优惠范围。具体要求如下:第一,民办高校在用电、用水、用气、用热等方面享受与公办学校同价待遇;第二,捐资举办和出资人不要求取得合理回报的民办高校执行与公办高校同等的税收政策;出资人要求取得合理回报的民办高校在一定程度上享受国家的税收优惠政策;第三,民办高校教育教学房屋建设以及城市建设配套费等行政性收费、服务性收费与公办高校同等待遇;第四,民办高校以土地出让金的形式取得教育用地的,可申请返还资金,用于支持学校基础设施建设。

(五) 学费政策更加宽松

在过去,实施学历教育的民办高校的学费标准制定需要经过价格和教育主管部门的层层审核,方可通过。民办高校的学费标准制定自主权受到一定的限制。2010年的《关于进一步促进民办教育发展的若干意见》提出,民办学校对接受学历教育、学前教育和特殊教育的受教育者收取费用的项目和标准,由民办学校依据办学条件、办学成本、学校发展和社会需求等因素拟定，报价格主管部门备案并公示。其他民办教育机构自定收取费用的项目和标准，并向社会公示。也就是说，民办高校将实现由政府定价向市场定价的回归，收费自主权将回归到民办学校自己手中。这无疑将有助于民办高校根据自身实际情况制定学费标准，激活民办高校的办学活力，优化民办高校的发展环境。当然，民办高校在校生也可以享受国家的奖贷助学政策，减轻部分学生的经济负担。

二 经费使用与管理政策日益科学

（一）提升了民办高校办学质量评估的科学性与专业性

2003年，教育部出台的《2003—2007年教育振兴行动计划》开启了"五年一轮"本科教育教学评估。截止到2009年，已经对全国500多所本科院校进行了教育教学质量评估，对高校办学质量的提高起到了重要的作用。2010年以后，国家出台了一系列相关政策和措施来提升民办高校办学质量评估的科学性与专业性，以促使民办高校举办者不断增加教育投入，提高办学水平。

民办高校办学质量评估的科学性与专业性发展趋势具体体现在以下几个方面：第一，教育部高等教育教学评估中心完善了定期采集和公布全国普通高校办学条件及教学基本状态数据制度，力图为高等教育评估工作提供尽可能全面的数据支撑；第二，充分发挥中国民办教育协会等民间组织和中介机构的作用，提高对民办高校评估的客观性与科学性；第三，加强了与专业协会、行业认证机构等专业组织的合作，对民办高校办学质量评估指标体系进行完善，提高高校评估工作的专业化与科学化水平；第四，启动了包含新上民办本科高校教育合格评估；第五，各地政府纷纷出台奖励措施，完善民办高校的公共资助体系，将民办高校的办学质量与政府的财政拨款相挂钩，激发民办学校的办学活力和积极性。

（二）建立民办高校财务管理制度

现阶段，我国民办高校所执行的财务会计制度并不统一，有的采用事业单位会计制度，有的使用公办高校的会计制度，还有的使用了企业的会计制度。民办高校会计制度混乱的情况，给教育部门、审计部门等单位的管理工作带来了巨大的工作负担，不利于加强对民办高校的财务管理。而且，这些会计制度已经远远不能适应民办高校自身财务管理的需要。为了完善民办高校的财务管理制度，提高财务管理效益，国家出台相关政策要求民办高校制定符合民办学校特点的会计制度和财务管理制度，明确举办者、出资人和民办学校法人的所有者权益。同时，政府要加强财务监督和监管，民办高校实行财务公开，委托会计事务所进行会计审计，并将审计结果定时向社会公布，接受社会监督。

(三) 完善对民办高校学费收入的管理制度

为规范民办高校收费等问题，国家要求各地教育部门要完善对民办高校的学费收入管理制度，建立民办高校学费收入信息管理系统和学费专户监管制度。同时，为规范民办高校财务行为，要求加大民办高校的财务信息公开力度，保证民办高校学费收入主要用于教育教学活动和改善办学条件。对接受政府财政专项补助的民办高校，须设立财政专项补助资金专户，民办高校要在每年度末向审批机关报送资金使用情况和专项审计报告。另外，各地政府要完善民办高校收费管理办法，规范民办高校收费行为和收费资金使用范围。坚持勤俭办学，严禁铺张浪费，建设节约型学校。

总之，1978—1993年期间我国民办高等教育的发展处于起步阶段，办学水平与办学质量整体偏低。而这一时期的民办高等教育经费政策建设也处于起步阶段，存在着明显的缺陷，如这一时期，国家虽然出台了《关于社会力量办学的若干暂行规定》、《社会力量办学财务管理暂行规定》、《民办高等学校设置暂行规定》等教育行政法规，构建了我国民办高等教育经费政策的雏形，但这些法规大部分只是"就事论事"，以"亡羊补牢"的方式来规范民办高校发展。1994—2001年期间，随着我国《教育法》、《高等教育法》、《社会力量办学条例》等教育法律法规的陆续出台，我国教育法律法规体系逐步得以建立。尤其是1997年的《社会力量办学条例》，对规范民办高等教育经费问题起到了重要的作用。这一时期，我国民办高等教育经费政策建设在总结过去经验的同时，有了一些新的突破，如鼓励民办高校通过信贷、融资等途径筹集办学经费；提出民办高校与公办高校享受同等待遇等，但遗憾的是，这些利好政策在缺乏相应配套措施的情况下大部分并未得到有效实施。2002年《民办教育促进法》的颁布促进了民办高等教育政策朝着法制化、科学化的方向发展。在民办高等教育经费政策方面也有了突破性的进展，如明确了出资者可以取得合理回报以及取得合理回报的比例；明确了民办高校享有法人财产权等。这为民办高等教育的发展创建了更为良好的政策环境，但仍广泛存在政策落实不到位的情况。2010年以来，为进一步鼓励和促进社会力量参与民办高等教育发展，提升民办高校办学水平与层次，国家出台了《关于进一步促进民办教育发展的若干意见》、修订了《教育法》、《高等教育法》和《民办教育促进法》等一系列法律，鼓励民间资本投入到民办高等教育领域，同时政府加大了对民办高校的扶持力度，给予民办高校更多的优惠政策和办学自主权，有力地促进了民办高校的持续、健康、快速发展。未来我国民办高等教育的经费政策，将紧紧围绕着以法分类资助，发挥市场作用，促进教育公平全面提高效率展开。对非营利高校，依法加快落实民办与公立高校同等待遇，对营利性高校，发挥市场作用，拓宽民办高校经费筹集渠道，依法保障民办高校举办者、教师、学生等的合法权益，完善财务管理与监督机制等。以为民办高校的发展提供良好的政策环境和良好的社会氛围，推动民办高校的特色发展与高水平发展。

第九章　我国民办高等教育经费政策体系存在的主要问题

从第八章的论述可见，我国民办高等教育经费政策体系的建设步伐一直未停止，时至今日已呈现出日益与我国民办高等教育发展实际相适应的发展趋势。而从民办高等教育经费政策体系的建设历程可见，"促进"与"规范"始终是该政策体系发展的主要价值取向。因此当前的民办高等教育经费政策体系有效地促进了民办高等教育的发展，同时也规范了民办高校的办学行为。但是，从民办高等教育发展的现实与未来需求来看，同时与私立高等教育发达国家相比较，我国民办高等教育经费政策体系建设步伐仍显缓慢，且明显存在着内容设计不系统、重规范轻引导、多元筹资政策支持薄弱、出资人激励政策不完善、社会监督政策不健全等问题。

第一节　政策内容设计缺乏系统性

借鉴国际私立高等教育经费政策体系建设经验，理想的民办高等教育经费政策体系应具有典型的系统性特征，即与民办高等教育经费相关的各方面政策之间相互衔接、支撑，并形成强大的系统功能。而要想趋近这种理想状态，我国民办高等教育经费政策体系建设必须树立系统的视角。从我国民办高等教育经费政策体系的建设历程来看，这种系统的视角是较为缺乏的，主要体现在以下三个方面。

一 政策体系建设系统性不强

系统是指由若干相互联系、相互作用的要素所组成的,具有一定结构和功能的有机整体。作为一个系统整体,它的发展离不开组织、系统内部各项功能的发挥。[①] 因此,民办高等教育经费政策体系的系统性主要包括两方面的含义:一是指民办高等教育经费政策体系应是由多个政策或政策群组成的,具有一定结构和功能的系统;二是指民办高等教育经费政策建设过程中,一方面需要注重体系内各个政策或政策群之间的相互联系与相互作用关系,另一方面也要注重体系内政策与体系外政策之间的相互联系与相互作用关系。在理想状态下,具有系统性的民办高等教育经费政策体系应具有以下两个特征:第一,体系内各政策间具有较强的联系性与衔接性,并相互补充、相辅相成;第二,体系内政策与体系外政策间保持良性关系,这样才能有效地提升民办高等教育经费政策体系的整体功效。

然而,从我国民办高等教育经费政策体系的发展历程中可以看到,"头痛医头、脚痛医脚"的片面性、零散化构建方式较为明显,即并没有把每一个政策的制定较好地放在民办高等教育经费政策系统中来考虑其与其他政策间的相互关系和相互作用方式,以及各个政策之间的相互衔接性;同时也没有注意构建与民办高等教育经费政策体系外的相关政策间的互动与衔接关系。这种构建方式在实践中往往使得民办高等教育在发展与管理中面临诸多的问题与矛盾。如,在民办高校财务制度建设方面,多以加强对民办高校的财务监管;防止乱收费、违规集资和公款私用等违规行为的产生为主要目的,而较少考虑民办高校的经费筹集途径多元化状况以及民办高校经费使用的基本特点,因此,至今民办高校财务管理制度仍难以满足民办高校的发展需求。又如,在鼓励民办高校通过融资与信贷途径进行经费筹集的相关政策制定过程中,并没有处理好该鼓励政策与民办高等教育政策体系外的政策或法规,如《担保法》、《物权法》等之间的关系,这直接影响着该鼓励政策的可操作性与可实施性。

---

① 郭峰等:《地方大学文化与地域文化互动发展研究》,人民出版社 2017 年版,第 328 页。

二 政策体系结构建设欠完整

在我国民办高等教育经费政策体系构建过程中，由于全面性视角的缺乏，其体系结构呈现出诸多的不完整，突出地表现在以下两个方面：一是民办高等教育经费政策体系功能结构不完整，其建设性引导功能未得到有效的发挥；二是民办高等教育经费政策体系逻辑结构不完整，普遍缺乏系统化、精细化的实施措施。

（一）功能结构不完整

民办高等教育经费问题是一个十分复杂的问题，其中涉及经费筹集（投入）、经费使用与分配、经费使用绩效评估（产出）三个关键性环节。理想状态下，政府应分别针对这三个关键性环节制定相应的政策，或围绕这三个关键环节形成政策群以共同构成民办高等教育经费政策系统，发挥对民办高等教育发展的促进、规范、监督、引导等一系列功能。这种关照了民办高等教育经费问题的各个关键环节的、并发挥相应功能的政策体系，我们认为是具有完整性的。国外私立高等教育发展实践证明，只有这种具有完整性的经费政策体系才能够有效地发挥系统性功能，促进私立（民办）高等教育的良性发展。

我国民办高等教育经费政策体系从形成初期开始就只关注到了经费筹集（投入）、经费使用与分配两个环节，并重点关注民办高等教育经费政策体系的规范与监督功能。虽然在后期的发展过程中，我国政府也逐渐注重对民办高校办学质量的监控与评估，但至今仍未建立起较为完善的民办高校办学绩效评估体系，更没有实施有关民办高校经费使用绩效的评估。目前，对于民办高校的质量评估与公办高校一样仍都停留在质量认证和办学条件评估的阶段，还未形成以"投入—产出"为核心关注点的高校绩效评估体系。我国高校评估体系发展的滞后，直接影响着民办高等教育经费政策体系功能的完整性，即民办高校经费使用绩效评估政策体系一直未构建起来，相应的，政策体系的建设性引导功能也较为薄弱。

（二）逻辑结构不完整

所谓政策是指国家政权机关、政党组织和其他社会政治集团为了实现自己所代表的阶级、阶层的利益与意志,以权威形式标准化地规定在一定的历史时期内,应该达到的奋斗目标、遵循的行动原则、完成的明确任务、实行的工作方式、采取的一般步骤和具体措施。① 可见,从政策本身的逻辑视角来看,一个理想的政策体系应由指导性政策和实施性政策两部分构成。前者明确该政策的奋斗目标、行动原则和工作任务等内容;后者明确实施该政策的工作方式、工作步骤和具体措施等内容。

依据这样一个逻辑来反思我国民办高等教育经费政策体系,不难发现,我国民办高等教育经费政策多为指导性政策,即以确定发展目标、行动原则和工作任务为主旨的政策类型。这些政策固然为民办高校的经费筹集、经费分配与使用提供了宏观上的规范与指导,但是由于实施性政策的不完善或缺乏导致了许多指导性政策无法真正落实。最典型的例子就是"民办高校享有与公办高校同等的地位"这一政策思想一直难以真正落实,这是导致民办高校在税收优惠、获得政府资助、金融贷款等方面都存在政策与现实之间相脱节问题产生的重要原因之一。

三 政策冲突现象较多

在我国现行的法律体制中,由于法律法规的制定机制不健全、法律信息交流不畅,导致民办高等教育经费政策冲突现象的产生,这不仅削弱了我国政策法规的权威性和影响力,而且降低了我国公共部门的运行效率,抬高了公共政策的制定和运行成本。一般认为,公共政策冲突是指在政策网络系统之中由各级政府部门所制定的公共政策之间的相互矛盾、相互抵触、相互对立的一种表面化的态势和现象。通俗地说就是"文件打架"。它涵盖了从政策之间的不协调到政策之间的对抗斗争不同程度的表面化的矛盾现象。② 就我国民办高等教育经费政策的冲突而言,主要是指民办高等教育经费政策系统中各个政策之间的相互矛盾、对立,甚至是斗争。

---

① 政策,360百科,2017年3月10日,(http://baike.so.com/doc/5414341-5652483.html)。
② 袁明旭:《公共政策冲突:内涵、表现及其效应分析》,《云南行政学院学报》2009年第1期。

(一) 部分下位法与上位法相冲突

根据法律效力的高低,可将法律分为上位法与下位法,上位法的法律效力较高,下位法的法律效力较低,并且下位法的有关规定不得与上位法相抵触。而在我国法律法规体系中,法律效力从高到低依次为宪法、基本法、单行法、行政法规、地方性法规和部门规章等。其中宪法为根本大法,其他法律法规不得与宪法相冲突,否则视为无效。

在我国民办高等教育经费政策体系中,部分政策的有些规定与其上位法相抵触。例如,2007年颁布的《企业所得税法》第二十六条规定,符合条件的非营利组织收入为免税收入[①]。但2009年,国家税务总局下发的《关于非营利组织企业所得税免税收入问题的通知》规定,非营利组织的下列收入为免税收入:①接受其他单位或者个人捐赠的收入;②除《中华人民共和国企业所得税法》第七条规定的财政拨款以外的其他政府补助收入,但不包括因政府购买服务取得的收入;③按照省级以上民政、财政部门规定收取的会费;④不征税收入和免税收入孳生的银行存款利息收入;⑤财政部、国家税务总局规定的其他收入。这一规定对《企业所得税法》第二十六条,即符合条件的非营利组织收入为免税收入进行了限缩性解释。它将非营利组织原本不需要缴纳的企业所得税的部分纳入应征税收入范畴,限制了非营利组织的发展。如依据该规定,民办高校通过向政府提供教育服务所取得的收入为应征税收入,需要交纳企业所得税。因此,《关于非营利组织企业所得税免税收入问题的通知》中对非营利组织免税收入的解释是与其上位法《企业所得税法》相冲突的。原则上讲,《关于非营利组织企业所得税免税收入问题的通知》属于无效条款,并不具备法律效力。其实,在我国法律实践中,这种上位法与下位法相抵触、相对立的现象屡屡发生,如何规避这一冲突需要各个法律、政策制定部门相互沟通,共同合作,携手解决。

[①] 《中华人民共和国企业所得税法》第二十六条规定,企业的下列收入为免税收入:(一)国债利息收入;(二)符合条件的居民企业之间的股息、红利等权益性投资收益;(三)在中国境内设立机构、场所的非居民企业从居民企业取得与该机构、场所有实际联系的股息、红利等权益性投资收益;(四)符合条件的非营利组织的收入。

（二）部分地方政策偏离国家政策

随着我国市场经济的不断深入发展，计划经济时代利益主体相对单一的状态逐步消失，利益主体更加趋向多元化。特别是在中央政府向地方政府下放管理权力之后，地方政府逐渐成为相对独立的利益主体，出于对自身利益（主要是财政利益）的关心，为了吸引更多的生产要素流入本辖区，相互之间必然展开激烈的竞争。[①] 而一项国家政策往往要涉及众多的利益相关者，地方政府作为利益主体之一，必然会为了自身利益与中央政府展开博弈，正所谓"上有政策，下有对策"说的就是这回事。受自身利益需求的驱使，地方政府可能会对政策进行利己性修改，使国家政策偏离既定的政策目标，导致政策执行过程中"政策变异"现象的发生。

就我国民办高等教育经费政策而言，国家政策与地方政策相互冲突、抵触的现象也时有发生。例如，2002年颁布的《民办教育促进法》规定，民办学校与公办学校具有同等的法律地位，国家保障民办学校的办学自主权。依此法律，民办高校可以享受与公办高校同等待遇，但在一些地方对民办高校推行歧视性政策比比皆是，甚至有的地方在用电、用气、用水等享受公共服务方面参照企业标准对民办高校收费。在招生政策上，部分地方政府在招生计划分配、招生录取批次划分等方面都是"先公办，后民办"，或者阻碍外地民办高校到本区域招生。这种中央政策与地方政策之间的相互冲突，不仅使得利益主体之间的矛盾激化，而且使得公共组织之间相互推诿、扯皮，降低了公共部门的行政效率，也造成了行政资源的严重浪费。总之，中央政策与地方政策之间的相互冲突，可能会贻误民办高等教育改革与发展的良好时机，对民办高等教育的未来发展带来不可忽视的阻力。

第二节 民办高校多元筹资的政策薄弱

改革开放以来，虽然我国民办高等教育有了较大的发展，但民办高校

[①] 袁明旭：《公共政策冲突：内涵、表现及其效应分析》，《云南行政学院学报》2009年第1期。

办学经费筹集途径依然较为单一，目前我国大部分民办高校主要是依靠学费来维持生存与发展的。从实践角度来看，民办高校这种"以学养学"的发展模式限制着民办高校的快速、稳定发展。而导致民办高校的经费筹集途径单一的原因是多方面的，其中最主要的原因有社会捐赠机制不完善、学校社会服务能力薄弱、公共财政对民办高校的扶持力度小、金融信贷政策不健全、学费政策不科学等。

一　社会捐赠政策仍不完善

目前，我国民众的社会捐赠意识淡薄，捐赠积极性不高，民办高校可获得的社会捐赠十分有限，这种状况的存在与我国社会捐赠机制仍很不完善有着密切的关系。

（一）我国社会捐赠法律体系不健全

1999年6月，国家颁布了《中华人民共和国公益事业捐赠法》，标志着我国社会公益捐赠事业的发展有了基本的法律依据。然而，由于我国捐赠政策体系尚不健全、社会捐赠监管机制缺失以及民众社会捐赠积极性不高等原因，导致该法案施行至今，并未达到制定之初人们所预想的目的，所发挥的作用有限。当前我国民办高校的办学经费筹集途径单一，也与我国这种不完善的社会捐赠机制密切相关。

其一，在对捐赠人的奖励方面，除了为捐赠者提供税收优惠政策以外，我国法律也规定了：政府将对那些为公益事业做出贡献的捐赠者予以表彰和奖励，允许捐赠者对其捐赠项目进行命名。但国家并没有进一步出台具体的奖励措施，以调动社会各界参与社会捐赠的积极性，支持民办高等教育事业的发展。

其二，在捐赠者的捐赠行为方面，由于现行的法律法规对捐赠者捐赠行为的约束主要通过双方签订的捐赠协议来实现，此外，法律法规过于强调受赠者接受捐赠后应该履行的义务，而缺乏对捐赠者的"诺而不赠"等违约行为的预防与惩治，对捐赠者的捐赠行为难以起到有效的约束作用。这些法律法规上的漏洞，间接地导致了社会上一些"诈捐"行为的屡屡发生。

（二）捐赠税收优惠力度不大

为鼓励企业和个人积极参与社会捐赠，我国法律法规明确规定，参与捐赠的企业、个人可以享受国家的税收优惠政策。2007年国家颁布的《中华人民共和国企业所得税法》对企业发生的公益性捐赠支出，准予从应纳税所得额中扣除，扣除比例从1994年的3%提升到12%。可以说，国家对企业捐赠税收优惠力度进一步加大，对调动企业捐赠的积极性，提高企业的社会捐赠意识起到了重要的作用。但是与世界其他国家的税前扣除比例相比，例如印度的50%和加拿大的75%等，我国对企业捐赠的税收优惠比例还有很大的提升空间。

在个人捐赠的优惠政策方面，1994年《中华人民共和国个人所得税法》和《中华人民共和国个人所得税法实施条例》规定，个人将其所得通过中国境内的社会团体等组织向教育等社会公益事业以及遭受严重自然灾害或贫困地区提供的社会捐赠，国家准予个人在税前扣除应纳税所得额的30%。此外，个人捐赠提供给中华慈善总会等特定社会团体或用于特定事项的捐赠支出准予全额扣除应纳所得税。但是，我国现阶段个人捐赠可以享受全额扣除应纳所得税的特定受赠社会团体数量明显偏少，仅限于宋庆龄基金会、中国福利会等20余家社会团体，这明显不能满足当前我国捐赠事业发展的需求。

（三）捐赠形式过于单一

在捐赠财产的形式方面，我国的《公益事业捐赠法》并没有明确限制捐赠财产的形式。但是在实际捐赠活动中，捐赠财产多以现金、有形资产等居多，而像股票、债券等无形资产则被排除在外。一方面是由于股票、债券等无形资产难以兑现，流动性较差，其使用用途受限；另一方面是由于股票等无形资产的价值波动性较大，实现资产的保值增值对受赠方的财务管理要求较高，而且我国慈善组织也都大多缺乏管理无形资产的经验。因此，股票、债券等无形资产的捐赠并不受受赠方的欢迎。

总之，由于我国社会捐赠机制建设的滞后，直接影响着我国捐资助学社会环境的形成，使得民办高校难以通过社会捐赠来筹集办学经费，缓解学校发展的资金匮乏问题。

二 民办高校的"销售与服务"支持政策不足

一般而言,高校的"销售与服务收入"是指高校利用自身的科技、智力、设备和校产等方面的资源对外提供服务所取得的收入,包括科研服务收入、销售服务收入和校产经营收入等。在西方发达国家,"销售与服务收入"是私立高等教育机构的重要经费来源之一,约占高校总收入的21%—25%。

自20世纪80年代我国第一所民办高校出现至今,捐赠积极性不高,民办高校已从最初的社会助学机构演变为今天可独立颁发文凭的高等教育机构。但与公办高校相比,民办高校仍处于弱势地位,在办学质量、科研能力、财政力量等方面都难以与公办高校相比,这不仅严重制约着民办高校社会服务职能的发挥,同时也限制了其通过"服务与销售"获得经费的能力。

(一)办学质量偏低,社会声誉不高

现阶段,我国民办高校大多以提供本、专科层次的教育服务为主。与公办高校相比,由于办学历史短、资源有限、师资队伍水平较弱,导致民办高校办学水平明显偏低,社会声誉不高,难以通过向学生、在职人员提供良好的教育服务来获取丰厚的收入。即使是在成人教育与培训领域,民办高校也很难撼动公办高校在品牌、资源占有等方面的优势,只能在夹缝中生存。

(二)科研水平不高,难以利用科技创新获得经费

由于政府对民办高校的科研支持力度较小,几乎处于"零支持"的状态,加上民办高校自身资金匮乏,难以为科学研究提供基本的资金保障,因此民办高校科研水平普遍不高,这严重制约着其利用科技创新获得经费的能力提升。现实中,民办高校的科研产出无论在数量上还是在质量上都远不如公办高校,因此很难通过出售科研成果和专利技术来获取收入。

(三)财力偏弱,难以发展校办产业

现阶段,由于我国法律明确限制了民办高校资产的去向,即民办高校资产存续期间必须用于改善教学条件、促进学校发展,不得利用学校资产

从事与教育教学无关的事业,这样的政策规定削弱了民办高校利用学校"闲置资产"进行投资的可能性。另外,由于民办高校大多依靠"学费"实现滚动发展,财力十分有限,严重制约着对校办产业的投入水平,使其难以在雄厚的资金支持下实现产业转型升级。

三 民办高校的信贷融资政策不健全

现阶段,信贷融资已成为我国公办高校获取办学经费的重要途径,近几年,我国公办高校办学规模的扩展,校区与校舍的扩建无不得益于信贷融资制度,然而与公办高校相比,民办高校在进行信贷融资方面却困难重重。

(一)民办高校无条件向银行贷款

20世纪90年代末,我国高校的大规模扩招掀起了一股公办高校的"银行贷款热"。公办高校纷纷向银行贷款,以此来缓解因规模扩大所带来的办学经费严重不足的问题。与民办高校不同,公办高校作为国家举办的教育机构,不仅可以获得政府政策的支持,还有政府财政资金作为保障,大大降低了公办高校贷款的成本与风险。而民办高校的信贷融资则面临重重障碍,难以得到落实。依据我国1995年颁布的《中华人民共和国担保法》的有关规定,幼儿园、学校、医院等以公益事业为目的的事业单位、社会团体,其教育教学设施、医疗卫生设施等不能作为抵押物进行贷款。同时,2002年的《民办教育促进法》明确规定民办高校举办者必须将其所有资产全部用于学校教育教学,不得挪作他用。也就是说,民办高校几乎没有资产可作为抵押物向银行借贷,这也就关闭了民办高校信贷融资的大门。

(二)信贷优惠政策效用甚微

与公办高校相比,民办学校并不能享受国家提供的贴息、低息贷款政策。虽然国家为了鼓励民办高校到中西部或贫困落后地区办学,出台信贷优惠政策。[1] 但由于中西部或贫困落后地区的基础设施落后以及民办高校过

---

[1] 《民办教育促进法实施条例》(2004年)第四十条规定:"在西部地区、边远贫困地区和少数民族地区举办的民办学校申请贷款用于学校自身发展的,享受国家相关的信贷优惠政策。"

高的学费使中西部受教育者及其家庭难以承担等一系列不利因素,导致该信贷优惠政策对民办高校的吸引力很小,该政策所能发挥的效用微乎其微。

(三) 金融机构向民办高校发放贷款的积极性不高

金融机构的金融资本属于商业资本,带有很强的趋利性,即针对营利组织或企业开展信贷业务。而依照我国法律,民办高校被视为"非营利组织"与"民办非企业单位",同时我国民办高校由于历史、制度等原因,学校起步较晚,教学水平一般,社会认可度较低,创收能力较差,还债能力明显不足,这些都使得金融机构不愿将有限的商业资本投入到民办高校当中去,它们宁愿贷给风险较大的小型企业,也不愿意贷给民办高校。即使能够提供贷款,金融机构也会对民办高校的贷款条件,如学校信誉、发展状况、财务情况等进行严格审查。这些限制性规定无疑增加了民办高校的融资成本和融资难度。

四 公共财政资助政策不明确

在国外,私立高等教育机构也会得到政府公共财政的经费支持。例如,在美国,政府资助占私立大学总收入的12.26%[1];在日本,私立大学8.6%的经费来源于国家与地方政府的补助。[2] 相比较而言,我国民办高校所获得的公共财政资助水平明显偏低,这与我国相关的公共财政资助政策不明确有着密切的关系。如虽然《民办教育促进法》(2002版和修订版2016)提出"县级以上各级人民政府可以设立专项资金,用于资助民办学校的发展,奖励和表彰有突出贡献的集体和个人。县级以上各级人民政府可以采取经费资助,出租、转让闲置的国有资产等措施对民办学校予以扶持"。但这样的法律条款过于笼统,未对通过什么样的方式、针对哪些方面提供资助,什么样的民办高校才有资格获得资助以及公共财政资助的使用监督机制等做出具体详细的规定。这使得地方政府在为民办高校提供财政资助时缺乏具体的政策法律依据,影响着其为民办高校提供财政资助的

---

[1] 方芳、王善迈:《我国公共财政支持民办高等教育研究》,《北京师范大学学报》(社会科学版)2011年第5期。

[2] 刘国卫:《关于民办高等教育经费来源的研究》,《教育与现代化》2003年第3期。

积极性与主动性；同时也增加了地方政府在为民办高校提供公共财政资助时所需承担的风险。因此，目前我国地方政府为民办高校所提供的公共财政资助，普遍具有数额偏小且不具有可持续性的特征。

五 学费政策不科学

长期以来，不科学的学费政策一直是制约民办高校发展的重要因素。首先，民办高校缺乏应有的收费自主权，影响着其市场竞争能力的提升。2002年的《民办教育促进法》规定："民办学校对接受学历教育的受教育者收取费用的项目和标准由学校制定，报有关部门批准并公示；对其他受教育者收取费用的项目和标准由学校制定，报有关部门备案并公示"。此外，2005年出台的《民办教育收费管理暂行办法》再次重申了这一规定。也就是说，提供学历教育服务的民办学校，其对受教育者的收费项目及标准须经教育、价格等主管部门批准；而提供非学历教育服务的民办学校，其对受教育者的收费标准及项目由学校自主确定，报教育主管部门备案，即实行市场定价。这种提供学历教育与提供非学历教育的民办高校在收费自主权方面的差异，在我国民办高校普遍缺乏固定的政府财政拨款和补助的情况下呈现出诸多的不合理，严重制约着以学历教育为主的民办高校的市场竞争力提升。其次，政府定价标准偏低，难以满足民办高校发展需求。由于我国民办高校收费标准往往由物价、教育等行政部门牢牢控制，导致民办高校丧失制定学费标准的自主权。而政府主导的学费标准远低于市场定价，在一定程度上干扰了民办高校的市场秩序，加剧了民办高校的财政危机。例如，2014年山东某民办学院本科普通类专业收费标准为10000元/年，专科普通类专业收费标准为6500—7000元/年。而这仅仅为2012年山东省普通高校生均教育经费支出的一半。可见，对于我国几乎完全依赖学费滚动发展的民办高校而言，政府主导下的学费标准在很大程度上抑制了民办高校的发展潜力。如现阶段，我国大多数民办高校所开设的专业多以外语翻译、经管等文史专业和计算机专业为主，而像医学、建筑、机械等与自然科学紧密联系的专业开设较少，这无疑与自然科学需要大量的实验仪器设备，办学投入较高有着莫大的关系——民办高校单一的筹资途径以及较低的收费标准，致使民办高校难以抽出大量资金发展高成本而社会又急需的专业，所以只能发展一些像经管、外语翻译等成本低产出高的专业。

随着2016年《民办教育促进法》修订案的颁布，民办学校的学费政策发生了重要的变革，即由主管部门批准转变为"民办学校收取费用的项目和标准根据办学成本、市场需求等因素确定，向社会公示，并接受有关主管部门的监督"，这意味着民办学校将获得更多的收费自主权。但需要指出的是，关于民办高校的学费政策仍需在综合考虑如何防止"乱定价"、"乱收费"；如何在保障民办高校办学效益的同时兼顾公平；如何体现不同专业间的成本差异等问题的基础上，进行系统设计，才能真正发挥促进民办高校健康、可持续发展之目的。

总之，由于社会捐赠机制不健全、"销售与服务"能力薄弱、信贷融资阻碍重重、公共财政资助力度偏小、学费政策科学性仍有待增强等一系列原因，我国民办高校多元途径经费筹资模式并未真正形成。目前，民办高校普遍处于办学经费不足的窘境之中，这严重制约着其办学质量和可持续发展能力的进一步提升。

第三节　出资人激励政策不完善

构建对民办高校出资人的奖励机制是促进民办高校健康、快速发展的重要手段。从国外私立高等教育的发展历程中也可以看到，完善的出资人奖励机制不仅有利于激发其投资积极性，同时也有利于提升其责任心与社会责任感，进而提升民办高校办学经费的使用效率。而反观目前我国民办高校出资人或举办者的奖励机制建设现状，仍存在很多问题，其中最突出的是"合理回报"问题和法人财产权问题。

一　"合理回报"制度在不完美中退出历史舞台

我国2002年的《民办教育促进法》规定，民办高校出资者可以从办学结余中取得合理回报。关于合理回报的性质，我国学界存在着"奖励说"和"利润说"两种观点。从法理上讲，合理回报在我国属于"奖励性质"，而非"利润"：原因一，我国将民办教育事业界定为公益性事业，即民办学校举办者"不得以营利为目的"，若将合理回报视为利润，这将与法律的基本精神相违背；原因二，《民办教育促进法》将"合理回报"的有关规定列在了第七章"扶持与奖励"一章中，这已很明显地表明了政府的态度；原因三，与投资行为不同，民办学校出资者在完成其出资行为后就不再享有其出资财产的所有权，所以根本无从谈起"利润"。但是，从国际通行的对非营利性组织的组织属性与运行机制的界定来看，这种"合理回报"被视为举办者所获得的"利润"也并不是毫无根据的。因此，对于"合理回报"究竟是"奖励"还是"利润"至今仍没有定论。但从实践中可以看到，与过去"民办高校举办者不能取得任何回报"的政策相比，"合理回报"制度的提出确实更有利于激发我国民办高校举办者的办学积极性——"合理回报"制度更加符合我国民办高校大部分是"投资办学"的实际。但遗憾的是，这种"合理回报"制度从产生到被取消——2016年颁布的《民办教育促进法》修订版去掉了有关"合理回报"的条款，一直处于不完善的状况之中，这使其并未真正发挥激发民办学校举办者积极性的作用。

合理回报制度的不健全具体表现在以下几个方面：第一，"合理回报"本身的性质混乱。依照2002年的《民办教育促进法》，民办学校举办者可以从办学结余中按照一定比例取得合理回报。所谓的"办学结余"是指民办学校扣除办学成本等形成的年度净收益，扣除社会捐助、国家资助的资产，并依照《民办教育促进法实施条例》的规定预留发展基金以及按照国家有关规定提取其他必需的费用后的余额。也就是说，民办学校的"合理回报"实质上是对民办学校剩余利润的分配，而非来自民办学校外部。这也就在一定程度上支持了"合理回报"属于"利润"的观点，因为"合理回报"若属于"奖励"范畴，这笔奖金理应由政府"埋单"，而不是从办学结余中提取。这种认识上的混乱直接影响着相关政策的执行，如有些地方政府将"合理回报"视为"利润"，进而将举办者视为民办高校的投资者，将民办高校视为企业，不仅依照企业所得税政策对民办高校进行征税，而且还取消了其应享有的其他优惠政策。第二，"合理回报"制度的可操作性不强，隐患较大。《民办教育促进法实施条例》第四十五条规定："民办学校应当根据下列因素确定本校出资人从办学结余中取得回报的比例：（一）收取费用的项目和标准；（二）用于教育教学活动和改善办学条件的支出占收取费用的比例；（三）办学水平和教育质量。与同级同类其他民办学校相比较，收取费用高、用于教育教学活动和改善办学条件的支出占收取费用的比例低，并且办学水平和教育质量低的民办学校，其出资人从办学结余中取得回报的比例不得高于同级同类其他民办学校"。实际上，像办学水平和教育质量、用于教育教学活动和改善办学条件的支出占收取费用的比例等这些因素单单依靠政府难以进行具体测算，不具备现实的可操作性。另外，由于民办高校之间存在着较大的差异，通过横向比较确定合理回报的比例也有很大的难度。因此，合理回报的比例实际上掌握在民办学校举办者手中，这给民办学校违规办学，侵犯学校师生的合法权益留下了很大的隐患。第三，政府对民办高校"合理回报"的监管机制缺失。在合理回报的运行程序上，要求取得合理回报的民办高校应当在确定出资人合理回报比例前，将反映学校办学水平、教学质量和财务状况的有关材料向社会公布。民办学校董事会做出合理回报比例的决定后，学校应当在 15 日内，将学校决定和向社会公布的与其办学水平和教育质量有关的材料、财务状况报审批机关备案。2010 年国家出台的《关于进一步促进民办教育发展若干意见》进一步完善了民办高校的合理回报制度，规定"出资者取得合理回报的数额不得超过出资人当年学校账面记录的实际出资额与当年银行人民币 5 年期存款基准利率 120% 的乘积"。但是，由于缺乏强有力的监管机制以及我国民办高校事实上形成了"出资人控制"的治理局面，政府对合理回报比例的确定以及出资人取得合理回报的过程都难以进行有效的监督，这导致一些民办高校举办者在实际办学过程中为牟取一己之私利，钻法律之漏洞，损害学校师生合法权益的事件时有发生。

或许正是由于存在以上诸多问题，2016 年的《民办教育促进法》修订案去掉了有关"合理回报"的条款，这意味着在法律层面上"合理回报"制度退出历史舞台。对于"合理回报"制度的这种退出是利大于弊，还是弊大于利，目前还无法评说。在我国提出并实施民办学校分类管理制度的大背景下，营利性学校类型的出现是否能够代替"合理回报"制度起到激发民办学校投资者积极性的作用仍有待实践的检验。

二　民办高校产权界定不清晰

对我国民办高校而言，经济层面的产权比法律层面的产权更加重要。依照经济学中有关产权的概念，我们可以将民办高校的产权理解为："由民办高校的财产所有权、使用权、收益权、处分权以及与财产所有权有关的其他财产权利所构成的一组权利束，其基本内容包括产权主体对财产的权力或职能以及产权对产权主体的效用或带来的好处，即权能和利益两个部分"。[①]

2002 年，国家颁布的《民办教育促进法》将民办高校产权规定如下："民办学校对举办者投入民办学校的资产、国有资产、受赠的资产以及办学积累，享有法人财产权"，"民办学校存续期间，所有资产由民办学校依法管理和使用，任何组织和个人都不得侵占"；"民办学校终止办学时，按照下列顺序对学校财产进行清偿：（1）应退受教育者学费、杂费和其他费用；（2）应发教职工的工资及应缴纳的社会保险费用；（3）偿还其他债务。民办学校清偿上述债务后的剩余财产，按照有关法律、行政法规的规定处理"。通过对以上条款进行分析不难发现，《民办教育促进法》对民办高校的产权界定存在着模糊之处。

第一，民办学校资产的所有权不明确。依照《民办教育促进法》的规定，民办学校存续期间对其校产享有使用权和管理权，那么学校资产尤其是出资者投入的资产，其所有权由谁掌握。理论上来讲，出资者投入的资产应由出资者本人所有。但是，在《民办教育促进法》的有关规定中，民办学校清算时并没有将偿还出资者资产列入民办学校资产清偿顺序，而是使用"按照有关法律、行政法规的规定处理"。实际上，至今我国也没有出台相关的法律法规来明确如何处理，这使得民办学校财产所有权的问题

[①] 方铭琳：《民办高校产权明晰的法律保护》，《高等教育研究》2005 年第 8 期。

一直悬而不决，严重影响着民办高校投资者的投资积极性。

第二，民办高校出资者是否享有剩余财产的分配权、出资转让权等也没有予以明确。一方面，由于我国法律政策对民办高校的财产所有权的界定尚不清晰，致使民办高校资产的增值部分成为各方相互争抢的"无主之地"，进一步扰乱了民办高校的产权关系；另一方面，我国法律对民办高校出资者出资行为的法律性质界定存在着模糊不清之处，即对出资行为究竟属于"捐助行为"还是"投资行为"没有梳理清楚，导致民办高校出资者"浑水摸鱼"，以取得合理回报为由，争取出资转让权等财产权利，激化了各利益相关者的产权冲突。

总之，由于合理回报机制不健全、民办高校产权界定不清晰，我国民办高校出资者激励机制并不完善，这不仅难以激发社会力量支持民办高校发展的积极性，还为举办者违规办学，扰乱民办教育发展秩序提供了空间，对民办高校的健康发展构成严重的威胁。

第四节 社会监督机制不健全

近些年来，我国高等教育发展重心逐渐从"规模发展"转为"内涵式发展"，对我国高等教育治理体系现代化水平和治理能力提出了更高的要求。而社会监督机制作为高等教育治理体系的重要组成部分，对提升我国高等教育治理体系的现代化水平起着重要的推动作用。当前，我国高等教育的社会监督机制已经渐趋成型，但是与公办高校相比，民办高校由于其特有的"民办"性质，其社会监督机制建设进展缓慢，相关的社会监督政策建设较为滞后，这已对民办高校的长远发展构成制约。具体而言，民办高校社会监督机制不健全主要体现为民办高校办学信息公开制度建设滞后、缺乏科学与专门的民办高校会计制度、专业化的"第三方"质量评估体系不完善等几个方面。

一 民办高校信息公开制度建设滞后

长期以来，我国高校实行以行政权力为主导的集中管理方式，这种集中控制与服从模式导致高校办学效率低下、创新乏力、干校一面,难以形成自我发展、自我约束的机制和鲜明的办学特色。而高等教育内涵式发展的要求强烈呼吁现代大学制度的建立。高校信息公开制度作为现代大学制度建设的重要内容,是大学与社会密切联系的桥梁,是高校问责制实施的有效形式,是实现高校民主管理的重要前提条件,是推动高校去行政化改革的"对症良药",是反腐倡廉的有力武器,是提高学校办学效益的重要途径。[①] 对此,我国于 2008 年 5 月 1 日实施的《中华人民共和国政府信息公开条例》中,明确地把教育在内的公共事业单位作为政府信息公开工作的重要主体,明确其实施办法由国务院主管部门制定。为了保障高校利益相关者对学校办学信息的知情权,促进高校依法办学,2010 年 4 月 6 日,教育部以第 29 号令发布了《高等学校信息公开办法》,并于 2010 年 9 月 1 日起实行。这是在全国范围内首次以行政命令的形式对高校信息公开制度做出具体规定,体现了教育部深入推进信息公开工作的力度和决心。[②] 之后,教育部又先后要求"985 工程"高校、"211 工程"高校发布本科教学质量年度报告、就业质量年度报告,并公开招生信息。与此同时,地方教育行政部门也制定了相应措施全面推动高校信息公开。尽管从高校公布的质量报告来看,由于报告内容、形式、公布时间等方面标准不一,缺乏规范性,严重地影响了高校信息公开的效果,甚至社会舆论指责"质量报告缺质量"。[③] 但高校信息公开制度的确立无疑是一种历史性的进步。

  为进一步推动高校信息公开工作,2014 年 7 月 29 日公布了《高等学校信息公开事项清单》,明确地列出了高校信息公开的具体事项,涵盖 10 大类 50 个具体项目。除此之外,为保障信息公开得到有效落实,教育部要求各级教育行政部门要对落实不力的人员或部门,依法追究相关责任并予以通报批评。同时,教育部还将引入第三方评估、充分发挥信息公开平台和社会监督作用,推动高校做好清单的落实工作。但与公办高校相比,民办高校信息公开制度建设明显滞后。例如,在公开方式上,多数民办高校

---

① 徐敏:《高校信息公开与现代大学制度建设》,《江苏高教》2011 年第 1 期。
② 尹晓敏:《高校信息公开若干疑难问题解析》,《高等教育研究》2011 年第 7 期。
③ 熊庆年:《信息公开"清单"提升高校治理水平》,《中国教育报》2014 年 8 月 1 日。

并未像公办高校那样建立专门的信息公开网站,而采取校报、校刊、宣传栏等形式对外公布,致使校外人员很难获得相关信息,信息公开效果大打折扣;在公开内容方面,民办高校信息公开工作多沦为学校组织的宣传工作,"报喜不报忧"现象屡见不鲜,并且信息公开内容也有所保留,比如学校财务预算与决算等重要信息一律选择不对外公布。而地方教育主管部门对于民办高校信息公开也往往采取名义上"鼓励",实际上"放任"的态度,并非像对待公办高校那样态度"强硬"。因此,在信息公开制度建设方面,民办高校明显滞后于公办高校。从长远来看,这显然与我国高等教育改革趋势相悖,不利于民办高校的健康、可持续发展。

二 缺乏科学、专门的会计制度

虽然我国民办高等教育取得了长足的发展,但是民办高校财务会计制度问题始终未得到有效解决。2012年12月19日,教育部与财政部联合印发了《高等学校财务制度》,之后财政部又于2014年1月1日修订印发了新的《高等学校会计制度》,促进了高校财务会计新制度的形成——新的财务会计制度实现了由收付实现制向权责发生制的重要转变,对提高和完善高校财务管理工作起到了重要的推动作用。[①] 但是新制度的出台,并没有解决民办高校财务会计制度不统一的问题。

目前,我国并未针对民办高校出台专门的财务会计制度,这致使民办高校采取的财务会计制度形式多样,主要包括三种方式。一是采用《民间非营利组织会计制度》。二是建构在某种会计制度之上,吸取其他会计制度某些核算方法,从而形成地方特有的民办高校会计制度。例如,上海市民办高校财务会计制度主要建构在《民间非营利组织会计制度》和《高等学校会计制度》之上;江苏省和温州市则主要建构在《事业单位会计制度》之上。三是进行分类管理,对不同类型的民办高校采用不同的会计制度,例如广州市对不要求取得合理回报的民办高校执行《民间非营利组织会计制度》,对要求取得合理回报的民办高校执行《小企业会计制度》或

---

① 黄升才:《浅谈新时期高校会计制度对财务管理的影响》,《财会通讯》2014年第4期。

《企业会计制度》。① 民办高校缺乏科学、专门的财务会计制度的状况，给民办高校财务信息之间的横向比较增加了难度，同时也给民办高校财务管理及办校绩效评估带来了较大的困难。

此外，由于民办高校法人地位不清晰，合理回报性质不明确，营利与非营利组织分类管理等问题的客观存在，民办高校会计核算、财务管理都与公办高校有着较为明显的差异。因而，为规范民办高校的会计行为，保证会计信息质量的真实性、准确性和可比性，真正实现对民办高校合理化管理，迫切需要制定统一的、专门的民办高校财务会计制度。为了确保这种统一的财务会计制度具有较高的专业性，并满足民办高校的实际发展需求，其设计需要以《民办教育促进法》、《民间非营利组织会计制度》、《高等学校会计制度》为基础，充分借鉴《企业会计制度》；同时，既要考虑民办高校所特有的营利与非营利的性质，又要体现民办高校作为教育组织的教育特性。②

三 专业化的"第三方"质量评估体系不完善

改革开放以来，我国民办高等教育在较短地时间里实现了飞跃式发展，但是这种发展更多的是"广种薄收"的粗放式发展和依靠学费实现的滚动式发展；加上，管理水平普遍不高，我国不少民办高校发展陷入"先天不足，后天不良"的境地。与公办高校相比，民办高校在办学水平、办学层次、教育质量等方面存在较大的差距。众所周知，现阶段我国已经开始逐步建立起"五位一体"的高等教育质量评估体系，即以学校自我评估为基础，以院校评估、专业认证及评估、国际评估和教学基本状态数据常态监测为主要内容，政府、学校、专门机构和社会多元评价相结合，与中国特色现代高等教育体系相适应的教育质量评估制度。③ 然而，我国目前的高校评估体系并未凸显民办高校发展的差异性，实施有针对性的、特色

---

① 朱一鸥、朱荧：《我国民办高校会计制度研究》，《财会月刊》2014年第3期。
② 刘莉：《民办高校会计制度建设思考》，《财会通讯》2012年第6期。
③ 吴岩：《高等教育公共治理与"五位一体"评估制度创新》，《中国高教研究》2014年第12期。

化的民办高等教育质量评估体系。例如，在我国教育部主导的几轮普通高校本科教学工作水平（合格）评估中，都是把民办高校与公办高校放在同一个评价框架内进行评价、比较的，这对于资源"先天不足"，并注重效益、成本的民办高校而言显然是不公平的。

另外，民办高校与公办高校相比，所面临的或亟须解决的问题是不一样的，制约其办学质量提升的因素也是不同的，因此，为了达到"以评促建"之目的，非常有必要针对民办高校普遍存在的问题，提出有针对性的评价指标。例如，针对民办高校"家族式"管理现象严重，学校管理混乱问题，可加大对民办高校管理水平的评估；针对民办高校教师流失率高，师资队伍年龄结构不合理，教师断层现象严重等问题，可加大对民办高校师资队伍建设水平方面的考核与评估；针对民办高校办学行为与办学理念违背教育公益性原则，盲目追求经济回报，造成教学投入不足的问题，可加大对民办高校教学条件的评估，同时要加强对民办高校内涵建设的考核。[1]

民办、公办高校按照同一个标准进行质量评估现状的存在与目前我国高等教育质量评估基本上是由政府相关部门实施密切相关。这种"政府既当运动员又做裁判员"的状态，严重影响着评估的专业性与公平性。因此，要想真正建立公平、有效的社会监督机制，构建一个完善的"第三方"评估体系十分必要，"改变过去主管部门'自拉自唱'式的自我检查模式，有效提高评估的专业水平，从而达到监督效果"。[2] 从目前的情况来看，随着政府转变职能的不断推进，我国政府已经认识到培育"第三方"评估机构的重要性与必要性，同时也在积极地推进"第三方"评估机构的建设，但高校质量的评估权仍主要掌握在政府相关部门手中，权威性的"第三方"高等教育评估机构寥寥无几。总结国外"第三方"教育评估机构的发展经验，我们发现，目前我国仍缺乏针对"第三方"教育评估机构的认证机制，这严重制约着"第三方"教育评估机构权威性的提升；同时，也缺

---

[1] 刘振天：《从新建高校本科教学工作合格评估调研看我国高校教育质量与民办高校发展策略》，《民办高等教育研究》2011年第4期。

[2] 郭峰等：《地方大学文化与地域文化互动发展研究》，人民出版社2017年版，第335页。

乏对"第三方"教育评估机构的管理、扶持、监督机制,这也制约着规范、专业的"第三方"教育评估机构的形成。总而言之,目前我国仍缺乏"第三方"教育评价机构产生与健康发展的外部环境,而这直接影响着民办高等教育社会监督机制的进一步完善。

社会监督机制的不健全使得民办高校办学犹如被置于"黑箱"之中,特别容易引起人们的疑惑和不信任,进而严重制约着民办高校社会声誉的提升,这使其在社会融资过程中常常处于劣势。

第十章　我国民办高等教育经费政策体系完善策略

前面的章节从经费来源、经费分配以及经费使用绩效评估几个方面系统分析了美国、澳大利亚、印度、日本、韩国、我国台湾地区的私立高等教育经费政策体系；同时，指出我国民办高等教育经费政策体系存在内容设计缺乏系统性、多元筹资政策支持薄弱、出资人激励政策不完善、社会监督政策缺失等问题。借鉴美国、日本等国家的私立高等教育经费政策体系建设经验，结合我国的具体实际，建议首先从完善"民办高校分类管理"制度、健全多元化筹资体系、完善举办者激励制度、强化财政资助的杠杆功能四个方面入手，进一步完善我国民办高等教育经费政策体系。

第一节　完善"民办高校分类管理"制度

从国际私立高等教育经费政策体系来看，营利性还是非营利性的组织属性定位，往往是决定政府是否对私立高校进行资助，以及提供多大比例资助的关键性因素。而我国民办高校的组织属性一直含糊不清——虽然我国《教育法》（1995年）明确规定："任何组织和个人不得以营利为目的举办学校及其他教育机构"，但我国特殊的民办高校发展模式却使其更多地具有"投资办学"的特征。民办高校组织属性的这种模糊不清严重影响着我国相关资助、扶持政策的落实。借鉴国外私立高校的管理模式，将我国民办学校按照营利性和非营利性两类进行分类管理，是消除政府顾虑，促进民办高校财政资助政策进一步落实与完善的重要举措；是为民办高校松绑，促进多类型民办高校健康发展的重要措施。随着 2016 年《民办教育促进法》修订案的颁布，这种分类管理制度在法律层面上已经被明确下来，这对于我国民办教育发展具有里程碑意义。然而，要想分类管理制度被真正落实，切实促进民办高等教育发展，还需要从实际出发，进行系统的制度设计。从目前的情况来看，要想真正落实分类管理制度，必须首先健全非营利性民办高校的管理制度，并构建符合我国实际的民办高校"三元分类"体系。

一 健全非营利性民办高校的管理制度

目前，国内外对于非营利组织的概念界定还没有形成共识，不同的组织和学者分别从法学、经济学、社会学、管理学以及组织理论等不同视角进行了界定。一般来说，非营利性组织（Non-profit Organization，NPO）是指以非营利为目的，主要支持或处理公益事业的民间团体或社会组织，主要涉及艺术、慈善、教育、政治、宗教、学术、环保、经济等领域，具有公益性、服务性、独立性、非营利性、非政府性以及合法性等基本特征。美国学者沃夫（P. Wolf）认为非营利组织具有服务大众的宗旨、具有不以营利为目的的组织结构、具有一个不致令任何个人利己营私的管理制度、具有合法免税地位以及具有可提供捐赠人减免税的合法地位等五个特征。[①] 非营利性组织的审批需要一些标准和条件，对此不同机构和学者提出了多元化的观点，其中美国约翰·霍普金斯大学的非营利组织比较研究中心教授萨拉蒙（Salamon）在国际比较研究的基础上，提出了比较权威的非营利性组织必须具备的六大条件，包括：（1）组织建制上必须是正式设立的、具有法人资格的、达到一定规模的、能够持续运作的公共组织；（2）组织体制上必须是"独立于政府"的民间组织，但可以接受政府的资金支持；（3）组织功能上必须是实现社会公益而不是着眼于自身营利的组织；（4）组织管理上必须是实行自主管理而不受外部控制的组

---

① 李恒光：《非营利性组织概念界定的国际比较》，《青岛科技大学学报》（社会科学版）2004 年第 2 期。

织；(5) 组织成员上必须都是自愿和无偿地参与组织的领导、计划、经营、协调和控制等管理活动；(6) 组织目的上必须是服务于某些公共目的和为公众谋利益的组织。[1]

作为一种非营利性组织，我国非营利性民办高校应该具备非营利性组织的这些基本特征和标准。但是长期以来，我国对非营利民办高校的界定始终含糊不清，并没有按照严格意义上的非营利组织的标准进行认定与管理，这与我国民办高等教育发展的特殊历史背景有着密切的关系——在社会资金严重匮乏的环境下，如果按照严格意义上的非营利性组织的标准来规范、管理非营利性民办高校的话，我国民办高等教育就不会呈现出不断壮大的发展局面。但时至今日，无论是我国经济发展水平，还是社会文化环境都发生了巨大的变化，已经具备了促进真正的非营利性民办高校成长的基本条件，这也是为什么我国会在2016年的《民办教育促进法》修订案中，提出按营利性与非营利性划分民办学校的重要原因之一。将民办学校划分为营利性和非营利性两类，其意义不仅仅在于为营利性学校发展提供了法律依据，同时也反映了我国政府要促进真正的非营利性民办高校成长的意愿与决心。显然，真正意义上的非营利性民办高校的形成将更有利于促进相关优惠政策和财政资助政策的落实。

基于大多数民办高校是以"滚动模式"发展起来的，而且普遍存在着产权不清晰、投资人掌握学校实际管理权的现实情况，我国要想建设真正的非营利性民办高校，不仅需要进一步完善民办学校产权制度，以保障民办高校的法人财产权；而且还需要从内部管理机制改革入手，彻底改变民办高校的内部权力分配格局，以真正确保民办高校的法人独立性。在很长的一段时间里，我国在法律层面上要求民办高校举办者将所有投入资产过户到学校名下，以达到促进"投资办学"转型为"捐资办学"的目的。近几年，确实也已经有一批民办高校举办者按照这样的要求做了，但是，民办高校的产权并未因此而变得清晰，因为虽然投入资产都过户到了学校名下，但举办者仍掌握着学校的实际管理权，进而掌握着实际的财产分配

---

[1] 李恒光：《非营利性组织概念界定的国际比较》，《青岛科技大学学报》(社会科学版) 2004年第2期。

权。有些民办高校的举办者，虽然名义上选择了非营利高校属性，但实际运行中其属性难以监督。因此，如果政府决心规范非营利民办高校发展，那就必须下决心对非营利民办高校治理体系的管理机制进行改革。首先，需要完善董事会制度，严格按照非营利性组织的特点与要求来组建董事会，即资产捐赠者不能进入董事会，捐赠者家属更是不能进入董事会，董事会应主要由学校教师代表、学生代表、行业企业代表、政府代表以及校长组成。这样的董事会构成可以有效地将"捐赠者"与学校管理相分离。其次，健全教授委员会、学术委员会、教职工代表大会、学生代表大会等民主决策与咨询机构，保障学校师生能够参与到学校管理之中，相应的权益也可以得到有效保障。第三，从学校管理机制上，要符合非营利性组织的运行特点，资金使用、人力聘用、资产管理等都要遵循非营利性组织的特点及其规范要求，以确保民办高校的非营利性。在促进民办高校内部管理机制改革的过程中，政府应积极发挥引导、监督的作用，如可以将民办高校是否依据非营利性组织的运行特点进行了内部管理机制改革作为能否申请政府财政资助或高水平财政资助的前提条件，以引导非营利性民办高校加快治理体系和内部管理机制的改革步伐。

总之，我国要想真正实行民办高校分类管理制度，进而达到落实相关优惠和资助政策的目的，就必须严格按照非营利性组织的特点与标准，完善对非营利性民办高校的规范与管理，使其成为真正的非营利性组织。

二 构建民办高校的"三元"分类体系

民办高校分类管理一直是困扰我国民办高等教育发展的一大难题，也是当前我国民办高等教育发展亟须解决的理论和实践问题。2010年出台的《国家中长期教育改革和发展规划纲要（2010—2020）》指出："积极探索营利性和非营利性学校分类管理"。2016年的《民办教育促进法》修订案规定："民办学校的举办者可以自主选择设立非营利性或者营利性民办学校。但是，不得设立实施义务教育的营利性民办学校。非营利性民办学校的举办者不得取得办学收益，学校的办学结余全部用于办学。营利性民办学校的举办者可以取得办学收益，学校的办学结余依照公司法等有关法律、行政法规的规定处理"。可见，从政策上来说，我国政府把民办学校分为非营利性和营利性两种类型，但这种"二元分类"是否能起到促进民办高校健康有序发展的目的，仍有待实践的进一步检验。从当前情况来看，我国民办高校所实行的这种"二元分类"管理，并未呈现出有利于解决民办高校营利与非营利属性混乱不清问题的态势。

正如前文所言，若严格按照非营利性组织的特点与标准进行衡量的话，我国极少有民办高校可以被认定为"非营利"。长期以来，我国大多数民办高校是在"非营利"的帽子之下行着"营利"之实，这也是我国民办高校财政资助政策和相关优惠政策难以落实的重要原因。从理论上讲，当前我国通过修法已经为营利性民办高校"正了名"，承认了其存在的合法性，这似乎可以帮助解决我国民办高校"营利"与"非营利"属性混乱不清的问题，因为那些存有"营利"动机的民办高校完全可以登记为营利性，以正大光明地获取利益。但在现实中我们看到，在2016年《民办教育促进法》修订案颁布之后，大部分民办高校选择登记为非营利性，即使有些民办高校举办者仍持观望态度，但也无奈地表示最终会选择非营利性。为什么会出现这种状况呢？这与以下两方面原因密切相关：第一，现阶段的社会环境与政策环境并不利于营利性高校的发展——人们更加信赖非营利性民办高校或公立高校，同时政府也没有明确对营利性高校的优惠政策，因此大多数民办高校举办者都有着"若登记为营利性就会面临生存危机"的担忧，这致使其不敢轻易做出营利性的选择。第二，有关非营利性民办高校的管理仍不完善，即使民办教育法被修订，但是对于非营利性民办高校，除了要求举办者投入资产必须过户到学校名下、学校破产时举办者不能拿回原始投资之外，对于其内部管理机制并没有过多的规定，再加上我国政府对于民办高校运行监督不到位，使得民办高校举办者仍有很多获取隐性回报的途径。因此，相对于选择营利性，选择非营利性既能保障民办高校的可持续发展，同时也能保障举办者获得一定收益。总之，目前从法律政策层面看似我国民办高校在属性方面已经泾渭分明，但在现实中却仍处于营利与非营利属性混乱不清的局面，而且可以预见，这种局面将持续较长一段时间。

那么，该如何打破这种局面呢？我国民办高等教育是以特殊的发展模式发展起来的，因此很难套用西方国家的"营利性与非营利性"二元分类法加以分类。若我国强制推行"营利性"与"非营利性"二元分类方法，且以真正非营利性组织的标准来规范我国非营利性民办高校的话，那么很有可能导致大面积民办高校举办者从学校撤资的情况产生。事实上，在《民办教育促进法》修订案颁布前后，已经出现了部分民办高校举办者减少对学校投资和从学校抽离资金的现象。这是需要引起警惕的。治理民办高校和治水是同样的道理，只能疏，不能堵。在我国还未拥有营利性高校发展的有利环境，非营利性民办高校发展也不健全的情况下，探索出一条符合我国民办高校发展实际的"第三条道路"不失为是一种好的解决策略。关于民办高校的"第三条发展道路"，我国著名高等教育学家潘懋元先生早有所阐述，"所谓民办高校发展的第三条道路，即将捐资举办的民办高校称作第一条道路，将营利性民办高校称作第二条道路，将投资举办但不要求取得回报的民办高校和要求取得合理回报但又不是营利性的民办高校称作第三条道路"。[①] 依据潘先生的这种"第三条发展道路"思想，我国民办高校可划分为营利性、非营利性和取得合理回报但又不以营利为目的三类，即构建民办高校的"三元分类"体系。

这种"三元分类"方式的优势主要体现在以下两个方面：第一，符合我国民办高等教育发展实际，更能得到举办者的拥护，进而更容易推行、落实。虽然我国大多数民办高校举办者是要求回报的——这与民办高校多源自于个人投资，并被视作家族的最主要生计来源有着密切关系，但是也不能否认，这些举办者也是有着一腔教育热忱的，他们并非纯粹以营利为目的，是显著区别于企业的，因此民办高校的公益属性、民办高校举办者的公益心也是不容抹杀的。"取得合理回报但不营利"从学理上看似矛盾，但却可以更为准确地反映我国民办高校举办者的心态。第二，更有利于我国把民办高校分类弄得更清晰一些，进而促进优惠政策或资助政策落实。教育部相关负责人称，"我们出台分类政策进行规范，是想把民办教育重

---

① 潘懋元、邬大光、别敦荣：《我国民办高等教育发展的第三条道路》，《高等教育研究》2012年第4期。

新弄得眉目清晰一些，再给予扶持"。① 依现在的情况而言，要达到这种"眉目清晰"的目的就要承认"第三类"民办高校的存在，这样我国民办高校才会都有自己的类型归属，而不必"遮遮掩掩"或者"挂羊头卖狗肉"。另外，让"取得合理回报但不以营利为目的"这种民办高校类型独立出来，也有利于建设真正的非营利性民办高校，进而为非营利性民办高校的发展壮大奠定基础。

概而言之，民办高校分类管理是落实民办高校优惠政策和财政资助政策的前提基础，而要想真正落实民办高校分类管理制度，不能照搬照抄西方的营利性与非营利性的二元分类方法，而是应尊重我国民办高等教育的发展实际，构建包括"取得合理回报但不以营利为目的"的民办高校类型在内的"三元分类"体系。而对于分类管理制度建设而言，严格按照非营利性组织的特点与标准对非营利性民办高校进行管理与规范是我国在未来一段时期内需要重点加强的，因为这样才有利于将民办高校进行明确的类型定位。

第二节　健全多元化筹资体系

世界私立高等教育发展的历史表明，办学资金来源的多元化是私立高校实现可持续发展的基础性条件。目前，我国民办高等教育已经具备了一定的规模，成为高等教育体系的重要组成部分，但由于办学资源和经费相对匮乏，部分民办高校的发展步履维艰，阻碍了我国高等教育质量战略的深入推进。而我国民办高校筹资渠道普遍过于单一，是制约民办高等教育活力的主要因素。因此，只有优化民办高等教育经费政策，建立起多元筹资体系，大幅增加民办高校的办学资源和经费，才能保障其在获得基本生存空间基础上进一步培育竞争力，才能整体提升民办高等教育质量。而多元筹资体系的建立，从根本上要求民办高校加强内部挖潜，提升社会服务能力，并要求包括政府、社会和民办高校在内的诸多利益相关者共同参与

---

① 教育部：对营利性和非营利性民办学校分类管理，（http://edu.qq.com/a/20140812/028734.htm）。

制定实施科学有效的保障机制。简言之，我国民办高等教育经费政策体系改革的重点是构建起民办高校多元筹资的体系。

一 培育民办高等教育市场，增强民办高校市场融资能力

市场属性是民办高等教育的基本属性，其体制机制的灵活性、对社会需求变化的灵敏性及其同市场间的高度融合性构成了其相对于公立高校的办学优势。在建立民办高校多元筹资体系进程中，必须充分考虑如何地这一开学优势发挥出来，也即"应该随着外部环境变化的需要，主动适应新的产业升级和经济转型"[①]。充分发挥民办高校优势，发掘其利用市场进行融资的能力，这是民办高校筹资政策体系建设的一个重要向度。

长期以来，由于我国相关政策与法规对高等教育涉入市场存在诸多限制，民办高等教育在实际上也受到政府诸多干预，尤其是教育机构不得营利的法律规定大大束缚了民办高等教育市场的活力，限制了民办高校的市场化融资能力。在《民办教育促进法》修订之前，"私立营利性大学没有存在的法律基础，也没有进入资本市场的制度性根基，民办高校只能通过'海外上市'来实现曲线融资。"[②] 但从国际上看，市场融资是私立高校获取办学经费的有效手段。研究表明，美国、印度等国政府正是通过政策与制度供给赋予了私立高校以融入市场、通过投资型融资扩大办学经费来源的机会；通过政策引导，吸引趋利资本进入高等教育领域，并以一定的资本收益率，为营利性民办高校介入资本市场创造了条件；同时通过制度建设保障营利性高校一面进入资本市场，一面较为充分地发挥教育的公益性价值。因此，充分发挥与市场结合紧密、以市场调节作为办学管理机制的独特优势，吸引社会资源投入，是我国民办高等教育获得长足发展的重要思路。正如邬大光教授所言，民办高等教育介入资本市场，既是一种国际经验，也是我国的道路选择。[③]

随着我国教育法规的修订，民办高校按营利性、非营利性分类管理，

[①] 刘福才、张继明：《高校智库的价值定位与可持续发展》，《教育研究》2017年第10期。
[②] 吴卿艳：《民办高等教育介入资本市场的路径分析》，《清华大学教育研究》2009年第2期。
[③] 邬大光：《民办高等教育与资本市场的联姻》，《教育研究》2003年第12期。

为下一步开放民办教育资本市场提供了必要条件。但值得强调的是，市场融资不是营利性高校的特权，非营利性民办高校应同样具有此权利，区别在于前者营利可用于出资者或股东的分红收益，后者营利则必须作为办学经费用于学校建设。目前，高等教育借助资本市场进行融资在我国已发展成为几种模式：一是大学兴办的高科技产业进入资本市场，如北大方正、清华紫光、复旦复华；二是以"借壳上市"的方式与其他产业捆绑上市，如英豪科教；三是以教育服务产品为主体介入资本市场，如科利华；四是上市公司办高等教育，如吉利汽车公司举办的吉利大学；五是已上市公司可能收购私立高等教育机构。[1] 未来通过市场来融资将会成为越来越多的民办高校的重要融资方式。目前，由于相关制度的设计不完善，从整体上看我国民办高校市场融资空间较小，贡献率较低，且市场的逐利性与教育的公益性诉求之间的矛盾也有待于进一步加强治理。换言之，我国民办高校市场融资能力的提升有赖于系统化的制度改革。

第一，修订相关法律法规，完善民办高校法人财产权，这是确立民办高校市场主体地位的关键。修订后的《教育法》、《民办教育促进法》再次明确了民办高校的法人地位，并在法律层面上确立了营利性民办高校的合法地位。目前则应通过修订完善《民办教育促进法实施条例》，进一步理顺投资者与法人主体间的关系，明确两者间的责权利关系，保护举办者合法的财产权利；就有关民办高校产权归属、权益保护、教育投资等问题制定出更加详尽具体的实施办法，还要制定民间投资的市场准入政策、融资监管要求等法律法规。第二，政府转变管理职能，扮演好民办高校发展的服务者角色，强化政府的公共服务意识，发挥政府的公共服务职能，由原来的"管理型"政府走向"服务型"政府，为民办高校融资构建合作平台。[2] 长期以来，政府与金融机构进行合作开展教育投资是推动民办高等教育发展的重要方式，如 2014 年山东省青岛市教育局就与国内专业金融（投资）机构签署了战略合作计划，重点做好重大教育建设项目的资本运

---

[1] 邬大光：《民办高等教育与资本市场的联姻——国际经验与我国的道路选择》，《教育研究》2003 年第 12 期。

[2] 郭峰等：《地方大学文化与地域文化互动发展研究》，人民出版社 2017 年版，第 325 页。

作。但从长远来看，民办高校的资本融资主体地位应不断凸显，政府应更多发挥协调作用。第三，以战略联盟思想为指导，探索实施职业教育集团化发展战略。职业教育集团是职业院校、行业企业等组织为实现资源共享、合作发展而建立的有效组织形式，也是民办高校汇集社会资本的重要渠道。如江苏省商贸职教集团由牵头单位无锡商业职业技术学院会同成员单位红豆职业大学、红豆集团、柬埔寨西哈努克港特区有限公司，在柬埔寨西港特区工业园共建西港特区培训中心。企业负责投资建设校舍，院校负责投入师资和教学；企业发挥技术优势，院校发挥教育优势，联合开展西港特区柬埔寨员工的培训。① 第四，组建教育发展投资公司，直接进行教育资本的运作。如山东省青岛市已开始探索组建青岛教育发展投资集团有限公司，建立教育投资运作实体平台，通过合理运用部分财政性资金、盘活教育存量资产等方式，吸引民间资本参与教育事业发展。

二　强化政府责任，构建多元化资助体系

基于民办高等教育的公益属性及其积极的外溢效应，政府有责任对其实施资助，以鼓励带动创造更多的教育资源。在资助方式上，政府既可以实施稳定的补助式财政资助，也可以采取竞争性的专项资助。相对于直接资助，政府以间接方式为主资助民办高校，确保政府与民办高校间的合理距离，将更有利于保障民办高校的办学自主权，发挥民办高校的办学灵活性。针对目前我国的具体情况，构建多元化的资助体系是当务之急。

（一）根据营利性与否，进行分类资助

随着民办高校按营利与否分类登记、国家实施分类管理制度，政府在资助民办高校的政策上也需要分类实施。事实上，在此之前，部分地方就已经探索实施了分类资助、分类管理民办学校的办法。例如，山东省于2014年3月份出台了《山东省非营利性民办职业院校认定管理办法（试行）》，提出了"按照扶优扶强的原则，对非营利性民办职业院校给予更多公共资源支持，探索定额补助、项目补助、专项奖励等多元化的公共财政

---

① 教育部：职业教育集团化办学典型模式，2013年9月18日，腾讯新闻（http://old.moe.gov.cn//publicfiles/business/htmlfiles/moe/s6634/201309/157538.html）。

资助政策。对办学规范、办学效益好的非营利性民办中等职业学校，可参照公办中等职业学校公用经费拨款标准拨付公用经费。"[①] 这对政府通过多种方式对非营利高校实施直接性财政资助是一种很好的借鉴。未来，我国政府可以尝试为办学质量优的非营利性民办高校提供稳定的财政资助，以保障其可持续发展能力的不断提升。对于营利性民办高校，我国政府可不设立稳定的、直接的财政资助，但基于营利性高校的公益属性，政府应通过税收优惠等方式给予间接的资助，并且在竞争性资助项目方面赋予营利性高校以充分的、平等的参与权与竞争权。

（二）完善体制机制，畅通政府购买服务渠道

政府向民办高校购买服务是指通过发挥市场机制作用，把由政府直接向社会公众提供的高等教育，按照一定的方式和程序，交由具备条件的民办高校承担，政府根据服务数量和质量向其支付费用。随着民办高等教育的发展壮大，尤其是行业类、专科类民办高校在特定领域有着明显的优势，这为政府向民办高校购买教育服务奠定了重要的基础，也提高了可行性。但是，由于我国政府向社会组织购买服务的理念与制度建设均处于起步阶段，存在很多不完善的地方，因此目前政府向民办高校购买教育服务并未形成普遍之势，也未形成较为成熟的制度规范，这使得政府通过"购买服务"为民办高校提供资助这一渠道并不畅通。政府向民办高校购买教育服务，需要尽快建立政府购买民办高校服务的体制机制，规范服务购买过程中的信息公开、投标竞标、投入分配、效果评估等各个环节。同时，政府购买民办高校服务，应进一步解放思想，扩大购买服务范畴，例如，政府可以通过订单式培养购买民办高校的行业人才教育服务，甚至向民办高校购买本科生教育服务，减轻高水平公立大学的本科生培养压力，保障其更高层次人才培养定位。政府向民办高校购买服务可采取合同管理模式，有助于双方建立起平等的"契约"关系，从而激发和保护民办高校的办学活力和制度优势。

（三）增强关键领域资助，促进民办高校提升办学质量

当前，我国民办高等教育已经由初创时期的规模化发展时代走向

---

① 本办法 2014 年 3 月 1 日起在青岛市、潍坊市、德州市试行，有效期至 2016 年 2 月 28 日。

"4.0 时代",即迈向了"增内涵、提质量"阶段。① 相应地,政府对民办高校的资助应该着眼于民办高校的内涵建设,将有限的资源与经费投至诸如师资建设、课程与教学改革、学生发展等关键领域。这种针对关键领域进行资助的方式,为民办高校申请政府资助提供了多元化的选择,这一方面有助于更有效率地满足民办高校的多元化发展需求——不同的民办高校由于发展历史、发展资源的不同呈现出不同的发展优势与特点,政府在多个领域同时提供资助有助于民办高校根据自身发展需要申请不同的资助;另一方面也具有引导民办高校加强影响教育质量的关键领域建设水平,促进其全面提升办学质量的作用。需要特别指出的是,这种对关键领域的资助,对于那些通过前期自由竞争建立起了较为成熟的自组织体系和职能体系,具备了良好办学质量与社会声誉的民办高校而言更为重要,可以帮助其尽快地从"发展期"过渡到"提升期",从而促进一批高水平民办高校的建成。

(四)创设公平竞争环境,构建特色化资助项目体系

民办高校灵活的办学机制和对市场的敏感性,使其在适应市场需求、提供专业化、特色化服务方面具有较大的发挥空间。政府应充分认识到民办高校的这种优势,积极实施特色化资助项目,"有效整合资源,有序组织生产,从而提供有价值的知识产品或智力服务"。② 以满足国家、社会的特殊发展需求。例如,一带一路战略是当前和未来较长一段时间内的国家重大战略核心,国家通过政策扶持和资源投入,深化推进相关项目的实施。在此过程中,民办高校在诸如小语种人才培养、专门技术输出、智库建设以及同一带一路区域国家加强项目合作等方面均可以发挥重要作用。在区域范围内,民办高校则可以通过加强与地方政府的合作,融入地方经济社会发展,为地方提供特色与优势鲜明的产品与服务。这些针对国家社会发展特殊需求而实施的资助不仅有利于缓解民办高校办学经费紧张的问题,还有利于引导民办高校形成办学特色。当然,有些特色化资助项目,并不是仅仅针对民办高校的,而是面向公办、民办所有高校的,这就需要

---

① 胡建波:《中国民办高等教育从 1.0 到 4.0》,(http://www.ranling.com/category/human/735697.html)。

② 刘福才、张继明:《高校智库的价值定位与可持续发展》,《教育研究》2017 年第 10 期。

政府要为民办、公办高校创建一个公平竞争的环境,以保障民办高校拥有与公办高校同等的申请资助的机会。为民办高校构建特色化资助项目竞争体系,一方面为民办高校打开一条申请政府资助的渠道,另一方面也有助于促使民办高校加强特色建设,增强核心竞争力,更好的服务区域或行业的发展。

总之,我国政府应进一步加强为民办高校提供资助的意识,并积极开辟渠道,构建多元化的资助体系,增加资助的强度与广度。当然,需要指出的是,在强化政府资助民办高等教育的责任的同时,必须通过法治化机制确保政府对民办高校实施科学治理,避免政府对民办高校的过度、不当干预。

三 加快制度改革步伐,畅通民办高校信贷通道

目前,银行贷款已经成为公办高校解决经费短缺问题的重要途径。但长期以来,民办高校在向银行贷款时往往面临着诸多制度性障碍,这使得民办高校难以像公办高校那样通过银行贷款来解决经费短缺问题。因此,如何建立适合民办高校的银行信贷机制,畅通民办高校的银行信贷通道,依然是拓宽民办高校筹资渠道时需要重点解决的问题之一。从当前的情况来看,要想畅通民办高校信贷通道,需要从理顺法律关系、完善政府贴息制度、健全监管机制三个方面入手,加快制度改革步伐。

(一)完善相关法律法规,解除民办高校贷款的法律制约

我国《民办教育促进法》虽已明确规定,国家鼓励金融机构运用信贷手段支持民办教育发展,但《中华人民共和国担保法》规定学校不能作为保证人,也不能利用教育设施进行抵押贷款。此外,无论担保贷款还是抵押贷款,民办院校受自身条件所限,很难满足《贷款通则》规定的必备条件,这在法律上构成了民办高校申请长期、大额贷款的瓶颈。如天津市出台了地方法规,规定在金融支持方面,民办学校可以教育设施以外的财产为自身发展提供贷款抵押,这种规定对于大部分以"滚动模式"发展起来的民办高校而言,并不具有实际意义,因为他们"教育设施"以外的财产很少,即使用来做抵押,也难以借贷出满足民办高校所需的大额资金。

其实,我国《担保法》之所以会提出不能利用教育设施进行抵押贷款,

一方面是为了保护教育资源,另一方面则是为了防止国有资产流失——在国家办教育的大背景下,学校的一切教育设施均属国有资产。显然随着我国教育管理体制的改变,防止国有资产流失的担忧在民办高校这里是不成立的——民办高校举办者利用办学结余积累起来的教育设施,并不属于国有资产,而是归学校所有——因此从这个角度来看,禁止民办高校用"教育设施"做抵押的规定就不尽合理了。另外,无论是公办学校,还是民办学校,如果用"教育设施"做抵押,确实都存在着教育资源流失,导致大量学生失学,甚至引发社会动荡的隐患。但是若控制得当,这种情况也是可以避免的,如可以要求为民办高校发放贷款的银行签订"若民办高校以教育设施作抵押,拍卖时只能拍卖给教育机构"的条款,这样不仅可以避免教育资源的浪费与流失,又可以解决民办高校贷款难的问题。当然,对于如何解除民办高校贷款的法律制约,还需要从更多的细节入手,完善相关的法律法规,如对民办高校法人财产权的界定、对民办高校贷款风险评估机制建设的要求、对以教育设施为抵押的贷款使用监管等。总之,完善相关的法律法规,解除民办高校的贷款制约是畅通民办高校信贷通道的第一步,也是最关键的一步。

(二) 完善政府贴息制度,强化政府责任

民办高校作为公益性的教育事业,具有收入的不确定性、低收益性的特点,作为准公共产品,在一定程度上,也不可能成为商业金融机构的融资对象。国家对其进行支持、补助,包括为民办高校贷款进行贴息,限制民办高校贷款最高利率,并对参与民办高校贷款的银行给予优惠政策,这不仅是世界通行的补助私立大学的一种做法,而且也是公共财政资源保证公平分配的一种方式。在我国,运用财政资金来带动商业信贷机构为民办高校提供资金,这有助于更好地解决民办高校资金不足的问题。如山东省青岛市鼓励金融机构为民办学校提供以扩大和改善办学条件为目的的抵押、质押、低息信贷支持,政府建立贴息贷款机制。① 又如我国台湾地区从1982年起,就为改善各私立大专院校学生生活环境,减轻学校财务负

---

① 《民办教育青岛出新政 扩建可贴息贷款教师可纳事业编》,2014年5月15日,中国新闻网(http://money.163.com/14/0515/19/9SAD8HCU00254TI5.html)。

担，订立了"私立大专院校兴建学生宿舍餐厅厨房贷款利息补助作业实施要点"，对于各私立大专院校兴建学生宿舍、餐厅、厨房依据规定向银行贷款，其所支付的利息，除自行负担一定比例外，可以向台湾"教育部"申请补助其余部分的差额。[①] 相比较而言，目前我国大陆地区有关民办高校贷款政府贴息制度的建设仍较为缓慢，如有关借贷双方的激励措施、政府贴息的具体实施办法、政府贴息的覆盖面等多个方面均需要通过制度建设予以进一步完善。

（三）完善监管机制，降低信贷风险

民办高校的内部管理不够规范，特别是家族式的管理，往往会造成银行难以获得民办高校的真实信息，进而造成银行难以对其做出客观的评级授信，这对民办高校获得银行的长期、大额贷款造成了阻碍。建议政府通过完善民办高校信息公开制度、实施教育评估公告等措施，让银行获得翔实可靠的民办高校信息，促进银行和民办高校间良好信任关系的建立。但从根本上，还是要通过完善学校董事会成员结构、组织规则和决策程序，真正落实董事会领导下的校长负责制，加强监督机制，逐步转变家族式管理为多元化治理、民主化管理，解决民办高校法人治理结构不规范的问题，以使民办高校在科学的治理机制下不断增强可持续发展能力，这是增强银行信任的关键。另外，为了防范贷款风险，政府要适当介入金融市场，组建民办高校贷款组织协调机构，制定民办高校贷款管理办法，金融机构要实施审慎的资格审查和贷后管理工作。可以借鉴国外相关做法，在民办高校申请贷款的同时，提交可行性强的项目计划，并由金融机构进行项目跟踪，发现问题可以要求民办高校提前还贷。此外，要健全民办高校贷款的担保制度、风险补偿机制、保险体系，降低民办高校的债务风险。

四 健全社会捐赠环境，激发教育捐赠积极性

在国际上，借助声誉、校友资源、基金会等进行融资，已成为私立大学经费的主要来源途径，其中，募捐成为大学应对经费紧张挑战的重要策

[①] 姚志华：《台湾教育管理》，太原山西教育出版社1999年版，第35页。

略之一。相比较之下，我国民办高校接受的社会捐赠十分少，这与我国捐赠法律不健全，捐赠机制不透明，捐赠意识薄弱等问题密切相关，同时也与民办高校自身管理机构不健全、办学质量偏低、社会声誉不高等问题密切相关。就目前而言，最亟须改善的是社会整体教育捐赠环境。

（一）完善民办教育捐赠法律法规，确保教育捐赠有法可依

目前我国专门的捐赠法案为《中华人民共和国公益事业捐赠法》，但该法对于我国民办教育捐赠仅具有一般性的指导意义，民办教育捐赠如何实施尚缺少具体办法。虽然《民办教育促进法》第四十七条规定"国家对向民办学校捐赠财产的公民、法人或者其他组织按照有关规定给予税收优惠……"，但在《实施条例》中并未就如何实施优惠做出明确规定，这在现实中导致了虽有法可依、却又有法难依的困境。为此，应在捐赠法指导下尽快修订《民办教育促进法》及其《实施条例》，或者出台专门的民办教育捐赠实施办法，积极引导社会、个人参与民办教育建设，奖励企业、个人捐赠的社会公益行为。

（二）建立民间社会捐赠机构，构建专业化管理制度

从我国民间社会团体管理现状来看，一些颇有影响力的公益组织大都挂靠于政府部门，由政府直接管理与干预。例如《海南省华侨捐赠公益事业若干规定》规定，华侨捐赠的资助项目、变化终止等一系列问题都要报政府有关部门进行审核、备案、批复。有研究者指出，"我国现行社会捐赠管理机构行政色彩浓厚，具有'官办'性质，譬如中华慈善总会就挂靠在民政部门，依据政府体制运作。"[1] 显然，行政化管理影响了社会团体的独立性和自主性，不利于其依据社会需求做出更加科学、专业的管理决策，因此必须理顺民间社会团体与政府间的权力与责任关系，建立社会团体自主运营、政府宏观监管的制度，建立和完善捐赠资金管理机构，突出其中介性、专业性。另外，在民办高校内部也应加强捐赠管理机构的建设。目前，大多民办高校没有专门的机构从事捐赠管理，影响了民办高校对社会捐赠的募捐和使用效率，亦易于造成社会公众质疑民办高校捐赠管

---

[1] 曾小军：《民办高等教育社会捐赠不足的制度分析》，《国家教育行政学院学报》2011年第2期。

理的规范性。总之,从宏观社会层面到微观民办高校层面,建立起科学的捐赠管理体系,培养专业的捐赠管理能力,这是推进民办高等教育捐赠的必要制度安排。

(三) 对捐赠实施必要的税收优惠

税收减免的法规有助于激励、引导社会捐赠投向民办高校。我国2004年发布的《财政部、国家税务总局关于教育税收政策的通知》虽然规定"向教育事业的捐赠,可以在企业所得税和个人所得税前全额扣除",但这一规定缺乏必要的操作性,应进一步明确纳税人进行教育捐赠的渠道及可以免税的教育捐赠类型。如美国在其税收优惠办法中,根据捐赠物资的性质、捐赠的对象、捐赠物资的用途以及财产捐赠中财产的特点,规定了捐赠者不同的税收收益。再如我国台湾地区,其私立大学的募捐得以有效开展主要受益于政府的鼓励性政策:一是给捐款人提供适当的税收减免,要给捐款人以经济和名誉上的双重回报;二是制定特殊鼓励政策鼓励大学募捐——有学者建议,政府可以向民办高校提供与捐赠相配套的资金,鼓励捐资办学行为;也有学者建议提高向民办高校捐款的个人和企业的扣税比例,以吸引更多的个人和企业向民办高校而不是向公立高校捐款。[①] 另外,在社会捐赠行为中,国家的遗产税政策往往是影响捐赠意愿及其流向的重要因素,美国等国家都制定了旨在引导遗产捐赠的法规,但在我国则缺乏相应办法。因此,如何完善个人所得税与遗产税等方面的税收优惠政策,引导个人进行公益捐赠,是我国民办高等教育捐赠治理的关键环节。

概而言之,民办高校要建立起多元筹资体系,需要政府的积极扶持及其他利益相关者的积极参与,但政府财政及其他社会资源的投入需要具备一定的必要条件,即民办高校能够提供合格的教育服务,政府能够借以实现其提供公共教育产品的责任,同时其他社会组织能够购买到优质的教育产品。因此从这个意义上说,民办高校只有具备高质量的社会服务能力,才有资格获得外部支持。这就需要民办高校积极探索和建立起现代化的治理体系和治理能力,不断提高人才培养、技术开发、社区服务的能力与水

[①] 张剑波:《对民办高校拓宽筹资方式的思考》,《大学教育科学》2007年第3期。

平，从而不断提升核心竞争力。

第三节　完善举办者激励制度

由于我国特殊的经济社会发展环境，我国民办教育主要是以"投资办学"模式发展起来的，"捐资办学"的只是凤毛麟角。这是我国民办教育发展的客观事实。为了激发民办学校举办者的积极性，2002 年颁布的《民办教育促进法》中提出了"合理回报"制度，虽然这一制度并未真正执行，而且还引来了不少"非议"，但不能否认的是，这种制度安排是尊重我国民办教育发展实际的一种设计。由于"合理回报"制度设计并不完善，因此在激发民办学校举办者积极性方面发挥的作用并不大，长期以来，我国民办学校举办者之所以依然有这么高的办学积极性与举办者掌握着学校的实际控制权有着密切的关系。获得了对民办学校的控制以后，举办者便可以获得各种"控制权"回报，如享受在职消费，取得合理回报等。[①] 2016 年颁布的《民办教育促进法》修订案去掉了有关"合理回报"的条款，同时提出了民办学校分类管理制度，即将民办学校分为营利性和非营利性两类。在这种新的分类管理制度下，如何对民办高校举办者进行有效激励的问题仍需重点关注，以保障我国民办高等教育在不断提升办学质量的同时保持稳定与发展。结合我国民办高等教育的发展实际和相关管理政策的变革，建议从以下几方面着手，健全民办高校举办者激励制度。

一　建立适当补偿机制，鼓励举办者"退出"非营利性民办高校，促进非常利民办高校规范建设

虽然目前我国要想建设真正意义上的非营利性民办高校并非一件易事，但是，实行营利性与非营利性民办高校的分类管理却是一个很好的开端。实施分类管理之后，必然有一部民办高校会真正逐步走向非营利性办

---

① 王一涛：《民办高校的所有权：理解民办高校的钥匙》，《山东高等教育》2014 年第 1 期。

学模式，而这个转型对于我国非营利性民办高校体系建设具有主要的示范效应。因此，该如何激励有条件、有意愿的举办者实现学校办学模式的"转型"，这是我们在完善民办高校分类管理制度建设过程中需要重点思考的问题，更是举办者激励制度建设中需要重点解决的问题。

在我国民办高校的举办者中，有不少人办学的初衷是真正以"公益"为主要目的。也有不少人拥有崇高教育理想与深厚的家园情怀，是有梦想、有追求之人，如在20世纪70年代末80年代初，很多民办高校是由退休的政府官员、高校领导或教师举办的，他们办学的主要目的在于为国家培养人才、满足广大学子对高等教育的需求。虽然随着改革开放的不断深入，市场经济的不断发展，越来越多的人认识到教育作为一种产业所具有的巨大市场价值，纷纷投资举办学校，办学的营利目的日益凸显，即使这样，仍有不少投资办学者是具有教育热忱与教育理想的开明之士，如山东协和学院的举办者长年为乡村医生提供免费培训、西安欧亚学院举办者积极研究、探索先进的教育理念和创新性的教育模式，还在学校内设置了教育理念发展博物馆，等等。这意味着我国是具有发展非营利性民办高校基础的。

但不能否认的是，在我国若按照非营利性组织的标准来建设真正的非营利性民办高校，并非举办者捐出所有投入、放弃回报这么简单，更重要的还在于要使非营利性民办高校拥有真正的独立法人地位，建立起确保其独立性的法人治理结构和运行机制。这样才能真正避免举办者的"暗中谋利"行为，并保障非营利性民办高校的资产与收入全部服务于学校发展和人才培养。换言之，我国非营利性民办高校的进一步发展必须以原始"捐资人、投资人及其家族"完全退出民办高校为前提，这种退出，不仅是其"捐资者、投资者"身份的退出，同时也是其"学校管理者"身份的退出。这对于民办高校举办者而言是残酷的，需要相关举办者具有更长远的眼光和更宽阔的胸襟；更需要政府基于民办高校举办者不仅对民办高校有资金投入，而且还有多年的精力投入这样一个事实，制定相应的补偿措施，以削弱民办高校"转型"过程中的阻力，激励有条件、有意愿的民办高校举办者主动退出非营利性民办高校。

由于我国民办高校类型多元，有的是由独立投资者举办的，有的是由多元投资者共同举办的；有的是社会其他组织举办的，有的是个人举办的等等，因此需要根据不同的情况制定不同的补偿措施。首先，针对个人、独立的举办者，可采取直接补偿和间接补偿两种方式。所谓直接补偿是指，政府根据相关部门的核算，对民办高校的资产进行分类和价值评估，确定民办高校举办者的初始投入及其衍生价值，一次性给予举办者以一定的资金补偿，具体的补偿比例可根据地方政府的承受能力和激励效果发挥的需求而定。这种补偿可由政府和民办高校共同承担。所谓间接补偿是指，政府给予民办高校投资者所举办的其他营利性机构实行免税和减税政策，如可根据举办者对民办高校的原始投资数额和衍生价值抵扣同等额度的其他营利性机构的营业收入，并实行免税或减税政策；或者无论举办者对民办高校的投入是多少，都对其举办的其他营利性机构实行连续几年的免税或减税政策，以扶持非营利性民办高校举办者发展营利性产业，保障并拓展其收入来源。这种间接补偿方式其实是符合国际惯例的，即捐赠者享受相应的税收优惠。其次，针对多元举办者，可根据各自的出资份额来确定补偿额度，同样也可选择对其所举办的营利性机构免税和减税的做法。只是在针对多元举办者的税收优惠补偿措施中，每位投资者所举办的营利性机构中，只能部分可以享受连续几年减税优惠政策。第三，针对那些由社会其他组织，如企事业单位参与举办的民办高校，也可按照以上两种补偿方式进行补偿，所不同的是，针对企业投资者（包括国企和私企）主要采取税收优惠的补偿方式；而针对事业单位，如公办高校则主要采取资金补偿的方式。

构建这种适当补偿机制的最根本目的就是鼓励非营利性民办高校举办者退出民办高校管理，即不再担任董事长或校长职务，以促进非营利性民办高校真正走上"非营利"的发展轨道，彻底扫除"隐性营利"的阴霾和政府对国有资产流失的顾虑。当然，在民办高校举办者中，不乏一些优秀的领导者，他们是完全有能力胜任董事长或校长职位的。对于这一部分举办者，可依据他们自己的意愿，通过正规的选拔程序担任董事长或校长职务（两者不能兼任），但其所担任的职务不具有继承属性，且有任期限制。

二 建立"有限回报制度",保护举办者积极性,走出民办高校发展的"第三类"道理

在当前的民办高校分类管理制度影响下,大多数民办高校举办者都选择了"非营利性"的类型定位,但由于举办者仍掌握着学校的实际控制权,因此其获得"回报"的渠道仍然存在,这意味着,虽然这些学校选择了"非营利性"的定位,但并未改变其举办者可以获得"回报"的事实。因此确切地说,目前我国虽然已经确立民办高校分类管理制度,并且大部分民办高校在表面上完成了类型定位,但实际上很多民办高校举办者对于分类制度的走向和学校的转型是持"观望"态度的,而在这种"观望"过程中有些民办高校举办者已经开始减少对民办高校的投入或悄悄转移投资,以防止"政策有变"。因此,政府应通过尽快完善分类管理制度,尽早结束这种"观望"阶段,以防止更多隐性撤资行为的产生,促进不同类型的民办高校尽早进入各自的发展轨道。本研究建议,以"三元分类"体系为基础建立"有限回报制度",以保护、激发这一部分民办高校举办者的办学积极性。相对于营利性民办高校举办者和非营利性民办高校举办者,我们将这种取得"有限回报"的民办高校举办者称为"第三类"举办者。

"有限回报制度"是对原有的"合理回报制度"的改进与完善。获得"有限回报"的举办者所举办的民办高校可归属于营利性民办高校这一大类之中——这有利于在政策、法律层面保持对营利性学校和非营利性学校界定的一致性,但是区别于纯粹的营利性高校。这种区别主要体现在两个方面:第一,在回报获取比例方面,营利性民办高校举办者拥有对全部办学结余的所有权,而"第三类"举办者只能获得办学结余中的一部分,因此是一种"有限度的回报";第二,在学校管理权方面,营利性民办高校举办者具有学校实际的管理权,而"第三类"举办者不具有实质性的学校管理权,只拥有监督权和建议权。关于"第三类"举办者所能获得的回报比例以及回报取得办法,可依据以往"合理回报制度"的设计执行,但是需要进一步明确以下几点:首先,合理回报比例的确立要由举办者、学校

董事会和政府相关部门共同制定，以确保比例确立的合理性；其次，将举办者所取得的"有限回报"单独立账，并将相关信息（数额、提取时间、提取形式等）对外公布，接受政府相关部门和公众的监督，不允许举办者在学校其他方面或通过其他途径获得回报；第三，举办者所取得的"有限回报"可继续投入到学校之中，并将其计入核算"有限回报"的基数之中；第四，举办者投入到学校的资金不能撤出，但在学校倒闭时可按比例拿回初始投入；第五，举办者取得"有限回报"的权力可由子女继承。

相对于原来的"合理回报"制度，"有限回报制度"是以举办者退出学校管理为前提的，同时更强调举办者通过正规途径获得回报。因此，在"有限回报制度"下，民办高校举办者与民办高校之间的关系将简化为"投资"与"回报"的关系，并不存在管理与被管理、领导与被领导的关系。这样一方面保障了举办者的权益，另一方面也更有利于促进民办高校构建现代化的治理体系。而且可以预见，这种"有限回报制度"更有利于民办高校吸纳社会资金，因为一所民办高校的举办者可以是一个，也可以是多个；在多个举办者的情况下，每位举办者均可以根据自己的投资份额获得相应的回报，而这些举办者仅是投资者而已，可以监督学校的运行，但都不能干预学校的具体运行与管理，因此也不会引发产权或管理理念方面的冲突。对于这种举办者取得有限回报的民办高校，政府应构建与非营利性民办高校相差不大的扶持与优惠政策，尤其要确保其教师、学生与非营利性民办高校教师、学生享受同等待遇。随着独立性、融资能力或市场竞争力的不断增强，这一类民办高校可逐步向非营利性或纯营利性民办高校转变。

三 明确扶持与优惠政策，激发营利性高校举办者积极性，充分发挥市场配置教育资源的作用

虽然"营利性"民办高校已经获得了合法身份和地位，但是由于我国市场经济体制还不健全，人们对营利性学校仍存有偏见，民办高校办学成本偏高，政府支持偏少等原因，我国民办高校举办者即使有着强烈的"回

报"诉求，但也不敢贸然将学校定位为营利性，尤其是承担学历教育的普通民办高校。同时，我国针对普通高校制定了较高的设置标准，提升了高等学历教育的成本，这在一定程度上阻碍着新的投资者举办营利性普通高校。换言之，在高校办学成本偏高、营利空间偏小的情况下，我国虽然在法律层面为社会资本进入高等教育领域打开了一扇大门，但是社会资本进入高等教育领域的动力明显不足。

而梳理美国高等教育的发展历程，我们发现营利性大学的快速发展为美国实现高等教育普及化做出了重要的贡献。如在2000—2009年间，在所有符合联邦学生资助政策条件的高校中，营利性高等教育机构的招生数量翻了3倍，与此同时公立高校和非营利性私立高校的招生数量仅增长了约22%；而且营利性高等教育机构招生数占全体高等教育机构招生总量的比例也从4.3%增长到了10.7%。[①] 这启示我们，促进营利性高校的发展是扩展高等教育机会，解决高等教育资源短缺问题的一个有效的途径，换言之，营利性高校除了具有营利属性之外，同样也具有公益属性。因此，我国政府不应让营利性高校的发展完全由市场来调节，而是应积极运用政策杠杆和经济杠杆进行积极的调控与促进，以使其公益性更加彰显。事实上，美国营利性大学的快速发展也正是得益于联邦政府的支持与推动，如美国营利性高校的学生同样具有申请联邦助学金和助学贷款的资格，2008—2009学年，营利性高校招收学生数量占总入学人数的12%，但所申请到的佩尔助学金却占了总体的24%，申请的联邦学生贷款占了总体的26%。[②]

就目前我国民办高等教育的发展状况而言，明确对营利性高校的扶持与优惠政策，必然能够激发营利性高校举办者的积极性，增强高等教育领域的社会资本吸引力。一方面，这种明确的扶持与优惠政策是政府支持营利性民办高校发展，认可其公益性的一种体现，这将增强投资人对营利性民办高校未来发展前景的信心。另一方面，这种明确的扶持与优惠政策可

---

① David J. Deming, Claudia Goldin and Lawrence F. Katz., *The For-Profit Postsecondary School Sector: Nimble Critters or Agile Predators*, Journal of Economic Perspectives, 2012, pp. 139 – 164.

② Ibid.

以减轻投资人的成本负担，使其能够拥有更大的营利空间。而对于制定怎样的扶持与优惠政策，本研究有如下建议：第一，明确营利性高校可以实施学历教育，这一方面可以使营利性高校获得更大的发展空间，另一方面也将有助于进一步扩展我国的高等学历教育规模，为迎接高等教育普及化的到来做好准备。虽然目前我国并未规定营利性高校不能承担学历教育，但是为了防止在具体审批的过程中，出现营利性民办高校与非营利性民办高校不能被同等对待的情况，我国应在政策法规中进一步明确营利性民办高校同样可以实施学历教育。第二，降低营利性普通高校的设置标准，进而降低营利性普通高校的成本投入，这将有利于增强投资人的办学意愿。高校与中小学校不一样，需要大量的资金以及仪器设备的投入，而且还面临着相关设施设备的不断维修与更新的问题，因此高校的举办成本显著高于中小学校，这也就是为什么我国民办中小学的数量要远远多于民办高校数量的重要原因之一。但是随着信息时代的到来，高校的办学成本也有望降低，如在线课程可以节约大量师资，教室、宿舍等学生学习生活场所也可进一步缩减。在这方面，美国营利性高校已经做出了有益的探索，如很多美国营利性高校并不建设图书馆、体育馆等场所，大部分教室也是租借的，教师以兼职教师为主，在线课程占比较大，等等。我们看到，美国营利性高校的这种运行模式大大降低了办学成本，并有助于将大量的资金用于课程开发和教学方法改进上，以保障教育质量，提升学校的市场竞争力。当然，设置标准的降低并不代表质量要求的降低，对于营利性高校的办学质量，政府仍具有监督、评估职责。只有那些评估合格的营利性高校才有资格实施学历教育或进一步扩展学历教育。第三，保障营利性民办高校师生与非营利性民办高校以及公办高校师生享有同等地位和权利，如营利性民办高校专职教师在职称评审、社会保障、科研项目申报、评奖评优等方面应与非营利性民办高校以及公办高校教师享受同等的待遇；营利性民办高校学生在就业、考研、奖助学金申请等方面与非营利性民办高校以及公办高校的学生享受同等的待遇。对这种同等地位、权利的保障是促进社会公平公正的必然要求，也是为营利性民办高校创建一个公平竞争环境的必然要求。第四，制定针对营利性民办高校的税收优惠政策，以减轻营利性高校的财政压力。相关税收优惠政策的制定可参照国家为了鼓励创新、创业为创业型公司、高新技术公司提供的税收优惠政策，以及国家为鼓励科技研发和技术成果转化而提供的税收优惠政策等。

总之，营利性高校是我国高等教育发展的另一种重要模式，我国政府应尽快明确对营利性高校的扶持与优惠政策，"确保政策的科学性和民主性，确保政策的稳定性，确保政策的延续性和长效性"，[①] 以为其创造一个良好的发展环境，促进我国高等教育多元发展体系的进一步完善。

第四节 强化财政资助的杠杆功能

目前，我国各地政府在民办高校财政资助方面进行了诸多有益的探索和实践。特别是 2005 年以来，北京、上海、重庆、浙江、江苏、广东、陕西、湖南、河南、四川、云南、黑龙江、内蒙古等 17 个省市相继出台了民办教育的专项经费扶持政策。江苏省设立了民办高等教育专项资金 2000 万元。有些省直接对民办高校进行生均拨款支持，如上海市按照每年 1500 元的标准，重庆市按照每年 1400—2200 元的标准，温州市按照公立高校生均经费 20% 的标准。2012 年起，陕西省确定连续 6 年每年支持民办高校的资金为 3 亿元，包括专项资金、生均拨款等[②]。这说明我国政府给予民办高校的财政资助正日益增大，且日益常规化。但综观当前各地政府的民办高校财政资助模式，仍普遍存在忽视发挥财政资助杠杆功能的问题，即在为民办高校提供资助的同时，并未对其质量或未来发展质量提出要求。而从国际私立高等教育经费政策的建设经验来看，政府财政资助的杠杆功能是十分显著的，收到了促进私立高校不断提升办学质量的效果。因此，我国民办高等教育经费政策建设，除了要加大对民办高校的财政资助力度之外，还要强化财政资助的杠杆功能。从我国目前情况来看，需首先从构建

---

① 郭峰等：《地方大学文化与地域文化互动发展研究》，人民出版社 2017 年版，第 287—288 页。

② 人大代表夏季亭：建议政府对民办高校提供生均财政拨款，凤凰资讯（http://news.ifeng.com/a/20160128/47277725_0.shtml）。

合格评估与财政资助资格、绩效评估与财政资助水平增长之间的关联机制入手，增强政府财政资助的杠杆功能。

一 构建合格评估与财政资助资格之间的关联机制

政府为民办高校提供财政资助，要对民办高校的办学质量提出基本的要求，即民办高校办学质量必须达到合格水平才能拥有申请政府财政资助的资格。这种基本的质量要求是国际上通行的一种做法，如美国联邦政府要求只有那些通过由联邦政府认可的评估机构实施的合格评估的私立高校，才有资格申报联邦政府补助；只有那些在通过合格评估的私立高校就读的学生才有资格申请联邦政府奖贷补学金。确立这种资格的目的在于：一促进民办高校加强自身质量建设；二保障政府财政支出的效益；三为民办高校创造一个公平公正的发展环境。目前，我国地方政府在对民办高校实施财政资助时，虽然也提出了相应的"申报条件"，但是由于缺乏专门的、专业的评估环节，这些"申报条件"的约束力并不强。在实际操作过程中，一方面可能出现一些并不符合条件的民办高校也或多或少获得了资助的情况；另一方面则可能出现政府提供的专项资助被几所声誉较好的民办高校瓜分了的情况。总之，目前我国的政府资助普遍并未真正起到促进民办高校关注自身质量建设的作用，而是致使其将关注点更多地放在了资助申报环节，拉关系、找专家、结交官员等不良行为相伴而生，这显然是不利于营造公平、公正的民办高校发展环境的。

那么，该如何确立民办高校申请政府财政资助的基本质量门槛呢，如何使这种"门槛"更有效地发挥促进民办高校提升办学质量的作用呢，同时又如何保障民办高校间的公平公正竞争呢？本研究认为，促进这些问题解决的关键点，在于专门化、专业化的民办高校办学质量评估体系的构建。只有构建了专门化、专业化的评估体系，才能更准确地反映民办高校的办学质量；才能真正确立"只有通过合格评估才能申报政府财政资助的资格标准"；才能减少政府财政资助审核、评估过程中不必要的人为干预；才能引导民办高校更多地关注自身质量，并为其提供更加明确、科学的发展指导。对于专门化、专业化的民办高校办学质量评估体系的建立，以下两点十分重要。

1. 评估主体由以政府为主转向以第三方评估组织为主。长期以来，国家对民办高校的发展主要以管理为主，反映了国家对民办高校办学方向的关注，即保障其公益性而防止营利性①。因此，现有对民办高校的评估实际上就是政府管理的工具，评估就是为了更好地对民办高校进行管理和规范。因此，要想构建专门化、专业化的民办高校办学质量评估体系，首先要转变目前的评估主体。政府要把工作重点转移到通过立法、拨款、奖惩等手段，加强对民办高校评估的指导和监督方面。目前，我国已经开始鼓励、支持第三方教育评估机构的建立与发展，如《国家中长期教育改革和发展规划纲要（2010—2020年）》第十五章第44条中明确指出，"以转变政府职能和简政放权为重点，深化教育管理体制改革，提高公共教育服务水平。明确各级政府责任，规范学校办学行为，促进管办评分离，形成政事分开、权责明确、统筹协调、规范有序的教育管理体制"，并指出"完善教育中介组织的准入、资助、监管和行业自律制度。积极发挥行业协会、专业学会、基金会等各类社会组织在教育公共治理中的作用"。这为促进"第三方"教育评估机构的发展，实现民办高校质量评估主体的转变奠定了重要的政策基础。转向第三方教育评估，一要保障第三方评估机构的独立性，由第三方独立机构发挥专业人才和技术优势，进行客观、公正、公开、透明的评估；二要建立科学的评估标准，充分发挥第三方评估机构的专业技术水平，拿出科学的评估方案，得出客观、准确的结论；三要合理定位第三方评价。② 若想达到这些目标，仍需要进一步完善相关制度，优化整体发展环境，其中最重要的是要发挥政府的扶持与监管作用。"第三方"教育评估机构与民办高校一样都属于社会组织，而且大多数也属于非营利性组织，因此同样需要政府予以扶持，比如实行税收优惠、提供一定的补助等等。同时，"第三方"教育评估机构的健康发展离不开政府的监管，如政府应在"第三方"教育评估机构的资质认定、运行的合理性与规范性保障等方面发挥监管作用。这样才有利于"第三方"教育评估

---

① 段艳霞、张随刚：《我国民办高等教育经费政策的现状及问题分析》，《黄河科技大学学报》2002年第4期。

② 郭峰等：《地方大学文化与地域文化互动发展研究》，人民出版社2017年版，第326页。

机构健康、有序的发展，同时也有利于"第三方"教育评估机构提升社会声誉，真正发挥客观、中立的评估作用。

2. 建立专门的民办高校评估指标体系。目前，主要有两大部门对民办高校进行评估。一是教育部门。主要依据教育部 2011 年 12 月 23 日出台的《普通高等学校本科教学工作合格评估实施办法》，对民办本科院校进行合格评估，评估指标体系主要由 7 项一级指标（办学思路与领导作用、教师队伍、教学条件与利用、专业与课程建设、质量管理、学风建设与学生指导、教学质量）、20 项二级指标组成。二是社会组织管理部门。民办高校作为民办非企业单位，接受社会组织管理部门的评估、管理和监督。评估指标体系主要包括 4 项一级指标（基础条件、内部治理、业务活动与诚信办学、社会评价）、17 项二级指标和 48 项三级指标。这两类评估指标体系有交叉的地方，但均不是专门针对民办高校设计的。教育部的评估指标体系是以普通公办高校为主要对象制定的。对民办高校而言，这类指标体系并没有突出其资金来源、人才培养定位、运行机制等方面的特点。社会组织管理部门制定的民非评估指标体系针对的对象更加多元，除了民办学校以外，还包括各类民办医院、文艺团体、科研院所、体育场馆、职业培训中心、福利院、人才交流中心等，显然，高校的特殊性难以在这样的指标体系中显现出来。因此，建立一套专门针对民办高校的指标体系十分必要，这是确保其质量评估科学、有效的基本前提。关于如何构建针对民办高校的评估指标体系，潘懋元先生的建议很具有指导意义。潘先生认为构建民办高校评估指标体系，一定要考虑民办高校的特色，即"第一是应用，即培养的人才是应用型人才；第二是面向地方，即为地方经济服务；第三是自主办学；第四是灵活机制。对于民办本科高校的评估必须考虑到这些特色，而且应该将他们引导到这些方向上去"。[①] 因此，针对民办高校的评估指标体系设计既要体现高校发展的共性，又要体现民办高校不同于公办高校的特色。建议突出以下六大类指标，即办学基础条件指标、法人治理与内部管理指标、财务及效益指标、教学及科研能力指标、招生及人

---

① 潘懋元：《关于民办高校评估的思考及建议》，《浙江树人大学学报》（人文社会科学版）2008 年第 6 期。

才培养指标、信息公开与社会评价指标。其中,办学基础条件指标必须符合2004年教育部颁布的规定设置标准和普通高等学校基本办学条件指标的要求。

二 构建绩效评估与财政资助水平增长之间的关联机制

加大对民办高校的财政资助包含两层含义:一是从横向的角度来看,政府提供给民办高校的财政资助总量有所提升;二是从纵向的角度来看,政府提供给民办高校的财政资助是连续的,并呈不断增长态势。因此,除了加大财政资助投入力度之外,构建科学的财政资助水平持续增长机制也是十分必要的。但是,这种资助水平的增长不能是一种盲目的增长,而应是以民办高校办学绩效为依据的一种增长,即是一种竞争性的增长。换言之,如果一所民办高校的办学绩效不佳的话,政府为其提供的财政资助水平不仅不会增长,还会有所下降;反之,如果一所民办高校拥有良好的办学绩效,政府为其提供的财政资助应呈现不断增长态势。因此,如果说构建起"合格评估与获取政府财政资助资格之间的关联机制"是为了保障民办高校的基本办学水平的话,那么构建起"绩效评估与财政资助水平增长间的关联机制"是为了激发民办高校不断提升办学质量。就目前我国的具体情况而言,构建"绩效评估与财政资助水平增长间的关联机制",除了要加快专门针对民办高校的第三方评估机构的建立与发展之外,还要重点做好绩效评估模式构建和绩效评估实施支撑条件建设两方面的工作。

(一)构建科学的绩效评估模式

所谓构建科学的绩效评估模式,是指根据我国民办高校组织特点、现实基础、未来发展定位与趋势,设计可以科学、有效地反映其办学绩效的评估模式。换言之,民办高校的绩效评估不能完全照搬照抄公办高校的绩效评估模式,要依据民办高校的现实基础与自身特点进行设计。首先,依据我国民办高校由于受到经费、资源、文化等因素的影响而普遍处于高等教育低端的现实,不宜将民办、公办高校的绩效评估放在同一个框架里,即不建议形成民办高校与公办高校间的横向比较,而是应以民办高校间的横向比较或民办高校自身发展的纵向比较为主。这样才能在一段时间内,为民办高校创造一个相对公平、安全的发展环境,引导民办高校将注意力放在如何通过优化内部管理体制机制和资源配置促进办学绩效不断提升上,而不是将注意力放在如何与公办高校进行资源竞争上。当我国民办高校从发展期进入到提升期,具有了与公办高校相竞争实力的时候,可以将其绩效评估工作与公办高校的绩效评估工作整合在一起,进而形成公办、民办高校良性竞争的局面。其次,基于我国大多数民办高校都是以职业教育为主,即使是民办本科院校也是以培养应用型人才为主,对于其人才培养绩效或教学绩效的评估不能过多地关注财政资助所带来的教学投入的增长或教学资源的扩大,而是应更多地关注其培养出来的学生的就业能力或市场欢迎度,尤其是要关注其毕业生就业后的可持续发展能力。如果一所接受政府财政资助的民办高校,在很小的投入基础上大幅度地提升了其毕业生的市场欢迎度和可持续发展能力,我们就可以认定其具有较好的教学绩效。对于民办高校的科研绩效评估也同样需要遵循其更多地关注应用、关注实践的特点,并引导其"主动适应新的产业升级和经济转型,围绕经济和社会发展面临的现实问题,打破传统的学科专业壁垒",[1] 将评估的重点放在应用型科学研究和技术创新应用等方面的发展上,而不应更多地去关注发了多少篇论文、出了多少本著作、获得了多少项纵向课题等等。第三,依据民办高校具有更灵活的办学体制,更加关注市场需求,也更擅于跟随市场需求的基本特点,应加大其社会服务绩效评估的占比,以凸显民办高校的办学特色,并进一步促进民办高校提升满足社会经济发展需求的能力。需要指出的是,民办高校的社会服务不仅仅包括通过技术转移或技术转让而为社会提供的服务,还包括通过培训与新专业的建设而对社会特殊人才需求的满足、通过学历教育为政府提供的教育服务,等等。概而言之,民办高校绩效评估模式需要进行专门的、有针对性的设计,不能套用公办高校绩效评估的模式与指标体系,这样不仅可以有效促进民办高校不断提升办学质量,还能达到鼓舞民办高校依据自身基础进行特

---

[1] 刘福才、张继明:《高校智库的价值定位与可持续发展》,《教育研究》2017 年第 10 期。

色发展的目的。

(二) 加强绩效评估实施支撑条件建设

无论是合格评估还是绩效评估都需要一定条件的支撑，其中最主要的条件就是评估主体能够及时地获得真实的民办高校办学信息。相对于合格评估，绩效评估所需要的信息量更大，而且要求具有连续性，这对民办高校管理制度和信息公开水平提出了更高的要求。从我国目前情况来看，首先需要完善民办高校会计制度和民办高校信息公开制度。

1. 建立专门、统一的民办高校会计制度

2004年8月18日，财政部公布了《民间非营利组织会计制度》（财会〔2004〕7号），该制度引入了权责发生制、折旧、公允价值等会计原则和会计方法，明确要求会计核算要如实反映高校的财务状况、业务活动情况和现金流量等信息，及时反映民办高校的资产状况、负债水平、资金使用情况及其效果信息，一定程度上满足了民办高校会计核算的要求。[1] 但在民办高校会计核算实际执行过程中，《民间非营利组织会计制度》也暴露出一些问题，如民办高校产权关系不清晰，规范核算的内容过于简单，会计科目设置上缺乏高校行业特性，特别是教学支出和科研业务会计核算科目的缺位，导致报表不能体现民办高校的财务状况和业绩成果等。[2] 2009年，财政部发布了《高等学校会计制度》改革征求意见稿，并于2012年12月19日会同教育部印发了《高等学校财务制度》和《高等学校财务分析指标》（〔2012〕488号），但这个财务制度是适用于各级人民政府举办的全日制普通高等学校、成人高等学校的，只是建议其他社会组织和个人举办的上述学校可以参照本制度执行而已。所以，这一财务制度也难以真正适应民办高校的办学特点。因此，虽然《民办教育促进法实施条例》（2004年）第34条规定"民办学校应当依照《中华人民共和国会计法》和国家统一的会计制度进行会计核算，编制财务会计报告"，但在实际执行过程中，各民办高校常根据出资主体和上级主管部门的要求而执行不同

---

[1] 邱道欣：《民间非营利组织会计制度，在民办高校的运用》，《广西质量监督导报》2008年第3期。

[2] 黄孝红、叶少明：《民办高校会计制度建设的探讨》，《当代经济》2014年第15期。

的会计制度，有的民办高校选择与公办高校相同的《高校会计制度》或《事业单位会计制度》，有的选择《企业会计制度》，上海、广东等地的部分民办高校则选用了地方性的民办高校会计制度。可以说截止到目前，还没有一部专门针对民办高校而制定的统一的会计核算制度，这一方面导致各级政府主管部门对民办高校的财务管理难以到位，不利于对民办高校经费使用进行管理和监管；另一方面也难以在民办高校绩效评估中展开横向比较。

为此，以现有的《中华人民共和国会计法》、《民间非营利组织会计制度》、《高等学校会计制度》等法律法规为基础，充分结合民办高校办学性质和办学特点，制定一套统一的、可操作性的"民办高等学校会计制度"十分必要。关于"民办高等学校会计制度"的设计，以下几点需要注意或改进：第一，要能够有效反映学校的多元资金投入与支出状况，并能够有效体现国家财政资助的流向，以便于政府及公众监督学校的经费"收支行为"；第二，充分考虑"合理回报"，完善合理回报细则；完善财务报表体系和会计报表格式[①]，除了提供资产负债表、业务活动表、现金流量表，还应提供结余分配表、教育成本明细表、基建投资明细表、资金规划表等报表及报表附注；第三，财务报告还应当增加与决策有关的非财务信息的披露[②]，对外提供尽可能满足公开条件的会计信息；第四，为了满足民办高校的社会服务和特色发展需求，可将社会服务经费开支单列，以增强政府及社会公众对其社会服务活动的了解。当然，这种统一的"民办高等学校会计制度"的建立和作用的发挥，还有赖于民办高校内部治理结构的不断改进，以及内部会计控制监督、审计监督制度的不断完善，这样才能确保"民办高等学校会计制度"反映的是民办高校真实的财务状况。

2. 强化民办高校信息公开，增强透明度

民办高校进行信息公开，特别是财务信息公开，既可以方便政府和社会民众全面了解民办高校办学实力，也可以使各级政府部门更加轻松实现

---

① 陈丽清：《民办高校会计制度研究——以江苏省民办高校会计制度修订为例》，《经济研究导刊》2016年第22期。

② 孙凌峰：《关于民办高校会计制度的思考》，《中国乡镇企业会计》2010年第3期。

对民办高校的监管，对保障公民高等教育知情权、提升民办高校社会公信力和推动民办高校建立现代大学制度具有重要意义。[①] 对于民办高校绩效评估而言，信息公开更是评估机构获得客观、真实的办学信息的重要途径。但目前我国民办高校的信息公开情况并不乐观，存在着信息量偏少、各校公开信息不一致等突出问题，这对社会中介组织开展民办高校绩效评估形成了严重的制约。从法律层面上讲，高校信息公开早已纳入法制轨道。2010年，我国颁布了《高等学校信息公开办法》及与之配套的《高等学校信息公开事项清单》（教办函［2014］23号）。《高等学校信息公开办法》中就信息公开的内容、公开的途径和要求、监督和保障做了规定。《高等学校信息公开事项清单》进一步明确指出：各高校要确保信息真实及时、建立即时公开制度、完善年度报告制度、构建统一公开平台、加强公开监督检查等。但至今，无论是公办高校，还是民办高校都未完全按照以上要求进行信息公开，其主要原因在于，政府对于高校信息公开仍缺乏必要的监督，尤其是对民办高校，更是缺乏相应的监督和规范。因此，为了促进民办高校信息公开水平的提升，建议从以下几方面着手：第一，根据评估需要和民办高校的具体特征，制定统一的信息公开清单，以便于进行横向比较；第二，将信息公开列为申请政府财政资助的前提条件之一，即只有信息公开工作做得很好的民办高校才能申请政府财政资助；第三，重点增强经费使用透明度，对包括"财务、资产与财务管理制度，学校经费来源、年度经费预算决算方案，财政性资金、受捐赠财产的使用与管理情况，仪器设备、图书、药品等物资设备采购和重大基建工程的招投标"的信息情况进行公开，以为教育、财政部门监督经费使用情况提供支撑，也为社会评估机构进行经费使用绩效评估提供基本条件；第四，要建立高校信息公开定期监督与评估机制，对各高校的信息公开情况进行定期的检查与评估，以督促高校做好信息公开，并及时进行信息更新。

[①] 张龙燕：《民办高校信息公开的意义及其实现策略：福建为例》，《浙江树人大学学报》（人文社会科学）2017年第17期。

参考文献

一 著作

[1] 刘海峰、史静寰：《高等教育史》，高等教育出版社2010年版。

[2] 李文成、韩和鸣：《国外私立高等教育发展研究》，郑州大学出版社2007年版。

[3] 黄宇红：《美国州立大学的发展历程》，北京航空航天大学出版社2013年版。

[4] 滕大春：《今日美国教育》，人民教育出版社1980年版。

[5] 王英杰：《美国高等教育的发展与改革》，人民教育出版社2002年版。

[6] 张旺：《美国私立高等教育发展的制度环境研究》，知识产权出版社2009年版。

[7] 欧阳光华：《董事、校长与教授：美国大学治理结构研究》，高等教育出版社2011年版。

[8] 程北南：《美国大学治理结构的经济学分析》，中国财政经济出版社2009年版。

[9] 张旺：《美国私立高等教育发展的制度环境研究》，知识产权出版社2009年版。

[10] 肖华茵、李跃林：《区域高等教育发展比较研究》，江西科学技术出版社2008年版。

[11] 夏正权：《台湾高等教育与科技》，宁波出版社1994年版。

[12] 蒋华林、王平等：《台湾高等教育评鉴研究》，重庆大学出版社 2012 年版。

[13] 姚志华：《台湾教育管理》，山西教育出版社 1999 年版。

[14] 陈启昌、于嘉玲：《预约百年卓越——台湾高等教育论坛谈大学之分类》，台湾"国立中央"大学出版中心 2008 年版。

[15] 毛勇：《中国公办、民办高校公平竞争研究》，厦门大学出版社 2009 年版。

[16] 袁运开：《简明中小学教育词典》，华东师范大学出版社 2000 年版。

[17] 贺国庆、王保星、朱文富等：《外国高等教育史》，人民教育出版社 2006 年版。

[18] 李爱良：《高等教育收费制度的利益博弈》，湖南师范大学出版社 2012 年版。

[19] 肖甦：《生存与发展：国际视野下的私立教育》，高等教育出版社 2011 年版。

[20] 谢安邦、曲艺主编：《外国私立教育》，中国社会科学出版社 2003 年版。

[21] 张学文：《大学理性研究》，北京师范大学出版社 2013 年版。

[22] [美] 纳尔逊·曼弗雷德·布莱克：《美国社会生活与思想史》（上册），许季鸿等译，商务印书馆 1994 年版。

[23] 劳凯声：《变革社会中的教育权与受教育权：教育法学基本问题研究》，教育科学出版社 2003 年版。

[24] [日] 土持加里法一：《新制大学的诞生——战后私立大学政策的展开》，玉川大学出版社 1996 年版。

[25] [日] 米泽彰纯：《高等教育大众化与私立大学经营——"资助与限制"带来了什么》，东北大学出版社 2010 年版。

[26] [美] 贝奇·布查特·阿德勒：《美国慈善法指南》，NPO 信息咨询中心主译，中国社会科学出版社 2002 年版。

[27] [美] 伯顿·克拉克：《高等教育新论》，王承绪等译，浙江教育出版社 2001 年版。

[28] [法] 雅克·韦尔热:《中世纪大学》,王晓辉译,上海人民出版社 2007年版。

[29] [美] 保罗·萨缪尔森等:《经济学》,萧琛等译,机械工业出版社 1998年版。

[30] [美] 米尔顿·弗里德曼:《资本主义与自由》,张瑞玉译,商务印书馆1986年版。

[31] [葡] 佩德罗·泰克希拉等:《理想还是现实——高等教育中的市场》,胡永梅、高玲等译,北京师范大学出版社2008年版。

[32] [美] 亚瑟·科恩:《美国高等教育史》,李子江译,北京大学出版社2010年版。

[33] 西尾泰彦:《日本私立高等教育财政补助制度及高校财务管理》,鲍威译,《教育发展研究》2008年第10期。

[34] 柯佑详:《适度盈利与民办高等教育的发展》,南京师范大学出版社 2003年版。

二 期刊

[35] 冯典:《赞比亚私立高等教育发展及其影响因素介析》,《外国教育研究》2011年第10期。

[36] 陈武元:《马来西亚私立高等教育国际化论析》,《外国教育研究》2007年第2期。

[37] 邵颖:《马来西亚私立高等教育:公立高等教育的有效补充》,《东南亚研究》2014年第2期。

[38] 苗庆红:《论政府在民办高等教育市场中的作用》,《中国行政管理》2006年第8期。

[39] 刘明:《从财政视角看我国高等教育经费问题及其应对策略》,《华中师范大学学报》(社会科学版)2012年第3期。

[40] 田志龙、秦惠敏:《日本教育财政政策对我国的启示》,《吉林教育》2007年第Z2期。

[41] 祝怀新:《澳大利亚私立高等教育的发展及其启示》,《教育发展研

究》2001 年第 10 期。

[42] 陈武元：《试析菲律宾私立高等教育的政府资助体系》，《高等教育研究》2006 年第 12 期。

[43] 汪津生：《越南私立高等教育的现状、问题和发展趋势评析》，《外国教育研究》2011 年第 9 期。

[44] 陈武元、薄云：《韩国、马来西亚、菲律宾三国私立高等教育经费政策研究》，《高等教育研究》2008 年第 2 期。

[45] 阎凤桥：《私立高等教育的全球扩张及其相关政策》，《教育研究》2010 年第 10 期。

[46] 王留栓：《智利私立高等教育的主要特征及其经验》，《外国教育研究》1997 年第 6 期。

[47] [日] 西井泰彦：《日本私立高等教育财政补助制度与私立高校财务管理》，《教育发展研究》2008 年第 10 期。

[48] 张有声：《日本私立高等教育管理的特点及启示》，《教育研究》2005 年第 10 期。

[49] 王保星：《国际私立高等教育发展的误读与现实》，《河北大学学报》（哲学社会科学版）2001 年第 3 期。

[50] 顾鸿飞：《影响俄罗斯私立高等教育发展的主要问题及对策分析》，《比较教育研究》2013 年第 10 期。

[51] 唐卫民：《日本私立高等教育经费来源探析》，《高等教育研究》2007 年第 5 期。

[52] 周谊：《美国营利性私立高等教育的发展》，《统计研究》2005 年第 6 期。

[53] 温松岩：《美国私立高等教育的发展、演变、特征与未来走势》，《清华大学教育研究》2005 年第 4 期。

[54] 安双宏：《印度高等教育私营化：进退两难的战略抉择》，《比较教育研究》2014 年第 2 期。

[55] 李毅：《蓬勃发展的马来西亚私立高等教育》，《比较教育研究》2003 年第 8 期。

[56] 牛长松:《南非私立高等教育的发展及政策干预》,《教育发展研究》2007年第9B期。

[57] 刘梦今:《中外合作大学公私属性之辨》,《中国高教研究》2014年第11期。

[58] 王留栓:《巴西的私立高等教育》,《教育科学》2004年第4期。

[59] 万安中:《美、韩、印度私立高等教育发展经验及启示》,《高教探索》2007年第4期。

[60] 王金瑶:《美国私立高等教育发展的资金支撑体系及启示》,《高等工程教育研究》2003年第4期。

[61] 张平:《政府对私立高等教育经费扶持的策略与模式》,《外国教育研究》2007年第4期。

[62] 蒋国河:《推进高等教育捐赠事业:价值传承和制度创新》,《江苏高教》2005年第6期。

[63] 张小萍:《中国高校捐赠收入现状、问题及对策》,《教育发展研究》2012年第23期。

[64] 李芳:《俄罗斯高等教育经费资源的配置问题分析》,《复旦教育论坛》2006年第3期。

[65] 包桂影:《澳中私立高等教育比较》,《教育探索》2014年第10期。

[66] 董丽敏:《中日私立高等教育比较研究》,《高教探索》2004年第2期。

[67] 陈武元、薄云:《试析菲律宾私立高等教育的政府资助体系》,《高等教育研究》2006年第12期。

[68] 张剑波:《论民办高等教育成本的政府分担》,《大学教育科学》2006年第6期。

[69] 朱永新:《关于进一步完善民办高校资助政策的思考》,《辽宁教育研究》2007年第5期。

[70] 阎凤桥:《对我国民办教育有关政策的经济学分析》,《浙江树人大学学报》2005年第3期。

[71] 曹文、陈建成:《财政资助民办教育的政策研究》,《东岳论丛》2007年第2期。

[72] 王斌林、黎志华：《论民办高校发展与政府资助》，《民办教育研究》2004 年第 20 期。

[73] 邬大光：《我国高等教育大众化的基本特征与政府的责任》，《教育研究》2002 年第 3 期。

[74] 胡大白：《民办高校在中国高等教育大众化进程中的作用》，《黄河科技大学学报》2004 年第 12 期。

[75] 徐绪卿：《关于民办高校分类管理讨论与实践的思考》，《教育发展研究》2010 年第 12 期。

[76] 贾东荣：《民办教育的资金问题与对策思考》，《教育发展研究》2005 年第 10B 期。

[77] 张磊：《高校社会捐赠税收激励的国际比较与制度优化》，《江苏高教》2014 年第 5 期。

[78] 邬大光：《民办高等教育介入资本市场》，《教育研究》2003 年第 12 期。

[79] 代蕊华、王斌林：《政府资助与民办高校发展》，《教育发展研究》2006 年第 2 期。

[80] 阎凤桥：《从制度演进视角探讨私立教育的营利与非营利属性之区分》，《教育与经济》2014 年第 5 期。

[81] 马立武：《二战后美国私立大学的发展及其对我国高等教育发展的启示》，《大学教育科学》2004 年第 1 期。

[82] 杨龙军：《美国非营利组织的税收制度及其借鉴》，《涉外税务》2004 年第 11 期。

[83] 南爱华：《近三位美国总统的科技政策评析》，《山东理工大学学报》2011 年第 1 期。

[84] 李小丽：《三螺旋模型下美国大学专利技术转移机构的动态演进及其启示》，《图书情报工作》2010 年第 14 期。

[85] 郑笑：《美国技术转让法律政策简介》，《全球科技经济瞭望》2004 年第 11 期。

[86] 熊耕：《试析美国高等院校认证标准演变的逻辑：以中北部地区大学

与中学协会的认证标准为例》,《比较教育研究》2004 年第 7 期。

[87] 戚艳霞:《美国政府与非营利组织基金会会计模式及对我国的启示》,《财会通讯》(学术版) 2006 年第 6 期。

[88] 严莹:《美国私立大学会计制度的特点及启示》,《经济师》2009 年第 12 期。

[89] 山本清:《日本大学财政的结构和课题——以国立大学为中心》,《教育与经济》2002 年第 2 期。

[90] 董丽娜:《中日私立高等教育比较研究》,《高等教育探索》2004 年第 2 期。

[91] 刘少林:《台湾私立高等教育发展趋势研究》,《比较教育研究》1999 年第 5 期。

[92] 邬大光:《机遇、挑战、危机与使命——21 世纪中国民办高等教育面临的四大课题》,《广西大学学报》(哲学社会科学版) 1995 年第 5 期。

[93] 邬大光:《中国民办高等教育发展状况分析——兼论民办高等教育政策》,《教育发展研究》2001 年第 8 期。

[94] 袁明旭:《公共政策冲突:内涵、表现及其效应分析》,《云南行政学院学报》2009 年第 1 期。

[95] 张胜军、张乐天:《1978 年以来我国民办高等教育政策建设的历史、成就与问题》,《黑龙江高教研究》2007 年第 12 期。

[96] 徐绪卿、王一涛:《论我国民办高等教育政策从"规范"向"扶持"的转型》,《高等教育研究》2013 年第 8 期。

[97] 方芳、王善迈:《我国公共财政支持民办高等教育研究》,《北京师范大学学报》(社会科学版) 2011 年第 5 期。

[98] 刘国卫:《关于民办高等教育经费来源的研究》,《教育与现代化》2003 年第 3 期。

[99] 方铭琳:《民办高校产权明晰的法律保护》,《高等教育研究》2005 年第 8 期。

[100] 徐敏:《高校信息公开与现代大学制度建设》,《江苏高教》2011 年

第 1 期。

[101] 尹晓敏：《高校信息公开若干疑难问题解析》，《高等教育研究》2011年第 7 期。

[102] 熊庆年：《信息公开"清单"提升高校治理水平》，《中国教育报》2014 年 8 月 1 日。

[103] 吴岩：《高等教育公共治理与"五位一体"评估制度创新》，《中国高教研究》2014 年第 12 期。

[104] 刘振天：《从新建高校本科教学工作合格评估调研看我国高校教育质量与民办高校发展策略》，《民办高等教育研究》2011 年第 4 期。

[105] 李恒光：《非营利性组织概念界定的国际比较》，《青岛科技大学学报》（社会科学版）2004 年第 2 期。

[106] 潘懋元、邬大光、别敦荣：《我国民办高等教育发展的第三条道路》，《高等教育研究》2012 年第 4 期。

[107] 吴卿艳：《民办高等教育介入资本市场的路径分析》，《清华大学教育研究》2009 年第 2 期。

[108] 邬大光：《民办高等教育与资本市场的联姻》，《教育研究》2003 年第 12 期。

[109] 曾小军：《民办高等教育社会捐赠不足的制度分析》，《国家教育行政学院学报》2011 年第 2 期。

[110] 张剑波：《对民办高校拓宽筹资方式的思考》，《大学教育科学》2007 年第 3 期。

[111] 王一涛：《民办高校的所有权：理解民办高校的钥匙》，《山东高等教育》2014 年第 1 期。

[112] 段艳霞、张随刚：《我国民办高等教育经费政策的现状及问题分析》，《黄河科技大学学报》2002 年第 4 期。

[113] 潘懋元：《关于民办高校评估的思考及建议》，《浙江树人大学学报》（人文社会科学版）2008 年第 6 期。

[114] 邱道欣：《民间非营利组织会计制度，在民办高校的运用》，《广西质量监督导报》2008 年第 3 期。

[115] 黄孝红、叶少明:《民办高校会计制度建设的探讨》,《当代经济》2014年第15期。

[116] 陈丽清:《民办高校会计制度研究——以江苏省民办高校会计制度修订为例》,《经济研究导刊》2016年第22期。

[117] 孙凌峰:《关于民办高校会计制度的思考》,《中国乡镇企业会计》2010年第3期。

[118] 张龙燕:《民办高校信息公开的意义及其实现策略:福建为例》,《浙江树人大学学报》(人文社会科学版)2017年第17期。

三 外文文献

[119] 2009 World Conference on Higher Education, *The New Dynamics of Higher Education and Research for Societal Change and Development*, Paris, 2009. (http://www.unesco.org/en/wche2009/. 2010.6.26).

[120] Philip G. Altbach, *Trends in Global Higher Education: Tracking an Academic Revolution*, A Report Prepared for the UNESCO 2009 World Conference on Higher Education, 2009.

[121] N. V. Varghese, *Private sector as a partner in higher education development in Africa*, Paris: IIEP-UNESCO, 2009.

[122] Philip G. Altbach and Toru Umakoshi, *Asian Universities: Historical Perspectives and Contemporary Challenges*, Baltimore and London: The Johns Hopkins University Press, 2004.

[123] Sjur Beryan, *Public Responsibility for Higher Education*, A Report Prepared for the UNESCO 2009 World Conference on Higher Education, 2009.

[124] Short, Deborah J., *Integrating Language and Culture in the Social Studies*, Academic Discourse, 1996.

[125] Richad S. Ruch, *Higher Ed. Inc.: the Rise of the For-Profit University*, Baltimore: The John Hopkins University Press, 2001.

[126] Edited by David W. Breneman and Chester E. Fin, Jr, *Public Policy and*

Private Higher Education, Washington D. C. : The Brookings Institution, 1978.

［127］ E. Vance Randall, *Private schools & Public Power: a case for pluralism*, Columbia University: Teachers College Press, 1994.

［128］ Taylor, L, *Government's role in primary and secondary education*, Federal Reserve Bank of Dallas Economic Review, 1999 (1).

［129］ Daniel L. Bennett, Adam R. Lucchesi, and Richard K. Vedder, *For-Profit Higher Education: Growth, Innovation and Regulation*, A Policy Paper from the Center for College Affordability and Productivity, 2010.

［130］ Paul Westmeyer, *A History of American Higher Education*, Charles C Thomas · Publisher, 1985.

［131］ Digest of Education Statistics 2012, Table 223. *Total fall enrollment in degree-granting institutions, by control and level of institution:* 1970 through 2011, (https: //www. ed. gov/rschstat/catalog/index. html).

［132］ Terry W. Hartle, *Federal Student Aid: Where We Have Been, Where We Are*, New Directions for Institutional Research, 1985.

［133］ *Patent and Trademark Law Amendment Act*, (http: //uscode. house. gov/browse. xhtml).

［134］ *A Modernized Patent System*, (http: //www. whitehouse. gov/issues/technology).

［135］ Kay L. McLennan, *Technology Selection and Marketing Activities in Higher Education Patenting and Technology Transfer*, University of Nebraska, 2003.

［136］ NCES. U. S., *Characteristics of Private School in the United States: Result from the 2007 - 2008 Private School Universe Survey*, 2014 - 3 - 13, (http: //nces. ed. gov/pubs2009/2009313. pdf).

［137］ Leonard A. Rhine, *State Aid to Private Institutions of Higher Education: The Development of Guidelines*, University of Florida, 1983.

［138］ Gordon, Teresa, Fischer, Mary, *A comparative empirical examination of extent of disclosure by private and public colleges and universities in the United States*, Journal of Accounting & Public Policy, 2002.

[139] David J. Deming, Claudia Goldin and Lawrence F. Katz. , *The For-Profit Postsecondary School Sector: Nimble Critters or Agile Predators*, ournal of Economic Perspectives, 2012.